JN086487

世界の保育の質評価

制度に学び、対話をひらく

秋田喜代美／古賀松香
編著

明石書店

はじめに

乳児期からの保育ニーズは年々高まっている。一人ひとりの子どもにとって最善の利益が保障され、すべての子どもの命が守られ、持って生まれた能力を十分に伸ばして成長できるよう、質の高い保育・教育を受けることが保障されることは、子どもの権利であり、どの保護者も、安全で質の高い保育を望んでいる。そのためには、保育の質とは何か、そしてどのように各自治体や園が質の向上に努めているのかを、子どもや保護者、地域に対して見える化し、その捉え方や状況をモニタリングしながら子どもの健やかな育ちを保障していくことが求められている。質を捉え示すことは一般に「質の評価・モニタリング」という言葉で呼ばれるが、これは現在、世界の多くの国にとって重要な課題となっている。しかし、それぞれの国によって制度も、置かれた社会的文脈や状況も異なっている。したがってユニバーサルに保育の質は決められるものではなく、社会文化によって異なるものであるということもまた、現在、専門家の間では国際共通の知見となっている。

日本の保育所等における保育の質に関する基本的な考え方や具体的な示し方等を検討するために、厚生労働省子ども家庭局保育課は「保育所等における保育の質の確保・向上に関する検討会」を設置し、平成30（2018）年9月26日に中間的な論点の整理を示した。しかし保育の質は多元的・多様な要素が関わっているために、「質の高い保育」を諸外国では具体的にどのように捉え、示そうとしているのかをまずは体系的に整理したうえで、それと照らし合わせて、日本の保育の特色や質を考えていくことが必要と考えられた。そこで厚生労働省調査委託研究「諸外国における保育の質の捉え方・示し方に関する研究会（保育の質に関する基本的な考え方や具体的な捉え方・示し方に関する調査研究事業）」が設置されることとなった。本書の編者である秋田はその研究会の座長であり、古賀は検討会の委員であり、かつ当研究会の委員の1人でもあった。そしてその研究会では保育課や座長らの相談のもと、時間等の関係から保育の質評価に関して特色ある5か国に絞り、各々に詳しい学識経験者が当該国の平成31（2019）年度時点での最新の動向を報告し、さらにそれだけでは欧米等に偏りがあると判断したことから、ノルウェーや東アジア等の国に関しては補足資料の作成を依頼した。そして、株式会社シード・プランニングがその結果を報告書としてまとめられた。ただし作成の期間等から、報告者も補助資料作成者も膨大な労力や時間を費やしたが、専門的な資料をもとにした報告書であることから、せっかくの税金を投じて作成した内容が一般の方々には届きにくいままになると判断された。

そこで厚生労働省子ども家庭局保育課ならびに株式会社シード・プランニングの了解を得て、改めて、海外において「保育の質評価がどのように行われているのか」を示す専門書として編集をし直すこととした。報告書との違いは3点ある。第1に、すべての章の構成は同じにし、報告書に記された5か国はより簡潔に、また参考資料として作成され、報告書に添付された4か国のうち3か国（ノルウェー、シンガポール、韓国）は新たに文章化し、さらに中国を加えた9か国の質評価の今を描く本として本書を編集することとした。それにより、9か国の質評価の制度の概要等は表と図によって一望できるようにしている。

また第2には、各国の解説だけではなく、そこから日本が学べるものは何かを、各執筆者の視点から書いていただくこととした。何が大事かは各執筆者の判断である。単なる客観的な資料を翻訳し解説しただけではなく、そこにはその執筆者が考える日本の保育への示唆が記されている。この点を楽しみに読んでいただきたい。

そして第3には、編者2名が分担して、保育の質評価を捉える視座、海外の動向から今の日本が何を学べるかのまとめを執筆した。保育の質を評価するとは何をどのように捉え、誰がいかに評価するのかという枠組みと、その枠組みそのものに対する現在の問い直しや批判の視点も含めて整理している。

本書の出版にあたっては、これまでも『「保育プロセスの質」評価スケール』等を刊行くださった明石書店編集部の深澤孝之さんが引き受けて丁寧な仕事をしてくださった。また本書のきっかけとなった研究会をリードくださった厚生労働省子ども家庭局保育課高辻千恵専門官はじめ保育課の皆さまには、心からの謝意を表したい。資料等も含む厚い本ではあるが、多角的にグローバルな視点から保育を捉えることで考えが深まる1冊となること、わが国の保育の質を考える1つの窓になり、保育に関わる研究者、自治体等行政政策担当者、団体や園の園長やミドルリーダーの方の対話が生まれることを心から願っている。

編者を代表して　秋田喜代美

目次

07

韓国 213

崔美美

08

シンガポール 257

中橋美穂・臼井智美

09

中国 289

呂小耘

chapter III

考察
――日本が学べるものは何か　315

古賀松香

chapter I

今なぜ保育の質評価を問うのか

――保育の質評価の国際的動向の見取り図

秋田喜代美

1 本書における保育の質評価を捉える枠組みと質評価を問うことの意義

本書は、厚生労働省子ども家庭局保育課からの委託研究「保育の質に関する基本的な考え方や具体的な捉え方・示し方に関する調査研究事業」の報告書（シード・プランニング 2019）をもとに、さらに対象国を9か国に拡大し、その保育の質評価のあり方を各国専門家が具体的に論じている。さらにchapter Ⅲでは、chapter Ⅱ全体を通して保育の質評価を総括し、そこから私たちは何が学べるかが記されている。

各国の質評価を捉えるもとになるのは、以下の整理・考察の枠組みの図である（図1-1）。各国の質評価がこの枠組みを中心にして捉えられ、論じられている。

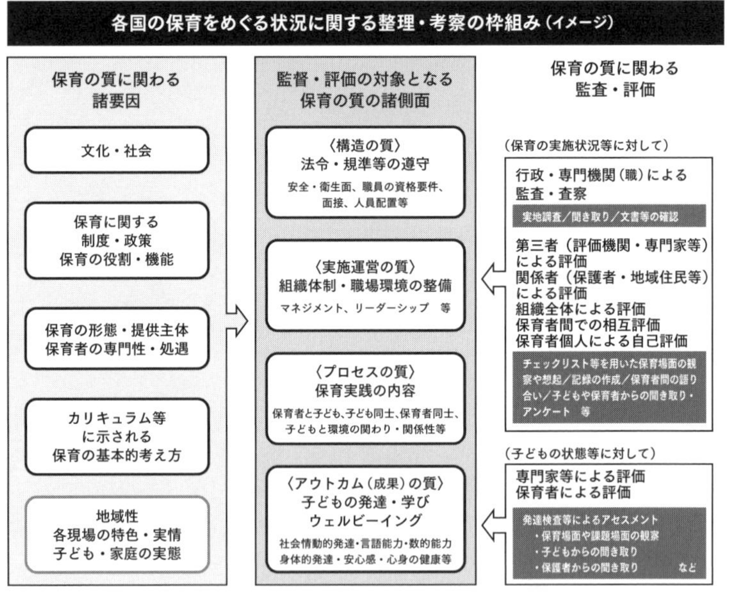

図1-1　質評価の枠組み

出典：シード・プランニング，2019, p.9より引用。

この枠組みの図は、厚生労働省保育課の担当官によって作成されたものである。この図を左の枠から順番に見てみよう。第1に、左側のボックス「保育の質に関わる諸要因」の5つの囲みには、国レベルから地域性まで、また園の保育の形態やカリキュラム等に示される基本的考え方があげられている。これらが保育の質の評価に影響を与えるという、要因の多層性を読み取ることができるだろう。第2に、中央のボックスの囲みで示しているように、評価の対象である保育の質は、構造の質が実施運営の質、そしてプロセスの質に影響を与えることで、アウトカム（成果）に関わる質へと影響が順次継時的に影響しあっていく形で捉えられる。第3に、右の2つのボックスでは、保育の質の監査や評価を誰がするのか、何に対して行うのかという点で、多元的な形で監査・評価を示している。「保育の質の評価」という言葉が包含するものが、いかに複雑で多層的多面的であるかがわかるだろう。またここには時間軸は記されていないが、社会の変動によって求められる質は力動的にゆれ動くものでもある。国際的に見て、乳幼児期の保育・教育に対するコロナ禍の影響は大きく、子どもたちのウェルビーイング（Well-being）が一層重視されてきている。また経済格差が子どもたちに及ぼす影響についても、国の間、地域間、園間、家庭間において異なってきていると言えよう。

図1-1の質評価の枠組みは、この20年あまりの保育の質に関する国際的議論の展開があって生まれてきたものであるが、刻々と変わる社会状況の影響下にある保育の質評価を問うには、おそらく考慮すべき点が他にもまだあるかもしれない。

保育の質評価をなぜ国際的に問うたり学ぶのかといえば、自国、自園でだけでは見えない多様な着想や制度の現実があるからである。そして各国の動向は、コロナ禍の状況やデジタル社会の拡大でも明らかなように急速にグローバルに関わり合っている。

特に日本では、こども家庭庁等の省庁の統廃合が2023年にある。また待機児童が多くいる時代から人口減少の時代へと変化転換しようとしており、大きく舵を切る分岐点の時期でもある。したがって、保育の質評価を考えるときの課題や視点も今後変わる可能性もある。

保育の質の評価を論じることは、多様な国の評価の制度や方法それ自体を学ぶだけではなく、各国は保育の価値として何を大事にしているのか、国や自治体、施設の間の関係や評価する主体をどのように考えるのか、誰のためにどのような人がいかなる役割を担うのかを改めて考え、問い直すことにつながる。つまり、私たちはどのような保育の制度やシステムをこれからに求め、どのようなことをこれからの保育で大事にしたいのかを考えることが、日本における保育の質評価を考えることにつながっていると考えられる。多様な国のバリエーションと照らしあわせて、日本のこれからの保育の制度について評価のありようをもとに考える旅への誘いが、本書の目的でもある。どのような国や地域も、その国の政治が求める方向性やそれに応じた自治体、園が置かれてきた歴史的文脈、子どもの数や施設の立地などの物理的文脈からは逃れられない。だからこそ、異文化において形成された保育の質評価のバリエーションを知ることが、これからの日本の保育について、グローバルな動向に位置づけて考える一助の資料と示唆になればと願っている。

そして、そのためには各国の状況だけではなく、保育の質の評価について国際的にどのような動きが展開されてきたのか、されてきているのかという時間の流れの見取り図があることで、各国の保育の質評価が現在の状況に至る道筋の理解を助けることになるのではないかと考える。そこで次節では、保育の質評価をめぐる現在までのグローバルな展開の概要を、あくまで筆者の個人的視点になるが示すことにしたい。

2 国際的展開の流れ

2-1 OECDによる「保育の質評価」の展開と論点

「保育の質とその評価」の議論は、第2次世界大戦後の働く母親たちの社会福祉政策や男女共同参画などの動きと連動した保育施設の量的な拡大を背景に、家庭の格差による保育施設へのアクセスの問題、保育施設間の質格差の拡大といった問題が生じ、福祉サービスの質の確保向上という議論の流れの中で検討が始まった。またその一方で、義務教育前の段階からの教育が生涯学習の基盤になるという教育の議論の中で、幼児教育への投資効果の議論も生まれていった。この意味で、保育の質の議論は、労働政策・児童福祉政策と同時に教育政策の側面を合わせもって議論が進んでいった。

特に保育の質の議論は、EUでの取り組みの流れなどを受けて、OECD（国際経済協力機構）が1996年教育大臣会合で「万人のための生涯学習」共同宣言を採択し、格差是正のために不利な養育環境にある子どもの就学前教育施設へのアクセスを改善することが合意された。この合意に基づき、「Starting Strong Ⅰ（人生の始まりを力強く）」のプロジェクトが1998年に始まり、2001年に第1巻、2006年に第2巻が順に刊行されていった。このことで、EUのみならず世界中の先進諸国において、保育の質を定義し、質保証のためのモニタリングプロセスの必要性が広く認識され、具体的な政策が打たれていった（OECD 2001; OECD 2006）。OECDは2001年の報告において、国は保育の質について2つの方略を取ること、1つは保育の質確保のために効果的な統制・規制を行うこと、もう1つは各地域自治体や園において、そこに関わるステークホルダーらが民主的な参画によって保育の質の改善をはかること、すなわちトップダウンとボトムアップの2方向のあり方を示している（OECD 2001）。そして2006年の報告書では、各地域や園での民主的な参加だけでは保育の質の最低基準の確保ができないことから、保育の質を志向性の質、構造の質、カリキュラムの質、運営の質や成果の質等から多面的に捉える必要性を示し、国が基準を設けることの必要性を論じている。また特に2006年には2つの保育カリキュラムの伝統として、子どもの認知発達に焦点を当てる就学へのレディネスの伝統と子どもを権利の主体として捉える北欧の社会的ペダゴジーの伝統を示している（それぞれの詳細については、chapter Ⅱ参照）。すなわち国が保育・幼児教育をどのようなものとして価値づけるかによって、質のあり方は変わることを指摘している（秋田・箕輪・高櫻 2008）。

Starting Strongプロジェクトは、トップダウンとボトムアップの2戦略の中で、国レベルで政策関係者がするべきことにより焦点化する形をとり、政策レバーとして保育の質に何が必要かという視点から保育の質のツールボックス（OECD 2012）、保育の質モニタリングのあり方（OECD 2015）へと保育の質の議論を展開してきた。

また一方で、就学前の保育・幼児教育が生涯学習の基盤となることが発達心理学や教育学、教育経済学の研究者による長期縦断研究等により、明らかにされてきた（秋田・佐川 2012）。

アメリカ、英国では、保育の質を評価するためのスケールが標準化されてきた。ECERS-R（Harms et al. 1998）、ECERS-E（Sylva et al. 2003）やCLASS（Robert et al. 2007）、SSTEW（Siraj et al. 2015）などによって、保育環境やカリキュラム、保育プロセスの中でも保育者と子どもの関わりのあり方に関するアセスメントツールが開発されてきた。各保育者や保育室内だけでなく、園全体の運営やリーダーシップを捉えることの必要性からリーダーシップのための評価スケールの開発（Siraj & Hallet 2013）や、幼児だけではなく乳児の保育の質のスケールの開発（Harms, et al. 2003）、MOVERSのように運動等特定の質測定の開発（Archer & Siraj 2017）も行われるようになっていった。各国は国や州レベル、園レベルでこれらのスケールを活用することで、質の評価の記録を改善に用いると同時に、園レベルでは保育者自らがこれらの視点から保育を捉える研修のツールとしても使用されていっている。

これらは、1960年代から議論が広がってきたエビデンスに基づく政策形成の動きとも相まって、保育の質の向上への政策効果を量で測定し質向上へとつなげる動きを生み出してきている（Hammersley 2007）。第三者の専門家が行う外部評価や監査による質の確保・向上のために、公費を投じる際の優先的配分の政策の議論と連動する形で、保育の質評価は議論がなされるようになっていっている。

2-2 「保育の質を超える」というオルタナティブな言説

国家による保育の質の規制が新自由主義の市場原理に関わる政治的問題とつながることに警鐘を鳴らし、質評価への専門家や市民の民主的な参画への方向性の必要性を論じる議論の流れが、ダールベリやモス、ペンスらによる「保育の質を超える」議論である（Dahlberg 2013; Moss 2019; 秋田 2020）。彼らが引用するのは、スウェーデンでのストックフホルムプロジェクトやイタリアのレッジョ・エミリアの実践といった自治体レベルでのモデルである。彼らは、保育プログラムの質評価を政治的な流れから4タイプのモデルで論じている。国家が目標を定め、その目標から評価する「政治モデル」、保育市場により質規制が効率性や生産性の視点から評価される「市場志向の目標統治モデル（市場モデル）」、保育の専門家同士で質の基準を論じ、同僚同士で相互評価、自己評価を行う「専門家による目標統治モデル（専門家モデル）」、そして、政治のガバナンスと専門家や市民が参画し民主主義の下で行う「連帯モデル」である。特に彼らは自由市場の経済原理や経済用語で保育の質が論じられる言説を政治的、倫理的問題として指摘する。

そして保育の質評価を、客観的に標準化したスケールで量的に捉える言説のオルタナティブとして、「意味生成」という言説を提起ししている。専門家と市民、子どもたち等が民主的対話に参画し、保育の実践に質的に意味を与えるものとして、「ドキュメンテーション」を取り上げ、意味生成の質保証のあり方として論じている。すなわち、保育をサービスとして投資効率を示し、標準化した基準により保育実践を単純化し、成果の外部評価により保育の質を品質管理・統制・改善するPDCAのような近代産業の工程管理モデルで捉える新自由主義の市場型の保育のあり方や、そのエビデンスを示すことを重視する教育経済学的な志向性や、その知見にもとづいて国が単一の保育改革モデルを示すことに対して、異を明瞭に唱えている（Moss 2019）。そして、保育における経験の意味を生成し、各地域で一人ひとりが主体性をもって、民主的に多声的に集団的な意思決定と判断を行っていく哲学や価値の共有の重要性を唱えているのである（秋田 2020）。

2-3 「規制を超えた保育の質」という議論

OECDはECEC（Early Childhood Education and Care）について、2015年の質のモニタリングに関する議論以降、幼児期から小学校教育への移行、質の基準を超えた幼児教育のあり方、保育におけるデジタル機器の利用といった形で、保育の質の議論を基準による規制の議論を超えて、質に関連する特定トピックへと焦点化や拡張し、展開をしている。そしてこれを「構造の質」としての「規制を超えた保育の質」の議論（quality beyond regulation）と呼んでいる（OECD 2020）。「保育の規制を超えて」の報告書では、「保育の質」は、社会的に構成された概念であり、国の文化的信念や価値に依存し、多次元的なものであることを前提とし、質に関連する諸要因間の関連性や保育実践に関わるプロセスの質に関してより詳細な検討がされてきている。ECERSやCLASS等グローバルな標準使用の保育の質評価尺度は欧米での園の実践を一定以上にしたり質向上に寄与すると同時に、その評価のみで保育の質のすべては語れないため、文脈固有の精緻な議論の必要性、3歳以降の幼児期の質だけでなく、3歳未満児の保育に固有の質の議論の必要性、またプロセスの質においても子ども同士の関わり等、今後何が論点かを示してきている（野澤他 2017）。保育者と子ども間の関わりの質評価だけでなく、子ども同士の関わりや子どもと周囲の環境（保育室や遊び場、園庭等の環境、本やおもちゃ等、地域コミュニティ）との関わり、子どもと保護者、職員と保護者の関わりなどをプロセスの質として考慮する必要性や、園組織のリーダーシップ、そして保育者への研修等での専門性開発の重要性を指摘する（OECD 2020; 秋田他 2017; 秋田 2020b）。

また、カリキュラムおよび遊びを中心とした保育方法（pedagogy）と子どもの学びの間の関連を明らかにすることと保育プロセスの質の検討の必要性も指摘されている。プロセスの質に影響を与えるカリキュラム実施の重要な要素として、「関わり（保育者、仲間同士等のやりとり）、カリキュラム内容、1日の流れ（ルーティン）、活動、活動で使う環境や資源（resources）」をあげている。子どもの主体性や指導支援の具体的行為、遊びへの文化的志向性をナショナルカリキュラムにどの程度、どのように反映・記述するかが質に影響する。つまりガイドラインを大綱化するのかマニュアル的に子細にしていくのかにも関わる。また3歳未満児の保育に関しては、施設保育と共に家庭的保育の質の検討、3歳未満と3歳以降の施設形態やカリキュラム、資格などの統合や連携接続を射程に入れた議論がなされてきている（秋田 2020b）。

保育の質には、特定時点での測定や評価ではなく、日々の生活の流れの安定性や、年間を通した保育者やクラスの安定性、連続性の検討が重要である。質の議論においても、年齢や観点に沿い、各園のより精緻な視点で論じることの重要性が示されてきている。

2-4　保育の質評価の「北欧モデル」

本書の中でもスウェーデンとノルウェーの2か国が取り上げられている。北欧5か国（デンマーク、スウェーデン、アイスランド、ノルウェー、フィンランド）は協働して、各国の保育の質評価に関わる国レベルでの政策文書やカリキュラムガイドラインなどの政策文書の分析と各国の保育の質評価に関わる専門家への聞き取りをもとにして、「保育の質評価とアセスメントへの北欧アプローチ」と呼ばれる報告書を2022年に、刊行している（Nordic Council of

Ministers 2022)。そこでは、いわゆるアングロサクソンモデルに始まる質の標準化や国際比較などの質評価モデル 対 保育の質をめぐる言説を超えるというモスやダールベリの議論の2項対立をさらに超えた1つのモデルとして北欧モデルを示している。この報告書によれば、北欧5か国に共通するのは、保育の質評価においてスケール等標準化され脱文脈化された普遍的指標等も利用しながらも、北欧各国が重視する保育の価値と原理に基づき国の評価機関が評価を行うこと、そこで国が重視するのは各園の評価でなく各自治体の保育システムのあり方、自治体（municipalities）の政策立案実施等のコンピテンスであることが示されている。その地域や園の独自性や自律性を認めながらも、価値や理念に基づき質の確保・向上を求める「国—地方自治体の関係」を捉えた保育の質評価とアセスメントモデルである。そして各地域においては、民主的な実験的試みと意味形成がなされることが重視されている。

この報告書によると、個々の子どもの発達に関する評価に関しては、北欧の国の中でも評価のあり方にはバリエーションがある。各基礎自治体が評価を行うのを支援する国の機関（組織）があり、保育の価値や原理をガイドする文書は各国とも類似している。そこでどの国も政策文書で大事にしているのは、「子どもたちが自ら行う遊び、全人的な成長、終日（all-day）の保育、ウェルビーイング、民主主義、平等、参加、子どもの権利、コミュニテイ、社会的正義」という理念である。どの国のガイドラインも幅広い領域の学びの活動について、各々に学びの対象（object）が記されているが、上記の価値に向かって、その学びのプロセスを重視するということが共通性である。そして、ここでは特定のアセスメントのイベントとしてではなく、共有された価値に基づき日々の保育・教育のプロセスの中の子どもたちの具体的事実から保育を評価することが同様に大事にされている。構造の質だけを評価することはどの国でもあまり行われていない。環境の質と教育のプロセスの質との相互関係を問い、子どものウェルビーイングが各地域の文脈の中で位置づけられて質保証が行われている。その営みは北欧モデルと呼べるような普遍性を持っているということであり、彼ら自身が述べているのは、英語中心の国の質評価の言説議論を超えた、異なる文脈の可能性として、保育の質評価を位置づけているということである。

モスらがストックホルムやレッジョ・エミリアなどいわゆる自治体レベル

での市民参画の議論を行っているのに対し、北欧5か国では各国の政策担当者が連携し、保育の質への別のモデルを示してきている点に、新たな方向性の1つとしての価値があると考えられる。

2-5 子どもの発達を測定する国際比較研究への議論

保育の質をめぐる議論は、今も力動的にさまざまな場面の質の評価を捉える際に、国の価値による違いを示してきている。OECDでは、2017年から、大規模サンプルでの縦断研究として、アメリカ、英国、エストニアの3か国が参加したIELS（International Early Learning and Child Well-being Study）を行っている。IELSのスコーピング・グループにはドイツ、フィンランド、アイルランド、ニュージーランドや日本も参加した。OECDのECECネットワークの中心的メンバー参加国に声がかけられたからである。また当初の議論にはウェルビーイングの視点はあまりなく、学力中心の議論であった。このプロジェクトの批判に対するフォローとして議論の途中から入れられたものである。筆者はこのスコーピング会議にも継続して参加してきたが、幼児教育を標準化し得点化するという点での価値の相違や、日本にとって海外のテスト等で測定することは、現実の保育に対するメリットよりもデメリットの方が大きいと判断し、不参加の決断を行政の方々と共に行った。これは、5歳という時点での子どもの能力を学力としてテストで量的に測ることや、その得点による国際比較への志向性、それに対する多額の経費財源負担等の議論があるためである。また、この調査は当初ベビーPISAとも呼ばれ、抵抗運動が組織され、反対声明も出されている（Urban & Swadener 2016）。幼児に対して早期から大規模データによる国際比較を行うことに対する、国による価値の違いを表していると考えられる。PISA調査が各国のカリキュラムを測定できるものにのみ絞り込ませる機能を持ったように、IELSは多方向への圧力となりうるという判断に、英、米、エストニア以外の国は立ったものである。

ただしOECDでもPISA批判に対して、Education2030プロジェクトでは、カリキュラム文書の質的分析から参考国の実践好事例を具体的に取り上げてその共通点から原理を引き出す議論が進められている。OECD内でも、カリキュラムを子どもの学力から測定検討するのではない、別の新たなアプローチも進められてきており、AgencyやLearning Compass等の視点から、今後乳幼児期とそれ以降のカリキュラム分析が必要となっていくと考えられる。

また付言すれば、子どもの育ちを量的にも測定する試みは、ノルウェーをはじめ北欧でも国内のプロジェクトとしては行われてきている国もある。子どものデータを収集した長期縦断研究の学術的研究が国の保育政策形成に有効との認識からである。ただしそれを直接園の保育の質や評価の議論とはつなげない、地域や園、子どもの比較のために使用しない点が重要な論点であると考えられる。なお日本では、このような長期縦断研究に耐える乳幼児データも保育実践に関するデータやエビデンスも十分にはない。

また残念ながら、英米モデル、北欧モデルのように、東アジアを中心としたモデルがあるかと言えば、そうした協働連携や検討はアジア諸国内では行われていない。日本以外の東アジアの国々は、欧米各国から学んでそれを自国にあわせて使い、評価の専門家が質評価を行ってきている。だが東アジアとしてのモデルが出せるようなネットワークも共通の価値やそのための連携も知るかぎり見られていない。この点も今後学術的には検討が求められるところである。

3 日本における保育の質評価議論への視座

上記に述べたように、保育の質と評価の議論は、歴史的文脈の中で力動的に展開してきている。そしてそこに各国の独自の判断がある。日本が置かれた文脈から各国の保育の質評価を捉えるために考えなければならないのは、保育の質評価を、保育所は厚生労働省、幼稚園は文部科学省といったように各省庁、施設類型別の議論のまま提示するのでよいのかという点である（厚生労働省 2020a, 2020b; 文部科学省 2020）。認定こども園が増加しているが、質の評価の議論は幼稚園と保育所各々の所管での固有の問題として扱われ、幼保連携型認定こども園に展望を託しそれらをつなぐという議論はない。

また日本は2021年4月に82.3%の自治体で待機児童はゼロとなり、すでに待機児童解消の議論は限定的となっている。一方過疎地域の持続的発展の支援に関する特別措置法においては全国885の地域が過疎地域に指定され、2020年度の子ども・子育て支援推進調査研究事業でも、全国1713市区町村が人口減少の影響下にあるか将来人口減少の可能性がある自治体に分類されている。つまり待機児童の中での保育の質の議論から、人口減少社会の中での保育の質と評価の議論へと展開すべき時点に来ている。子どもも保育を担う担い手も減少する中での保育の質の確保と向上の議論が求められる。これまでのような、認可という規制による質評価の国内での標準での議論から、各地域文脈に即した議論が必要となっている。子どもの数が認可基準を満たさなくなってきている保育所での質の議論が必要である。そこにおいて何が質の確保向上のために必要かである。

と同時に、一定の質基準確保ではなく、各地域や各園の特徴を見出す保育の質評価は誰によってどのような方法で行われるのが可能であるのかという問題である。イタリアのレッジョ・エミリアのようなドキュメンテーションを軸にした対話による参加モデルは1つの理想であったとしても（秋田 2013）、歴史や文化が異なり保護者の持つ価値の異なる中で、いかなる形で今後、各園や各地域が保育の質を議論するのかが問われている。

こども基本法が制定され、子どもの権利の保障への法的根拠が生まれており、ウェルビーイングの視点が行政文書にもコロナ禍において一層強く出されるようになってきている。その中で、地域間の格差のない保育のあり方を生みだす制度的な議論が求められている。

また保育の質の議論において国が行うことは、各園向けの評価のあり方の示唆だけではないであろう。財力や人員が減少している自治体における保育の質評価のあり方へのモデルの提示であり、各園単位での努力を自己評価に求めるだけではなく、地域として園間のネットワーク等によって、collective impactを連帯によって互恵的に生みだしていくモデル（Kania & Kramer 2011; Cabaj & Weaver 2016）の創出も必要であるだろう。各地域での幼児教育推進体制の構築や地域包括型共生福祉支援ネットワークとこの保育の質評価の問題をどのようにつなげて議論していくのかが問われていくだろう。

そしてそれは保育の質の向上のために誰が何のために評価を行うのか、地域の専門家の関与をどのように考えるのかという問題ともつながるだろう。評価の問題は特定一時点の問題ではなく、長期的に国、自治体や園が強みを生かし、さらなる改善を持続的に行うための体制のデザインをどのようにモデル化するのかである。

日本は全くエビデンスがない国である。理論的な言葉での量的データへの批判だけなら容易である。しかし現状の事実を明らかにすることで、困難を多く抱える地域や園、子どもたちの声なき声をいかにして集め、そこから実際に保育実践の質向上につなげて元気や活性化が生まれる政策のデザインを考えるのかが、これから問われていくのではないだろうか。そのために保育の研究者や園経営者や実践者という専門家は、どのような知見を出すことが子どもの代弁者としてできるだろうか。また保護者や市民はどのような参画が可能だろうか。質について各国の姿から学ぶことと、足元の地域や園から新たな可能性を見出し、日本独自の新たな保育の質評価のあり方を見出すことの両方の統合や往還が問われている時期にある。それは合わせ鏡のような構造にある。このような問題意識を共有し、chapter Ⅱ、chapter Ⅲを読んでいただき、読者との対話が生まれればと願うところである。

◆引用・参考文献

秋田喜代美・箕輪潤子・高櫻綾子（2008）「保育の質研究の展望と課題」『東京大学大学院教育学研究科紀要』47、289-305頁

秋田喜代美・佐川早季子（2012）「保育の質に関する縦断研究の展望」『東京大学大学院教育学研究科紀要』51、217-234頁

秋田喜代美（2013）「レッジョ・エミリアに学ぶ保育の質」『子ども学』1、萌文書林、8-28頁

秋田喜代美・淀川裕美・佐川早季子・鈴木正敏（2017）「保育におけるリーダーシップ研究の展望」『東京大学大学院教育学研究科紀要』56、283-306頁

秋田喜代美（2020a）「日本の新たな保育の物語りへの展望」『発達』162、ミネルヴァ書房、53-58頁

秋田喜代美（2020b）「グローバル社会に向けた日本の保育のこれから」『保育学研究』58(1)、135-141頁

Archer, C. & Siraj, I.（2017）*Movement Environment Rating Scale MOVERS for 2 6-year-olds Provision: Improving Physical Development Through Movement and Physical Activity*. Trentham Books Ltd; Spi edition（キャロル・アーチャー、イラム・シラージ著、秋田喜代美監訳、淀川裕美・辻谷真知子・宮本雄太訳（2018）『「体を動かす遊びのための環境の質」評価スケール――保育における乳幼児の運動発達を支えるために』明石書店）

Cabaj, M. & Weaver, L.（2016）*Collective Impact 3.0 An Evolving Framework for Community Change*（日本語訳：https://www.google.com/url?q=https://fields.canpan.info/report/

download?id % 3D23710&source=gmail-imap&ust=1663838466000000&usg=AOvVaw03bqozCWGe8jRNtYoNPcIK）

Dahlberg, G., Moss, P. & Pence, A.（2013）*Beyond Quality in Early Childhood Education and Care: Languages of Evaluation*. Routledge（浅井幸子監訳（2022）『「保育の質」を超えて――「評価」のオルタナティブを探る』ミネルヴァ書房）

Hammersley, M. (Ed.)（2007）*Educational research and evidence-based practice*. Sage Publications Ltd

Harms, T., Clifford, R. M., Cryer, D.（1998）*Early Childhood Environment Rating Scale: Revised Edition*. Teachers College Press（テルマ・ハームス、デビィ・クレア、リチャード・M. クリフォード著　埋橋玲子訳（2008）『保育環境評価スケール①幼児版』法律文化社）

Harms, T., Cryer, D., Clifford, R. M.（2003）*Infant/Toddler Environment Rating Scale*. Teachers College Press（テルマ・ハームス、リチャード・M. クリフォード、デビィ・クレア著　埋橋玲子訳（2009）『保育環境評価スケール②乳児版』法律文化社）

厚生労働省（2020a）「議論のとりまとめ――『中間的な論点の整理』における総論的事項に関する考察を中心に」https://www.mhlw.go.jp/content/000647604.pdf

厚生労働省（2020b）「保育の質の自己評価ガイドライン（2020年改訂版）」https://www.mhlw.go.jp/content/000609915.pdf

Kania, J. & Kramer M.（2011）"Collective Impact", *Stanford Social Innovation Review*, Winter. https://ssir.org/articles/entry/collective_impact

文部科学省（2020）「幼児教育の質の向上について（中間報告）」https://www.mext.go.jp/content/20200611-mxt_youji-000007862_2.pdf

Moss, P.（2019）*Alternative narratives in early childhood: An introduction for students and practitioners*. Routledge

Nordic Council of Ministers（2022）*Nordic approaches to Evaluation and Assessment in Early Childhood Education and Care*. https://pub.norden.org/temanord2022-512/temanord2022-512.pdf

野澤祥子・淀川裕美・高橋翠・遠藤利彦・秋田喜代美（2017）「乳児保育の質に関する研究の動向と展望」『東京大学大学院教育学研究科紀要』56、399-419頁

OECD（2001）*Starting Strong: Early Childhood Education and Care*. OECD Publishing（OECD編著、一見真理子・星美和子訳（2022）『スターティングストロング白書――乳幼児期の教育とケア（ECEC）政策形成の原点』明石書店）

OECD（2006）*Starting Strong II: Early Childhood Education and Care*. OECD Publishing（OECD編著、星三和子・首藤美香子・大和洋子・一見真理子訳（2011）『保育白書――人生の始まりこそ力強く：乳幼児期の教育とケア（ECEC）の国際比較』明石書店）

OECD（2012）*Starting Strong III: A Quality Toolbox for Early Childhood Education and Ccare*. OECD Publishing（OECD編著、秋田喜代美・阿部真美子・一見真理子・門田理世・北村友人・鈴木正敏・星美和子訳（2019）『OECD保育の質向上白書――人生の始まりこそ力強く：ECECのツールボックス』明石書店）

OECD（2015）*Starting Strong IV. Monitoring Quality in Early Childhood Education and Care*. OECD Publishing

OECD（2020）*Early Learning and Child Well-being: A Study of Five-year-Olds in England,*

Estonia, and the United States. OECD Publishing

Robert C. Pianta, La Paro, Karen M., & Hamre, Bridget K.（2007）*Classroom Assessment Scoring System: CLASS Manual, K-3*. Brookes Publishing

シード・プランニング「2019諸外国における保育の質の捉え方・示し方に関する研究会報告書」（平成30年度委託調査研究事業　座長：秋田喜代美）https://www.mhlw.go.jp/content/11907000/000533050.pdf

Siraj, I., Kingston, D. & Melhuish, E.（2015）*Assessing Quality in Early Childhood Education and Care: Sustained Shared Thinking and Emotional Well-being (SSTEW) Scale for 2-5-Year-olds Provision*. Trentham Books Ltd（イラム・シラージ、デニス・キングストン、エドワード・メルウィッシュ著、秋田喜代美・淀川裕美訳（2016）『「保育プロセスの質」評価スケール――乳幼児期の「ともに考え、深め続けること」と「情緒的な安定・安心」を捉えるために』明石書店）

Siraj, I., Hallet, E.（2013）*Effective and Caring Leadership in the Early Years*. Sage Publications Ltd（イラム・シラージ、エレーヌ・ハレット著、秋田喜代美監修・解説、鈴木正敏・淀川裕美・佐川早季子訳（2017）『育み支え合う　保育リーダーシップ――協働的な学びを生み出すために』明石書店）

Sylva, K., Brenda Taggart, Iram Siraj-Blatchford（2003）*Assessing Quality in the Early Years: Early Childhood Environmental Rating Scale Extension (Ecers-E) Four Curricular Subscales*. Trentham Books Ltd

Urban, M., Swadener, Beth B.（2016）Democratic accountability and contextualized systemic evaluation: A comment on the OECD initiative to launch an International Early Learning Study（IELS）. *International Critical Childhood Policy Studies*, 5(1), 6-18

各国の概要

	人口・面積 （日本：約1億2536万人、37.8万km^2）	地方自治の制度 （日本：都道府県・市町村の二層制）	義務教育の開始について （日本：義務教育期間6～15歳。満6歳に達した後の最初の学年より開始）
ニュージーランド	約504万人、 27万534㎢ （2019年12月、統計局）	67の地域自治体と、複数の地域自治体を管轄する11の広域自治体及び地域自治体と広域自治体の機能を併せ持つ6つの統合自治体	義務教育期間は6～16歳だが、ほとんどの子どもが5歳の誕生日から小学校（Year 0）に入学している。子どもが個別に入学するため、日本のような「入学式」はない。Year 0については，就学前教育と小学校教育の接続期としての役割を果たしている。（2017年11月情報）
英国	約6708万人、 24.3万㎢ （2020年6月、国家統計局）	地方自治制度は地域によって異なり、一層制と二層制が混在	義務教育期間は5～16歳。就学年齢基準日は学校年度開始日の9月1日。満6歳になる学校年度に、義務教育の第1学年に入学する。公立校では、小学1年生が始まる前にレセプションという学年を設置している学校が多い。レセプションは9月の時点で4歳になる子が対象。 ＊イングランドでは、義務教育の開始は「5歳になる誕生日から」となっているため、一般的には皆、レセプションから入学する。（2017年12月情報）
アメリカ	約3億3200万人、 962.8万㎢ （2021年7月、米国国勢局）	連邦制 コロンビア特別区と50の州政府のもとで、多様な地方政府が存在（画一的な構造ではない）	義務教育期間・学校年度・就学年齢基準日等は、州によって異なる（同一州内でも、学校区によって異なる場合もあり）。義務教育は、概ね6～7歳の間に開始される（一部5歳の州もある）が、ほとんどの公立小学校では1年間の就学前クラスを有しており、多くの子どもが5歳から就学している。（2016年12月～2018年1月情報）
スウェーデン	約1044万人、 約45万㎢ （2021年11月、 スウェーデン統計庁）	21の広域自治体（ランスティング等）と290の基礎自治体（コミューン）の二層制	義務教育期間は6～15歳。その年12月までに満7歳になる者は、同年の8月（学校年度の開始月）に基礎学校（3年間×3段階）の1年生となる。6歳児は就学前クラスにおける教育を受けることが、2018年秋学期から義務化された。（2019年1月情報）
ドイツ	約8319万人、 35.7万㎢ （2020年9月、 独連邦統計庁）	連邦共和制 16州（旧西独10州、旧東独5州及びベルリン州。1990年10月3日に東西両独統一）のもと、下位の行政区分として県・郡・市町村等	義務教育期間は6～16歳（一部5歳児を含む）。9月30日までに満6歳になる者は、その年の8月1日（学校年度の開始日）に義務教育の1学年（基礎学校）に入学することとなる。保護者の要請により、10月1日から翌年3月31日までに満6歳になる者も、翌8月1日に入学可能（ただし、言語訓練を必要とする者は除く）。（2017年12月情報）

ノルウェー	545万5582人、38.4万km²（2022年8月、Statistics Norway）	11の県（fylke）と356の基礎自治体（kommune）からなる二層制	義務教育期間は、6歳から16歳（初等教育を6歳から13歳の7年間とし、中等教育を13歳から16歳の3年間とする）。学校年度は通常8月中旬から翌年の6月下旬までである。就学年齢基準日は1月1日で、学校年度の12月31日までに6歳になる子どもたちが1年生として就学することになる（原則5歳8か月から6歳8か月）。就学前教育期間は義務教育ではない。（2021年1月情報）
韓国	約5163万人、約10万km²（2022年、韓国統計庁）	17の広域自治団体と、226の基礎自治団体（広域自治団体には、1つの特別市、6つの広域市、1つの特別自治市、8つの道、1つの特別自治道）	義務教育期間は、6年の小学校教育と3年の中等教育にする（第1項）。全ての国民は、第1項による義務教育を受ける権利を有する（第2項）（出典：韓国『教育基本法』第8条、［施行2022.3.25.］［法律第18456号、2021.9.24. 一部改訂］）
シンガポール	約564万人、725km²（2022年6月、シンガポール統計局）	都市国家のため、地方自治体は存在しない。中央省庁に行政権限は一元化。立憲共和制、一院制議会	義務教育期間は、7～12歳。就学年齢基準日は、学校年度開始日の1月1日。満6歳になる学校年度に、義務教育の第1学年に入学する。それまでの就学前教育期間は義務教育ではない。（2020年1月Compulsory Education Actを確認）
中国	約14億人、約963万km²（2020年3月）	省（自治区・特別市）、県（自治県・市）、郷（民族郷・鎮）という三層制。現在、省級地方政府は台湾を含む23の省、4の特別市、5の民族自治区および2の特別行政区（香港とマカオ）がある	義務教育機関は6～15歳。その年の8月31日までに満6歳になる者はその年の9月1日に義務教育の第1学年に入学する。都市部では、3年間の就学前教育を受けてから小学校入学するのが一般的である。農村部では、小学校内に併設された1年間の就学前クラスに通ってから入学することもあり、3年間の就学前教育の総就園率は50％以下であった。（2018年情報）

出典：外務省HP（https://www.mofa.go.jp/mofaj/index.html）、厚生労働省「海外情勢報告（2017年）（https://www.mhlw.go.jp/wp/hakusyo/kaigai/18/）、文部科学省「各国の義務教育制度の概要」（http://www.mext.go.jp/b_menu/shingi/chukyo/chukyo0/toushin/05082301/018.htm）をもとに作成（2019年1月16日現在）。

chapter II

保育の質をめぐる世界の動向

01

ニュージーランド

松井愛奈

◎ニュージーランドの保育をめぐる状況◎

- 先住民マオリとヨーロッパ系移民の二文化主義、「平等・相互扶助・共生」の社会的理念
- 教育省の一元的管轄下での多種多様な乳幼児教育サービス（保育者・サービス開設の免許・保育時間・運営主体）

「子どもの学びの成果」を主軸とするカリキュラム（テ・ファリキ）とそれに基づく評価の全国統一的な仕組み

◆子どもの学びの姿を綴るラーニング・ストーリー、自己評価の義務づけ、国（教育評価局）による外部評価

「子どもは有能で自信のある学習者そしてコミュニケーターであり、心・身体・精神において健全であり、ゆるぎない所属感をもち、社会に価値ある貢献をする知識を確実に手にしていく」という展望

↓

◎保育実践の４つの原理：
エンパワーメント（学び・成長の権利を与える教育）・ホリスティック（全体的・包括的）な発達・家庭と地域・（人・物・場との）関係性

◎学びと発達の５つの領域：
ウェルビーイング（健康と幸福）・所属・貢献・コミュニケーション・探究

◎20の学びの成果：⇒成長の評価
各領域で子どもが身につけていく知識・スキル・態度・気質
例）自分のことができるようになり、自分の気持ちや要望を表現できる／自分の世界において、人、場所、物とのつながりを作る／他者と遊んだり学んだりするのに、さまざまな方法やスキルを用いる／文字や記号、数字や数の概念を認識し、楽しみながら、意味や意図をもって使うことができる／推論や問題解決のためにさまざまな方法を用いる　等

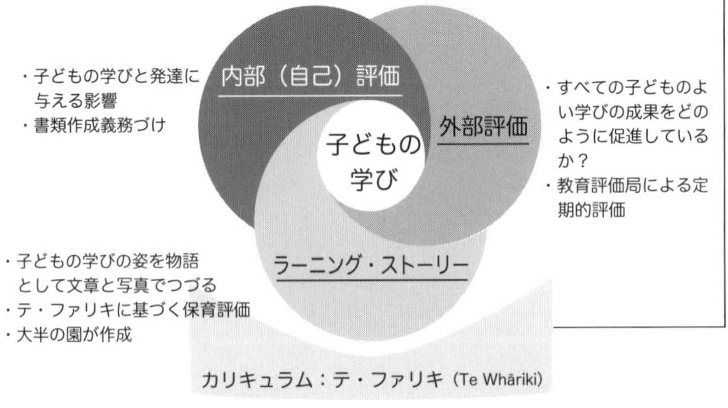

内部（自己）評価
・子どもの学びと発達に与える影響
・書類作成義務づけ

外部評価
・すべての子どものよい学びの成果をどのように促進しているか？
・教育評価局による定期的評価

子どもの学び

ラーニング・ストーリー
・子どもの学びの姿を物語として文章と写真でつづる
・テ・ファリキに基づく保育評価
・大半の園が作成

カリキュラム：テ・ファリキ（Te Whāriki）

1 全体的な状況について

ニュージーランドでは、6歳の誕生日から義務教育となるが、大半の子どもが5歳の誕生日より小学校に順次入学する。それまでに通う就学前の保育施設には、教育・保育センター、幼稚園、家庭的保育、コハンガ・レオ、プレイセンター等、多種多様なものがあるが、1986年に幼保一元化が達成され、すべての保育施設が教育省の管轄下に置かれている。また、20時間幼児教育制度により、3・4・5歳（6歳の誕生日の前日まで）の子どもはすべて、1日6時間、週20時間まで幼児教育を無償で受けることができる。

保育カリキュラムのテ・ファリキや、それに基づいて子どもの学びを評価するラーニング・ストーリーは国際的な関心も高い。「すべての子どものよい学びの成果をどのように促進しているか」という視点から、教育評価局による保育の質の外部評価が定期的に実施されている。

2 保育に関わる文化・社会的背景

2-1 二文化主義

1840年に締結されたワイタンギ条約により、ニュージーランドはイギリス領となった。条約上は、先住民マオリが所有する土地や文化の継承は保障されたが、英語版と急遽翻訳されたマオリ語版の用語の差もあり、実際にはマオリに不利な条約であった（青柳 2008；松川 2000）。一方でその時点から、先住民マオリとイギリス系移民を中心としたヨーロッパ系民族との二文化主義を背景に国家運営を進めてきた（飯野 2015a）。テ・ファリキ（Te Whāriki）や、教育評価局（Education Review Office：ERO）による評価に、英語（文化）とマオリ語（文化）の枠組みが取り入れられていることからも、ニュージーランドの保育において、二文化主義が強く根差していると言えるだろう。

2-2 平等・相互扶助の理念

新しい社会を築く開拓移民ならではの困難や苦労の中で、制度に則らない日常的な相互扶助活動も発展をとげ、1907年に設立された母子保健推進のためのプランケット協会等、個人や地域社会の抱える課題に取り組み、日常生活を支え合うための組織・団体が多く存在した（武田 2012）。1877年義務教育の無償制実施、1926年家族（児童）手当法制定は世界初であり（小松 2012）、1938年社会保障法も実質的に世界初の包括的な社会保障制度の誕生であり、全国民を対象としたものである（武田 2012）。つまり、平等、相互扶助、共生といった理念が早くから定着し、ニュージーランド社会の1つの伝統として育まれてきたのである（小松 2012；武田 2012）。

2-3 幼保一元化に至るまでの保育の歴史的変遷

1986年に幼保一元化を達成したが、そこに至るまでの保育発展の背景として、無償幼稚園、保育所、プレイセンターの発展の歴史を押さえておく必要がある。

①無償幼稚園

1889年、ダニーデンで富裕階層の女性らにより無償幼稚園協会が設立され、最初の無償幼稚園が開設された。幼児を保育できない経済的に恵まれない貧困家庭の子どもが対象であるため、保育料の徴収はせず、無償幼稚園となった（原田 2012）。慈善活動であったが、その慈善の側面は強調せず、幼児を教育する側面（社会の指導的階層の理想とする子育て方法、望ましい性格形成を強調）を前面に出し、市民の理解を求めた保育活動として展開された（松川 2000）。その後も各地で無償幼稚園が広がっていった。

②保育所

ニュージーランド初の保育所は1903年に設置され、両親の病気や死亡等何らかの理由で養育が困難となった家庭の子どもの保育を担う施設として誕生した（飯野 2015b）。しかし、乳幼児は伝統的に女性が家庭で育てるべきという考え方が定着しており、保育所は福祉の1つの機関としてやむをえず必要とする人が利用してきたため、1960年代までなかなか社会的に認知を得ることができなかった（原田 2012）。女性の社会進出とともに1970年代には保育所は不足し、私立保育所が設立されたが、保育所は養護や生活が主体で幼児教育の水準は低く、無償幼稚園との差が明白であった（原田 2012）。

③プレイセンター

松川（2000）によると、産業の発展につれて女性の職場も子守や家政婦よりも条件のよいところが増えた結果、中流以上の核家族では子守を雇用することが困難になり、子育ての負担が増加していった。無償幼稚園は貧困家庭が対象であり、設置数も多くなかったため、特に中産階層の親を中心にして1940年に開始されたのが、相互に子育てを支え合う自主運営方式の保育運動、プレイセンター運動である。プレイセンターは運営をすべて親が担い、親が親を教育して保育者に育てる。保育内容も性格形成を重視する無償幼稚園とは対照的に、自発的な遊びや自主的活動を大切にして、遊びによる学び、発達の重要性を強調していた。

3 保育施設・事業・提供主体の所管・規制（ガバナンス）に関わる事項

3-1 所轄官庁

1986年にはすべての保育施設が教育省の管轄下に置かれ一元化されたが、保育内容、保育者養成、保育行政等において、幼稚園と保育所の格差是正が必要とされた（松井・瓜生 2010；原田 2012）。1989年からすべての保育施設への補助金の格差を解消することを目標に、補助金交付の条件として、保育の質の向上のために各施設は保育憲章を作成することが求められ、保育の質を評価する教育評価局（Education Review Office：ERO）が設置された。1990年には全保育機関に適用される乳幼児保育規則（Early days Centre Regulation）が定められ、保育者の配置基準などが示された。

3-2 多種多様な乳幼児教育サービス

①乳幼児教育サービスの種類

ニュージーランドの義務教育は6歳の誕生日からであるが、大半の子どもは5歳の誕生日から順次小学校へ通う。就学前の保育施設は、乳幼児教育サービス（ECEサービス）と総称され、多種多様で名称もさまざまである（表1-1）。

a）保育者による分類

保育者として従事する者という視点から見ると、「教師主導型（teacher-led：資格を取得した教員によって行われる保育）」と「親主導型（parent-led）／拡大家族主導型（whānau-led：子どもの親や、そのサービスタイプに特徴的な実践や理念によって研修を受けた保育者によって行われる保育）」の2種類に分けられる。教師主導型保育には、乳幼児教育資格（ECE teaching qualification）をもつ保育者が少なくとも50%必要である。

b）乳幼児教育サービス開設のための免許による分類

6歳未満の子どもを3名以上定期的に保育する際には、乳幼児教育サービス開設のための免許（以下、開設免許とする）が必須となり、「開設免許必須サービス（Licensed ECE services）」と、「開設免許免除サービスグループ（License-exempt ECE Service Groups）」に分類される◆1。

c）保育時間による分類

セッション型（保育時間が合計で1日4時間を超えない）と全日型（保育時間が合計で4時間を超える）がある。幼稚園の運営自体は4時間を超えることが可能であり、4時間ずつのセッションを午前・午後の2回行っている園も多いが、同じ子どもがその両方に参加することはできない。1人でも保育時間が4時間を超える子どもがいる場合には、全日型の要件を満たすことが求められる（松井・瓜生 2010）。

d）運営主体による分類

コミュニティベース（community-based）と私立（private）の乳幼児教育サービスがある。コミュニティベースとは、法人団体、慈善信託、法定信託、コミュニティトラスト、またはコミュニティ組織（市議会、教会、大学など）によって所有されるサービスであり、財務利益を得ることは禁止されている◆2。

表1-1　乳幼児教育サービスの種類

<table>
<tr><td rowspan="7">開設免許必須</td><td rowspan="5">教師主導型</td><td rowspan="2">施設型（Centre-based）</td><td>教育・保育センター（Education and care centres）</td><td>出生後から学齢期までの子どもにセッション型、全日型、自由時間プログラムを提供する。私立、コミュニティベース、会社や組織付属として運営されているものがある。クレッシュ（Crèches）、私立幼稚園、アオガ（aoga）、プナンガ・レオ（punanga reo）、保育所（childcare centre）など多様なものが含まれる。教師主導型であり、乳幼児教育の保育者資格をもつ者が保育を行う。</td></tr>
<tr><td>幼稚園（Kindergarten）</td><td>ニュージーランド幼稚園協会（New Zealand Kindergartens Inc. / NZKI）やニュージーランド無償幼稚園連盟（New Zealand Federation of Free Kindergartens）に属する教師主導型の保育を実施する。大半の幼稚園は2歳から5歳までの子どもを受け入れ、主に3歳児と4歳児のセッション型の保育を提供する。</td></tr>
<tr><td colspan="2">家庭的保育（Home-based）</td><td>少人数のグループ（最大4人まで）のための学びを提供し、大半が、出席している子どもの1人の家庭または、保育を提供する教育者の家庭で実施する。</td></tr>
<tr><td colspan="2">院内保育（hospital-based）</td><td>入院中の子どもたちに学びを提供するために、病院内で実施する。</td></tr>
<tr><td colspan="2">通信制学校（Te Kura：Correspondence School）</td><td>地理的に通園困難、病気等で保育に参加できない3歳から5歳までの子どものための学びのプログラムを提供している。週に2セッションまで乳幼児サービスにも通うことができる。</td></tr>
<tr><td rowspan="5">親または拡大家族主導型</td><td colspan="2">コハンガ・レオ（Kōhanga reo）</td><td>コハンガ・レオ・ナショナルトラスト（Te Kōhanga Reo National Trust）によって運営され、マオリ語とマオリ文化による保育が行われる。コハンガ・レオはマオリ語で「言語の巣」を意味する。
子どもたちがマオリの価値観と文化を身に付けられるように特別な研修を受けた親や拡大家族によって運営されている。</td></tr>
<tr><td colspan="2">プレイセンター（Playcentre）</td><td>施設型サービスと同様に、目的に合わせて設計された施設で運営されている。子どもの親らによって保育が行われる。親は通常、ニュージーランドプレイセンター連盟が推進する乳幼児の学びの原則に基づいた研修を受けている。</td></tr>
<tr><td rowspan="3">開設免許免除</td><td colspan="2">プレイグループ（Playgroup）</td><td>親と就学前の子どもによるコミュニティベースのグループである。参加している子どもの親によって運営され、週に1～3回実施されている。</td></tr>
<tr><td colspan="2">ンガー・プナ・コーフンガフンガ（Ngā Puna Kōhungahunga）</td><td>コミュニティベースでマオリ文化にふさわしい保育を実施する。</td></tr>
<tr><td colspan="2">太平洋諸島幼児教育グループ（Pacific Island Early Childhood Groups）</td><td>太平洋諸島の言語と文化の維持・発展を目的とした保育を実施する。親の関与レベルが高い。</td></tr>
</table>

出典：Understanding the different early learning service types | Education in New Zealand（https://www.education.govt.nz/early-childhood/running-a-service/different-services/）、Glossary | Education Counts（https://www.educationcounts.govt.nz/data-services/glossary）をもとに筆者作成。

コミュニティベースの基準に当てはまらないその他すべてのサービスが私立に分類され（松井・瓜生 2010)、私立は民間企業、上場企業、個人信託、共同経営会社、個人所有によるサービスが該当する◆3。

②乳幼児教育サービスの推移

開設免許保有の乳幼児教育サービス数は、2018年に4532であり、前年度（2017年）4567より減少した（図1-1)。これは2011年から2012年にかけて減少した以来の減少である。最大多数を占める教育・保育センター数は2018年に26増えて2584となり、教育・保育センター以外の乳幼児教育サービス数は減少した。

2009～2018年の開設免許保有の乳幼児教育のサービス別入所者数は図1-2に示す。なお､2018年度の入所者数は、教育・保育センター13万4701名、幼稚園2万9048名、家庭的保育1万8267名、コハンガ・レオ8514名、プレイセンター9734名、通信制学校324名であり、そのうち教育・保育センターと幼稚園で67%を占める。0～4歳の子どもの64.4%が開設免許保有の乳幼児教育サービスに在籍し、4歳児の96.3%が乳幼児教育サービスに在籍している。

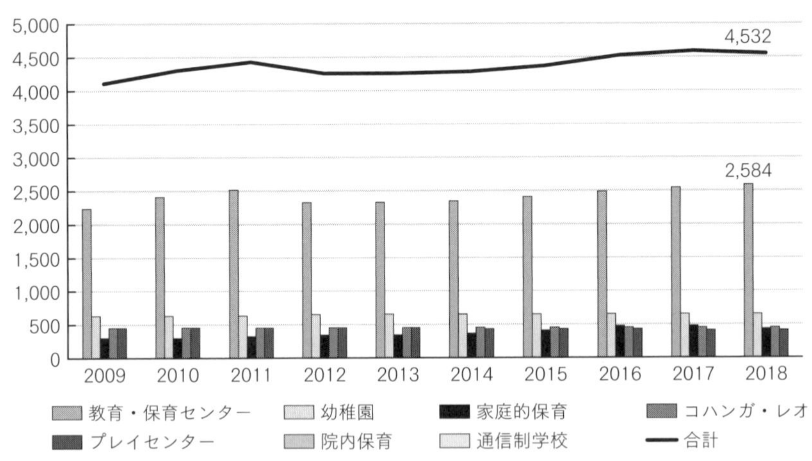

図1-1　開設免許保有の乳幼児教育サービス数（2009～2018年）

出典：Services | Education Counts　https://www.educationcounts.govt.nz/statistics/early-childhood-education/services のデータをもとに筆者作成（2019年3月7日確認)。

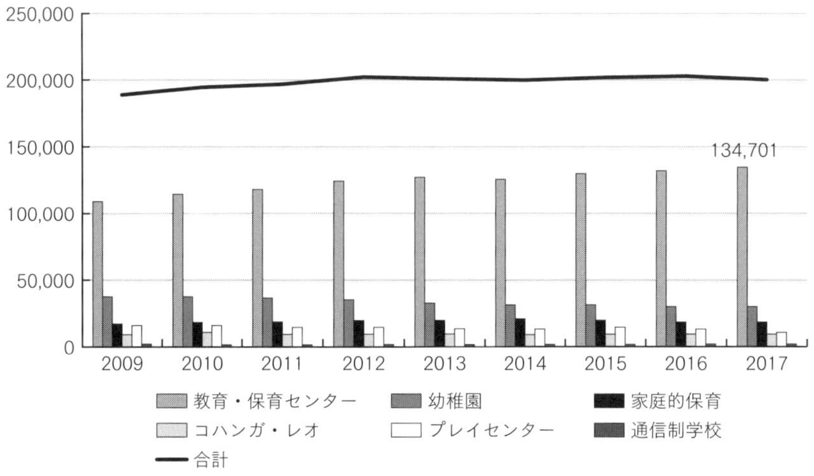

図1-2　開設免許保有の乳幼児教育サービスの入所者数（2009～2017年）

出典：Services | Education Counts　https://www.educationcounts.govt.nz/statistics/early-childhood-education/services のデータをもとに筆者作成（2019年3月7日確認）。

3-3　保育者配置最低基準

保育者配置最低基準は、保育者1名あたり、2歳未満児は全日型・セッション型ともに子ども5名、2歳以上児は子ども10名（全日型）◆4／子ども15名（セッション型）◆5となっている。この基準はさらに、2019年から2029年の10年間に実行される乳幼児教育戦略計画において改善される予定である（以下、3-7②参照）。日本の保育者配置基準（保育者1名あたり0歳児：子ども3名、1・2歳児：子ども6名、3歳児：子ども20名、4歳児以上：30名）と比較すると、0歳児については日本のほうが手厚いが、1歳児以上はニュージーランドのほうが保育者1名あたりの子どもの数が格段に少なく、目が行き届く環境にあると言える。

3-4　面積最低基準

面積最低基準は、表1-2に示す。屋内スペースとは、すべての建具、固定機器、および貯蔵品によって占められるスペースを除外して計算され、通路、トイレ設備、職員室、2歳未満児の午睡の部屋、およびその他遊びに利用できないエリアは除外される。一方、日本の1人あたりの面積最低基準は、乳児室1.65平方メートル、満2歳以上の保育室1.98平方メートル、屋外遊戯場3.3平方メートルであり、対象面積に廊下、可動式の収納設備のおいてある床面積が含まれ、実際の活動スペースが確保されていない。したがって、ニュージーランドは日本と比較してゆったりとした空間が保障されて保育が行われていると言える。

表1-2 面積最低基準

教育・保育センター	屋内：子ども1人あたり2.5㎡ 屋外：子ども1人あたり5㎡、または、規定54（3）*に基づき子ども1人あたりの最小㎡を決定
家庭的保育	屋内：1部屋あたり10㎡ 屋外：ある程度の屋外スペースが必要
院内保育	活動部屋用に屋内スペースが必要：院内保育を利用している子どもがすぐにアクセスできる、最低20㎡以上の使用可能スペースがある部屋1室。これは院内保育サービスの開設免許に定められた子どもの最大数の40％に相当し、子ども1人あたり最低2.5㎡のスペースが必要。 屋外：屋外スペースは不要

＊1日に2時間以上出席する子どもがいない場合、基準が緩和されたり、免除されたりすることがある。
出典：乳幼児教育規定2008（Education〔Early Childhood Services〕Regulations 2008）をもとに筆者作成。

3-5 20時間幼児教育制度（20 Hours ECE）

2007年7月1日に、3・4歳児を対象とした無償幼児教育制度が導入され（松井・瓜生 2010）、政府は、3・4・5歳（6歳の誕生日の前日まで）の子どもすべて（保護者の収入にも無関係）に対して、1日6時間まで、週20時間まで幼児教育の全額を支払う。なお園は、規定の保育者配置基準を超える追加スタッフの雇用、追加のサービスや商品、活動など（例：ダンスや音楽教員の雇用、遠足や入場料、日焼け止めローション、サンハットなどの衣料品、食料など）に対してオプション料金を設定することができる。教師主導型保育は、有資格の保育者が80％以上いる場合にもオプション料金を設定可能である。

3-6 補助金

①乳幼児教育補助金（ECE Funding Subsidy）

1992年から疑似バウチャー制度◆6が導入され、施設型・家庭的保育などサービスの種類や有資格者の割合等によって、子ども1人1時間あたりについて定められたレートに基づいて補助金の支給が行われている（松井・瓜生

2010)。

②プラス10幼児教育制度（Plus 10 ECE）

上述の20時間幼児教育制度（20時間ECE）を受けている子どもが20時間を超えて通園する場合、プラス10幼児教育制度（プラス10ECE）により、1週間に10時間補助金を受け取ることができる。20時間ECEとプラス10ECEを組み合わせると、1日最大6時間および週30時間の補助金（2歳以上と同じレート）が得られる。

③衡平補助金（Equity Funding）

文化的背景や社会経済的地位、地理的状況の格差を是正し、すべての子どもが平等に早期の学びの機会を得られるようにするための追加補助金である。「A：社会経済的に低い共同体」「B：特別なニーズがあり、英語を話さない背景をもつこと」「C：英語以外の言語（手話を含む）や文化」「D：孤立地域」の4種類があり、それぞれの指標をもとにレートが決められている。すべての乳幼児教育サービスおよびコハンガ・レオが申請でき、乳幼児教育補助金と併せて年3回支払われる。

④孤立地域のサービスに対する年間追加補助金（Annual Top-Up for Isolated Services：ATIS）

孤立地域にある、開設免許保有の小規模乳幼児教育サービスに対して支払われる補助金である。孤立指標の基準を超えており、乳幼児補助金・20時間ECE・衡平補助金額が5000～1万9999.99ドルまでの場合に追加で支払われる。申請の必要はなく、政府が指標や補助金データをもとに支給する。

3-7　乳幼児教育10か年戦略計画（Early Learning 10 year Strategic Plan）

2002年に「未来への道筋—乳幼児教育のための戦略的10か年計画（A 10-year Strategic Plan for Early Childhood Education, Pathways to the Future: Nga Huarahi Arataki)」が策定され、「質の高い乳幼児教育サービス登録率の増大」「乳幼児教育サービスの質の向上」「協同的な関係の促進」という3つの目標の達成に向けてさまざまな改革が進められてきた（松井・瓜生 2010)。現在、

2019年から2029年の10年間に実行される、新しい乳幼児教育戦略計画が進められている。乳幼児教育部門を発展強化し、すべての子どもおよび家族と拡大家族のニーズを満たすことを目的とし、5つの目標◆7が設定され、それらの目標に沿った推奨事項が含まれている。主な提案は以下の4点である◆8。

①乳幼児教育センターにおける保育者の有資格率100%を達成する。
2022年までに現在の50%から80%に、その後100%とする。

②保育者配置基準を改善する。
教師主導型・施設型の乳幼児教育サービスにおいて、保育者と子どもの比率について、「2歳未満児1対5」「2歳以上児1対10」を、「2歳未満児1対4」「2歳児1対5」へと改善する（表1-3）。

表1-3　ニュージーランドにおける保育者と子どもの比率

	2歳未満児	2歳児	3歳以上児
現　在	1対5	1対10	1対10
新基準	1対4	1対5	1対10

出典：Ministry of Education（2019）をもとに筆者作成。

③乳幼児教育分野全体の保育者の給与と条件の一貫性と水準を高める。

④新たなサービスの設立、支援の増大、モニタリングを強化するためにより計画的なアプローチを実施する。

4 保育者の資格免許、養成、研修、雇用形態や労働環境等

4-1　保育者資格・給与

1988年に幼保統合型保育者資格（Bachelor of Teaching in Early Childhood Education またはDiploma）が創設され、いずれの形態の乳幼児教育サービスに携わる場合にも同一の資格であるが、学術性の違いから学士（Bachelor）と準学士（Diploma）の2種類の資格があり、学士を取得すると小学校教員と同等の給与を得られる（松井・瓜生 2010)。資格取得に要する年数は共に3年間である。ニュージーランドの保育者養成は、ニュージーランド教師協会（New Zealand Teachers Council）によって管理されており、保育者資格の取得方

法として、ネットを用いた通信型、キャンパスへ通う通学型、全日型、パートタイム型等さまざまなものがあるが、ニュージーランド教師協会が設けた教員養成プログラム（Initial Teacher Education Programme）を修了することが求められる（ジュディス・ダンカン 2015）。

乳幼児教育サービス数は減ったが、2018年の保育者数（家庭的保育含む）は3万9118名であり、前年（2017年）3万8186名より増加した。保育者の大半は、教育・保育センター所属である。有資格保育者数は、2018年は2万2251名であり、全保育者数のうち、57％が有資格者であり、前年（2017年）56％より増加した。有資格者数の割合は、家庭的保育コーディネーター97％、幼稚園91％、教育・保育センター64％である。なお、通信制学校および院内保育にも高い割合で有資格者がいるが施設数が少ない。家庭的保育では有資格者の割合は10％しかない（2017年は7％）。家庭的保育の保育者を除くと、残りの3万1418名中2万1467名（68％）が有資格者となる（2017年は69％）。

4-2　教員登録

大学などの高等教育機関で所定の資格を取得した者は、教育審議会から教育就労許可証（practicing certificate）が与えられ、暫定登録（provisional registration）となる。教職につくためには、教育審議会（New Zealand Teachers Council）への登録が必要となり、正式登録（full registration）となるには、教育現場において週12.5時間以上、2年の実務経験を積むことが求められる（松井・瓜生 2010）。2018年の登録（暫定登録および正式登録双方を含む）保育者数は2万929名、無登録は1万489名である。

5 カリキュラム

5-1　テ・ファリキ（Te Whāriki）

1980年代以降、乳幼児の保育は単なる子守ではなく、バランスのとれた発達を促す教育であると考えられるようになったが、具体的な保育目標や保育内容をまとめた保育カリキュラムは作成されていなかった（松川 2000）。

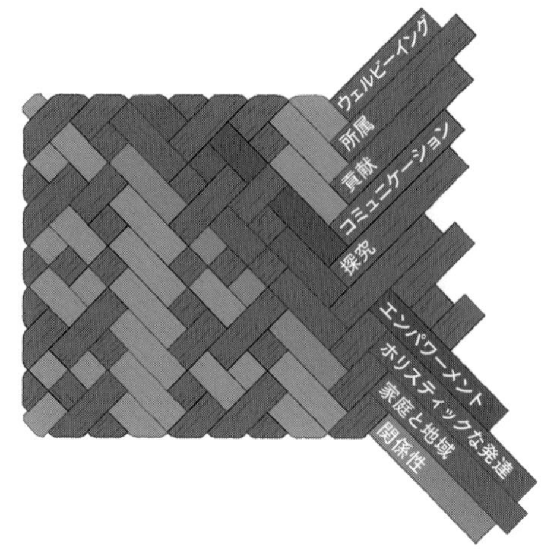

図1-3　テ・ファリキの概念図

出典：Ministry of Education（2017）Te Whāriki − Early childhood curriculum New Zealand Government p.11より。この図はアーティストかつ機織り職人のMari Ropata-Te Hei（Ngāpuhi, Ngāti Raukawa ki te Tonga, Te Āti Awa me Ngāti Toa Rangatira）と、グラフィックデザイナーのTe Iwihoko Rangihirawea（Ngāti Rangi, Ngāti Pikiahuwaewae）によって作成されたものである。ニュージーランド・クラウン・コピーライト（NZ Crown Copyright）が著作権を有しており、掲載にあたってはニュージーランド教育省の許諾を得た。

質の高い保育を提供するためには、保育カリキュラムが必要であるという趣旨のもとに、全国保育カリキュラム「テ・ファリキ（Te Whāriki）」（図1-3）が1996年6月に完成し、1998年8月から、テ・ファリキに基づく保育実践が保育補助金の支給を受けるための条件となった（松川 2000）。2008年以降、教師主導型の保育施設は、テ・ファリキで示された理念・原理を基に独自のカリキュラムを作成し、各保育施設の文化的価値観や信念を内包させることが義務づけられた（飯野 2018）。

テ・ファリキの基盤にあるのは、「子どもは有能で自信のある学習者そしてコミュニケーターであり、心・身体・精神において健全であり、ゆるぎない所属感をもち、社会に価値ある貢献をする知識を確実に手にしていく」という展望である。なお、テ・ファリキとは織物を意味するマオリ語であり、下記の4つの原理と5つの要素が織り込まれるように成り立っている。

①原理（principles）

4つの原理は、ニュージーランドのすべての乳幼児教育において提供されると期待され、カリキュラムの意思決定の土台となり、教授法と実践のすべての側面を導くものである（表1-4）。

表1-4　4つの原理

エンパワーメント （Empowerment / Whakamana）	乳幼児教育カリキュラムは、学びや成長する権利を子どもに与える
ホリスティックな発達 （Holistic Development / Kotahitanga）	乳幼児教育カリキュラムは、子どもが学び成長する全体的な方法を示す
家庭と地域 （Family and Community / Whānau Tangata）	家庭や地域といった広範な世界は、幼児教育カリキュラムに不可欠な要素である
関係性 （Relationships / Ngā Hononga）	子どもたちは、人や場所、物との応答的で互恵的な関係を通して学ぶ

出典：Ministry of Education（2017）Te Whāriki – Early childhood curriculum New Zealand Governmentをもとに筆者作成。

②領域（strands）

学びと発達の5つの領域は、子どもが自信に満ちた有能な学習者として必要な能力を発展させていくための支援に焦点が当てられている（表1-5）。

表1-5　5つの領域

ウェルビーイング（Wellbeing / Mana Atua）	子どもの健康および幸福が保護され、育まれる
所属（Belonging / Mana Whenua）	子どもやその家族が所属意識をもつ
貢献（Contribution / Mana Tangata）	学びの機会は平等であり、ひとりひとりの子どもの貢献が評価される
コミュニケーション （Communication / Mana Reo）	子ども自身や他の文化の言葉や表象が推進され、保護される
探究（Exploration / Mana Aotūroa）	環境の能動的な探究を通して子どもは学ぶ

出典：Ministry of Education（2017）Te Whāriki – Early childhood curriculum New Zealand Governmentをもとに筆者作成。

③目標（goals）

保育者（カイアコ：kaiako = teacher〔s〕）のための目標である。原理と一致し、要素に渡って子どもの学びと発達を支える環境と保育方法を促進する特徴が記載されている。5つの領域それぞれに目標が設定されている。

④学びの成果（learning outcomes）

5つの領域それぞれにおける学びの成果は、子どもが身につけていく価値のある「知識」「スキル」「態度」「気質」を幅広く提示するものである。カリキュラム計画と評価を提示し、子どもの成長の評価を支えるために作られている。

5-2 ラーニング・ストーリー（Learning Story）

ラーニング・ストーリーは、テ・ファリキの枠組みに基づいて、子どもの学びの姿が物語として写真と文章で綴られたものである。子どもごとにラーニング・ストーリーのファイルが作られて保育室に置いてあり、保育中に自分のものを広げてみたり、子どもたち同士で見せ合ったりする姿もある。また、家族が家に持ち帰り、コメントをすることもある。

ラーニング・ストーリーの開発は、テ・ファリキに基づく評価が求められるようになったことに伴い、その具体的な方法を確立するために、1996年からテ・ファリキの代表執筆者でもあったマーガレット・カー（Margarett Carr）氏を中心に進められた。従来のチェックリスト型の評価ではなく、社会文化的な観点にもとづき、「子どもが社会（世界）を認識し（そこに）参加する過程」に焦点が当てられ、学びを社会的行事（Social Event）としながら遊びとの関連が重視される（飯野 2018）。また、価値のある学びに保育者が「気づく」「認識する」「応答する」「記録する」「再検討する」という形成的な評価の流れを活用しており、子どもの能力の変化をたどり、可能な学びの道筋を考え、それを支える計画を立てることができる（Ministry of Education 2017a）。約95%の就学前施設がラーニング・ストーリーによる保育評価を行っており（飯野 2015）、実際にラーニング・ストーリーをもとにカンファレンスが行われたり、その子どもの保育計画が作成されたりする。また、下記に述べるように教育評価局による外部評価は、子どもの学びの成果に焦点を当てており、自己評価の一環としてラーニング・ストーリーが提示される（飯野 2010）。

2004年に教育省より出版されたケイ・トゥア・オ・テ・パエ（Kei Tua o te Pae：学びの評価Assessment for Learning: Early Childhood Exemplars全20巻；Ministry of Education 2004）には、事例が数多く示され、ラーニング・ストーリーについて詳しく解説されている。そのようなラーニング・ストーリーの模範例は示されているものの、どのような様式を取るかは各保育者にゆだねられており、さまざまなものがある。

なお、各園において義務づけられているのは「テ・ファリキの履行」と「テ・ファリキに基づく保育評価」の実施であり、必ずしもラーニング・ストーリーの形式が義務づけられているわけではない（飯野 2015c）。テ・ファリキにおいても、子どもの成長や興味を把握するためにポートフォリオが有用であること、そこには注釈付きの写真や子どもの作品（art）、話し言葉の記録や文字化、保育者の観察や、ラーニング・ストーリーが含まれる可能性は記載されているが、「ラーニング・ストーリー」の内容や作成手順が組み込まれているわけではない。

テ・ファリキにおいて、保育者は「日々の経験やできごとにおいて、子どもがどのようにかかわっているのかをよく聞き、観察し、関与し、応答する」ことで日常的に非公式な評価を行いつつ、「子どもがカリキュラムとかかわっている様子を観察したことを記録した文書化された評価」を通して公式な評価を行うことの重要性が明示されている（Ministry of Education 2017a）。カリキュラムと保育評価のつながりにおいても国際的な関心は高く、日本においてもラーニング・ストーリーは数多く紹介され、保育現場における活用も多い（大宮 2010など）。

一方で、テ・ファリキの枠組みに強く依存することにより「エピソードからテ・ファリキの枠組みを選択する」のではなく、「テ・ファリキの枠組みからエピソードを選択する」事態が生じたり、テ・ファリキの枠組みに当てはまらないエピソードが軽視されがちになったりするなどの懸念や、ラーニング・ストーリー以外の評価方法を見つけ出すことが難しいという現場の声もある（飯野 2015b）。

5-3　テ・ファリキ改訂

政府の保育支出に見合う保育成果、学びの成果という観点から、テ・ファリキの有効性を問う議論やテ・ファリキの検証を求める動きが高まり（鈴木 2018）、2017年テ・ファリキが改訂された。1996年制定以降初めての20年ぶりの改訂である。上述の原理や領域、概念、および目標の全体構造は変わらないが、2017年改訂のテ・ファリキの主な変更点は、①文脈、言語、事例、実施上の助言を更新、②二文化の枠組みをより強固なものにし、アイデンティティ、言語、文化、すべての子どもの多様性を受け入れることに焦点化、③学びの成果の項目数を118から20に減らし明確化、④学校カリキュラム「ニュージーランドカリキュラム」とマオリのナショナルカリキュラム「テ・マラウタンガ・オ・アオテアロア」とのつながり提示、⑤扱いやすいように構成を合理化したことである（Ministry of Education 2017b）。

改訂版テ・ファリキでは、英語で書かれたテ・ファリキ「Te Whāriki: He whāriki mātauranga mō ngā mokopuna o Aotearoa Early childhood curriculum」と、マオリ語で書かれたコハンガ・レオのテ・ファリキ「Te Whāriki a te Kōhanga reo」という2つの文書が背中合わせで1冊として製本されている◆9。それらは対訳ではないが、原理や領域といった基本的な枠組みは共有している。二文化的であり、1つの枠組みで2つの道筋（one-framework-two-paths）を示すカリキュラムであることを見せるためにも、上述した特色のある製本形式を取っている。

専門的な学びと発達のために、改訂版テ・ファリキのワークショップが2017年5～8月に各地で開催され、ワークショップ教材やビデオがウェブ上に掲載され、オンラインセミナーも受講できる◆10。また、保護者向けの分かりやすいパンフレットや、乳幼児教育に関する保護者向けウェブサイト◆11も作成されている。

6 監査や評価

6-1 自己評価

乳幼児教育サービスにおける自己評価は開設免許要件の一部として義務づけられており、開設免許基準（Licensing criteria）の運営・経営・管理基準6（Governance Management and Administration criterion 6）において、下記2点の書類「①園に関わる人が実施する園の運営（operation：学びと教育の実践、理念や方針、手続きなど）の評価プロセス（さまざまな運営分野の評価について時系列の示された予定表を含む）、②評価プロセスから得られた成果の記録」の作成が義務づけられている（Ministry of Education 2016）。政府より自己評価ガイドライン（Nga Arohaehae Whai Hua / Self-review guidelines for early childhood education）も刊行されている。

自己評価は「いかに効果的に、すべての子どもの強みや興味を養い、必要としていることを提供しているか」および「どのように子どもの学びが生じているか」ということを検討するものであり、枠組みとしてテ・ファリキに示される原理や領域、目標、学びの成果を用いながら、子どもの学びと発達に与える影響に関わることが主眼となる（Ministry of Education 2017a）。なお、上述したように、ラーニング・ストーリーも自己評価の一環として、教育評価局の外部評価において提示される。

6-2　教育評価局（ERO：Education Review Office）による外部評価

ニュージーランドの保育を外部評価し報告する政府機関として、1989年に発足した教育評価局がある。5地域に約150名の評価担当官が任命されており、学校や乳幼児教育・保育における評価を実施する。乳幼児教育サービスのうち開設免許保有サービスすべてについて、おおむね3年に一度、定期的な外部評価が実施される。外部評価と自己評価は双方に利益をもたらす補完的なものであると考えられており、いかに効果的な自己評価が行われているかという点についても外部評価の対象である。

6-3　評価枠組み

①ンガー・ポウ・ヘレ（Ngā Pou Here）

教育評価局は「すべての子どものよい学びの成果をどのように促進しているか」ということに焦点を当て、うまくいっている点と改善すべき点を特定し、すべての子どもが高い質の教育を受けられるようにすることを目的に評価を実施している。ンガー・ポウ・ヘレ（Ngā Pou Here：図1-4）は、乳幼児教育評価の方法論の枠組みのメタファーとして使用され、子どものよい学びの成果を促進する要因に関するものである。子どもたち（Tamariki）は教育評価局の焦点の中心に置かれている。ンガー・ポウ・ヘレにおいてマオリの用語と概念を用いることにより、マオリの世界観に対する理解を深め、マオリの人々にとっ

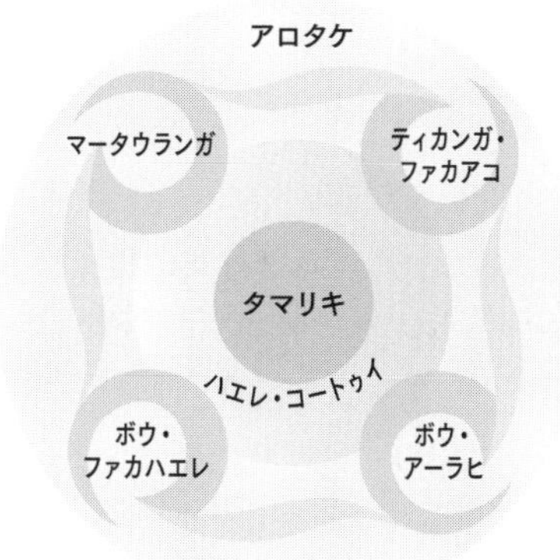

図1-4　ンガー・ポウ・ヘレ（Ngā Pou Here）

出典：Education Review Office（2013）He Pou Tataki How ERO reviews early childhood services New Zealand Government p.15より。教育評価局の許可を得て掲載。

て公平な成果を実現するための1つの戦略となる。

②4つのポウ（Pou）と相互関連性

4つのポウは多様性の受け入れ（inclusion）、公平、バランスを体現している。ポウは自立することはできず、互いに影響を及ぼし合う。

各ポウは、園がどの程度「ハエレ・コートゥイ（Haere Kōtui：連携して働くこと）」を成立させ、「アロタケ（Arotake：評価的アプローチ、改善のための自己評価）」を使用しているかを検討する。ハエレ・コートゥイとアロタケは、各ポウを織り込んでつなげるものと考えられている。

③優先学習者（priority learners）

政府の優先事項は、すべての子どもが質の高い幼児教育を受ける機会を得られることである。政府の優先学習者は、歴史的に見て教育上成功していない、社会経済的地位の低い「マオリ」および「太平洋」の子ども、「多様なニーズをもつ」子ども（特別な教育ニーズや特別な能力をもつ子ども、追加の言語として英語を話す子ども、移住者と難民の子ども）である。教育評価局は、マオリや太平洋の子どもたちの文化や言語、アイデンティが尊重され、多様なニーズをもつ子どもたちの特定の学習のニーズに基づいて、それぞれの子どもの成長が支えられているかを評価する。それに加えて教育評価局では、乳児期における質の高い教育の重要性を鑑みて「2歳未満の子ども」も優先学習者に含め、2歳未満児用の評価指標（接続要素）も作成されている。

6-4 評価指標

「保護者との連携（ハエレ・コートゥイ）」と、「自己評価を通して得られる持続可能性（アロタケ）」は、上述したように各ポウを織り込んでつなげるため、「接続要素（connecting elements）」として4つのポウに共通して置かれている。「寄与要素（contributing elements）」は、各ポウにおいて焦点を当てる側面である。また、各ポウの評価を導くための「評価質問」も用意されている。この指標は自己評価の一環として利用可能できることも提案されている。評価指標の構成は表1-6、各ポウにおける評価の裏付けとなる問いは表1-7に示す◆12。

なお、上述した「優先学習者」としての2歳未満児用の指標もあり、接続要素として「肯定的、敏感、応答的な相互作用」「学びの環境」「乳児や歩行開始期の子どものための構造の質（主にポウ・ファカハエレとポウ・アーラヒが該当）」が設定され、特にティカンガ・ファカアコとマータウランガに焦点が当てられている。

表1-6　評価指標の構成

<table>
<tr><th colspan="2"></th><th>ポウ・ファカハエレ
Pou Whakahaere</th><th>ポウ・アーラヒ
Pou Ārahi</th><th>マータウランガ
Mātauranga</th><th>ティカンガ・ファカアコ
Tikanga Whakaako</th></tr>
<tr><td colspan="2">評価内容</td><td>園の理念、展望、目標、システムは、子どものよい学びの成果が得られるようにするうえで、どの程度有効か</td><td>子どものよい学びの成果が得られるようにするうえで、リーダーらは園内の能力をどの程度有効に構築しているか</td><td>園のカリキュラムデザインは、子どものよい学びの成果が得られるようにするうえで、どの程度有効か</td><td>子どものよい学びの成果が得られるようにするうえで、教育および学びの実践がどの程度うまくいっているか</td></tr>
<tr><td colspan="2">評価質問</td><td colspan="4">・優先学習者に関する質問：自己評価を通して、優先学習者について分かっていること各ポウと関連した連携関係や自己評価
・評価の裏付けとなる問い：各ポウの主要な側面を浮き彫りにする評価のための重要な質問
・調査時の質問例：優先学習者に関する質問と、評価の裏付けとなる問いを具体化（確定リストではなく例）</td></tr>
<tr><td rowspan="2">指標</td><td>接続要素</td><td colspan="4">・保護者・家族との連携（ハエレ・コートゥイ：Haere Kōtui）
・自己評価による持続可能性（アロタケ：Arotake）</td></tr>
<tr><td>寄与要素</td><td>・展望
・理念
・戦略的方向性
・政策の枠組みと方針
・パフォーマンスの・管理
・財政の管理
・健康・安全性の管理
・能力開発</td><td>・展望と理念の実現
・園の組織的文化の構築と発展
・専門的実践の構築と支援</td><td>・専門的知識
・カリキュラムと教科の内容に関する知識
・学びに関する知識と学習者としての子どもに関する知識
・子どもの権利に関する知識
・文化と文脈に関する知識
・家族とコミュニティに関する知識
・評価とアイデンティティ
・評価のプロセス
・評価の目的
・カリキュラム計画</td><td>・子どもとの関係性と相互作用
・子どもの権利
・効果的な教育実践
・文字と算数／学校のカリキュラムの領域との関連づけ
・ワイタンギ条約に基づく（Te Tiriti - based）実践／二文化カリキュラム
・包括的実践
・学びの環境
・園への移行、園内の移行、学校への移行</td></tr>
</table>

出典：Education Review Office（2013）He Pou Tātaki How ERO reviews early childhood services New Zealand Government　New Zealand Governmentをもとに筆者作成。「評価質問」「指標」の各項目について、ポウごとに複数の例があげられている。全園共通で使用するチェックリストのようなものはなく、上記の枠組みや例をもとに対話的な調査を実施する。

表1-7　各ポウにおける評価の裏付けとなる問い

ポウ・ファカハエレ	●当該園は以下についてどの程度達成しているか？ ・理念と実践を通して、ワイタンギ条約の原理を重視・実行している。 ・展望および関連する目標や計画に、自身の子どもの学びに関する多様な保護者・家族の願望や期待が含まれている。 ・教師、保護者、家族および地域社会の価値や信念を反映した理念がある。 ・改善および子どもの学びに焦点を当てた（長期的／短期的）戦略を立て、それを実行している。 ・実践を導く理念がある。 ・財務・リソース・健康・安全の管理を効果的に行っている。 ・適切な知識・専門性を有したスタッフを配置している。 ・スタッフの研修を継続的に行っている。 ・自己評価に保護者や家族が関与している。 ・自己評価において頑健なプロセスを用いている。 ・自己評価を、意思決定をする際や質を向上させるために用いている。
ポウ・アーラヒ	●リーダーは以下をどの程度効果的に行っているか？ ・展望とそれに関連する目標を推し進める。 ・質の高い学びと教育を促進する。 ・専門的実践を構築し支援する。 ・園内の関係性や協同する方法を築く。 ・あらゆるレベル（教師、保護者、家族、子ども、地域社会）でリーダーシップの機会を与えている。
マータウランガ	・教師は乳児・幼児（およびその保護者や家族）についてどの程度よく分かっているか？ ・保護者や家族の願望や目標を、教師はどの程度よく理解し、それをどの程度カリキュラムに反映させているか？ ・カリキュラムの決定に教師がどの程度関与しているか？ ・カリキュラムが教師の関心や知識をどの程度反映したものになっているか？ ・乳児・幼児の関心や強みに効果的に応えるカリキュラムを実行するうえで教師が適材適所に配置されているか？ ・乳児・幼児の強み、関心、能力に教師が気づき、認識し、応答することができるようにするうえで、評価や計画はどの程度効果的か？ ・カリキュラムは以下にどの程度基づいているか？ ➢専門的知識、カリキュラム／教科に関する知識、および学習者に関する教師の知識 ➢マオリの世界（te ao Māori）の視点に関する教師の理解 ➢園の家族や地域社会の多様な文化的アイデンティティに関する教師の知識
ティカンガ・ファカアコ	●教師は以下をどの程度効果的に行っているか。 ・乳児・幼児のよい学びの成果に貢献する教育実践を用いている。 ・自分は学びの成功者であるという子どもたちの感覚を高められるような教育実践を用いている。 ・すべての子どもと丁寧で互恵的で応答的な関係性をもっている。 ・すべての子どもの強み、関心、能力に応答している。 ・特別なニーズや能力を有する子どもに対して応答的な教育実践を用いている。 ・子どもとのかかわりの中で、子どもの考えを広げたり、異議を唱えたりしている。 ・乳児・幼児にとってよい学びの成果に貢献する学びの環境を構築している。 ・アオテアロア／ニュージーランドの2つの文化遺産に自信をもてるように子どもたちを支援する教育戦略や資源を用いている。 ・反省的実践を行って、自身の実践に疑問をもったり修正したりしている。 ●入園時、園内の移行時、就学準備時に、子どもたちがうまく移行できるように管理している。

出典：Education Review Office（2013）He Pou Tataki How ERO reviews early childhood services New Zealand Governmentをもとに筆者作成。

6-5　評価プロセス

評価プロセスは可能な限り開かれたものになるように設計されており、以下の通りである◆13。

①評価の事前通知

評価の実施予定について、4～6週間の間に事前通知がある。

②情報の要求と回答

園は、保証報告書（assurance statement）◆14を完成させ、評価のための書類一式を用意し、少なくとも評価訪問の2週間前までに送付する。また、自己報告書（self-report：所定の書式あり）を提出することにより、子どもによい成果をもたらしている文脈と方法を教育評価局に伝えることができる。

③評価前議論

評価作業はすべてチーム（乳幼児教育は2名◆15）によって実施され、評価チームリーダーの1人が評価プロセスや焦点について、通常メールか電話により話す。園にとっては質問の機会となる。

④訪問

評価者は、評議員、主任リーダー（senior leader）、保育者や補助職員と話をする。子どもたちや保護者、広く地域の人とも話すこともある。子どもと保育者の相互作用も観察し、提供された書類を見て、その実践が適切に行われている証拠を探す。乳幼児教育サービスでは、現場における評価の実施におよそ2日が費やされる◆16。

⑤初期の所見

訪問直後に、評価チームは初期の所見を提示する。これに基づいて、園には話し合う機会が与えられる。

⑥報告書の素案

現地における新たな評価所見に関する最終議論から約4週間後に、報告書の素案を受け取る。この段階で、園は事実誤認や重大な見落としを指摘し、必要に応じて所見に関連する事柄に関してコメントし、回答を送るように要請する。

⑦最終報告

完成した評価報告書が送付され、10営業日後にウェブサイトに報告書が公開される。この報告書の主要な目的の1つは、うまくいっている点と、改善できる点について、園や地域が理解するうえで役立つことである。

評価を公開する理由としては、保護者の関与は子どもの教育に大きな役割を果たすことを念頭に、保護者や家庭、地域に教育や学びについて知ってもらうためであり◆17、報告を簡単に入手できることによって保護者が関心を寄せ、質問できるようにするためである。

⑧改善

評価に基づいて改善に向けた取り組みを開始する。何か心配な点があれば、教育省に関与を要請し、改善を支援していく。

6-6　4段階評価

上記の評価指標に基づいて総合的に判断した結果、4段階で評価され、それにより次回の評価実施時期が異なる。2017～2018年にかけて、1291の乳幼児教育サービス（開設免許保有サービス4620のうち28%）を評価した結果（Education Review Office 2018b）、「大変よい」13%、「よい」75%、「さらなる進歩が必要」4%、「よくない」1%、初めての評価7%となった。また、170に懸念があると見なされ、そのうち30に教育省の関与が入ることとなった。前回の評価で「さらなる進歩が必要」とされた園の84%に改善がみられ、「よい」に評価が上がった。4段階評価と次回評価時期、評価結果の割合（2017～2018年）は表1-8に示す。

表1-8　4段階評価と次回評価時期、評価結果の割合（2017～2018年）

評　価	次回評価時期	評価結果の割合（2017～2018）
大変よい（Very well placed）	4年後	13%
よい（Well placed）	3年後	75%
さらなる進歩が必要（Requires further development）	2年以内	4%
よくない（Not well placed）	教育省と協議	1%

出典：Education Review Office（2018）Annual Report 2017/18をもとに筆者作成。

各評価の内容は以下のとおりである。

①大変よい（Very well placed）

下記すべての点が見出される場合、評価指標に関連した質の高い実績(high quality performance)◆18が明白であり、子どものよい学びの成果の促進に一貫して効果的であると判断し、「子どものよい学びの成果を促進するために非常に適した場所」として評価される。次回評価は4年後に実施される。「人員配置、リーダーシップおよび管理の安定性を促進するシステム」や「質の高い実績を維持する可能性があることを示す自己評価」があり、（少なくとも2回連続）肯定的な教育評価局報告を受けている可能性が高い。

・カリキュラムはすべての子どもたちの興味や強み、能力に非常に効果的に応答する。
・カリキュラムは子どもの文化、言語、アイデンティティに非常に敏感である。
・二文化カリキュラムが整っており、二文化実践が非常に明白である。
・生涯学習者としての子どもたちの自信と能力を伸ばすために、非常に効果的な教育をしている。
・優先グループ（マオリ、太平洋、特別支援を必要とする子ども、そして2歳未満の子どもを含む）の健康と学びが積極的に促進されている。
・マオリの子どもたちはマオリとして成功するためにうまく援助されている。
・子どもたちのよい成果に貢献するために、親／拡大家族との十分に確立された協力関係がある。
・学びと教育の質を高めるのに非常に効果的なリーダーシップがある。
・非常に効果的な計画、システム、方針および手順により経営されている。
・質の高い幼児教育に焦点を当てた共通のビジョンは、実践において明白である。
・自己評価は継続的に改善されている。

②よい（Well placed）

下記の点が見出される場合、評価指標に関連した良い業績が明らかであり、子どものよい学びの成果の促進に大いに効果的であると判断し「子どものよい学びの成果を促進するのに適した場所」と評価される。次回評価は3年後に実施される。

・カリキュラムは、すべての子どもたちの興味、強み、そして能力に応答している。
・カリキュラムは子どもたちの文化、言語、アイデンティティに対応する。
・二文化的な実践が顕著に表れている。
・生涯学習者としての子どもたちの自信と能力を伸ばす教育がなされている。
・優先グループの健康と学びが促進される。
・マオリの子どもたちはマオリとしての成功を達成するために援助されている。
・親／拡大家族との協力関係が確立されている。
・学びと教育の質を高めるのに役立つリーダーシップがある。
・計画、システム、方針および手順に則って経営されている。
・保育に対する共通のビジョンが整っている
・自己評価が確立されつつあり、改善をもたらしている

③さらなる進歩が必要（Requires further development）

下記の点に重大な懸念がある場合、子どものよい学びの成果に寄与する要因の多くが明白ではないか、または重要な進歩を必要とすると見なされ、

「子どものよい学びの成果を促進するためにさらなる進歩が必要」であると評価される。次回評価は2年以内に実施される。

【懸念事項】

- 子どもの学びのための準備
- 子どもの文化、言語、アイデンティティへの即応性
- 教育の質
- リーダーシップの有効性
- 経営の有効性
- ガバナンスの有効性
- 自己評価の質

教育評価局は、規定に準拠していない分野を特定し、子どもの健康と安全について懸念がある場合は2年以内の早期に再度評価を実施するか、教育省と協議した評価とするかを決定する。

④よくない（Not well placed）

重大な規則違反があり、下記の大半について重大な懸念があり、保育が十分に機能しておらず、援助や教育省の関与なしに改善を行うことができない場合、「子どものよい学びの成果を促進するのには適していない」と評価される。教育省が園の開設免許を再査定し、園が開設免許要件を満たしているとみなされるまで、教育評価局は再評価しない。

【懸念事項】

- 安全な環境の提供
- 子どもの幸福への備え
- 子どもの学びのための規定
- カリキュラムの妥当性
- 教育の質
- リーダーシップの有効性
- 経営の有効性

・ガバナンスの有効性
・自己評価の質

6-7 評価者に求められる資格・能力・役割

評価者（reviewer）は、教育評価局に従事する前に長年教育経験のある専門家であり[19]、全員が教育評価における特別な研修を受けており、政府サービス委員会（State Services Commission）の公正行動基準（Standards of Integrity and Conduct）に従う。

求められる資格としては、大学の学位またはそれに相当する「教育の資格（教員登録）」「運転免許証」である。チームで仕事をすること、校長や管理職から保護者にいたるまで多くの人と連携・協力することが求められることから、教育や評価に関する知識や経験、スキルのみならず、対人関係にかかわる資質・能力等についても求められている[20]。

評価者の職務内容としては、乳幼児教育や学校教育における教育の質を評価し、それをもとに一般公開される報告書を作成する。評価に割り当てられた時間の約半分は学校やセンターにおける評価、残りは評価の準備と評価結果に関する報告書の作成に時間を費やす。大半の評価者は、自ら経験のある教育分野で審査を開始するが、いずれは全分野にわたる評価において何らかの役割を果たすことが期待される[21]。

7 まとめ

多様な乳幼児教育サービスがあるが、教育省管轄による幼保一元化のもとに、保育カリキュラムの「テ・ファリキ」と、それに連動して実施される「自己評価」「教育評価局による定期的な外部評価」がある。テ・ファリキに基づく保育評価として、大半の園がラーニング・ストーリーを作成しており、自己評価の一環として外部評価実施時にも提示される。自己評価、ラーニング・ストーリー、外部評価のいずれも「子どもの学びの成果」が主軸に置かれており、保育の質を向上させるための全国統一的な仕組みが構築されている。

外部評価については、評価の枠組みや指標が確立され、事前の書類のやりとりや議論をふまえたうえで、現場における対話的調査や観察を含めた評価に多くの時間が費やされている。評価結果をまとめた報告書は一般公開され、保護者向けに情報も発信されている。前回より評価が高まる園も多く、一定の効果を上げており、日本における保育の質を捉えるうえで重要な手がかりとなりうるだろう。

日本において低さが話題となる保育者の給与についても、ニュージーランドでは学士を取得すれば小学校教員と同等の給与が得られる。保育者1人あたりの子どもの数も格段に日本より少ないうえに、子ども1人あたりの面積も広くゆったりとした環境で保育が行われている。このこともニュージーランドにおける保育の質の向上に大いに貢献しているのではないだろうか。

◆注

1 Glossary | Education Counts
https://www.educationcounts.govt.nz/data-services/glossary#E
なお、開設免許免除施設は、半分以上の子どもの親が出席しているという事実の認識に基づく（2019年3月15日確認）。

2 Services | Education Counts
https://www.educationcounts.govt.nz/data-services/glossary（2019年3月23日確認）

3 Services | Education Counts
https://www.educationcounts.govt.nz/data-services/glossary（2019年3月23日確認）

4 子ども6名までは保育者1名、子ども7～20名は保育者2名、それ以上は子ども10名に対して保育者1名となる。

5 子ども8名までは保育者1名、子ども9～30名は保育者2名、それ以上は子ども15名に対して保育者1名となる。

6 個人にクーポンが配布されるのではなく、サービス機関が集まったバウチャー受給資格者の数に応じた補助金を政府から受け取る。

7 5つの目標とは、①規定の基準を改善することによって、子どものために質を向上する、②健全に育つために必要な資源を適時に利用することによってすべての子どもが力をつける、③労働力に投資することによって、優れた教育と学びを支える、④価値があり、十分であり、多様性のある対策が確実となるように計画する、⑤乳幼児教育制度は革新し、学び、向上し続ける、である。

8 New Zealand Government Strategic plan for early learning 2019-29 Summary. Early Learning Strategic Plan
https://conversation.education.govt.nz/conversations/early-learning-strategic-plan/（2019年3月7日確認）

9 一方から読むと英語版、ひっくり返して反対から読むとマオリ語版となっている。

10 Te Whāriki professional development workshop materials and videos » Te Whāriki Online
https://tewhariki.tki.org.nz/en/professional-learning-and-development/professional-learning-and-development/（2019年3月7日確認）

11 Home | Parents.education.govt.nz https://parents.education.govt.nz/（2019年3月7日確認）

12 評価指標開発にあたり、国内および国際的な評価と研究、教育評価局の国内評価、および教育評価局における長年の経験について文献調査を行った。幼児教育に関連する研究については、行動研究、小規模研究および大規模研究プロジェクト、縦断研究まで多岐にわたる。指標開発にあたって参考にした文献一覧はEROのウェブサイトにある（2019年3月7日確認）。

13 もし評価が適切に行われていないと感じ、評価に不満がある場合は、評価のどの時点でも、地域のEROオフィスに連絡してよい旨が記されている（2019年3月7日確認）。

14 前半がガイドブック（全33頁）、後半が自己評価チェックリスト（全37頁）から構成された書類である（2019年3月7日確認）。

15 チーム規模は幼児や小規模の小学校では2名～、大規模の小学校や中等学校では4名以上である（2019年3月7日確認）。

16 通常、1～4日が現場における評価の実施に費やされ、大規模な学校では1週間以上かかる場合がある（2019年3月7日確認）。

17 教育省にも保護者向けページがあり、乳幼児教育施設の選び方において、EROの紹介がなされている。Early learning | Parents.education.govt.nz
https://parents.education.govt.nz/early-learning/（2019年3月7日確認）

18 非常に効果的で即応性の高い実践とは、乳幼児教育サービスに関するEROの評価指標で概説されている実践を指す（2019年3月7日確認）。

19 さまざまな経歴の人が採用されているが、通常、教育部門出身者であり、園や学校の管理職経験者が多い（EROへの問い合わせに対する回答より：2019年3月1日回答受け取り）。

20 詳細は、Review Officer general position statement | Education Review Office
https://www.ero.govt.nz/footer-upper/working-for-ero/review-officer-general-position-statement/参照（2019年3月7日確認）。

21 評価の資格を追加取得するための支援がある。評価者の初任給は8万5591ドル（641万9325円／1 NZD＝75円で計算）で、役員は最高9万3491ドル（701万1825円／1 NZD＝75円で計算）まで体系的に昇給する（2019年3月7日確認）。

◆引用・参考文献

青柳まちこ（2008）「第16章　ワイタンギ条約の締結」青柳まちこ編著『ニュージーランドを知るための63章』明石書店、102-106頁

Education Review Office（2009）*Implementing Self Review in Early Childhood Services*

Education Review Office（2013）*He Pou Tataki How ERO reviews early childhood services,*

New Zealand Government New Zealand Government
Education Review Office（2017）*Guidelines for Centre Assurance Statement And Self-Audit Checklists*［For Services Licensed under 2008 Regulatory Framework］
Education Review Office（2018a）*Awareness and confidence to work with Te Whāriki（2017）* New Zealand Government
Education Review Office（2018b）*Annual Report 2017/18*
Education Review Office（2018c）*Engaging with Te Whāriki（2017）*, New Zealand Government
原田壽子（2012）「第3章　4就学前教育について――ニュージーランドと日本」日本ニュージーランド学会・東北公益文化大学ニュージーランド研究所編『「小さな大国」ニュージーランドの教えるもの』論創社、196-212頁
飯野祐樹（2009）「ニュージーランドにおける保育評価に関する研究―― Learning Story に注目して」『広島大学大学院教育学研究科紀要』第三部第58号、245-251頁
飯野祐樹（2010）「ニュージーランドのナショナルカリキュラム“Te Whāriki”に基づいた保育評価に関する研究―― Learning Story と Kei Tua o te Pae に注目して」中国四国教育学会『教育学研究ジャーナル』第6号、21-30頁
飯野祐樹（2015a）「第1部　ニュージーランドの保育の概要　トピックス：二文化主義」七木田敦・ジュディス・ダンカン編著『「子育て先進国」ニュージーランドの保育――歴史と文化が紡ぐ家族支援と幼児教育』福村出版、20-21頁
飯野祐樹（2015b）「第4章　就学前施設での保育の実際――テ・ファーリキとラーニング・ストーリー」七木田敦・ジュディス・ダンカン編著『「子育て先進国」ニュージーランドの保育――歴史と文化が紡ぐ家族支援と幼児教育』福村出版、90-117頁
飯野祐樹（2015c）「第2部　ニュージーランドの保育の実際　トピックス：保育所」七木田敦・ジュディス・ダンカン編著『「子育て先進国」ニュージーランドの保育――歴史と文化が紡ぐ家族支援と幼児教育』福村出版、85-86頁
飯野祐樹（2018）「ニュージーランド幼児教育政策における『質保障』『質評価』の展開過程に関する研究――テ・ファリキと歩んだ20年に焦点を当てて」『保育学研究』第56巻第1号、56-67頁
ジュディス・ダンカン（2015）「第3章　アオテアロア／ニュージーランドにおける幼児教育の歴史的概要」七木田敦・ジュディス・ダンカン編著『「子育て先進国」ニュージーランドの保育――歴史と文化が紡ぐ家族支援と幼児教育』福村出版、49-81頁
小松隆二（2012）「第1章　ニュージーランドが日本、そして世界を先導してきたもの――日本はニュージーランドに何を学ぶか」日本ニュージーランド学会・東北公益文化大学ニュージーランド研究所編『「小さな大国」ニュージーランドの教えるもの』論創社、13-42頁
松井由佳・瓜生淑子（2010）「ニュージーランドにおける乳幼児保育制度――幼保一元化のもとでの現状とそこからの示唆」『奈良教育大学紀要』第59巻第1号、55-70頁
松川由紀子（2000）『ニュージーランドの保育と子育ての支え合い』渓水社
Ministry of Education（2004）*Kei Tua o te Pae：Assessment for Learning: Early Childhood*, Exemplars Learning Media Limited
Ministry of Education（2006）*Ngā Arohaehae Whai Hua/Self-review guidelines for early childhood education*.Wellington: Learning Media

Ministry of Education（2016）*licensing Criteria for Early Childhood Education and Care Services 2008 and Early Childhood Education Curriculum Framework*（2016年5月改訂版）

Ministry of Education（2017a）*Te Whāriki－Early childhood curriculum New Zealand Government*

Ministry of Education（2017b）*Update of Te Whāriki－Summary of engagement findings New Zealand Government*

Ministry of Education（2018）*2017 Early Childhood Education Complaints and Incidents Report*

Ministry of Education（2019）He taonga te tamaiti | Every child a taonga

七木田敦（2005）「ニュージーランドにおける就学前教育改革について――幼保の一元化からカリキュラム策定まで」『保育学研究』第43巻第2号、100-108頁

大宮勇雄（2010）『学びの物語の保育実践』ひとなる書房

鈴木佐喜子（2018）「ニュージーランドにおける保育カリキュラム『テ・ファリキ』の改定と改定作業プロセス」『保育学研究』第56巻第2号、136-146頁

武田真理子（2012）「第3章　ニュージーランドの社会・教育・マイノリティ政策」日本ニュージーランド学会・東北公益文化大学ニュージーランド研究所編『「小さな大国」ニュージーランドの教えるもの』論創社

Early Childhood Education | Education Counts
https://www.educationcounts.govt.nz/statistics/early-childhood-education（2019年3月28日確認）

Education Review Office　https://www.ero.govt.nz/（2019年3月28日確認）

Early Learning | Education in New Zealand　https://www.education.govt.nz/early-childhood/（2019年3月28日確認）

Te Whāriki Online　https://tewhariki.tki.org.nz/（2019年3月28日確認）

02

英国（イングランド）

淀川裕美

◎英国（イングランド）の保育をめぐる状況◎

- 説明責任の重視、根拠（エビデンス）に基づく政策の導入と効果検証　⇒納税者と保護者への情報公開の徹底・保育の質と子どもの発達に関する長期縦断調査
- 「就学へのレディネス（準備性）」のための教育と学びの重視
- 社会経済的に不利な家庭の子どもへの教育機会の保障としての保育
- ケアと教育の法制上の一体化、教育省による所管

就学前に到達すべき「乳幼児期の学びの目標（ELG）」に基づくカリキュラム（EYFS）と子どもの発達の評価及び施設の監査

乳幼児期基礎段階
(EYFS : Early Years Foundation Stage)
0-5歳未満児対象のナショナル・カリキュラム
(全保育施設に実施を義務づけ)

乳幼児期の学びの目標（ELG : Early Learning Goals）

領域	内容
コミュニケーションと言葉	聴くこと・注意・理解、スピーキング
身体的発達	粗大運動、微細運動
人間的・社会的・情緒的発達	自己統制、自己の管理、関係性の構築
読み書き（リテラシー）	理解、語の読み、書き
数学	数、数的パターン
世界の理解	過去と現在、人・文化・コミュニティ、自然界
表現芸術とデザイン	素材の探究と活用、想像と表現

子どもの発達の評価

◆ドキュメンテーション・アセスメント

観察・写真・ビデオ・作品・保護者からの情報
⇒日々の個別保育計画の作成に活用

◆スケール・アセスメント

- 2～3歳（Progress Check）
  保育者または保健師が実施
  ⇒家庭での学びの支援を保護者と話し合う際に活用
- レセプションクラス開始時のレセプション・ベースライン・アセスメント
  保育者が実施
- 5歳になる年の年度末（EYFS Profile）
  保育者が実施（観察・記録・保護者との話し合い・他の専門家の意見を踏まえ、保育者がELGに即して到達度を数値で示す）
  ⇒小学校に提出し、教師との話し合いに活用
  政府で集積し、保育政策の根拠として活用

準政府機関（Ofsted）による施設監査

◆登録⇒査察⇒評価⇒結果公開

⇒不適切評価の場合、改善策を通知し、フォローアップ

英国（正式名称は「グレート・ブリテン及び北アイルランド連合王国」）は、中央集権的な単一国家であり、連合国家でもある。1999年に分権化が実現し、スコットランド・ウェールズ・北アイルランドにも地域議会が設置され、教育や福祉を含む一定の分野に関して立法権が認められ、それぞれに制度政策が形成されている。よって、本稿では英国の中でも特に世界的な影響が大きく、国際会議でも発言力の大きいイングランドに焦点を絞り、保育の質をめぐる状況について概説する。なお、表記としては「英国」を用いるが、主にイングランドを指す。

1 保育・教育に関わる全体的な社会状況・政策の変遷

1-1 貧困問題・移民問題

英国の保育の質をめぐる動向について概説する前に、そもそも英国とはどのような国なのか、保育に関連する範囲で、全体的な特徴を見ておこう。

英国といえば、「ブレグジット」すなわちEU離脱問題で国全体が揺れていることで話題となった（近藤 2017）。2016年6月23日の国民投票の結果、投票率は72.2%、僅差で離脱という結果となった。国民の半数以上が離脱を選んだ背景にはさまざまな事情があるが、大きな文脈の1つに、社会の分断が増幅し、社会経済的格差の拡大や移民問題（EU各国からの移民の急増）等への不満が蓄積していたことがあげられる。

社会経済的格差の1つに、貧困問題がある。1979年に誕生したサッチャー政権が「小さな政府」を掲げ、通貨供給や財政支出の抑制、緊縮財政を進めた結果、失業率の増大、貧困層の拡大といった状況が生じた。それにもかかわらず、さらに社会保障を削減し、教育や福祉の領域でも市場化を進めるなどの施策を実行した（近藤 2017）。その後、さまざまな貧困対策、就労支援などの政策も打ち出されたが、依然として貧困問題は大きな政策的課題であった。また、社会経済的格差と関連する要因として、移民の多さがあげられる。英国は歴史的に見ても移民の流入が多く、多様な人種の集まる国である。特に都市部では、多文化、多言語の社会が形成されてきた。従来、英国はマイノリティの自由、文化を尊重する多文化主義の国家であったが、2001年に勃発した人種暴動を契機に、このような考え方への疑問も提起されるようになった。そうした事態に対応するため、英国政府は2005年に「機会の向上、社会の強化：人種の平等及び共同体の結合性を高めるための政府戦略」（Home Office 2005）を複数省庁合同で発表し、例えば、英語が第一言語でない生徒への英語教育の重点的な実施や、特に就職が不利なグループに対する就職支援等、移民の社会的成功度の均一化を図り、強く団結した社会を作ることを目指してきた（厚生労働省 2010）。

今回の国民投票にぶつけられた不満は、経済不振やそれに伴う緊縮財政等を基盤に徐々に蓄積されてきたものであり、問題の1つとして移民問題が大きく取り沙汰され、看過できない政策課題として顕在化したのであろう。このように、英国を特徴づける要素の1つとして、サッチャー政権以降に状況が悪化し克服しきれていない社会経済的格差や貧困問題、そして長い歴史の中で育まれてきた多文化社会、移民の多さという特徴がある。これらは英国の保育政策・実践について考えるうえでも押さえておくべき特徴である。

1-2 新自由主義

英国について理解するうえで欠かせないもう1つのキーワードとして、「新自由主義」があげられる（日英教育学会2017；久保木2019）。英国は1970年代までは福祉国家政策の隆盛期であり、行政統制においても、専門性と豊富な情報を有する専門職員（集団）が、自らの専門的知見に基づき統制を行うことが主であった。専門職員の自己統制や同僚間の相互統制のように非制度的かつ内在的なものが中心で、現場の職員も査察官等も個々の専門性や自律性がより重視されていた。しかし、1979年のサッチャー政権誕生後、新自由主義に基づく制度改革が進められ、市場主義的かつ管理主義的な政策へと変容していった。

教育分野においても1980年代以降、新自由主義に基づく教育改革が実施され、中央政府がナショナル・カリキュラムと教育で達成されるべき水準（スタンダード）を設定し、ナショナル・テストによってその成果が統一的に図られるようになった。1992年に、統一的な学校査察機関である教育水準局（Ofsted）が設立され、すべての学校のパフォーマンスが共通の基準に基づき評価・格付けされるようになった（久保木 2019）。

現在の英国における新自由主義に基づく教育行政と教育サービスの構造改革の特徴として、次の二点が指摘されている。第一に、学校間競争や学校の民営化など市場原理の貫徹、学校査察を通じた数値による業績統制の体系化、各学校の経営権限と責任の明確化など、市場原理や企業経営手法に基づく改革が系統的に追求されてきた。第二に、サッチャー政権以降の教育改革では、中央政府が教育内容や子どもが到達すべき学力水準、各学校が教育や指導においてクリアすべき基準などを定め、教育水準局が集権的な学校査察を通じた事後評価と統制を行い、閉校や民営化など低パフォーマンスの学校に対する介入を行った。その結果、英国では、各学校及び教員が、自らの教育パフォーマンスを政府の定める指標に照らして、求められる基準をクリアしていることを客観的に挙証する責任、すなわち「アカウンタビリティ」を強く求められる事態が現出した。久保木（2019）はこれを「アカウンタビリティの支配」と呼んでいる。このように、教育の市場化と評価の標準化、アカウンタビリティの重要性が強調されるというのが、英国における教育政策の特徴である。保育政策も、大きな流れとして、こうした教育改革の中に位置づいてきた。

2 保育に関わる文化・社会的背景

2-1　労働党政権（1997-2010）による保育改革の推進

このような英国の教育制度改革の流れの中で、保育政策の転換点は、1997年の労働党政権（ブレア政権）誕生にあった。政権発足当時、子どもの貧困率が上昇を続け、先進国の中でも最も厳しい状況であった。ブレア政権は「3つの最優先課題」のすべてに教育をあげており、「包摂社会」の形成を目標に掲げ、さまざまな社会資源の恩恵から排除されてきた底辺層の人々を支援する政策を推進した。教育機会に恵まれない学齢未満児にも目を向けたという点が特徴的である。また、「福祉から労働へ」（Welfare to Workfare）のスローガンの下、福祉に頼って低年収で暮らす人々を社会保障制度で支え続けるのではなく、就労へと導く政策を矢継ぎ早に打ち出した。その中で、貧困家庭の母親の就労支援のため、有給育児休業制度の充実やケア費用の保護者負担軽減を実施した。こうして1998年には、「チャイルドケアの挑戦」（Meeting childcare challenge）が発行され、保育、すなわち乳幼児期や学童期の子どものケアが、政府の関与すべき対象とみなされるようになった。

1998年に、労働党政権が「国家チャイルドケア戦略」（National Childcare Strategy）を発表し、①チャイルドケアの質の向上、②保育料を支払い可能なものとすること、③保育定員の拡大と情報提供、の3つの目的を打ち出した。そして「3つのA」、すなわち、支払いやすさ（アフォーダビリティ）、利用しやすさ（アクセシビリティ）、説明責任（アカウンタビリティ）が重点的に取り組まれた。例えば、アフォーダビリティとアクセシビリティに関しては、教育の無償提供や税制を通じた保育料の払い戻し、保育市場の整備が実施された。また、公費による民間事業の活用も行うようになり、投資対効果を説明するためにアカウンタビリティの必要性が高まった。英国の保育政策の特徴は、家庭の養育の質、保育の質、小学校以上の教育の質によって子どもの発達の伸びにどのような違いが見られるか、といった縦断研究による明確なエビデンスを示して新たな政策を導入し、施行後はその効果を検証する仕組みにある。また、アカウンタビリティの重視として、納税者と保護者に向けた情報公開も徹底されている。例えば、保護者・関係者向けのウェブサイト「確実な人生の門出」（Sure Start）や「すべての子どもを大切に」（Every Child Matters）が構築され、関連情報が集約されている。

英国の保育政策のもう1つの特徴は、ケアと教育が法制上一体化されたことである。2006年に施行された「チャイルドケア法」（Childcare Act）◆1の第1条で、地方当局が学齢未満児のウェルビーイングと格差縮小の責任を負うことが明記され、第2条で、教育がその範疇に含められている。また、第39条では、5歳未満児対象のナショナル・カリキュラム「乳幼児期基礎段階」（Early Years Foundation Stage）の導入が宣言された。さらに、ケアと教育の一体化を実現するため、2009年には「シュアスタート・チルドレンズセンター」の設置義務が法制化された。チルドレンズ・センターは、労働党政権が困難地域を対象に展開していた3つの事業（Early Excellence Center, Sure Start Local Programmes, Neighbourhood Nursery Initiative）を1つの窓口に集約し、すべての子育て家庭への多様なニーズに応えることを目的として開始された施設である。政権交代時の2010年は3630園あったが、保守党政権に交代後に予算が削減されて園数は減少し、2019年時点で3050園となっている。

2-2 「エビデンスに基づく政策形成」の重視

先に述べたように、英国では、エビデンスに基づく政策形成（Evidence-Based Policy Making：EBPM）を行っている。その流れを支えた縦断研究に、家庭の養育の質、保育の質、小学校教育の質と子どもの発達の関連を検討した長期縦断調査がある。

英国では、1997年から「就学前教育の効果的な実践に関する縦断調査（EPPE調査：Effective Provision of Pre-school Education Project）」が開始された。約3000名の子どもの発達と養育・保育環境に関する調査である。子どもが3歳の時点で調査を開始し、16歳になるまで追跡した（小学校以降まで継続し、名称がEPPSE調査：Effective Pre-school、Primary & Secondary Educationとなった）。

この調査では、さまざまな尺度が使用されている。子どもの発達に関しては、BASII（British Ability Scales Second Edition）、ASBI（Adaptive Social Behavioural Inventory）、BAS Early Number Concepts、SDQ（Strength and Difficulties Questionnaire）等を用いた。保育の質の測定には、ECERS-R（保育環境評価スケール幼児－改訂版）、ECERS-E（保育環境評価スケール幼児－拡大版）を使用している。さらにEPPE調査の知見をふまえ、子どもの「ともに考え、深めつづけること」（sustained shared thinking）と情緒的な安心・安定を支えるSSTEWスケール（保育プロセスの質評価スケール）が新たに開発された。また、最新のものとして、乳幼児の運動発達を支える環境を測定するMOVERSスケール（「体を動かす遊びのための環境の質」評価スケール）も開発されている。このように、英国では縦断調査とスケール開発が相互補完的に進んできた経緯があり、保育の質や子どもの発達の評価にスケールを用いるということが行われてきた。

これらの長期縦断調査の結果は、ナショナル・カリキュラムやアセスメントにも影響を及ぼしている。例えば、縦断調査から乳幼児期の育ちとして特に重要と示された内容（言語やリテラシー、自己制御の発達など）がそれらの内容に反映されてきた。英国では、幼児教育による「就学へのレディネス」をいかに育むかが重視されている。そのために、どのような発達が重要なのかを特定し、それを支える教育と学びによって、生涯にわたる成長を支える基礎となる幅広い知識やスキルを習得することが重視されている。

なお、2010年からは、2歳児からの保育の質の効果を調べるため、SEED調査（Study of Early Education and Development）が開始された。約4000名の子どもの発達と養育・保育環境を調査した。保育の質の測定には、ITERS-R（保育環境評価スケール－乳児－改訂版）、ECERS-R、ECERS-E、FCERS-R（家庭的保育の環境評価スケール）、SSTEWを使用している（約1000園の保育施設を対象）。2020年の最新のレポートには5歳時点の調査結果が公表され、これらの知見が今後の政策形成に反映されていくものと考えられる。

3 保育施設・事業・提供主体の所管・規制（ガバナンス）

3-1 多様な施設形態

2003年に、英国の乳幼児期のケアと教育は、基本的に教育省の所管となったが、日本と同様、保育施設にはさまざまな形態がある（施設形態の詳細は、表2-1参照）。一部の例外を除き、政府の外部機関である教育水準局（the Office for Standards in Education, Children's Services and Skills：Ofsted）に登録し、乳幼児期のナショナル・カリキュラムである「乳幼児期基礎段階」（Early Years Foundation Stage：EYFS）に基づき、ケアと教育を行うこととされている。なお、公立のナーサリースクールと公立のデイナーサリーは、事実上、社会経済的に不利な子どもたちを対象としている。

保育施設の大半は、チャイルドマインダーもしくは施設型保育である。教育水準局に登録されている乳幼児期の保育の提供者の合計は、7万2000か所である（2021年3月時点）。就学前の保育施設の種類及び教育水準局への登録数・園児数は表2-2の通りである。

表2-1　保育施設の名称と概要

施設形態	子どもの年齢	施設の概要	保育者の要件
ナーサリースクール／ナーサリークラス	3歳から4歳	大半が地方教育当局の運営。公立が大部分（ナーサリークラスは小学校に併設）。	3年ないし4年のコースを終えた有資格の教員が中心。さらに、2年のコースで取得されるNNEBをもつナーサリーナースも。両者がチームで保育にあたる。
デイナーサリー	生後数週間から5歳（大半は2歳から5歳）	私立が大部分。公立は共働きの他に、ひとり親、病気等リスクのある家庭の子どもに入所の優先権が与えられる。	施設長（matron）の資格、看護師の資格、NNEB等ナーサリーナースの資格をもつ、あるいは経験等の条件を満たす者。
チルドレンズセンター	誕生から5歳	シュアスタートプログラムの一環。	2010年保守党政権後、多くが閉園もしくは予算削減により中止。
プリスクール	3歳から5歳	非営利団体や保護者が運営。1日2時間以上なら、Ofstedに登録。	
レセプションクラス	4歳児と5歳	小学校の学級として運営。	小学校教師。
プレイグループ	2、3歳から5歳	保護者や非営利団体等民間が主。	保護者等のボランティア（特別な教育は受けていない）。訓練コースあり。
チャイルドマインダー	通常、8歳まで	親戚関係にない他人の子どもをケア。1日2時間以上。教育水準局に登録。	教育水準局にチャイルドマインダーとして登録。チャイルドケアの研修を受けていること、犯罪履歴がないこと。
ベビーシッター／ナニー／オペア		教育水準局への登録は不要、監査もなし。1日5時間未満。	教育水準局にナニーやオペア（Aupairs）として登録。チャイルドケアの研修を受けていること、犯罪履歴がないこと。

出典：Ofsted（2022）Childcare providers and inspections as at 31 March 2022: main findings. 並びに 吉田佳代（2014）「イギリスの子育て支援体制：オックスフォードにおける実態調査より」をふまえ、関連文献をもとに筆者作成。

表2-2　保育施設の種類と教育水準局への登録施設数・園児数（2022年3月時点）

施設形態の種類	含まれる保育施設	登録施設数	園児数と割合
施設型保育	ナーサリー、プリスクール、休日クラブ、その他の営利目的の民間保育施設	2万7300	110万人 全体の85%
チャイルドマインダー	（0歳から5歳の子どもを、他の家の子ども家庭で預かる）チャイルドマインダー	3万1400	19万1800人 全体の15%
家庭で行われるチャイルドケア	（0歳から5歳の子どもを、4人以上の保育者が1人の家庭で預かる）家庭的保育	200	5400人 全体の1%以下
家庭的保育（ナニー）	（18歳以下の子どもを、子ども自身の家庭で預かる）ナニー、オペア	9100	Ofsted未登録のため、不明

出典：Ofsted（2022）Childcare providers and inspections as at 31 March 2022: main findingsをもとに筆者作成。

乳幼児期の保育施設における人数比と面積の法廷基準および就園率・数は、表2-3の通りである。保育者と子どもの人数比について、0歳から2歳に関しては、1対3と決まっており、3歳から5歳に関しては、「正教員資格」(Qualified Teacher Status：QTS)、「乳幼児期専門職位」(Early Years Professional Status：EYPS)、「乳幼児期教員職位」(Early Years Teacher Status：EYTS)、あるいはlevel 6（学士号取得）以上にあてはまる保育者の割合によって、異なる人数比が設定されている。保育者は17歳以上であることが条件となる。

表2-3　施設型保育における人数比・面積の法定基準、就園率・数

年齢	保育者対子ども人数比	面積	就園率	就園数 （無償化対象）
0歳以上 2歳未満	1対3 （少なくとも1人は、保育関係もしくは関連領域のlevel 3以上を有し、2歳以下の適切な保育経験を有していること。少なくとも半数以上は、level 2以上を有していること。少なくとも半数以上は、乳児のケアの専門的研修を受けていること。）	2歳未満 3.5㎡／人 2歳 2.5㎡／人		
2歳	1対4 （少なくとも1人は、保育関係もしくは関連領域のlevel 3以上を有していること。少なくとも半数以上は、level 2以上を有していること。）		72%	無償化対象児の72%（13万5400名）が週15時間の無償化を受けている
3歳以上 5歳未満	（QTS、EYPS、EYTS、leve l6以上の保育者が1人でもいる場合）1対13 （QTS、EYPS、EYTS、level 6以上の保育者が1人もいない場合）1対8 （独立学校independent school等でQTS、EYPS、EYTS、level 6以上、海外の同等資格者がいる場合） 子どもの大半が5歳になるかそれ以上の就学年齢1対30 上記以外（子どもの大半が5歳より年齢が低い場合）1対13	3～5歳 2.3㎡／人	3歳90% 4歳94%	3～4歳児の92%（120万名）が週15時間の無償化を受けている また、34万8100名が週30時間の無償化を受けている

出典：人数比と面積は、Department for Education（2021）Statutory Framework for the Early Years Foundation Stage: Setting the standards for learning, development and care for children from birth to five. を参照した。就園率は、Department for Education（2022）Education provision: children under 5 years of ageを参照した（0歳以上2歳未満はデータなし）。

4 保育者の資格免許、養成、研修、雇用形態や労働環境等

「乳幼児期基礎段階」（2021年改訂）には、保育者の資格、研修、支援及び求められるスキルについて、次のように記されている。保育者は、適切な資格を有し、養成教育や現職研修を受け、スキルや知識をもち、自らの役割と責任について理解していること。そのため、保育施設は、すべての職員が初任研修を受けられるようにすること。保育施設は、子どもたちが質の高い学びや発達の経験ができるよう、職員に適切な研修を受けさせ、専門性開発の機会に参加できるよう支援すること。保育施設は、子どもや家族と直接関わる保育者に対し、スーパービジョンを行う適切な場を用意すること。スーパービジョンとは、相互支援、チームワーク、継続的な質向上の文化を醸成し、配慮の必要な課題についても話し合いやすくするものである。

以下では施設長及び職員の要件や職位について概説していく。

4-1 施設長・職員の要件

英国の職業資格は、「規定資格枠組み」（Regulated Qualifications Framework：RQF）でレベルと取得要件が規定されており、その監督官庁として「資格試験監査機関」（Office of Qualifications and Examinations Regulation：Ofqual）がある。「規定資格枠組み」には、エントリーレベル、レベル1（GCSE grade D ～ G：中等教育修了）、レベル2（GCSE grade A ～ C：中等教育修了）、レベル3（GCE Advanced Level：一般教育終了）、レベル4（CertHE：高等教育修了）、レベル5（DipHE：准学士号）、レベル6（BA、BSc：学士号）、レベル7（MA、MSc、MEng：修士号）、レベル8（PhD、DPhil：博士号）の9段階がある。各役職の要件は、この枠組みに沿って規定されている。

施設長は、Level 3以上で、最低2年間の保育施設での勤務経験、もしくは、それに類する経験があることを要する。職員は、施設型保育の場合、職員の半数以上はLevel 2以上を有していることを要する。チャイルドマインダーの場合、教育水準局やチャイルドマインダー・エージェンシーに登録する前に、「乳幼児期基礎段階」を理解し実行するための研修を受けていること、

また、自分たちの実践の質について説明でき、アシスタントも自らの仕事に関する能力を有していることが必要である。英語を十分に理解し使用できること、いずれの形態でも、1人は小児救急処置の有資格であること、また、子どもひとりひとりに「キーパーソン」（子どものニーズを把握し、その子が園生活に慣れるよう安全基地となって支援する人）を付けることが求められる。

なお、日本の資格免許と対比すると、日本の保育士資格は、2年制の短期大学や専門学校卒業でlevel 5、4年制大学卒業でlevel 6、高校までの学歴ならばlevel 3に相当する。幼稚園教諭免許は、二種幼免はlevel 5、一種幼免はlevel 6、専修幼免はlevel 7に相当する。保育教諭は、学位がなければlevel 5、学士号があればlevel 6、修士号があればlevel 7に相当する。

4-2 保育者の職位

英国には、政府の資格・試験監査機関の認定を受けた資格授与機関（NCFE CACHE等）があり、各資格授与機関の認定を受けた保育士養成センターが養成を行う（図2-1）。

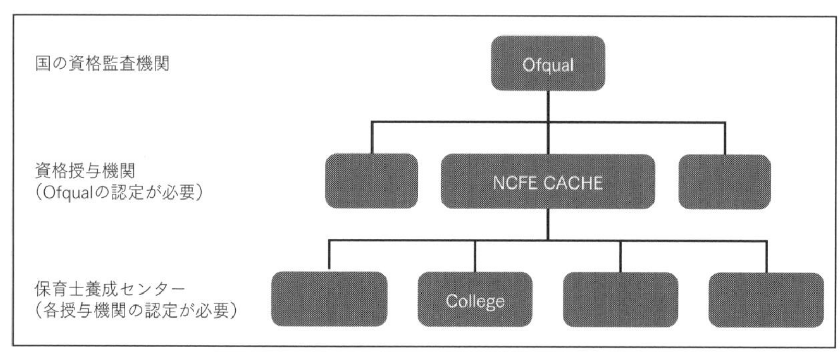

図2-1 保育資格授与機関の仕組み

出典：Ofqual関連の情報をもとに筆者作成。

保育者の職位には、「乳幼児実践者」（Early Years Practitioner：EYP)、「乳幼児教育者」（Early Years Educator：EYE)、「乳幼児教員」（Early Years Teacher：EYT）の3種類がある。それぞれの必要レベル、資格取得に最低限求められる内容、認定要件、履修単位、実習時間等は、表2-4の通りである。なお、「乳幼児期教員職位」（EYTS）は2013年9月に設けられた職位で、小学校教師等の「正教員資格」（QTS）と同等の地位や待遇とされる。しかし、「乳幼児教員」の数は当初の目標ほど増えていないのが現状である（図2-2）。また、「乳幼児実践者」に関する基準は、2019年9月に改訂された。

表2-4　保育者の職位一覧

	必要レベル	資格取得に最低限求められる内容	認定要件	その他
「乳幼児実践者」（EYP）	レベル2	1. 子どもの発達についての知識 2. 安全保護 3. 健康と安全 4. ウェルビーイング 5. コミュニケーション 6. 活動、目的のある遊びの機会、教育プログラムの計画と実践の支援 7. 特別な教育上の必要性や障害のある子どもへの支援 8. 保育者自らの役割と成長 9. 保護者、同僚および他の専門家との連携	Early years practitioner（level 2） qualifications criteria の基準を満たすこと。Ofqualによる現行の国家資格枠組みによる規制を受ける。	16歳以上。37単位（うち必修14単位）。250時間の実習を推奨（ボランティアや実習も含む）。12か月で取得。
「乳幼児教育者」（EYE）	レベル3 乳幼児教育・ケアの専攻。	1. 乳幼児期の教育および発達の支援と促進 2. 就学に向けた効果的なケア、教育、学びの計画および実践 3. アセスメントの的確かつ生産的な活用 4. 効果的で確かな情報に基づいた実践の展開 5. 子どもの健康、安全、ウェルビーイングの確保および促進 6. キーパーソン、同僚、保護者や養育者、他の専門家との協働	Ofqual のEarly Years Educator（level 3） qualification の国家基準を満たすこと。Ofqualによる QCF もしくはNQFの規制を受ける。 ※QCF: Qualifications & Credit Framework ※NQF: National Qualifications Framework	16歳以上。61単位（うち必修23単位）。350時間の実習が必須（実習先での現職者による研修（PD）記録の作成）。 12～24か月で取得。
「乳幼児教員」（EYT）	Level 6 乳幼児教師の初任者研修（EYITT）の受講。	認定要件参照。	EYFS（誕生から就学前まで）のすべての基準を満たしていること。	小学校教諭と同等の地位や待遇。

出典：National College for Teaching & Leadership（2018）Early Years practitioner（Level 2）: qualifications criteria.
National College for Teaching & Leadership（2013）Early Years Educator（Level 3）: Qualifications Criteria.
National College for Teaching & Leadership（2013）Teachers' Standards（Early Years）. より筆者作成。

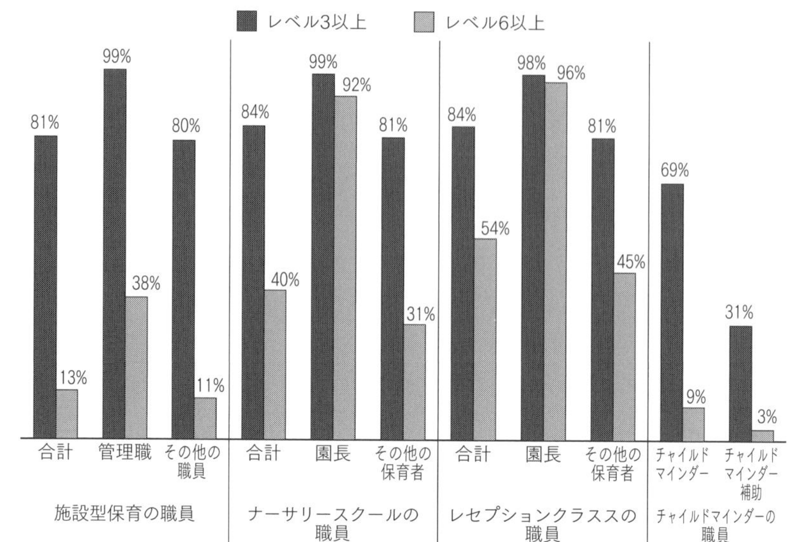

図2-2　保育施設形態による、資格レベル別の保育者の割合

出典：Survey of Childcare and Early Years Providers 2018をもとに筆者作成。

5 カリキュラム

5-1 「乳幼児期基礎段階」：誕生から5歳まで

0歳から5歳までのナショナル・カリキュラムとして、「乳幼児期基礎段階」(EYFS) がある。英国(イングランド)の全保育施設での実施が義務づけられている。

「乳幼児期基礎段階」に関する経緯は、以下の通りである。まず1999年に、就学までに到達することが求められる「乳幼児期の学びの目標」(ELG) が策定された。2000年に、就学前の3～4歳の2年間を「基礎段階」(Foundation Stage) と位置づけ、ナショナル・カリキュラムとしての手引きが発行された。2008年に、誕生から就学までを対象とする「乳幼児期基礎段階」が作成され、2003年作成の誕生から3歳までのカリキュラム「3歳までが大切」(Birth to Three Matters：BTM、詳細は後述) もその中に統合された。2012年には、大幅なスリムダウンが実施され、2014年、2017年、2021年に改訂されている。

「乳幼児期基礎段階」(2012) の内容は、教育・発達に関する部分と、子どもの保護に関する部分に分かれ、子どもの発達の目標を示す「乳幼児期の学びの目標」中心の記述となっている。実践の手がかりとするには簡略すぎるといわれ、BTMや「乳幼児期基礎段階」(2008) が依然活用されているそうだ。2014年の改訂では、おおむね技術的な文言のみ訂正がなされ、教育・発達に関する部分の変更はなかった。

「乳幼児期基礎段階」に記された保育施設の実践における4つの基本原則と、「乳幼児期基礎段階」で目指していることは、表2-5の通りである。

表2-5 「乳幼児期基礎段階」の4つの基本原則と目指していること

「乳幼児期基礎段階」の4つの基本原則

1 子どもはひとりひとりが**ユニークな存在**である。つねに学んでいて、レジリエンスがあり有能で、自信をもっている。
2 子どもたちは、**良好な関係性**の中で、強く、自立した存在になることを学ぶ。
3 子どもたちは、**彼らの育ちを可能にする環境 (enabling envirionment)、教育や大人のサポート**を通して学び、発達する。大人は子どもひとりひとりの興味関心やニーズに応じながら、時間をかけて学ぶことを手助けする。保育者と保護者や養育者の強固なパートナーシップが、子どもたちに良い影響をもたらす。
4 子どもたちは、異なる方法、異なる進度で**学び、育つ**。「乳幼児期基礎段階」では、特別な教育的配慮の必要な子どもたちやハンディキャップのある子どもたちを含め、すべての子どものための教育とケアを含む。

「乳幼児期基礎段階」で目指していること

1 すべての保育施設における**質や一貫性**を確保し、すべての子どもが成長を遂げ、1人として落ちこぼれないようにする。
2 ひとりひとりの子どものニーズや興味関心に応じて、学びや発達の機会を提供し、**確かな基礎**を育む。そのために、定期的なアセスメントや振り返りを行う。
3 保育者と保護者や養育者との**パートナーシップ**を大事にする。
4 すべての子どもが参加でき支援される**平等な機会**と差別のない実践を行う。

出典:「乳幼児期基礎段階」(2021年改訂) の内容を抜粋 (筆者作成)。

次に、「乳幼児期基礎段階」の具体的な構成と内容を見てみよう。構成は、「1. 学びと発達の要件」「2. アセスメント」「3. 安全保護と福祉の要件」の三部からなる。「1. 学びと発達の要件」の内容は、学びと発達の領域、子どもの学びの目標、留意点である。「2. アセスメント」は、以下で説明する2歳時点のプログレスチェック、レセプションクラス開始時のアセスメント、EYFS最終年度のアセスメント、自治体への報告に関する説明である。「3. 安全保護と福祉の要件」には、子どもたちが安全で福祉が保障されるために保育施設が行うべきことが記されている。

1. 学びと発達の要件について

学びと発達の7領域は表2-6に、それに関連する「乳幼児期の学びの目標」は表2-7にその内容を具体的に示した。

表2-6　学びと発達の7領域とその説明（乳児は、主要3領域に焦点化）

領域	説明
コミュニケーションと言葉 身体的発達 人間的、社会的、情緒的発達	《主要3領域》子どもたちの好奇心や学びへの熱意を引き出す領域。学ぶための力を育み、関係性を築くための鍵となるスキルや能力を反映。
読み書き（リテラシー） 数学 世界の理解 表現芸術とデザイン	《主要3領域》を補強し、応用するための領域。年齢が上がるにつれ、7領域のバランスが均等になることが想定されている。

出典：「乳幼児期基礎段階」の内容を抜粋（筆者作成）。

表2-7　乳幼児期の学びの目標（ELG）の領域と内容

領域	内容
コミュニケーションと言葉	聴くこと・注意・理解、スピーキング
身体的発達	粗大運動、微細運動
人間的、社会的、情緒的発達	自己統制、自己の管理、関係性の構築
読み書き（リテラシー）	理解、語の読み、書き
数学	数、数的パターン
世界の理解	過去と現在、人・文化・コミュニティ、自然界
表現芸術とデザイン	素材の探究と活用、想像と表現

出典：「乳幼児期基礎段階」の内容を抜粋（筆者作成）。

「乳幼児期基礎段階」と関連して、2020年に「発達が大切（Development Matters）」という非法定のカリキュラムガイダンスが刊行された（2021年改訂）。「乳幼児期基礎段階」の領域ごとに子どもの学びと発達について解説し、カリキュラム・デザインや日々の実践を助けることを目的としている。これらの学びと発達の7領域、「乳幼児期の学びの目標」をもとに、子どもの発達や様子がアセスメントされる。

2. アセスメント

アセスメントには2つの方法がある。1つは、観察・写真・ビデオ・作品・保護者からの情報で構成されるドキュメンテーション・アセスメントである。これらは日々の個別保育計画の作成に活用される。もう1つは、スケール・

アセスメントである。2歳から3歳の間の「プログレス・チェック（Progress check)」（評価者は、保育者もしくは保健師）と、レセプションクラス開始時に行われる「レセプション・ベースライン・アセスメント」（評価者は保育者)、5歳になる年の年度末の「乳幼児期基礎段階プロフィール（EYFS Profile)」（評価者は、保育者）の3回実施する。いずれも形成的評価（子どもの成長を把握し、ニーズを理解し、活動や支援を計画するために活用するもの）として位置づけられている。

2歳から3歳の間の「プログレス・チェック」は、子どもがそれまでにもっとも長い時間を過ごした施設でアセスメントを行う。「発達の概要」には、主要3領域に加えて、保育者もしくは保健師が、子どもの発達レベルやニーズを反映させるために必要と考える内容を書く。子どものよく育っている領域、支援が必要な領域、発達の遅れが懸念される領域を含む必要がある。「発達の概要」をもとに、家庭での学びの支援について保育者と保護者が話し合う。また、保育者は保護者に、「プログレス・チェック」の内容を他の専門家と共有するよう促すとされている。なお、保育者が直接、他の専門家と情報共有する場合は、保護者の同意が必要である。

「レセプション・ベースライン・アセスメント」は、レセプションクラス開始から6週間以内に実施される。数学、読み書き（リテラシー)、コミュニケーションと言葉について、子どもが一人20分程度で課題に取り組み、教師がオンラインのスコアリングシステムを使って データを送信する。この結果は、教育省が管理し、コホート調査として7歳時点（key stage 2）との比較にも用いられる。

こうした単発のアセスメントとは別に、時間をかけたアセスメントも行われる。「乳幼児期基礎段階プロフィール」は子どもが5歳になる年の最後の学期にレセプションクラスの教師が完成させる総括的評価である。これは、Key Stage1への移行をより円滑にするために用いられる。「乳幼児期基礎段階プロフィール」を作成するために、クラスルームでの観察、関連する記録、保護者との話し合い、他の専門家による意見が参照される。その際、「乳幼児期の学びの目標」をもとに、子どもの発達レベルを評価する。期待されるレベルに対して、それを上回るか、まだ到達していないかを書く（上回るかを判断する基準を示した表が作成されている)。なお、今回の改訂では、このアセスメントは教師の専門家としての判断を求めるものであり、教師の過重な負担とならないよう、評価の根拠を示すことを目的とした写真や文章等の作成は必要ない（・作成してはならない）と明記された。

「乳幼児期基礎段階プロフィール」を作成したら、主要3領域の発達（子どものスキルや能力）に関する短いコメント（必須ではない）と合わせて、小学1年生の教師に提出する。そして、レセプションクラスの教師と小学1年生の教師が、ひとりひとりの子どもの発達段階や学びのニーズについて話し合う際に、これらの資料を参考にする。「乳幼児期基礎段階プロフィール」は、地方当局にも提出しなければならず、数値化されたデータは地方当局を経て中央政府で集積され、保育政策の根拠となる。このように、子どもの発達のアセスメント結果は、エビデンスに基づく政策立案にも活用される。

3. 安全保護と福祉の要件について

次に、安全保護と福祉の要件について見てみよう。保育者は、子どもの家庭等での生活について懸念事項がないか注意を払う必要がある。また、保育施設は、子どもの安全を守るために方針、手続きを作成し実行しなければならない。保育施設での安全保護は、地方児童安全保護理事会のガイドや手続きの関連箇所と一貫している必要がある。また、安全保護に関する責任者を、保育者の中から指名しなければならない。責任者は、子どもの保護に関する研修に参加し、ネグレクトやその他の虐待を受けている可能性のある子どもに気づき、理解し、適切に応答できるようにしなければならない。

保育施設では、全職員が安全保護の方針や手続きを理解するよう研修を行い、最新の情報が共有されるよう保証する必要がある。子どもと一緒に住んでいる、働いている、もしくは面倒を見ている大人による子どもへの深刻な傷害や虐待に関して、教育水準局やチャイルドマインダー・エージェンシーに報告する義務がある。また、保育者による子どもたちへの不適切な関わりも看過できない問題である。保育施設は、保育者が適性をもっていることを確かめなければならないとされている。チャイルドマインダーについては、教育水準局もしくはチャイルドマインダー・エージェンシーが、職員の適性を確認しなければならない。また、チャイルドマインダー以外の保育施設は、職員の犯罪履歴を確認しなければならない。

5-2 「3歳までが大切」：誕生から3歳まで（2018年にEYFSに統合）

現行のナショナル・カリキュラムである「乳幼児期基礎段階」には、2003年に作成された「3歳までが大切」（Birth to Three Matters）という低年齢児向けのナショナル・カリキュラムの内容が含まれている。2012年に「乳幼児期基礎段階」が大幅にスリム化されたことを受け、「3歳までが大切」は今でも実践を考えるための手がかりとして活用されている。「3歳までが大切」の考え方と、ケアと教育における4つの要素は、表2-8に示した通りである。

表2-8 「3歳までが大切」の考え方と、ケアと教育における4つの要素

「3歳までが大切」の考え方

1 乳幼児期は価値あるものである。
2 子どもはひとりひとり異なっており、一生懸命であり、やり遂げる。
3 すべての子どもが発達しようとしており、身の回りの人々とのやりとりや本物の探索を通して学ぶ。意思の疎通や相互関係のもち方、認知、学習、行動面、情緒・社会的発達や感覚・身体的発達に困難があるために、発達が危ぶまれる子どももいる。
4 発達と学習は「ホリスティック」なものである。
5 乳幼児とともにある大人は「3歳までが大切」によって知識を得、自らの価値を知り、その枠組みによって支えられる。
6 「3歳までが大切」に沿って実践の省察を行う。
7 「3歳までが大切」はどのように実践を行うかを知らせ、向上させ、一方で乳幼児と共に働くことは複雑で困難であり、課題が多く、たやすく答えの出ないことがしばしば起きる。

ケアと教育における4つの要素（0～3歳児の子どものイメージ）

1 力強い子ども（A Strong Child）
2 巧みな対話者（A Skillful Communicator）
3 有能な学び手（A Competent Learner）
4 健康な子ども（A Healthy Child）

出典：Sure Startの"Birth to three matters: An introduction to the Framework"をもとに筆者作成。

6 監査や評価

6-1 教育水準局による査察と自己評価

保育施設における外部評価は、教育省から独立した準政府機関である教育水準局（Ofsted）による査察というかたちで行われる。教育水準局とは、19世紀以来の視学官制度にルーツをもつ制度で、政府が2001年に、保育施設の監督権を地方自治体から移管し、2007年4月より現在の制度となった。乳幼児期の保育サービス、学校教育機関、個人のスキルアップを目的とした教育訓練サービス等ライフステージ全体を対象としている。生涯学習・知識基

盤社会への英国政府の政策的対応の一環である。乳幼児期のケアと教育に関しては、基本的に同一の基準とプロセス（登録・査察・評価）で保育の水準を確認し、査察結果をウェブサイト上で公開する仕組みを整え、一般公開している。

保育施設が教育水準局に登録されたら、査察を定期的に受ける（6年に一度）。新設園の場合は、設置後30か月以内に査察を受ける。なお、「不適切」と評価された保育施設は、6か月以内に再度査察を受け、改善が認められず、二度の査察で「不適切」と評価された場合は、登録解消を検討する。「要改善」と評価された保育施設は、12か月以内に再度査察を受ける。査察の内容は表2-9の通りである。一部を抜粋して、以下で説明する（2022年改訂前の査察の内容については、『諸外国における保育の質の捉え方・示し方に関する研究会 報告書』（2019年）を参照されたい）。

表2-9　教育水準局による査察の内容

1　査察官（inspector）による事前準備
2　保育施設に関する情報確認
3　保育施設への連絡
4　保育施設が用意する書類
5　査察の実施体制・時間
6　当日の査察
　1）判断の根拠の収集・記録
　2）保育施設の自己評価の活用
　3）観察と話し合い
　4）保育施設の理念とこれまでの歩みの確認
　5）保護者の見解の確認
　6）施設の管理職との面談
　7）現職研修等の確認

出典：筆者作成。

「3　保育施設への連絡」で、査察官は査察を開始する前、大抵は正午頃に電話で園に連絡する。誰も対応しない場合は、翌日に再度連絡する。事前に保育施設に関する懸念事項があげられている場合は、事前通知なしに直接保育施設を訪問する場合もある。このように、ほぼ抜き打ちに近いかたちで、査察に訪れるところが特徴的である。

「4　保育施設が用意する書類」では、職員名簿、園児名簿、子どもの安全保護の方針など諸側面からの確認を行うが、職員の無犯罪証明（Disclosure and Barring Service）も確認する。なお、日本の保育制度では、職員の犯罪履歴を問う項目はない。

「6. 当日の査察」のうち、「1）判断の根拠の収集・記録」では、当日の保育や子どもの様子の観察、子どもや保育者がその日の活動や経験から何を学んだかについての聞き取り、保護者への保育施設の質についての質問、保育者が子どもたちの知識や能力の育ちをどう見ているかの聞き取り、保育者の「乳幼児期基礎段階」の理解の確認などを行う。子どもについては、2名以上を対象に選び、その子どもについての保育者の理解や、特別な配慮の必要な子どもへの援助などを確認する。

「2）保育施設の自己評価の活用」では、保育施設で行われている教育やケアの質について、また、子どもたちのニーズにどのくらい応えられているかについて、査察官と保育施設の管理職が話し合いを行う。保育施設は自己評価の書類等を用意する必要はないが、自分たちの実践について説明し、現状を維持する、あるいはより良い状態にするために何が必要かを話す用意をしておく必要がある。保育施設の自己分析の妥当性を確かめるため、査察官は子どもたちが学んでいる様子、保育者がケアや教育を行っている様子、安全管理等の状態を観察する。

「3）観察と話し合い」では、査察官は管理職と一緒に施設内を巡回し（learning walk）、管理職から実践についての説明を聞く。その中には、「乳幼児期基礎段階」にもとづくカリキュラムについて、そのねらいや実践からどう読み取れるかといった説明も含む。査察官は、保育施設の管理職や実践者と一緒にlearning walkをしながら、自分たちが提供するカリキュラムによって子どもたちがどのように学び、知識を得、行動してほしいと考えているかを聞き取る。査察官はあくまでも観察した中で効果的と思われる取り組みや、改善点についてのみ記録を行う。保育計画や教育、評価（アセスメント）について特定の方法を勧めてはならない。また、査察について詳述しているハンドブックには、保育者が子どもとやりとりする際の観察の観点も書かれている。なお、査察は「乳幼児期基礎段階」との関連に焦点化し観察や文書の確認を行うものであり、保育施設に不必要な負担をかけないため、「乳幼児期基礎段階」と関連の低い内容については極力行わない。

「5）保護者の見解の確認」では、可能な限り、査察の時間中に保護者の見解を確認する。保護者と直接話をすることで、保育施設が保護者とのパートナーシップのもとで子どもたちの学びや発達、ウェルビーイングを支えているかを判断する参考となる。子どもの送迎の時間帯に保護者と話をするが、都合が悪ければ、電話で保護者の話を聞いてもよい。

「(7) 現職研修等の確認」では、保育施設で職員への指導（supervision）や業務管理（performance management）、訓練（training）、継続的な現職研修（continuing professional development）が効果的に行われているか、そしてそれらの取り組みが子どものウェルビーイングによい影響をもたらしているかを確認する。主任等（leaders）が職員に関わり、彼らの感じているプレッシャーに気づき、うまく対応しているかについても確認する。

6-2　教育水準局による査察に関する改訂（2019年）

2019年に、教育水準局による査察に関して、改訂が行われた。その内容は、査察の対象を、到達度や成長に関する尺度ではなく、教育や研修の本質にシフトすることであった。特に、これまで「教育、学び、アセスメント」としていた箇所を「教育の質」に変更し、以下の内容を評価した。

- カリキュラムのねらいが、子どもたちの成長にふさわしいものであること。
- リーダーが、Early Years Pupil Premium◆2の助成を適切に活用すること。
- 学びの領域に関する内容、連続性、展開が適切で、子どもへの要求も適切であること。
- 学びの領域全体に関して（個別にではなく）子どもたちの知識や理解、スキルを深めるものとなっていること。
- カリキュラムが、子どもたちの次の段階に向けて必要な準備になっていること。

教育水準局の査察では、「文化的資本」についても評価を行う。すなわち、リーダーが、園で作成し使用するカリキュラムが、子どもたち、特に、社会経済的に最も厳しい層の子どもたちの経験や機会を豊かにするものとなっているかを評価する。

6-3　近年の教育水準局による査察結果

登録されている保育施設について、査察の評価別の割合の推移を示したの

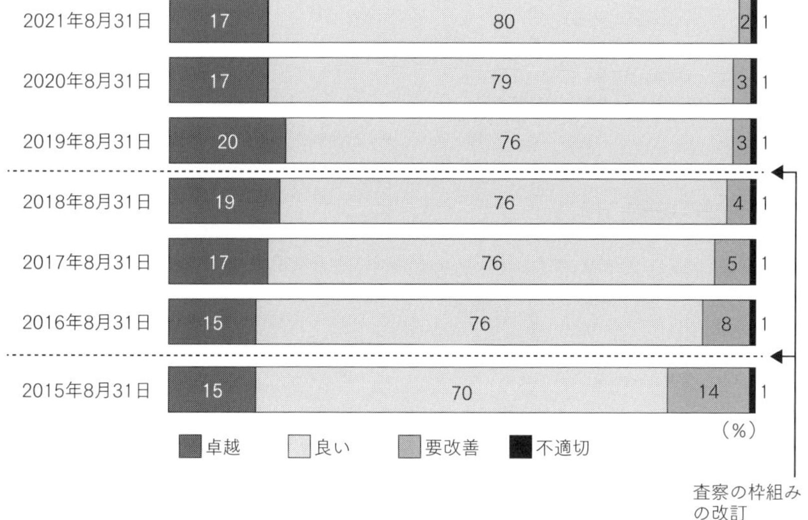

図2-3　教育水準局による査察の評価別の割合の推移

出典：Ofsted Official Statistics 2022 Childcare providers and inspections.

が図2-3である。2021年で「良い」もしくは「卓越」と評価された施設は97％であった。これは、組織が能動的に、自らの活動を監査可能な業績として表現することに努める「自己規制メカニズム」（久保木 2019；Power 1997の引用）が働いている結果と捉えることもできよう。

6-4　教育水準局の査察官（乳幼児期の教育とケア担当）の採用・育成、質の保障

教育水準局の査察官は、どのような専門性を必要とされているのだろうか。要件としては、保育施設での実践経験のある人で、現役の保育者、特に教育水準局の査察で「良い」以上の評価を受けた保育施設に勤務していた実践者が歓迎されている。また、関連領域の単位を取得していること、最低5年間のリーダーシップ経験（園長や主任等）、保育施設の質向上に取り組んだ記録があること、保育に必要な最新の知識を学んでいることが求められる。

査察官の研修は、全体研修会やeラーニングで行われる。査察官用のウェブサイトがあり、そこで最新情報が共有される。また、査察の枠組みやハン

ドブックが改訂された場合にも、研修を行う。教育水準局の査察官の仕事の質を確保するため、枠組みの活用、査察官の研修、提出された査察報告書の質の評価とフィードバック（査察は、必ず書類や観察された事象とともに行われなければならない）、質保証プロセス（クレーム等も考慮）の4点を実施している。

6-5 英国で実施されている自己評価には、どのようなものがあるか

ここまでは、教育水準局の査察の範囲内での外部評価・自己評価について述べてきた。それでは、自己評価には他にどのようなものがあるだろうか。

教育水準局査察の枠組み内での自己評価以外では、ドキュメンテーション・アセスメント、スケール・アセスメント（「乳幼児期基礎段階プロフィール」も含む）、独自の評価方法を用いた自己評価がある。教育水準局による査察の枠組み内の自己評価とスケール・アセスメントは、様式や手続きが定められており、教育水準局や政府にデータが集積され、今後の保育政策の根拠とされる。一方、ドキュメンテーション・アセスメントと独自の評価方法を用いた自己評価は、各施設の独自性に委ねられている。

なお、英国の評価ツールとしてしばしば取り上げられるのが、スケール・アセスメントである。その一環として、保育の質評価スケールがイングランドで開発されている。米国で開発されたITERS-R/ECERS-R（保育環境の質評価スケール）を踏襲した評価スケールで、外部評価でも自己評価・相互評価でも使用可能である。調査や研修等でも活用されている。

7 まとめ

英国の保育政策の特徴は、何よりもまず、貧困問題や移民問題が優先課題であること、そして、そうした課題に対して新自由主義的かつ管理主義的な政策が展開されてきたことである。保育の領域にも市場原理が導入され、保育の質や子どもの発達に関する標準（スタンダード）が定められ、それを達成しているかどうかが評価され、情報公開される。投資に対する説明責任（アカウンタビリティ）が強く求められていると同時に、収集され公開されたデータは、次の保育政策の立案にも活用されるという仕組みができている。

この点は、日本とは大きく異なる特徴であるといえよう。

「乳幼児期基礎段階」は、到達目標としての性質が色濃く、その成果も保育施設の評価指標に含まれている。また、保育の質についても教育水準局により定められた尺度を使って測定され、査察結果は公表される。保護者はその情報をもとに保育施設を選択する。保育施設は厳しい競争を生き抜くことが求められており、自ずと評価基準に沿う方向性で実践を変化させていくことになる。このような評価システムは、全国の保育施設を1つの基準に向かわせる力を内在しており、各々の多様性や自律性をどこまで保障しうるのかは、筆者にとって疑問が残る部分である。実際にOfstedの査察を受けているイングランドの保育者にインタビュー調査を行った妹尾・湯澤（2018）では、良い評価を受けたことへの満足感が語られた一方、学校監査を受けることへのプレッシャーも語られ、アンビバレントな評価感情を抱いていることが報告されている。

なお、教育水準局の査察に対する評価には、20年ほど前には次のような批判があった。「親に対する『選択と多様性』の提供という政府のスローガンとは裏腹に、本来多様であるはずの各学校に対し、『短い時間のスケールでOfstedの基準モデルを適用』させ、『現在の多様性から離れ、学校に対しOfstedのモデルに向かわせる圧力をかける』ものである」（Hargreaves 1995；久保木 2009より引用）。「このような枠組みの整備は、教職キャリアに対する外部統制を通じての、教師と教師の教育活動に対する「品質管理」と評することができる」とされた（勝野 1999）。ただし、こうした傾向は、見直されてきているようである。例えば、近年教育水準局による評価手順は、徐々に自己評価の比重が高くなっており、フィンランドなどが行っている自己評価中心の学校評価に近づいているとう指摘もある（吉田 2007）。実際に内実がどのように変化してきているかはさらなる調査が求められるところであろう。

小学校以上の教育水準局の査察では、「試験の結果にばかり重点が置かれるようになっている現状を鑑み、生徒が『他者に対して敬意を払って関わっている』等の項目をより重視する方向に、2019年9月から転換する方針」であるという（The Guardian 2019）。乳幼児期の教育とケアにおいても、従来の直線的な評価システムが今後どのように変遷していくのか、引き続きフォローし、英国型の監査・評価システムの経験から日本の私たちが何を学びうるのかを考えていきたい。

◆注

1 英国には、「教育法（Education Act：2011年改訂）」があり、その中に「Part1 Early Years Provision」について書かれている。その下で、「チャイルドケア法（Childcare Act：2006施行）」がある。さらに、ナショナル・カリキュラムとして「Early Years Foundation Stage（乳幼児期基礎段階）」がある。そのため、チャイルドケア法は、日本でいう学校教育法や児童福祉法と、幼稚園教育要領や保育所保育指針等との中間的な位置づけであると考えられる。この法律は、イギリスの法制史上初めて乳幼児を対象とするケアについてのみ専門的に扱った、画期的な法律であった。

2 英国政府による、3～4歳の障害をもつ子どもの家庭に対し、教育の機会を改善するために設立された基金。

◆引用・参考文献

・英国の政策の変遷、教育改革の概要について

Home Office, "Improving Opportunity, Strengthening Society: The Government's strategy to increase race equality and community cohesion.", Jan. 2005. http://www.homeoffice.gov.uk/documents/improving-opportunity-strat

久保木匡介（2019）『現代イギリス教育改革と学校評価の研究――新自由主義国家における行政統制の分析』花伝社

近藤康史（2017）『分解するイギリス――民主主義の漂流』ちくま新書

厚生労働省（2010）「2008～2009年 海外情勢報告（第3章イギリス）」

日英教育学会（2017）『英国教育事情』東信堂

・イギリスの保育政策の全体について

山田敏（2007）『イギリス就学前教育・保育の研究――連合王国の詳細な実態及び現在進行中の諸改革の実態の考察』風間書房

・イギリスの保育に関する統計について

Ofsted（2019）*Childcare providers and inspections as at 31 August 2019: main findings*

Social Mobility Commission（2020）*The stability of the early years workforce in England: An examination of national*, regional and organisational barriers

・イギリスの保育者資格制度について

埋橋玲子（2015）「イングランドの保育従事者の資格（EYT、ETE/Level 3）について」『現代社会フォーラム』11、26-38頁

山本睦（2017）「イギリスの保育者資格制度改革後の現状と課題」『常葉大学保育学部紀要』4、49-60頁

・カリキュラムと子どものアセスメントについて

EYFSに関するウェブサイト：https://www.gov.uk/early-years-foundation-stage

Standards and Testing Agency（2017）*Early years foundation stage profile: 2018 handbook*

Standards and Testing Agency（2018）*Assessment and Reporting Arrangements（ARA）, 2019 National curriculum assessment: Early years foundation stage*

埋橋玲子（2014）「イングランドにおける2歳児を対象とする無償幼児教育の実施について」『同志社女子大学学術研究年報』65、13-21頁

・Ofstedによるearly yearsの評価について

妹尾華子・湯澤美紀（2018）「イングランドにおける学校監査を通した保育の質の評価――保育者が語る現状と課題」『保育学研究』56（1）、79-90頁

Hargreaves, D.H.（1995）Inspection and School Improvement, Cambridge Journal of Education, 25（1）, 118

勝野正章（1999）「イギリスにおける教師教育改革の動向――教育市場・外部統制・教育活動の『理論と実践』」『北星論集（経）』36、133-158頁

久保木匡介（2009）「イギリス教育水準局の学校査察と教育の専門性（1）―― 1990年代保守党政権期を中心に」『長野大学紀要』31（1）、45-58頁

Ofsted（2018）*Early years inspection handbook: Handbook for inspecting early years in England under section 49 and 50 of the Childcare Act 2006*

Ofsted（2014）*Monitoring visits for early years provision judged as inadequate: Inspector guidance*

Ofsted査察官に関するウェブサイト：https://ofstedinspector-eoi.ofsted.gov.uk/

Ofsted（2017）Ofsted Inspector（OI）- Specification（Early Years）

埋橋玲子（2010）「幼児教育・保育における「自己評価」の検討――イギリスの評価システムに注目して」『四天王寺大学紀要』49、183-195頁

椨瑞希子（2014）「イギリスの保育制度改革――チルドレンズ・センター事業を中心に」『幼児教育史研究』9、51-66頁

The Guardian（2019）Ofsted plans overhaul of inspections to look beyond exam results: New guidelines will shift focus towards quality of education rather than 'outcomes'. 16 Jan 2019. https://www.theguardian.com/education/2019/jan/16/ofsted-to-reform-school-inspections-in-bid-to-tackle-off-rolling

吉田多美子（2007）「フィンランド及びイギリスにおける義務教育の評価制度の比較――学力テスト、学校評価を中心に」『レファレンス』国立国会図書館

・EPPE調査、EPPSE調査について

Sylva, K., Melhuish, E., Sammons, P., Siraj-Bratchford, I., & B. Taggart（2004）*The Effective Provision of Pre-School Education（EPPE）Project: Final Report*

Taggart, B., Sylva, K., Melhuish, E., Sammons, P., & Siraj. I.（2015）*Effective pre-school, primary and secondary education project（EPPSE 3-16+）: How pre-school influences children and young people's attainment and developmental outcomes over time*. DfE Publications. DFE- RB455 ISBN: 978-1-78105-475-8

03

アメリカ

北野幸子

◎アメリカの保育をめぐる状況◎

- 個人の責任と自由の重視、多様性の尊重、州の権限の強さ
  ⇒国による統一的な規制や管理よりも、州・都市ごとの取り組みや個々の現場・家庭の判断に依拠した保育の質の確保・向上の仕組み
- 就学前の準備教育としての幼稚園、保護者の就労支援・家庭支援の側面の色濃い多種多様な低年齢児保育（両者の大きな格差が課題に）
- 思考と行為の結びつきを重視するプラグマティズムの伝統、発達心理学の強い影響

専門組織・研究機関等による多様なカリキュラムや評価指標の開発
保育の質評価における個々の子どもの発達検査の重視
評価結果の高い園への公的資金の投与やインセンティブ（成果報酬）

保育の質評価向上システム
（QRIS：Quality Rating and Improvement System）

※90 年代に導入、各州に展開

連邦政府
（保健福祉省）

全米保育質保証センター

- 情報提供（評価項目作成の手引き等）
- 評価結果の開示

資金援助 ⇒

各州で実施
（2017 年時点で 45 の州・区）

- 各州がそれぞれ独自に評価システムを開発
  ⇒保育環境の評価や子どもの発達検査により総合的に評価
  （国際的な認知度も高いさまざまな尺度やツールを使用）
- 各州の作成した基準により施設を段階的に評価、ランク付け
  ⇒評価結果に基づく指導・助言・技術支援や財政的支援
  評価結果の web 上での公開（保護者の啓発という側面も）

※全米乳幼児教育協会（NAEYC）によるカリキュラム「発達にふさわしい実践（DAP）」2020 年改訂

1 全体的な状況について

アメリカの保育制度は、州による違いが大きい。保育の質についても、国としての規定や監査システムが一元化しているわけではない。

アメリカの保育の特徴としては、5歳の子どもについて、幼稚園が公立小学校に付設されている点がある。ここでは、就学前の準備教育としての側面が強く、無償であり、義務教育と位置づけられている州もある。幼稚園については、実践カリキュラムや養成課程のスタンダードが開発されており、質の維持や向上を図るシステムが浸透している。一方で5歳の保育が充実しているが、他方でそれより低い年齢の子どもの保育には課題が大きい。昨今、3、4歳の子どものプレスクールの就園率の向上と、公教育化が目指されている。さらに、年齢の幼い子どもについての保育は、多種多様な形態があり、保護者の就労支援や家庭支援の側面が強く、保健や衛生、栄養といった面への関心が高い傾向があり、特に3歳未満の子どもの保育については全体的なデータの把握ができにくい状況にある。

かつては、州による自治の尊重から連邦政府当局による画一的制度設計や、保育や子ども家庭福祉に関する積極的な政策関与は、あまりなされてこなかった。しかし、昨今、州による教育格差の是正と、権利としての早期からの保育保障、必要に応じた早期からの積極的支援の重要性が認識されつつある。

連邦政府の保健福祉省の下、現在アメリカで広がっている質評価と向上システムは、州による格差を問題視し、各州がそれぞれの評価基準を検討し、実際にランクづけを行い、課題を抽出して改善を図ることに助言指導や財政的支援を行おうとするものである。その背景、実際、特徴等について以下紹介する。

2 保育に関わる文化・社会的背景

2-1 多元文化主義

多元文化主義といわれるアメリカでは、多様性を尊重し、個々の家族のアイデンティティを尊重する傾向があり、公私の別の意識も強く、子どもや家族に関する問題への行政の干渉を制限すべきという考え方の伝統がある。実際に、アメリカの子どもや家庭に関する社会保障費は大変低く、国立社会保障・人口問題研究所のデータによれば、2015年度の家族関係社会支出の対GDP比の値について、アメリカ（0.65%）は、日本（1.23%）のほぼ半分、スウェーデン（3.54%）の5分の1以下となっており、OECD平均よりもはるかに低い（国立社会保障・人口問題研究所 2016)。

全米を網羅する子ども家庭福祉の政策は少なく、保育に関しての統計自体が全米規模でとられているものが少ない。OECD等の各国比較調査の報告書においても、アメリカについては、そもそもデータが集められていないといった記述が多々みられる。アメリカ保健福祉省（US Department of Health and Human Services）による、補償教育であるヘッド・スタート・プログラム等はあるが、保育や子ども家庭福祉とかかわる連邦政府主導の政策は少ない。

2-2 個人主義とプラグマティズム

多様な文化を尊重する姿勢と重なるが、アメリカには個人主義の特徴がある。つまり個人が自らの判断で選択し、その判断による結果の責任は個人にあるという考え方が浸透している。この考え方が、州の自治、あるいは、各都市、さらには、個々の家庭の判断を尊重することを基本原則とする背景にある。この点は、相互扶助や協同性、対話、折衷性を重んじる日本の文化と大きく異なる点であることに留意しておく必要があると考える。

各種判断を個々人の責任によるものとする場合、留意すべきと考えるのは、子どもに関わる政策は、個々人の責任に転化しきれないものであるということである。子どもは、家庭や地域を自らが選んで生まれてくることができない。また、自らで園を選択したり、自らの安全を確保したり、自ら権利を訴えたり、実際に権利主張や交渉することができない状況にあることが大人と比較した場合、多い。実際、自らの力ではどうしようもない貧困や虐待の問題を抱えてしまい、格差が連鎖するといった深刻な実態がある。よって、昨今、個人主義的でありつつも、子どもの権利を擁護することや、全米的な制度設計が必要であることが認識されつつあり、保育の公教育化の拡大推進も議論されている。

先に紹介したヘッド・スタート・プログラムは、アメリカで1960年代半ば以降、連邦政府が、「貧困との闘い」と称した、支援の必要な家庭の子どもを対象とした保育政策である。以降、教育格差対策として、2001年には「落ちこぼれをつくらないための初等中等教育法」(No Child Left Behind Act)が制定され、2002年には「良いスタートが賢い子どもを育てる(Good Start, Grow Smart)」政策、2009年以降には「ゆりかごから就職するまで」(Cradle to Career)政策が進められており、より総合的教育システムの構築が進められている。2015年には、「すべての生徒が成功する法」(Every Student Succeeds Act)が制定された。しかしそれでもなおこれらの法では、州の権限が強い。社会保障に関しても、アメリカでは、一般的に公的支出が少なく、管轄も州により大きく異なり、かつ、個々人の判断に依拠している部分が大きい。

個人主義的でありかつ、プラグマティズムであることもアメリカの文化的な特徴といえる。プラグマティズムとは、20世紀初頭にアメリカで主流となった考え方であるが、これは、「省察や思考が、行為と結びつかねばならない」という考え方である。よって、アメリカでは、かつてより専門組織や、各州、研究機関等で、個々にカリキュラムやガイドラインが多様に作成されている。調査やモニタリング、スクリーニングのデータを実際にとり、それらを根拠として、選択と集中による公的資金を投与する方法や、成果報酬的なシステムが浸透している。

2-3 アソシエーション・カルチャーと保育専門組織の機能

アメリカの保育は、多元文化主義や個人主義の伝統を背景に、連邦政府の主導というよりも、より小さい政府である州、さらには、各地、あるいは各組織において展開している傾向がみられる。この補完的な役割を伝統的に果たしてきたのが、専門組織である。専門組織のような協会組織を、アソシエーションというが、保育分野に限らず、アメリカにおける社会経済的活動にアソシエーションが果たす役割の大きさは周知のとおりである（山岸秀雄 2000）。例えば、NPO相当の組織（法的には501（C）3資格をもつ団体）がアメリカでは150万ほどあり、人口比を考慮しても日本のNPO数の10倍以上のNPO相当の組織がある。

保育の分野においても、全米規模の保育専門組織が、保育の浸透、質の維持や向上、発展に大きくかかわってきた伝統がある（北野 2000他）。実際、現在でも、アメリカの保育専門組織においては、認定（accreditation）システムの構築、保育者養成、プログラム開発、出版研究、専門基準の設定等が、積極的に組織においてなされている（北野 2009）。アメリカでは、1919年に日本の保育所保育指針等にあたるナショナルカリキュラムが、児童研究運動に携わった研究者により学会から提示され、地域行政当局や園がその認定を受ける形をとっている。現在においてもアメリカの指針は全米乳幼児教育協会（National Association for Education of Young Children：以下、NAEYC）より作成されている。NAEYCはアメリカの乳幼児教育関係の専門組織のうちで最大の組織である。発達の重要な時期にある0歳から8歳までの子どもへの教育の質の維持・向上を図るために、乳幼児教育に携わる者が専門性を開発し向上させていく機会を提供することを目的としている。特に、1992年に附設した「全米乳幼児教育研修研究所（National Institute for Early Childhood Professional Development）」では認定活動を行っており、保育のナショナル・スタンダードとなる「基本見解」を多く作成し、普及させている。

NAEYCにより提示された基本見解は、①保育実践や保育内容の基準の設定、②設備環境や待遇の認定基準の設定、③倫理綱領、保育者の資格や条件の設定などに分類できる。現在、アメリカの0～8歳を対象とした保育カリキュラムに加えて、保育者養成課程の認定基準、施設評価基準等、各種基準がNAEYCにより開発され、認証されている。

2-4　児童研究運動の伝統と乳幼児教育学への発達心理学の影響

一般に、発達心理学の父といわれるホールによって、アメリカで、1880年に教育のための児童の横断的調査（アンケート調査）がはじめて実施された。当初より保育関係者は協力しており、保育界においても、児童研究運動が展開した。現在でも、保育の分野において、アメリカでは、その専門知識基盤として発達を標榜する傾向が強い。保育者の養成専門要件としても発達理解は不可欠とされている。一般に、「発達知」(Developmental Knowledge) といわれ保育者の専門要件とされている。OECD (2015) は各国の保育にかかわる評価について比較しているが、リストされたモニタリング・ツールを最も多く活用している国がアメリカであった。なお、アメリカでは国として統一した基準や実施はなされていないので、OECDの同調査には直接的報告がなされていない。しかし、アメリカにおいては各地で、育ちや学びのアウトカムについてのスクリーニングやアセスメントの開発と実施が盛んである。

アメリカでは、年齢による子どもの発達過程を提示する発達心理学の立場からも、また、行政側によるスタンダードとなる一般的な知識を浸透させようとする立場においても、さらには、児童中心主義的な立場や画一性や一斉評価の導入を批判したり個性重視を尊重したりする立場においても、立場の違いを超えて同様に、保育者の要件として児童研究及び発達知が重要視されている (北野 2017)。

先に紹介した全米乳幼児教育協会 (NAEYC) による保育指針のタイトルも、「発達にふさわしい実践 (Developmentally Appropriate Practice)」であり、ここからも、発達に適していることを重要視していることがうかがえる。それ以前にも、アメリカの保育カリキュラム開発については、1940年代は子ども研究の成果をもとに児童発達アプローチによる開発、50年代はピアジェの影響を受けた開発、60年代は環境や社会状況等の諸要因を範疇に入れた相互発達の視点を考慮に入れた開発がなされていったといわれている (Spodek, B. 1993等)。アメリカにおける保育の質評価に、個々の子どもの発達検査、スクリーニング、アンケートなどが導入しやすい文化的背景があることを考慮しておく必要があると考える。

3 保育施設・事業・提供主体の所管・規制 (ガバナンス) に関わる事項

3-1 所轄官庁

アメリカの連邦政府の所轄としては、幼稚園と特別支援教育等は教育省

（United States Department of Education）が、就学前の乳幼児対象の施設は保健福祉省（United States Department of Health and Human Services：以下、HHS）が管轄している。アメリカでは、実際の制度設計や政策の施行は、各州・地区の自治による。よって、州による①教育部局の管轄による施設、②福祉関連部局の管轄による施設、と連邦政府による、③補償教育施設（ヘッド・スタート・プログラム）に、管轄が分断している。なお、州によっては、省庁間の連携が図られているところもあるが、少なく、管轄のあり方も、州による違いが大きい。

3-2 多様な乳幼児教育施設

①幼稚園（Kindergarten, kindergarten class）

一般に、多くの州において、小学校内に付設される形で、幼稚園クラスが設置されている。1年の場合が多いが、2、3年の場合もある。なお、オバマ政権以降は、2、3歳の就園率を高めようとする、振興政策が進められている。2018年に公表された、データ（National Center for Education Statistics（2017））によると、5歳の9割が園に通っており、通っている5歳の子どもの8割が幼稚園（なお2割弱がプレスクール）に通っている。5歳の子どもが通っている園の84％が公立である。

2018年のデータ（Education Commission of the States 2018）によると、17州とコロンビア自治区で子どもたちの就園が義務づけられている。しかし、州によって、半日保育であったり、全日保育であったり、その地区に幼稚園があるのであれば義務があるとか、年齢対象が7歳まででもよいなど、義務化の状況や規定の詳細は異なる。義務化されているか否かにかかわらず、公立園は原則無償である。クラスサイズや、先生1人あたりの子ども数が、幼稚園から小学校で規定されているものも多い。

②プレスクール（Pre-school）

保健福祉省（HHS）が管轄する、幼稚園就園前の子どもが通う保育施設を総称してプレスクールという。名称は多様であり、対象年齢も地域により異なる。4歳の68％、3歳の40％が就園しているが、プレスクールの場合は、公立は6割で、私立は4割である。幼稚園と比較すると州の管轄による園が少ない。現在、公立化が進められている。

③ヘッド・スタート・プログラム

先に紹介したが、選択と集中の原理から、連邦政府が州を超えた政策としているのがヘッド・スタート・プログラムである。社会的に不利益な立場にある子どもの早期発達支援プログラムであり、主に3～4歳の子どもを対象とした補償プログラムであるが、0～5歳や、妊産婦、家庭への包括的支援が行われている場合もある。低年齢児対象のものは、プレ・ヘッド・スタートともいわれる。予算は基本すべて連邦州政府によるが、実施は委託事業者によってなされている。基本、保護者負担はなく、無償である。

④特別支援教育

特別支援教育は、施設というよりはプログラムであり、一般的には各クラスでのインクルージョン形式で、専門保育者等の加配や、追級、教材の提供といったかたちで支援がなされている。こういった財政支援の要件には、個別援助計画が作成されていることがあげられており、園における個別援助計画に加えて、より幼い時期の子どもを対象とした、個別家庭支援計画を要件としてなされる支援もある。

⑤乳児から3歳の子どもの保育

3歳より幼い子どもについては、家庭的保育（Family day care）、チャイルド・ケア（Child care）、早期教育センター（Early education center）、デイ・ナーサリー（Day Nursery）、など多様である。これらは、プレスクールと併設されている場合もある。義務教育開始前つまり、4、5歳までの子どもを対象とするプログラムもある。システムが複雑で、その実態を包括したデータは少ない。

3-3　子ども1人あたりの公的資金の活用状況について

子ども1人あたりの公的資金の活用状況は、年齢による差が大きい。例えば、2017年データによると、幼稚園クラスを含めた義務教育期間については1人あたり1万3876米ドル、ヘッド・スタート・プログラムについては1人あたり9158米ドル、プレ幼稚園については1人あたり5691米ドルとなっている。幼稚園クラスを含めた義務教育では、プレ幼稚園の2倍以上の公的資金が活用されている。現在アメリカでは、5歳児とそれよりも年齢の低い子どもの保育への公的資金の活用に差があることが問題視されている。3、4歳の保育の無償化政策が進められているが、それは教育格差是正の観点のみならず、幼児期の教育保障が社会経済的な発展にも不可欠であり、子どもの権利保障としての観点からも支持されている。

4 保育者の資格免許、養成、研修、雇用形態や労働環境等

4-1 保育者資格

アメリカでは、保育者の資格も多様である。高等学校卒業相当で、基本的なプログラムを受けることによって発行される認定書を取得すれば、チャイルド・ケア関連施設や民間のプレスクールで働くことができる。連邦政府によるヘッド・スタート・プログラムは、短期大学における保育関連プログラムを終え認定資格を得て働くことができる。幼稚園や、公立プレスクールなどでは、保育者は学士のレベルを必要とされているところが多い。

公立幼稚園については、初等教育免許が必須であり、幼稚園クラスから小学校3年生までの資格や、幼稚園クラスから小学校卒業までの資格が一体化されている州もある。

試験や免許更新講習、大学院レベルの養成により、上級資格や、終身教員免許資格などもある。高度化が指向され、階層化が図られている一方で、ベビーシッターは無資格の中高生のアルバイトとして実施されているなど、課題も多い。

日本では公的に保育士資格や、幼稚園教諭免許を規定し、発行しているが、アメリカでは民間が認定資格などを規定し、発行している場合も多々ある。専門組織等でつくられた認証システムを、州が、園における就労の必要要件として採択・活用している場合もある。

なお、詳細については、各州の状況がEducation Commission of the Statesのホームページに掲載されている。また、資格のみならず、養成、処遇等についても、概要が、国立教育政策研究所にて、「諸外国における就学前教育

の無償化制度に関する調査研究」(渡邊恵子 2015)によりまとめられているので参照されたい。

4-2 養成

アメリカでは、養成教育の認証と質保証は、州当局のみならず、専門組織が実施している。大学の養成機関に加え、専門組織による認証がなされているが、特に幼稚園以外の保育関連プログラムについては養成が専門組織等にゆだねられている場合が多い。各州では、養成大学と地域の園・学校との連携による質向上のためのネットワーク(Professional Development School Network)が組織されており、そこで、養成教員の認定、実習先の指導者の認定なども行っている。全米規模で、教員養成校としての適性を審査し認証している組織としては、教員養成認証協議会(Council for Accreditation of Educator Preparation)がある。

養成校の教員について、求められる資質・能力の基準を作成し、それを教員が獲得しているのかを評価する組織としては、州間教員評価支援コンソーシアム(Interstate Teacher Assessment and Support Consortium)がある。ここでは、専門性を高める研修のあり方についても検討し、実際提供している。コンソーシアムにより、州による教員の質の格差を是正し、底上げを図ることも目指されている。全米教職専門職基準委員会(National Board for Professional Teaching Standards)は、上級・優秀教員の認定を行っている。この認定書の有無を、昇給や昇進の条件としている州もある。

なお、保育に特化したもので最も浸透しているものは、NAEYCが2009年に策定した、「乳幼児教育専門職養成スタンダード(NAEYC Standards for Early Childhood Professional Preparation)」である。教員養成認証協議会も州間教員評価支援コンソーシアムと連携を図っており、NAEYCの基準が活用されている。2010年にNAEYCは、「乳幼児教育専門職養成スタンダード」の改訂を行い、学士レベルと修士レベルの養成基準を作成している(「基礎及び高度保育者養成プログラム・スタンダード(Standards for Initial & Advanced Early Childhood Professional Preparation Program)」)(NAEYC 2010)。これらは、7つの基準(①子どもの発達的理解と学びの促進、②家庭や地域との連携、③観察・記録・評価、④発達的に効果的な取り組み/実践的な取り組み、⑤保育内容とカリキュラム、⑥専門家

表3-1　全米乳幼児教育協会（NAEYC）養成基準：学士レベル／修士レベル

項目		学士		修士	
1	子どもの発達的理解と学習の促進	1a	誕生から8歳までの子どもの特徴とニーズを知り、理解する	1a	誕生から8歳までの子どもの特徴とニーズを知り、理解する
		1b	幼児期の発達や学びへの多様な影響を知り、理解する	1b	幼児期の発達や学びへの多様な影響を知り、理解する
		1c	子どもが健全で尊重され、協同的、挑戦的に学べるような環境を構成するために発達の知識を使う	1c	子どもが健全で尊重され、協同的、挑戦的に学べるような環境を構成するために発達の知識を使う
2	家庭や地域との連携	2a	多様な家庭や地域の特徴を知り、理解する	2a	多様な家庭や地域の特徴を知り、理解する
		2b	互いに尊重できる対等な関係を通して、家庭や地域を支えたり、興味関心をもってもらう	2b	互いに尊重できる対等な関係を通して、家庭や地域を支えたり、興味関心をもってもらう
		2c	幼児の発達と学習に家庭と地域を関連させる	2c	家庭や地域を子どもの発達や学びに巻き込むために効果的な協力体制や（その地域の）文化的な可能性を示す
3	観察・記録・評価	3a	目標や利点、評価の必要性について理解する－子どもの発達のために適切な目標やカリキュラム、教授方法を使う	3a	目標や利点、評価の必要性について理解する－子どもの発達のために適切な目標やカリキュラム、教授方法を使う
		3b	観察や文書記録、その他適切な評価ツールをよく理解して使う－記録や評価、データの収集において科学技術を使うことも含める	3b	観察や文書記録、その他適切な評価ツールをよく理解して使う－記録や評価、データの収集において科学技術を使うことも含める
		3c	どの子どもにとっても良い成果をもたらすような評価を理解して責任をもって実践する－障害をもつ子どもに技術的な補助を使うことも含む	3c	どの子どもにとっても良い成果をもたらすような評価を理解して責任をもって実践する－障害をもつ子どもに技術的な補助を使うことも含む
		3d	効果的な学習環境づくりのために、家庭や同僚との関係をつくる	3d	効果的な学びの環境を作るために家庭や同僚と評価関係を築く際、効果的に協力するための能力を実証する
4	発達的に効果的な取り組み/さらに実践的な取り組み	4a	よい関係づくりや支援的な関わりを子どもと関わる職の基本として理解する	4a	よい関係づくりや支援的な関わりを子どもと関わる職の基本として理解する
		4b	科学技術の適切な使用も含め、幼児期の教育に効果的な教授方法などを知り、理解する	4b	科学技術の適切な使用も含め、幼児期の教育に効果的な教授方法などを知り、理解する
		4c	発達上適切な豊富な教育や学習方法を利用する	4c	レベルの高い文化能力、文化や言語・宗教の多様性に対する理解や対応能力とともに、発達に適した教授方法を幅広く使う
		4d	それぞれの子どもの学びを促すよう 自らの実践を振り返る	4d	それぞれの子どもの学びを促すよう 自らの実践を振り返る
5	保育内容とカリキュラム	5a	各教科の内容や教材を理解する：言語と読み書きの能力・芸術（音楽・表現・ダンス・劇・視覚表現）・数的理解・科学・身体活動・体育・健康と安全・社会	5a	各教科の内容や教材を理解する：言語と読み書きの能力・芸術（音楽・表現・ダンス・劇・視覚表現）・数的理解・科学・身体活動・体育・健康と安全・社会
		5b	中心となる概念や研究方法、保育内容の構造を理解し、使う	5b	中心となる概念や研究方法、保育内容の構造を理解し、使う
		5c	自分の知識や適切な指導要領、その他の教材をどの子どもにとっても発達的に有意義で興味をそそる指導計画の作成、実践、評価に用いる	5c	自分の知識や適切な指導要領、その他の教材をどの子どもにとっても発達的に有意義で興味をそそる指導計画の作成、実践、評価に用いる
6	専門家になるために/専門家として成長するために	6a	幼児期の分野を認識し、自分を関連付ける	6a	戦略的に考えたり、総意をつくり出したり、変化を加えたり、効果的に協力したり、他者のよき指導者になったり、子どもやその家族、専門職者にとってよい影響を与えることによって、幼児教育分野におけるリーダーシップや専門家としての一体感を発揮する

		6b	道徳的な指針や他の専門的な指針を知り、利用する	6b	自分の専門的役割と関連のあるNAEYCやその他の専門ガイドラインを綿密に理解し、熟考したうえで適用する
		6c	実践を伝えるために連続的に協同的に学習する、例えばテクノロジーの利用など	6c	実践や専門的役割に関して継続的で協同的な学びや研究が行えるように専門的な方策や研究技術や手法を使う
		6d	よく考えられた重要な見通しを早期教育に統合する	6d	関連する理論や研究を基礎として幼児教育に関して見識に富み、思慮深く、批評的な視点を統合する
		6e	幼児や専門職に対する支持に従事すること	6e	子どもや専門職者のために、よく情報が与えられた上での提言を行う。正しい専門的実践や政策のために明瞭に表明していく。
				6f	レベルの高い対話力や文章力、技術的なコミュニケーション能力を発揮する
7	実習	7a	0～3歳、3～5歳、5～8歳の3つのうち少なくとも2つの年齢層における実践や観察の機会	7a	0～3歳、3～5歳、5～8歳の3つのうち少なくとも2つの年齢層における実践や観察の機会
		7b	少なくとも3つの主な幼児教育施設（幼稚園、デイケアセンター、ヘッドスタートプログラム）のうち2つにおける観察と実践の機会	7b	少なくとも3つの主な幼児教育施設（幼稚園、デイケアセンター、ヘッドスタートプログラム）のうち2つにおける観察と実践の機会

出典：NAEYC（2010）Standards for Initial & Advanced Early Childhood Professional Preparation Programs

になるための取り組み（学士）／専門性の向上、⑦実習）からなり、それぞれの基準につき、3～5の下位項目がある。下位項目は、学士相当と修士相当の養成により発展性がある内容となっている（表3-1）。

なお、NAEYCの基準を前提としてつくられた「州間教員評価支援コンソーシアム」の基準（2011）は、①子どもの発達、②学び・学習の違い、③保育環境、④保育内容の知識、⑤保育内容の活用、⑥評価、⑦指導計画、⑧指導方法、⑨専門的学習と倫理的実践、⑩リーダーシップと協同、からなる（https://ccsso.org/を参照）。「全米教職専門基準委員会」の基準（2012）は、①子ども理解のために子ども発達の知識を使う、②家庭や地域とパートナーになる、③平等、公平、多様性の理解を育てる、④子どもを教えるための主要な内容を知る、⑤子どもの発達と学びを評価する、⑥発達や学びのために計画する、⑦発達と学びのために実践する、⑧子どもに教えるときに省察する、⑨プロ意識を実証し、専門性に寄与する、からなる（https://nces.ed.gov/を参照）。

4-3 処遇

アメリカの保育者の処遇は、就学前教育（ISCED 02）の15年のキャリアがある人の平均法定給料は、5万2076米ドルであり、OECD平均の3万5664米ドルよりも高い。昨今、ノンコンタクトタイムなどの保障が保育者のメンタルヘルスの観点からも指摘されているが、アアメリカの法定上の保育者の勤務時間は、1365時間であり、OECD平均の1417時間よりも少ない（OECD 2017）。アメリカでは、特に幼稚園については公立で小学校以降の教員との処遇や労働条件が同等である。

5 カリキュラム

5-1 スタンダード・カリキュラム

幼稚園以降の教育カリキュラムは系統的なものを、各州が開発している。また、各大学や研究機関、専門組織においてもカリキュラムが開発されている。

州による違いが格差をもたらさないようにすることの必要性が議論され、2010年には、英語と算数・数学については、幼稚園から高等学校卒業までの共通コア州スタンダード（Common Core State Standards）が作成された。また、2013年には科学教育についても同様に、幼稚園以降を対象とする「次世代科学スタンダード」（Next Generation Science Standards）が作成された。

5-2 発達に適した実践（Developmentally Appropriate Practice）

0歳から8歳の子どもを対象としたカリキュラムで、アメリカで最も浸透しているものは、「発達にふさわしい実践（DAP）」である。これは、NAEYCによる組織の「基本見解」として策定され、表明されたものである。先に紹介したが、アソシエーション・カルチャーといった特徴のあるアメリカでは、専門組織が、「基本見解」を提示し、それが行政当局やその他園や学校などの個々の組織によって採択され、制度化していくといった構造が浸透している。

DAPの策定の経緯は1984年にさかのぼる。NAEYCの理事会は1984年7月に「4歳児、5歳児のためのふさわしい教育に関する検討委員会」を設置した。1985年7月にその審議がまとめられた。「誕生から8歳までの子どもたちのプログラムにおける発達にふさわしい実践」を記載した基本見解が完成した。1986年4月に理事会により正式採択された（NAEYC 1986）。1987年には対象が0歳から8歳まで広げられ、書籍としては、1987年にガイドライン（Bredekamp 1987）が出版された。

日本の場合と同様にDAPは10年ごとに改訂されることとなっており、それはNAEYCに委員会が設置され検討を経てなされてきている。昨今の改訂の特徴としては、多元文化主義的観点や、教育格差是正が話題となっている。

DAPは改訂を繰り返しているが、1997年の改訂のポイントの背景には、「発達知」に依拠しすぎることへの批判への応答がある。多元文化主義的観点やインクルージョンの観点からの、「発達知」への過度な傾倒に対する批判にこたえて、1997年の改訂版（NAEYC 1997）では、以下の点について改善を図ったとされている（Kessler & Swandener 1992; Mallory & New 1994）。その特徴をまとめると、まず、保育者と子どもの相互作用をより重視した点があげられる。総合的なカリキュラム（Integrated Curriculum）や創発的カリキュラム（Emergent Curriculum）の開発を推奨しその指標としてのDAPの位置づけが強調されている。また、全体としての子ども観（身体、社会性、情緒、認知）を前提とし、身体発達や認知発達に加えて、より広い領域における発達の適切性を配慮している。さらには、社会文化的文脈を考慮し、ひとりひとりの子どもや子ども集団のニーズと学習スタイルへの応答を配慮した。

DAPは、保育者が自らの実践を振り返り、さらに実践やカリキュラムを編成するうえで援助となる指標であることを明示し、特にその実践づくりの指標として「発達知」を提示している。「発達にふさわしい」とは、一般的な「発達知」に加えて、個々の子どもの発達に適した実践であることへの配慮が必要なものであるとし、特に、多文化性、個別性、地域性、ジェンダー、障害などのへの配慮の大切さも明示している。

2009年のDAPの改訂版（NAEYC 2009）では、さらに、「文化的コンピテンシー（Cultural competence）」と「子どもと家庭の多様性（Family and child diversity）」が注目された。特に、人種、民族、言葉、文化、社会的地位、移民の問題、特別なニーズを要する子どもの状態など、育ち手である子どもの特性に関する配慮が強調されている。DAPは、5部10章で構成されている。5部の内容は、保育者の重要性、0～3歳の保育、3～5歳のプレスクール、5～6歳の幼稚園、6～8歳の学齢期、の5つである。適切な実践と課題のある実践事例を対比的に多数提示しており、プラクティカルでわかりやすいが、実用的に単純化している点が特徴である。

なお、2020年にDAPの基本見解の改訂版案が開示され、パブリック・コメントが求められ、2021年に、改訂第4版の書籍も出版された。

6 監査や評価

6-1 質評価向上システム（Quality Rating and Improvement System）

①背景

アメリカでは、学校システムにある幼稚園においては、無償で、就園率も高く、保育者への免許資格化や高度資格化や研修保障が進んでいる中、より年齢の低い子どもを対象とした園等については、手上げ方式の認証であるために格差が拡大してしまうといった課題が指摘されてきた。資格制度と認証制度のギャップを埋めるために、1990年代以降、質評価向上システム（Quality Rating Improvement System：以下、QRIS）が導入された。保健福祉省（HHS）の公的資金援助も伴い、浸透していった。現在、保健福祉省のもと、全米保育質保証センター（National Center on Early Childhood Quality Assurance）が各州のQRISへの参加の意義と、手続きのあり方、評価項目の枠組み、プロバイダーとの連携方法、州の評価項目などの作成の手引き、実施方法、結果の開示のあり方などについて、情報を提供している。また実際の評価の結果を開示している。

②QRISの構成

QRISの構成要素としてはまず、施設の基準づくりとそれに基づくランクづけがある。州は独自に、組織的な保育施設の質評価の画一的基準をつくり、実際に評価を行う。各州により異なるが、3段階から6段階の評価基準による評価がなされる。

モニタリングやスクリーニングを委託する場合もあり、いくつかの評価スケールを活用している場合もある。専門組織や企業等による評価基準を活用している場合もある。

QRISでは、また、評価結果に基づいて、質の維持と向上の支援を行う。さらに上の段階への質の向上がめざされる。支援は、施設や保育者を対象としたもので、助言や指導、相談、技術支援その他により質の向上を図る工夫がなされている。財政的支援も、研修費支援や、評価結果に応じたインセンティブ支援もなされる。

評価は、質保証のために不可欠なものであると位置づけられている。実用的であることや、実行しやすさが指向されやすい風土があるのか、子どものスクリーニング、評価指標の導入などが各州でなされている。説明責任を果たすこともめざされている。評価は、評価機関や、その連携機関等により評価が実施されるが、実践の視察、各園の自己評価、書類監査など、さまざまな形で実施されている。

QRISでは、利用者教育（啓発）によって、保護者に保育の質とは何か、それがいかに重要かを伝えることが大切であるとされている。よって、いずれの州もHPにおける情報開示がなされている。なお、その情報量や内容は多種多様である。

園についての情報は、地図上で検索できるようにしている州もある。一方で、単に参加施設一覧のリストが掲載されているだけの州もある。掲載する内容の選定は州のみならず、州内の地域によって違う場合もある。

園ごとの情報が公開されているが、評価結果について、星の数や数値で表している州もある。園ごとに、評価の結果のみを単純に星や数値で表している州もあるが、評価項目ごとに星や数値で評価結果をくわしく表している州もある。記述型の評価の公表を行っている州もある。

QRISでは、プログラムの評価基準を段階化しているが、それは、現状からの質の向上をめざすように誘導する意図がある。ランクは3段階評価から6段階評価まであり、州により異なるが、5段階評価の基準を設けている州が最も多い。

③実施の状況

QRISは、1998年オクラハマ州ではじめて、州全体での実施がなされたが、以降、2012年のオバマ前大統領による「頂点への競争—早期の学びの挑戦」（RTT-ELC）との連携により、QRISの成果に伴う資金援助がなされたこともあり、実施が広がった。2017年には、45州・区において実施された（QRIS Resource Guide 2017）。

なお、各州のQRISについては、例えばコロラド州については内田（2017）による紹介が、カリフォルニア州については当事者の観察と記録に基づく評価である「望ましい結果の発達プロフィール」（Desired Result Developmental Profile: DRDP）を中心に岩立（2017）による紹介がなされている。各地でその州オリジナルの評価システムが開発されている。評価は総合的で、いわゆる評価スケール（ECERS, ITERS, ECERS-R, ITERS-R, FCCERS-R, SACERS, CLASS, BAS, PAS）や、発達検査等モニタリングを実施している（なお、それぞれの調査についての詳細は、埋橋（2018）、秋田・佐川（2011）等を参照されたい）。

QRISで導入されている、評価スケールの内容やその結果、また発達検査、健康診断を実施していることや、それらの内容や情報を保護者に伝えていたりしているかといった項目が、QRISの項目内容としてあげられている州も一部ある。

こういったモニタリング・ツールについては、OECD（2015）において、子どもの育ちや学びの姿のツールとして、全20ツールがリストされている。それぞれのモニタリング・ツールを活用している国・地域名があげられているが、うち、アメリカが最も活用が多く、15も活用していることが示されている。アメリカで、活用されているモニタリング・ツールをリストしたものが表3-2である。

例えば、表の5番の「Head Toes Knees Shoulders Task（HTKS）」、9番の「Pencil Tapping Task（PTT）」、10番の「Snack Delay Task（SDT）」は、発達心理学の研究で広く使われている、実行機能の発達を調べる課題である。実行機能の発達を調べるために、子ども向けにさまざまなモニタリングのツールが開発されているが、これらの3つの課題はその中の代表的なものである。

HTKSは、長時間のトレーニングや特殊な機器を必要としない簡単なゲームである。最初は「頭を触って」「つま先を触って」「肩を触って」「膝を触って」といった行動を子どもにするように指示する。その後に、言われたことと反対のことをするように教示する（例：「肩を触って」と指示されたときに膝を触る等）。この課題は、実行機能がうまく働かないとできない課題である。つまり、ルールを頭に覚えておきながら、指示に注意を払って反応するためにワーキングメモリを働かせる必要がある課題や、自然な反応（「肩を触って」と言われたら、肩を触る）を抑えて、不自然ではあるがルールとして正し

表3-2 アメリカで活用されているモニタリング・ツールの例

	名称	対象児	被対象者	内容
1	Ages and Stages Questionnaires (ASQ)	1か月から5.5歳	保護者対象質問紙	コミュニケーション、運動発達、社会情動的発達、等
2	BASK-2 Behavioral and Emotional Screening System (BESS)	3-18歳	教師、保護者、子ども様式別、スコアリング	行動、情動、適応、等
3	Battelle Developmental Inventory, Second Edition (BDI-2™) / Screening-test (BDI-ST2)	0-7歳	子どもの観察、保護者・保育者インタビュー	行動、適応、自己概念、社会性、運動発達、知覚、認知、基礎学力、等
4	Child Development Inventory (CDI)	15か月から6歳	保護者対象質問紙	発達、運動発達、言葉、文字、数理、等
5	Head Toes Knees Shoulders Task (HTKS)	4-8歳	子ども対象実験調査	実行機能、自己制御機能、集中力、等
6	High Scope Child Observation Record (COR)	0-5歳	教師による観察調査	社会性、自我、探求、論理的思考能力、創造的表現、コミュニケーション、言葉、等
7	Parents' Evaluation of Developmental Status (PEDS)	0-8歳	保護者のレポート	〈データなし〉
8	Peabody Picture Vocabulary Test (PPTV)	2歳6か月から90か月＋	子ども対象言語テスト	英語の語彙
9	Pencil Tapping Task (PTT)	3-7歳	子どもによるペンシルタッピング課題	実行機能、自己制御機能、ルール認識、等
10	Snack Delay Task (SDT)	18-45か月	子ども対象実験調査	自己制御機能、等
11	Strengths and Difficulties Questionnaire (SDQ)	2-4歳と4-17歳	11歳以下は保護者と教師対象質問紙調査	情動、問題解決力、欠陥性多動、仲間関係、向社会性、等
12	The Children's Behavior Questionnaire (CBQ)	3-7歳	質問紙調査	行動、情動、自己抑制機能、多様な感情、等
13	The Devereux Early Childhood Assessment Preschool Program, Second Edition (DECA-P2)	3-5歳	保育者対象振り返り質問紙	環境、活動、経験、支援的相互作用、家庭との連携、日課、等
14	The Early Development Instrument (EDI)	4-7歳	保育者・保護者対象質問紙	健康とウェルビーイング、社会性、情緒的成熟度、言語、認知、コミュニケーション、一般知識、等
15	Work Sampling System	3-8歳	教師による観察調査チェックリスト	言語とリテラシー、科学的思考力、数理的思考力、自我と社会性の発達、芸術、社会、健康と安全、身体発達、等

出典：OECD（2015）Starting Strong IV

い反応（「肩を触って」と言われたら、膝を触る）をするために抑制機能を働かせる必要がある課題に応えることがもとめられている。一般に、正（or誤）反応数（or反応率）の年齢による推移が分析される。

PTTは、実行機能のとくに抑制のコントロールを調べる課題である。子どもに鉛筆を渡して、「実験者が1回（鉛筆で）机を叩いた時は、2回（鉛筆で）

机を叩きなさい」(ルール1)と「実験者が2回(鉛筆で)机を叩いた時は、1回(鉛筆で)机を叩きなさい」(ルール2)と教示する。練習後に、2つのルールをランダムに提示し、ルールを守れるかどうかを調べる。この課題では、2回(1回)机を叩くのを見ると、自然に2回(1回)叩きたくなるが、それを抑制して、1回(2回)叩かなければならないため、実行機能の働きが求められる。一般に、正(or誤)反応数(or反応率)の年齢による推移が分析される。

SDTは、魅力的なものが目の前にあるときに衝動的に反応せず、抑制できるかを調べる課題である。実験者が透明なコップの中にお菓子を入れて、子どもにベルが鳴るまで、お菓子を取らずに待つように指示する。実験者がベルを鳴らすまでの時間は、5、10、15、20秒と遅延させる。ベルが鳴るまで辛抱強く待って、お菓子に近づくような行動をしていないと最大得点(7点)を与える。実験者がベルを鳴らす前にお菓子を食べるか触れると得点は下がる(例:7=ベルが鳴るまで待つ、4=実験者がベルを持ち上げた後に、お菓子に触れる、1=実験者がベルを持ち上げる前にお菓子を取って食べる)。

6-2 2017年のプレスクールの実態評価

全米保育研究所(National Institute for Early Education Research)は、州ごとの公立のプレスクール等の実態調査を12年以上にわたって実施している。質評価の項目は、2017年より変更され、旧基準と新基準の両方の評価項目(ベンチマーク)に基づく達成度の結果が、2018年版では公表されている(NIEER, The State of Preschool 2017)。

新しい基準は、継続的質向上システム(Continuous Quality Improvement System)といわれるものである。評価基準は表3-3の10項目からなる。

評価項目のうち、B)カリキュラムの機能化への支援は新規で、A)包括的な乳幼児期の学びと発達のスタンダードと、F)年15時間の研修保障や研修年次計画の策定、主・補助保育者に対するコーチング(助言指導)は充実が図られたものである。旧評価項目としてあった食事の提供は、新評価基準では削除されている。表3-4にあるように、新しい評価項目10について、50州・区ごと、60の施設種類(プレスクールや、ヘッド・スタートなど管轄が分かれているものは別々にカウントしているので50より多い)のうち、すべてを達

表3-3　継続的質向上システムの評価基準

A）　包括的な乳幼児期の学びと発達のスタンダード
B）　カリキュラムの機能化への支援
C）　主保育者（担任）の学士（BA）資格
D）　主保育者（担任）に対する保育に特化した研修保障
E）　補助保育者のCDA（準学士相当）の認定
F）　年15時間の研修保障や研修年次計画の策定、主・補助保育者に対するコーチング（助言指導）
G）　クラスサイズ：20人以下
H）　保育者1人あたりの子ども数10人
I）　発達スクリーニングと開示
J）　継続的な研修システム

出典：NIEER（2017）The State of Preschool 2017

表3-4　評価項目ごとの達成地域数

質評価のサマリー		
評価項目	達成州・地域数	
	現行項目	新項目
①包括的な乳幼児期の学びと発達のスタンダード	60	52
②カリキュラムの機能化への支援	2015～2016年新設項目	52
③主保育者（担任）の学士（BA）資格	34	34
④主保育者（担任）に対する保育に特化した研修保障	51	51
⑤補助保育者のCDA（準学士相当）の認定	18	18
⑥年15時間の研修保障や研修年次計画の策定、主・補助保育者に対するコーチング（助言指導）	49	9
⑦クラスサイズ：20人以下	48	48
⑧保育者1人あたりの子ども数10人	50	50
⑨発達スクリーニングと開示	41	43
⑩食	29	廃止
⑪継続的な研修システム	43	34

出典：NIEER（2017）The State of Preschool 2017

成していたのは、旧基準の①のみで、最も低いのは、保育者の研修保障等に係る⑥の項目で9に過ぎなかった。表3-5は、各州の公立園を対象とした、評価結果を表したものである。新しい評価項目のうち10すべてを達成している州は、3つに過ぎなかった（Alabama, Michigan, Rhode Island）。

同報告書には、州ごとの評価結果の詳細も掲載されている。個々の州の評価結果を見比べてみると、新しい工夫や、評価にあたっての課題も見出すこ

表3-5　各州の評価項目の達成状況

州名／プログラム	包括的な乳幼児期の学びと発達のスタンダード	カリキュラムの機能化への支援	主保育者（担任）の学士（BA）資格	主保育者（担任）に対する保育に特化した研修保障	補助保育者のCDA（準学士相当）の認定	年15時間の研修保障や研修年次計画の策定、主・補助保育者に対するコーチング（助言指導）	クラスサイズ：20人以下	保育者1人あたりの子ども数10人	発達スクリーニングと開示	継続的な研修システム	継続的質向上システムの評価基準合計2016～2017年
アラバマ	✓	✓	✓	✓	✓	✓	✓	✓	✓	✓	10
アラスカ	✓	✓	✓	✓	✓		✓	✓			7
アリゾナ	✓	✓								✓	3
アーカンソー	✓	✓		✓	✓		✓	✓	✓	✓	8
カリフォルニア SPP	✓	✓		✓				✓	✓	✓	6
カリフォルニア TK		✓	✓								2
コロラド	✓	✓		✓			✓	✓			5
コネチカット CDCC		✓		✓			✓	✓			4
コネチカット SR	✓	✓		✓			✓	✓			5
コネチカット Smart Start	✓	✓	✓	✓			✓	✓			6
デラウェア	✓	✓		✓			✓	✓	✓	✓	7
コロンビア特別地区	✓	✓							✓	✓	4
フロリダ	✓						✓				2
ジョージア	✓	✓	✓	✓	✓	✓			✓	✓	8
ハワイ	✓	✓	✓				✓	✓	✓	✓	7
イリノイ	✓	✓	✓	✓			✓	✓	✓	✓	8
インディアナ	✓					✓				✓	3
アイオワ Shared Visions	✓	✓		✓			✓	✓	✓		6
アイオワ SWYPP	✓	✓	✓	✓			✓	✓	✓	✓	8
カンザス Preschool	✓	✓	✓	✓			✓	✓	✓		7
カンザス State Pre-k	✓	✓	✓	✓				✓			5
ケンタッキー	✓	✓	✓	✓			✓	✓	✓		7
ルイジアナ 8(g)	✓	✓	✓	✓			✓	✓		✓	7
ルイジアナ LA4	✓	✓	✓	✓			✓	✓	✓	✓	8
ルイジアナ NSECD	✓	✓	✓	✓	✓		✓	✓	✓	✓	9
メーン	✓	✓	✓	✓	✓		✓	✓	✓	✓	9
メリーランド	✓	✓	✓	✓				✓	✓	✓	7
マサチューセッツ 391		✓		✓			✓	✓	✓		5
マサチューセッツ UPK	✓	✓		✓			✓	✓	✓	✓	7

ミシガン	✓	✓	✓	✓	✓	✓	✓	✓	✓	✓	10
ミネソタ HdSt	✓	✓		✓	✓	✓	✓	✓	✓		8
ミネソタ VPK	✓	✓					✓	✓	✓	✓	6
ミシシッピ	✓	✓	✓	✓	✓		✓	✓	✓	✓	9
ミズーリ	✓	✓	✓	✓			✓	✓	✓	✓	8
ネブラスカ	✓	✓	✓	✓	✓		✓	✓		✓	8
ネバダ	✓	✓	✓	✓			✓	✓			6
ニュージャージー Abbott	✓	✓	✓			✓	✓	✓	✓	✓	8
ニュージャージー ECPA	✓	✓	✓	✓			✓	✓	✓		7
ニュージャージー ELLI	✓	✓	✓	✓			✓	✓	✓		7
ニューメキシコ	✓	✓		✓	✓	✓	✓	✓	✓	✓	9
ニューヨーク	✓	✓	✓	✓			✓	✓	✓		7
ノースカロライナ	✓	✓	✓	✓			✓	✓	✓	✓	8
オハイオ	✓	✓		✓					✓	✓	5
オクラホマ		✓	✓	✓			✓	✓	✓	✓	7
オレゴン HdSt	✓	✓		✓	✓	✓	✓	✓	✓		8
オレゴン Preschool Promise	✓	✓		✓	✓		✓	✓			6
ペンシルベニア RTL	✓			✓			✓	✓			4
ペンシルベニア HSSAP	✓			✓	✓		✓	✓	✓	✓	7
ペンシルベニア K4 & SBPK			✓						✓		2
ペンシルベニア PKC	✓	✓	✓	✓			✓	✓	✓	✓	8
ロードアイランド	✓	✓	✓	✓	✓	✓	✓	✓	✓	✓	10
サウスカロライナ	✓	✓		✓		✓	✓	✓		✓	7
テネシー			✓	✓			✓	✓	✓		5
テキサス	✓		✓	✓					✓		4
バーモント	✓						✓	✓	✓	✓	5
バージニア	✓	✓		✓			✓	✓	✓		6
ワシントン	✓	✓		✓	✓		✓	✓	✓	✓	8
ウェストバージニア	✓	✓	✓	✓	✓		✓	✓	✓	✓	9
ウィスコンシン 4K		✓	✓	✓							3
ウィスコンシン HdSt		✓		✓	✓		✓	✓	✓		6
合計	52	52	34	51	18	9	48	50	43	34	
グアム	✓	✓		✓			✓	✓		✓	6

出典：NIEER（2017）The State of Preschool 2017

とができる。例えば、ウェストバージニア州では、特に公費の投入にかかわり、部局を超えた一体的支援が試みられている。つまり、州の福祉部局と教育部局、さらには連邦政府のヘッド・スタートによる機構の3者が連携している。同報告書では、連邦政府同様に、公立園の就園率の上昇を目指しているが、例えば、バーモント州では、4歳就園率が75%、3歳就園率が60%であり大変高いが、一方で、保育者の資格の高度化は進んでいない。限られた予算において、評価基準を達成することは、時にバランスを損ねることになりかねないことが示唆されると考える。イリノイ州は、財政難により就園率が低下しており、経済の影響を如実に受けてしまう点が明らかになった。保育のユニバーサル化が後退した背景には、評価結果に基づき成果報酬的に公的資金の投与を決める方法についての課題もあることが示唆されると考える。

なお、本年度の調査では、2言語学習者支援とそのための評価が導入されており（このたび2回目の調査）、保育の質と多文化尊重とその支援について、特化した養成や資格の有無、子どもの母語での書類等情報提供の実施、保護者の母語でのコミュニケーション、家庭での言語活動や状況についての情報収集といった、細かな評価項目が設けられていた。

公立園に多言語を背景とする子どもが就園しやすくなることや、そのための制度の工夫がめざすべきとされており、保育の質評価にあたって2言語学習者支援が、ますます配慮されるべき課題とされている。

6-3　40の大都市の公立プレ幼稚園の質評価

全米幼児教育研究センターは、外部研究機関である、シティヘルス（CityHealth）等との協力の下、アメリカの40の主要大都市を対象にプレ幼稚園の質評価を実施し、ランキングを公表している。10の評価項目を設定し、それぞれの都市の達成度を比較している。10の評価項目のうち8つを達成していてかつ就園率30%以上の都市はゴールド、同就園率30%未満の都市はシルバー、就園率30%のみ達成している都市はブロンズ、両方達成していない都市はメダルなしとして、ランクづけしている。

評価項目は表3-6のとおりである。同評価の結果、ゴールドランクであった大都市は、ボストン、シャーロット、ナッシュビル、ニューヨーク並びにサンアントニオの5都市のみであった。プレ幼稚園プログラムの就園率が

30%以上の都市は40都市中24都市であり、クラスサイズ20人を達成していた都市は58%、主保育者が学士レベルであった都市は25であった。QRISの州調査やプレスクール調査と同様、研修保障の状況は厳しく、評価を達成していた都市は6のみであった。

表3-6　大都市のプレ幼稚園の質評価項目

学びの目標：教育と評価のガイドとなる育ちと学びのスタンダードがある
カリキュラム：内容が豊かなカリキュラムがある
主保育者（担任）の教育レベル：学士レベル
専門養成教育：プレスクールとKクラスに特化した養成教育を主保育者が受けている
補助保育者：CDAなどの基礎資格を有している
研修：主保育者及び補助保育者の研修保障
クラスサイズ：20
保育者1人あたりの子ども数：1対10
健康スクリーニングと開示
CQIS　質向上につながる質評価システムがある

出典：CityHealth & NIEER（2018）Pre-K in American Cities. http://www.cityhealth.org/

6-4　誕生から3歳までの保育の質評価

幼稚園やプレスクールについての質評価は、QRISや大都市比較調査で実施されているが、誕生から3歳までの乳幼児の保育の質評価については、アメリカではまとまったデータがこれまでなかった。しかし、国際的な学術専門組織である「ゼロ・トゥ・スリー（ZERO to THREE）」と非営利研究組織である「チャイルド・トレンズ（Child Trends）」が連携し、保育の質向上に関する調査報告書「赤ちゃんの状況年次報告書（State of Babies Yearbook 2019）」（Keating, K 他 2019）が、2019年に、この手の報告書としてははじめて著された。

誕生から3歳までの子どもの実態のプロファイルとしては、相対的貧困状態（世帯の所得がその国の等価処分所得の半分に満たない）にある貧困ラインの2倍以下の経済状態で過ごす乳幼児が45%である。つまり、平均以下の所得の家庭で育っている。ひとり親家庭の子どもは21%で、祖父母宅での扶養にある乳幼児が9%となっている。61%の母親が就労している。8.2%が低体重児で生まれている。

誕生から3歳までの質評価向上のため作成された評価項目は、大きく、①より良い健康の確保（Good Health）、②強力な家庭支援（Strong Families）、③

楽しい学びの経験保障（Positive Early Learning Experiences）の3つのカテゴリーに分けられている。それぞれに下位項目が位置づけられている。

健康に関しては、健康診断の受診や保健機関の利用、食の安全、栄養状況、母子の健康状態、乳幼児の健康状態、乳幼児のメンタルヘルスが評価項目としてあげられている。

家庭支援に関しては、基本的ニーズ保障、福祉支援、家庭訪問支援、家庭関連支援制度や有償育休制度などが評価項目としてあげられている。

学びの機会保障に関しては、保育機会の提供や、早期介入支援（入所支援）や早期保護サービスなどが評価項目としてあげられている。

同報告書では、3つのカテゴリーごとに総合評価が各州についてなされている。評価は、4段階評価で、「着手したばかり（Getting Started）」「前進しつつある（Reaching Forward）」「成果があがりつつある（Improving Outcomes）」「効果的に機能している（Working Effectively）」の4つに各州がランキングされている。

7 まとめ

個々の州に大きな権限がありその自治が進んでいるアメリカでは、州によって保育制度が大きく異なっている。また、個人主義の伝統から、質の維持や向上については個々の園の判断に依拠する傾向が強く、また、園の選択についても個々の保護者の自己責任とされる傾向が強い。その結果、保育の養成課程、実践カリキュラム、評価のスタンダードづくり等の保育制度づくりは、連邦政府が統一的に担うのではなく、保育専門組織や民間組織が積極的に機能してきたという特徴がある。加えて、プラグマティズムの伝統から、実用性を問う傾向がきわめて強く、カリキュラム開発や、評価指標開発に積極的であるといった特徴もある。実際、保育界における発達心理学の影響は大きく、測定やスクリーニング、テストの導入もなされやすい傾向があるようである。

しかし、昨今、州による格差の是正が議論となり、卓越性への傾倒が大いにみられる状況があり、早期からの保育の保障（特に就園率向上）と、保育の質を実際に評価し、その向上をはかろうとする枠組みが、連邦政府のアメリカ保健福祉省により提示され、全米各地で広く浸透しつつある。

アメリカにみられたような、誕生から3歳までの保育の実態が把握できていない状況にある場合には、最低基準を担保するべく、実態を把握することが必要であろう。そのための有効な手段として、構造の質を評価するうえでの基準や観点をしっかりと知り、また、考え、意識すること、さらには、実際に評価指標等のツールを活用することが必要であると考える。つまり、アメリカにみられたように、就園率が極めて低かったり、提供する保育時間が極端に少なかったりする実態があり、その格差が大きい場合は、その改善や充実を図るために、保育の質とかかわる政策目標を吟味し、提示することが、有効であると考える。

アメリカでは、最低基準の確保や、質の底上げにあたって、質評価の基準を各地域の責任において吟味し、方法を具体的に選択し、評価を実施している。さらには、その結果を開示するという方法をとっている。地域の責任は、説明責任にも及んでおり、その点からも学ぶことができる部分もあるように思う。また、プラグマティズムの伝統は、地域での自治的な評価の実施により、評価が制度設計の道具や、予算拡大の道具として活用されている点にもみられるといった特徴もあり、こういった評価を活用する方法についても参考となる部分があるように思う。

つまり、質の評価の内容については、アメリカでは、3、4歳の保育をすべての子どもに提供しようとする保育のユニバーサル化や、誕生から3歳未満の子どもの保健や健康を含めた各州のモニタリングの実施、2か国語学習者の支援に関する評価基準の検討やモニタリングなど、今日的課題にセンシティブな質評価も実施されている。また、システムとしては、説明責任を伴い、広く公開を進め、保育の質に関する認識を社会に浸透させようとする試みがなされている点も特徴的である。

各州が独自のモニタリング・ツールやスケールを活用するなど評価基準を策定し、それに基づいて各園を評価し、その評価結果に基づいて、実践的助言や指導や、経済的な支援を行うという方法は、一見、実利的で明瞭であるように思われる。実際、ミュシュランの星によるランク付け評価のような、3段階から6段階からなる評価がなされ、州が評価結果を広く公開している。しかし、評価は多様な項目の総合体であるので、それにもかかわらず、星3

つの評価といったような、単純なランクづけを行うのであれば、そこでは単純化せざるをえない部分が生じる。実際に、ランクづけは、ランクごとに、分別せざるを得ないので、同一項目でも背景や文脈により、評価されたり課題とみなされる状況が起こるなど、両面価値的な部分や、状況によってその評価が変わる不確定要素に対応しきれないというジレンマもある。外部から与えられた評価基準に応えることのみとらわれると、当事者意識が縮減したり欠落したりする危険があるのではないか、思考停止に陥る可能性が否めないのではないか、といった部分も同時に、危惧される。

個人主義とプラグマティズムの伝統があるアメリカでは、保育の質の評価に関しても、評価する側と評価される側が明確に相対する関係性が受け入れられやすいと考える。実際、評価結果に基づきランクづけを行ったり、インセンティブをつけたりするといった活用方法への違和感も少なく、保育にかかわらずそれらが浸透しているようにも思われる。

一方、日本においては、評価者と被評価者が明確に分断されない関係性が保育の現場でも多々見られると考える。実際、筆者も保育現場を訪問する折、保育の助言指導者という立場よりは、自らも気づかされ、知見が広げられ、共に学び考えることが多く、実践者と共に実践を省察し、対話しながら、相互作用の中で保育の質とは何かを考え、好事例を確認し、代替案を共に模索することが多い。日本の伝統ともいわれる園内研修や校内研修などが、レッスン・スタディーとして世界各地でも評価されているが、日本の保育現場では、省察と対話が広く展開し、互いに学び合い、共に保育の質の維持・向上を図る共同体が形成されていると考える。実際に、公開保育や、実践研究会では、保育者同士や他者を含めた人たちの協同的な関係のもとで、保育の質の維持や向上を図っていくことを重視する姿が多く見られる。

アメリカにおける質評価の取り組みを検討するにあたっては、こうした日本とアメリカの文化の違い、保育の違いを十分に考慮することが必要であると考える。

◆引用・参考文献

秋田喜代美・佐川早季子（2011）「保育の質に関する縦断研究の展望」『東京大学大学院教育学研究科紀要』第51巻、217-234頁

Cityhelth & NIEER（2018）Pre-K in American Cities. http://www.cityhealth.org/（最終閲覧：2019年3月15日）

Council of Chief State School Officers（CSSO）. https://ccsso.org/（最終閲覧：2019年3月15日）

Education Commission of the States（2018）50-State Comparison: State Kindergarten-Through-Third-Grade Policies. https://www.ecs.org/kindergarten-policies/（最終閲覧：2019年3月15日）

岩立京子・西坂小百合・松井智子・樟本千里・岩立志津夫（2017）「カリフォルニア州における学びや発達の評価指標の分析」『東京学芸大学紀要 総合教育科学系Ⅰ』68、109-118頁

Keating, K., Daily, S., Cole, P., Murphey, D., Pina, G., Ryberg, R., Moron, L., & Laurore, J.（2019）*State of Babies Yearbook: 2019*, Washington, DC: ZERO TO THREE and Bethesda MD: Child Trends

Kessler, S. & Swandener, B. B.（eds.）（1992）*Reconceptualizing the Early Childhood Curriculum: Beginning the Dialogue*, Teachers College Press

北野幸子（2000）「アメリカのフレーベル主義協会・組織における保育の専門職化プロセス」『人間教育の探究』第12号、15-31頁

北野幸子（2009）「アメリカの保育専門組織による保育改革——全米乳幼児教育協会（NAEYC）の動向を中心に」『国際幼児教育研究』第17号、55-60頁

北野幸子（2017）「幼児教育における発達適切性の議論の動向と課題」『子どもと発育発達』15-1、31-36頁

国立社会保障・人口問題研究所（2016）「平成28年度社会保障費用統計——概要と解説」

Mallory, B. L. & New, R. S.（eds.）（1994）Diversity and Developmentally Appropriate Practices: Challenges for Early Childhood Education, Teachers College Press

NAEYC（1986）"NAEYC Position Statement on Developmentally Appropriate Practice in Programs for 4- and 5-Year-Olds", *Young Children*

Bredekamp, S. & Copple, C.（eds.）（1987）*Developmentally Appropriate Practice in Early Childhood Programs Serving Children from Birth through Age 8. Exp. Ed.*, Washington, DC: NAEYC

Bredekamp, S. & Copple, C.（eds.）（1997）*Developmentally Appropriate Practice in Early Childhood Programs Serving Children from Birth through Age 8. Rev. Ed.*, Washington, DC: NAEYC（なお、邦訳は、ブレデキャップ、コップル編　DAP研究会訳（2000）『乳幼児の発達にふさわしい教育実践——21世紀の乳幼児教育プログラムへの挑戦 誕生から小学校低学年にかけて』東洋館出版）

Copple, C., & Bredekamp, S.（eds.）（2009）*Developmentally Appropriate Practice in Early Childhood Programs Serving Children from Birth through Age 8.Third Ed.,* Washington, DC: NAEYC

National Board for Professional Teaching Standards. https://www.nbpts.org/（最終閲覧：2019年3月15日）

NAEYC（2009）*NAEYC Standards for Early Childhood Professional Preparation*, Washington, DC: NAEYC
NAEYC（2010）*NAEYC Standards for Initial and Advanced Early Childhood Professional Preparation Programs*, Washington, DC: NAEYC
NAEYC（2016）Early Childhood Higher Education Accreditation: Accreditation Policies and Procedures Handbook, Washington, DC: NAEYC
National Center for Education Statistics. https://nces.ed.gov/（最終閲覧：2019年3月15日）
OECD（2015）*Starting Strong IV: Monitoring Quality in Early Childhood Education and Care*, OECD Publishing, Paris
OECD（2017）*Starting Strong 2017: Key OECD Indicators on Early Childhood Education and Care*, OECD Publishing, Paris
Spodek, B.（ed.）（1993）*Handbook of Research on the Education of Young Children*. Macmillan
内田千春（2017）「アメリカ合衆国コロラド州における保育者のキャリアアップを支えるシステムの構築――園評価及び専門性指標、専門研修、養成教育を連動させる試みの調査報告」『ライフデザイン学研究』13、241-255頁
埋橋玲子（2018）「諸外国の評価スケールは日本にどのように生かされるか」『保育学研究』56巻1号、68-78頁
渡邊恵子他（2015）「初等中等教育の学校体系に関する研究 報告書1 諸外国における就学前教育の無償化制度に関する調査研究」国立教育政策研究所
山岸秀雄（2000）『アメリカのNPO――日本社会へのメッセージ』第一書林
ZERO TO THREE & Child Trends, Kim Keating, Sarah Daily, Patricia Cole, David Murphey, Gabriel Pina, Renee Ryberg, Leanna Moron, and Jessie Laurore（2019）*The State of Babies Yearbook: 2019*

04

スウェーデン

大野　歩

◎スウェーデンの保育をめぐる状況◎

- 福祉国家体制のもと、「すべての子ども」のための保育政策の展開（普遍主義）
- 知識社会の形成に向けて、保育を生涯学習の基礎として教育制度に一元的に位置づけ
- 民主主義の価値の育成とケア・発達・学びの包括的アプローチを特徴とするカリキュラム
  ⇒公平性を重視する観点から、義務教育以降の学校教育と同等の質が求められる中で、ケアと教育が一体的に行われる乳幼児期の保育実践の特性を明示し、担保することが課題に

学校法と就学前教育要領における保育の質の体系的な評価の義務づけ
（評価の手法は各自治体や学校の裁量）
独立機関である学校査察庁による監査（運営面・教育環境）

学校査察庁による監査〈義務〉	学校庁提供 教師の自己評価ツール（BRUK）	企業による認証評価システム（Qalis）	自治体独自の評価	就学前学校における実践評価（教育的ドキュメンテーション）
・調査官が訪問 ・実践の観察、アンケート（自治体担当者、校長、職員、保護者） ・査察庁 HP で結果公開	・個人登録し、教育要領に基づく 20 の指標に関して 4 段階で評価を入力、結果は保存し前回と比較することが可能	・学校庁が資金提供し開発、2 割の自治体で採用 ・学校の活動の質と業務支援の質を評価・認証、結果を登録校間で共有	・ストックホルム市の例：全就学前学校・施設で教育要領に基づく保護者アンケートを実施し、集計結果を HP 公開	・保育者が保育実践の活動ドキュメンテーションを作成し、子どもの発達・学びのプロセスから実践の内容を評価

＊質担保の仕組みの形成に向けた行政側による多様な質の評価システムの提供
＊実践における質の向上を意識した各現場の取り組み

就学前学校教育要領（2018 改訂、2019 施行）

- ・子どもの主体的な学びを支える保育実践（レッジョ・エミリア（イタリア）発祥の教育哲学を反映）
- ・包括的な人間形成のための教育（ペタゴジーの概念）＝ケアと教育の一体性
- ・民主主義の価値の育成という就学前学校の役割
- ・子どもの権利条約

- ・2010 年改訂：教育の強化（言語・数学・自然科学・科学技術に関する項目の追加）
- ・2016 年改訂：義務教育への接続の強化（移行期の教育内容の情報共有や校種間連携の義務化）
- ・2018 年改訂：グローバル化や多様性といった社会変化に対応する資質・能力の育成

1 全体的な状況について

スウェーデンの首都であるストックホルムは北緯59度。北海道の北端が北緯45度であるといえば、どのような気候の土地であるかが想像できるだろうか。夏は日照時間が長く、夜の10時過ぎにようやく日が沈むと思いきや、冬は午後3時頃に日が沈み、太陽を拝めるのは1日のうちに6時間あまり。近頃は日本でも目にするようになった北欧デザインの家具やインテリア小物は、このような長い冬の夜を室内で快適に過ごす生活の知恵から生み出されたものといわれている。

厳しい気候ばかりか、深い森林に囲まれ石が多くやせた地質であり、資源にも乏しいスウェーデンは、産業革命の波が到来する1800年代初頭までヨーロッパで最も貧しい農業国であった。産業革命後は緩やかに工業国へと転換して工業労働者が増加したものの、1860年代からはアメリカへの入植者が激増し、一時は国民の4分の1がアメリカへ移民するという時代もくぐり抜けてきた。

このような北欧の小国スウェーデンは、1930年代以降、福祉国家体制のもとで保育は公的財源で公的に提供するという政策方針を貫いている。保育制度については、1970年代に幼保一元化を達成したうえで、現在では知識国家を担う生涯学習の基礎として、保育を教育制度の第一段階に位置づけている。ナショナルカリキュラムは、民主主義的価値の育成とケア・発達・学びの包括的なアプローチを特徴とする。2010年の教育改革によって、学校法と就学前学校教育要領に、保育の質を体系的に評価する活動が定められた。一方で、保育実践における学びの評価は、子どもの経験した内容と学びのプロセスを重視する特徴がある。

2 保育に関わる文化・社会的背景

2-1 生涯学習の基盤たる保育の形成

スウェーデンは北欧型と呼ばれる福祉国家体制を築き、充実した社会保障制度を整備する国として知られている。福祉国家の創成期より、数ある公的社会保障の中でもとりわけ重要視されてきた保育は、労働市場政策、男女機会均等政策、家族政策と関係づけられて、公的な財源で公的に供給されるべきものとみなされてきた。なぜならば、保育は、高度経済成長を支える安定的な労働力を確保するうえで、子どもをもつ親や女性の就労を促す機能を担うと考えられていたからである（秋朝 2010a）。しかし、1970年代の幼保一元化以降、保育は「働く親」のためではなく「すべての子ども」のためにあるという視点の転換が起こり、1990年代には保育の普遍主義化へ向けて保育政策が大きく前進した（大岡 2014）。

一方で、スウェーデン社会は「生きることは学ぶことである」という教育観に支えられた教育制度を伝統的に保持してきた。したがって、そもそも学校教育は教育の一部ではあるものの、学校だけが学びの場ではないと考えられており、学校は国民へ知的技術を教えると同時に、広く社会的価値を陶冶する社会的役割を担う場であるという社会的な認識がある（Boucher 1982）。このため、成人教育や高等教育制度が多様性に富み、単純に「義務教育、高等学校、大学」という進路に集中するのではなく、進学の経路に労働をはさむ「リカレント教育」が普及している（二文字・田辺 2006）。神野（2002）によれば、これは、ひと握りの有能な人間が能力を発揮するよりも、スウェーデン社会を担い支えるすべての社会構成員が自分の個性に合わせた学び方でその能力を発揮する方が効率的にも優れているという考え方が根底にあるという（神野 2002）。

また、大岡（2014）は、福祉国家はそもそも「労働力の再生産」のためにあり、子どもは将来「労働力となりうる存在」とみなされていると述べる。このため、スウェーデンでは「国の将来を支える子どもの可能性を伸ばす教育は家族だけに任せるのではなく、社会全体で責任をもって行うべきである」というような脱家族化が図られ、教育における普遍主義が敷かれたという。

特筆すべきは、1990年代初頭における未曽有の経済危機に陥った際、政府がこれら独特な教育観を発展させる形で事態を乗り越えようとした点（神野 2002）であろう。すなわち、すべての国民が「学ぶ」ことによって情報産業や知識産業を基軸とした産業構造を支える「知識国家」を形成し、不況から脱出しようと目論んだのである。これにより、失業対策にかかわる教育的措置も含め、「いつでも、どこでも、誰でも、ただで」学ぶことのできる教育制度、すなわち生涯学習制度の構築が目指されるようになった。その過程で、当時の首相が「幼児期の教育こそ知識国家を形成する要である」とする教育論を展開して、生涯学習制度に保育を統合する改革を断行したことが、その後の保育改革の方向性を決定づけるものとなった。改革においては、保育を生涯学習の基礎に位置づける制度設計が課題となり、保育の教育制度への行政移管、学校法の適用、就学前学校◆1教育要領の策定、就学前クラスの設置などが行われた。この結果、スウェーデンは保育と学校教育を統合したユニバーサルな教育制度を構築し、国際的に高い評価を得たのである（Korpi 2006）。

2000年代に入ると、学校教育のみならず保育にも普遍主義を貫くために、教育制度における学校教育との公平性を担保するような制度改革が図られた。保育料の上限設定、3～5歳児への半日保育無償化により、就学前学校における子どもの在籍率が上昇して、保育の普遍化が実現されていったのもこの頃からである。

一方では、PISA（OECD生徒の学習到達度評価）を背景とする学校教育改革が、教育制度の俎上に載った保育分野にも影響を及ぼすような状況が現れ始めた。教育省や学校庁では、児童生徒の学力低下の要因と乳幼児期の保育・教育の質との関係が議論され、就学後における学習の基盤づくりを保育実践に求めるような見解が示された。また、就学前の子どもに対する教育の質がこれからの福祉国家社会の発展における基幹であるとされ、保育における教育的意味合いを強めて、保育の質を向上していこうとする方向性が、学校教育改革の一環として打ち出された。これに伴い、保育改革においては保育者の地位の向上、実践評価への言及、学校種としての法的整備、教育要領の改訂における教育内容の強化が図られるに至った（大野 2015）。これら改革に対しては、海外の幼児教育学研究者から「保育の学校化（Schoolification）」を危惧する声があがった（Kaga, et. al. 2010）ことに言及しておきたい。

かくしてスウェーデンは、あらゆる国民へ提供する教育の質全体をより高めていくためにも、乳幼児期と育児期にある国民が集う保育施設を学びの場へと積極的に再編して、国民の生涯にわたる学びの土台を充実させようとする生涯学習型の保育政策を展開しつつあると考えられる。

2-2　保育の質をめぐる議論

それでは、これら保育改革の中で、保育の質はどのように議論されてきたのであろうか。

スウェーデンにおいて、保育の質に注目が集まるようになったのは1990年代に入ってからである。1991年、未曽有の経済危機や東西冷戦崩壊という社会的混乱を背景に、長年政権を保持してきた社民党が下野して中道右派連合による新政権が成立した。新政権は、社民党政権時からの地方分権化政策を継続するとともに、公共部門における規制緩和や経済の市場自由化などを打ち出して、これまで公的に運営管理を行ってきた保育施設にも規制緩和を行うなど保育の自由化政策を図った（Korpi 2006）。

1994年には社民党が政権を奪還したものの、失業率の上昇によって地方税の収入が激減していた自治体の間では、地方分権化と保育の自由化を契機に、保育料を値上げして歳入の増大を図ろうとする動きがみられるようになっていた。また、保育関連経費の削減対策としてグループサイズの拡大を図る傾向が強まり、子どもの保育環境や保育者の労働環境に影を落とし始めた（Skolverket 2004）。就学前学校の職員や保護者はこれら状況を危ぶみ、その声をメディアが社会問題として取り上げ、次第に保育に対する社会の注目が集まっていった。

危機感を抱いた学校庁は、就学前学校に対する初の国家評価に取り組むと、社会問題とされている保育料やグループサイズにかかわる自治体別の実態を明示して、保育の自治体間格差を是正する必要性を論じた（Skolverket 2004）。また、1998～2000年にかけて行われたOECD教育委員会による「幼児教育・保育政策に関する調査（A Thematic review of Early Childhood Education and

Care Policy)」によって、90年代を通じて見られたグループサイズの拡大や保育料の高騰などを、改善すべき「保育の質」であると明確に指摘されたことは、スウェーデンの保育政策に波紋を広げた（Korpi 2006）。

これら保育の質の悪化をめぐる議論を重く受け止めた政府は、2000年代初頭から就学前学校教諭・基礎学校低学年教員・学童保育士の教員養成課程の統合（2001年）、保育料の上限設定（2002年）、4・5歳児の半日保育無償化（2003年）といった改革を断行した。中でも、2002年の保育料の上限設定制度（Maxtaxa）は、保護者負担を軽減することで、潜在的に保育参加を望んでいる家庭の子どもも就学前学校に通える状況を形成し、すべての子どもに育ちと学びの機会を等しく提供することをねらいとする画期的な政策であった（秋朝2010b）。制度導入に際し、単純に「保育料の上限を設定する」にとどまらず、「保育の質を保障する」取り組みであることを地方自治体に意識づけ、さらには特別補助金等の手立てを講じて、自治体が確実に制度を導入するよう図った点は注目に値するだろう。

一方、学校庁は『就学前学校の質に関する一般的助言（Allmänna råd och kommentarer Kvalitet i förskolan）』というガイドラインを示し、自治体に対して就学前学校活動への責任分担、運営管理、資源配分といったシステムの形成を求めた。また、就学前学校に対してはグループサイズや職員：子ども比率の適正基準を示すことにより、就学前学校の質の向上へ向けた具体策を講じるとともに、子どもの学びや活動の評価を行う必要性を論じた（Skolverket 2005）。

ここで注目したいのは、『就学前学校の質に関する一般的助言』において、就学前学校の活動における「プロセスの明確化」と「文書化」が強く求められた点である。これには、1つに福祉国家における財政支出の「公正性」との関連がある。不況による国家経済の再建過程で国民への負担増も求められる中、国の財政の大きな部分を占める保育経費に対しても、教育費同様に使途の適切性が問われるようになったのである。もう1つは、スウェーデンの教育体系における就学前学校の「公平性」にかかわる問題である。というのも、2002年に学校教育法審議会から国会へ提出された答申の中で、近い将来、就学前学校を学校教育に位置づけるという教育改革の方向性が示されていたのである（Skolverket 2005）。そのため、保育のさらなる大改革に向けて、就学前学校における保育実践を教育的に評価する方法が模索され始めた(Korpi 2006)。以後、保育の質の向上という文脈においては、就学前学校における子どもの学びに焦点が当てられるようになったのである。

2000年代に入ると、経済のグローバル化やPISAランクの大幅低下を背景として、「自立した個人」が「知業化」する社会で生きるための価値観やソーシャルスキルを育成する教育環境の整備が肝要とされ始めた。こうした中、2006年の中道右派連合への政権交代を機に新しい教育政策が展開され、2011年には「Skola2011」と称する、就学前から高等・成人教育に至るまでの生涯学習制度全てに関わる教育改革が断行された。改革の柱は、①新学校法の制定、②義務教育課程における新たな教育要領の策定、③高等学校教育への新しいプログラムの導入、④新評価基準の導入、そして、⑤就学前学校教育要領の改訂であった(Skolverket 2010b)。

新学校法の注目すべき点は、「質と影響」(4kap: Kvalitet och inflytand)という章を新設して、これまで法律に定められていなかった教育活動の「質」を明記したことにある。質に関わる体系的な評価活動を、国家レベル、地方自治体レベル、学校レベルの三段階に分けて示したことは意義深い。ただし、活動の評価を行うことは義務付けられたものの、評価の遂行に関しては各自治体や学校の裁量に任された。留意すべきは、連動して就学前学校の活動にも「スウェーデンの教育」としての「質」が求められるようになったことであろう(Riksdagen 2010)。新学校法の策定を受けた就学前教育要領2010年改訂版からは、「フォローアップ、評価、発展(Uppföljning, utvärdering och utveckling)」という質の評価にかかわる項が追記された(Skolverket2010a)ことに触れておきたい。

また、新学校法では「教授(Undervisning: teaching)」を行う主体として、教員(Lärare)とともに「就学前学校教諭(Förskollärare)」が明記された(Riksdagen 2010)。これにより、就学前学校の教員に対しては、ケアや養育に留まらずより教育的に実践へ取り組む姿勢が要求されるようになり、活動においては教育要領の目標に対して、自分の実践がどの程度達成できているのかを意識することが重要となった。さらには、一般的に就学前学校教諭と保育士がチームを組んで行う就学前学校の保育実践に対し、より教育的な観点から活動が実施されるよう就学前学校教諭が責任を担うことが就学前教育要領に記された（Skolverket 2010）。2018年改訂版からは「就学前学校教諭の教育に対する責任」という項目が新設され、就学前学校教諭が教育学的な実践を担う役割をより一層重視されるような改革が続いている（Skolverket 2018b）。

3 保育施設・事業・提供主体の所管・規制（ガバナンス）

3-1 保育施設の概要

スウェーデンでは1～5歳児を対象とする就学前学校事業が展開されている。幼保一体化施設である就学前学校（Förskola）、いわゆる家庭的保育に相当する教育的ケア（Pedagogiskomsorg）、未就園児を対象とした子育て支援施設である公開保育室（Öppen Förskola）の3つがある。2016/17年度時点で、就学前学校には1～5歳児の84％、4～5歳児は95％が通っている（Skolverket2018）。

また、就学年齢が7歳であるスウェーデンでは、就学前学校の卒園から基礎学校◆2への就学までの1年間に6歳児を対象とした移行期の活動を行う就学前クラス（Förskoleklass）が1998年より公的に設置されている。就学前クラスはこれまで、基礎学校に併設される形態が多いものの、就学前学校同様に非義務の就学前教育であった。しかし、2018年秋学期から義務教育化され、実質的な就学年齢の引き下げが行われたことは記憶に新しい（Utbildningsdepartementet 2017）。

3-2 保育の所管

就学前学校をはじめとする保育施設の行政管轄は、1996年に社会省から教育省へ移管された。これをもって、就学前の保育・教育はスウェーデンにおける学校教育制度の第一段階に位置づけられている。また、1998年以降、保育施設の活動はすべて学校法の適用を受けている。さらに、2011年における新学校法制定からは、就学前学校を学校種の1つと定めている（Utbildningsdepartmentet 2010）。就学前学校の活動に対しては、1998年に策定された就学前学校教育要領（Läroplan för förskolan）に批准する。

就学前学校の活動に対する立法機関はスウェーデン立法府（Sveriges

Riksdag)、行政機関はスウェーデン中央政府(Regeringskansliet)・教育省(Utbildningsdepartmentet)となる。監督や保育内容の開発・評価は、学校庁(Skolverket)という独立機関が責任を担う。また、2011年の新学校法施行によって、就学前学校が「学校種の一形態」となったことにより、現在では学校査察庁(Skolinspektionen)が、学校教育と同様に就学前学校の運営にかかわる適正性や妥当性を査察・評価している(Skolinspektionen 2015)。

事業の運営責任はコミューン(Kommun)と呼ばれる地方自治体にある。各自治体は親の就労・就学の状況にかかわらず、子どもの成長と学びに対する権利として保育の場を提供しなければならない。したがって、自治体は、親が子どもの保育への必要性を申請してから3〜4か月以内に、子どもの席を提供する義務を負う(Utbildningsdepartementet 2010)。

3-3 保育施設の運営形態

保育施設の運営形態は、地方自治体、親協同組合、民間の3種類であるが、いずれも国・地方自治体の運営交付金によって運営される。公設公営が中心であったスウェーデンであるが、近年、財源は公的に負担しながらも、実際の運営は株式会社や協同組合が行う施設形態が広がってきている。2016/17年度には、全国で9800以上ある就学前学校のうち、72%が地方自治体によって、28%は民間によって運営されている。民間経営の就学前学校では、自治体からの補助金や保護者の納める保育料、保護者の無償労働によって、運営が成り立っている。2016/2017年度における自治体からの民営就学前学校に対する補助金は、子ども1人あたり13万3600クローナ(≒162万191円)であった(Skolverket 2018a)。

3-4 保育料

0歳児は両親保険による育児休業制度によって、ほぼ家庭で過ごしており、2016/17年度における就学前学校への在籍率は2%未満である。就学前学校には1〜5歳児の84%、4〜5歳児に至っては95%が通うほど、高い在籍率を誇っている。2016/2017年度の時点で、在籍児のおよそ80%が自治体の運営する就学前学校へ、残りの20%が親協同組合や民間経営の就学前学校に通っている。ただし、民間経営の就学前学校に通う子どもの割合は、自治体の規模によって異なる。首都圏や大都市の郊外にある自治体では、就学前学校在籍児のおよそ3分の1が民間経営の就学前学校に通っている一方で、工業地域にある自治体では全体の3%にとどまっている（Skolverket 2018a）。

3～5歳児の保育については、年間525時間、週15時間、一日最低3時間が無償で提供される。3歳未満児の保育料については、保護者の所得に応じた傾斜設定となっている。保育料は自治体によって異なるものの、2002年以降は保育料の上限設定制度が導入されており、1382クローナ（≒2万円）を超えることはない。一方で、16歳未満の子どもには月額1250クローナ（≒1万7500円）の児童手当が支払われるため、実質的な保育料の保護者負担は重くない（Kommunstyrelsen 2001）。

3-5　保育の財政

国の2016/17年度における就学前教育の総経費は71億7000クローナ（≒869億5187万7203円）、就学前クラスにかかる総経費は6.7億クローナにのぼり、就学前教育経費は教育経費（国家予算の7%）全体の約30%を占める。保育経費のうち保護者負担は7%、地方自治体が負担する割合は14.2%で、残りは国からの補助金であり、保護者負担の少ないことが特徴である。また、自治体の歳出に占める保育経費の割合は11.8%、義務教育経費は23.1%、高等教育経費は7.2%、成人教育経費は1.6%であり、保育・教育経費が歳出全体の43.7%を占めている（Sveriges Kommuner och Landsting 2018）。

4 保育者の資格免許、養成、研修、雇用形態や労働環境等

4-1　保育者の資格

保育者の資格は主に、大学の専門的な教育課程で3年半の養成教育を受けた就学前学校教諭（Förskollärare）と、高等学校の保育科における3年間の教育や成人学校での1年間の専門教育を受けた保育士（Barnskotare）の2種類がある。就学前学校では1グループを3名の保育者で担当するが、その際、最低1名は就学前学校教諭であることが基準とされる。

2016/17年度の時点で、就学前学校で働く保育者のうち39%が就学前学校

教諭の資格をもっている。また、2％は学童保育教諭資格、10％は就学前学校教諭免許ではない学士、20％は保育士資格保有者であった。しかしながら、28％は大学教育あるいは専門的な中等教育のどちらも受けていなかった。その割合は、公営、民営共に増加しており、公営では25％、民営では40％にのぼった（Skolverket 2018a）。

自治体別にみると、あらゆる自治体グループによって、職員における就学前学校教諭の割合が減少している。人口がまばらな過疎地域では50％と最も高いが、首都圏や大都市およびその近郊地域では30％程度にとどまっている。公営民営の別でみると、公営の就学前学校では42％であるが、民営では27％と低い値を示している（Skolverket 2018a）。

4-2　保育者と子ども数の比率、グループサイズ

就学前学校における職員1人あたりの平均子ども数は5.2人であり、就学前学校教諭1人あたりに対しては13.1人である。公営では12.2人、私営では18.7人であり、公営の方が子どもと就学前学校教諭が密にかかわる環境が整備されている傾向がある。また、特別な支援を要する子どもに対して配置された職員は、全職員の5％を占める（Skolverket 2018a）。

2016/17年度の就学前学校における一グループあたりの子ども数は15.9人で1992年以来の最小を達成した。他方、グループサイズが22人以上と大きい就学前学校は11％を占めた。平均的なグループサイズは、自治体によって異なる。最大は都市部近郊の自治体で16.5人であり、最小は観光産業を主とする自治体における15.3人であった。経営別でみると、公営では15.8人、民営では16人となっている（Skolverket 2018a）。

在籍児の半数は1～3歳児の低年齢児であるが、これら低年齢児のグループサイズは平均して、12.8人と比較的小さいサイズで保育を行っている。ただし、3歳未満児グループの39％が13～15人、4％が19人以上のサイズで保育を行っていた。さらに、民営の就学前学校は公営の就学前学校より、3歳未満児の平均的なグループサイズが小さい。公営就学前学校では平均13.1人であったのに対し、民営では11.8人と、公営と民営で差がみられる（Skolverket 2018a）。

5 カリキュラム

5-1 就学前学校教育要領の概要と改訂の動向

スウェーデンの就学前ナショナルカリキュラムである就学前学校教育要領（Läroplan för förskolan）の冒頭では、就学前学校教育の第一義は民主主義的価値の育成にあると謳われていると同時に、保育が子ども自身の権利であることが述べられている。このように、教育要領は、就学前学校教育に対する社会的な価値づけの輪郭を鮮明にするところから始まる。

一方、コーエン（Cohen et al. 2004）によれば、スウェーデン保育における最大の特徴は、ペダゴジー（Pedagogy）の本質的な要素が存在することにあるという。ペダゴジーとは、education-in-its-broadest-senseといわれ、学校教育などのフォーマルな形態のみならず、インフォーマルな形態を含み、包括的な人間形成のために行われる教育のことを指す教育概念である（Patrie 2002)。ペダゴジーの概念がスウェーデンの公的な保育に導入されたのは1972年の保育指針策定の際である。しかし、1998年に策定された就学前学校教育要領の中でも「就学前学校の活動は養護（Omvårdnad）、ケア（Omsorg）、養育（Fostran）、学び（Lärande）を包括する教育的（Pedagogik）なものである」と定義された（Skolverket 1998)。ここからは、時代を経ても、スウェーデンの保育カリキュラムの中心に息づくのはペダゴジー概念であるという方針が貫かれたことが理解できよう。

それでは、このような保育カリキュラムを支えるのは、一体どのような哲学と実践方法なのであろうか。スウェーデンでは1972年の幼保一元化に伴う保育指針の策定時に、ジャン・ピアジェ（Jean Piaget）の発達心理学、エリク・H・エリクソン（Erik H. Erikson）の社会心理学、パウロ・フレイレ（Paulo Freire）の教育実践などを学術的基盤とする保育実践手法を考案した。それらは、「対話教育法」「テーマ活動」「ノーマライゼーションとインテグレーション」「チーム保育」「異年齢編成」「遊びの重要性」「両親との協働」などであり、現在の就学前学校における保育実践にも存分に反映されている。また、保育が福祉から教育へ移管されたことに伴う1998年の就学前学校教

表4-1　就学前学校教育要領2018年改訂版（Lpfö 18）の構成

1. 就学前学校の基本的価値観と任務	2. 目標と指針
・基本的価値観	2.1. 規範と価値
・他者への理解と思いやり	2.2. ケア、発達、学び
・客観性と包括性	2.3. 子どもの参加と影響
・教育の平等性	2.4. 就学前学校と家庭
・就学前学校の使命	2.5. 移行と連携
・ケア、発達、学び	2.6. フォローアップ、評価、発展
・就学前学校の発展	2.7. 就学前学校教諭の教育に対する責任
	2.8. 就学前学校長の責任

＊□で囲んだ箇所が、Lpfö 18より新たに加わった項目である。
出典：Skolverket（2018b）Läroplan för förskolan. Lpfö 18より筆者作成。

育要領（Lpfö98）の策定時には、これら伝統的な保育方法を基にしながらも、レッジョ・エミリア教育の哲学を反映した「文化と知識の創造者としての子ども」像を打ち出して、乳幼児期の学びにかかわる理論と実践を保育内容に盛り込んだ（Korpi 2006）。つまり、従来のペダゴジー概念を核としつつ、就学前学校は子どもを主体として、生涯にわたり学びながら社会を創造していくような人間を育む場なのだということを広く表明したのである。

教育要領の構成は「1. 就学前学校の基本的価値観と任務」および「2. 目標と指針」の2章から成る（表4-1）。中でも「2.3. 子どもの参加と影響」のように、主体である子どもが活動に参加したり意見を述べたりする機会を保障することや、「2.4. 就学前学校と家庭」として家庭との連携が保育実践の大きな柱となっている点は特筆すべきである。一方で、「2. 目標と指針」で示される生涯学習の基盤たる学びが意味する内容は、社会の要請に応じて少しずつ変化してきている。2010年改訂版では、就学前学校活動における教育の強化を受け、「目標と指針」における保育目標が16項目から22項目へと増加し、「言語」「数学」「自然科学」「科学技術」に関する項目が新たに加わった。さらに2016年改訂版では、就学前クラスや基礎学校（Grundskola：小中一貫の義務教育学校）、学童保育（Fritidhem）との接続をより緊密にするため、移行期にかかわる教育内容の情報共有や校種間連携にかかわる活動を義務化した（Skolverket 2016）。これにより、就学前学校から就学前クラスへの学びの連続性をより意図的にする方向性を打ち出して、2018年における就学前クラスの義務教育化への布石を打った。

2019年秋学期からは、最新の改訂版（Lpfö 18）が施行されている。冒頭の「1.就学前学校の基本的価値観と任務　基本的価値観」には、「就学前教育は学校制度の一部であり、民主主義に基づいている」という文言が付された（Skolverket 2018b）。これには、就学前学校がスウェーデン社会の根幹を支える価値観を育む学校教育機関であることを、実践者にも行政者にも保護者にも、そして広く社会に対しても一層強調しようとするねらいがある。そのうえで、「子どもの遊びは学びの基礎であり、就学前の教育は遊びに基づいている」として、就学前学校の活動において、ケア・発達・学びを包括的にアプローチする姿勢を継続することに言及した。これは、2010年改訂版で保育内容における学びが強調されたことにより、結果として活動におけるケアの重要性が過少評価されたことの揺り戻しであろう。一方では、実践的態度の中心にケアを据えつつも、教授（Undervisning：Teaching）や教育（Utbildning：Education）との境界線を明確にしようとする方向性も打ち出している（Skolverket 2017）。改訂の意図は、生涯学習の基礎を担う保育者が、教育要領における教育的な意図をより明瞭に解釈して、実践という行為へ落とし込むことを確実に導こうとする点にある。

さらに、「2. 目標と指針　2.2 ケア、発達、学び」における保育内容のねらいでは（表4-2）、ICT教育や持続可能な教育、少数民族の言語・文化、アイデンティティーの育成、ジェンダーを含む平等性、手話の権利などが新たに盛り込まれるという大きな改訂がみられた（Skolverket 2018b）。社会、経済、環境が予測困難な変化を遂げるだろう未来の社会に生きる子どもたちに必要なのは、はたしてどのような知識やスキル、価値、態度であるのか。今回の改訂点には、グローバル化が拡大する中で、知識国家たるスウェーデンの今後を担う子どもたちが多様な価値を認めつつ自らの人生を切り拓いていくためにも育んでほしいと考えられたであろう内容が並ぶ。

このような観点からみれば、この2018年改訂版の内容は、就学前の学びを強調した2010年改訂版をはるかにしのぐインパクトがある。それは、これまで改訂を重ねても変更されることのなかった教育要領の通称：Lpfö 98が、2018年改訂版よりLpfö 18へと改められた点にも認められる。スウェーデンの保育者をして「保育で困ったときはLpfö 98へ立ち返る」と言わしめ

表4-2　就学前学校教育要領2018年改訂版（Lpfö 18）「2.2. ケア、発達、学び」のねらい

就学前学校は、すべての子どもが以下を発達させるための条件を与えるべきである。
・自分のアイデンティティーや情緒の安定、心身の整合性
・自立心や、自らの能力に対する信頼
・遊びと学びに対する好奇心、創造性、欲求
・個人あるいはグループの一員として、協働し、葛藤や対立を調整し、共通の規則に対する権利や義務を理解し、責任を引き受ける能力
・他者の意見に耳を傾け、ふりかえり、自らの見解を反映させ、表現する能力
・創作力、想像力
・運動能力、調整能力、身体への理解や、健康とウェルビーイングを保つことの重要性への理解
・概念を用いて理解する力、周囲の世界を理解するための関係性を見つめて新たな方法を見出す力
・イメージ、造形、演劇、運動、歌、音楽、ダンスなどさまざまな表現形式によって、相互的な経験や思考を創造し表現する力
・デジタル機器あるいはその他のさまざまなメディアを通じた物語、画像、文字などへの関心と、それらを活用し、解釈し、問いかけ、議論する力
・話し言葉や書き言葉の微妙なニュアンスによって、さまざまな文脈や目的をもつ他者と、言葉で遊び、会話し、考えを表し、問いを尋ね、議論し、コミュニケーションする力
・書き言葉への関心、シンボルとそれが表象する意味への理解
・さまざまな文化を理解するための文化的アイデンティティや知識、関心、多様性に富む社会で生きるための価値への理解、地域の文化的な生活への関心
・子どもがマイノリティに属する場合は、スウェーデン語とマイノリティの言語の両方
・子どもがスウェーデン語以外を母語とする場合は、スウェーデン語と母語の両方
・子どもが難聴や聴覚障害がある場合、その他の理由で手話が必要な場合は、スウェーデンの手話
・異なる解決策を探索し、省察し、試みるために数学を活用する力
・空間、時間、形、量、図形、数、順序、長さ、変化の基本的な性質を理解し、数学的に推論する力
・数学的概念、および概念間の関係性を認識し、表現し、探索し、活用する力
・自然のさまざまな循環や、人間・自然・社会がどのような影響を及ぼしあっているのかということへの理解
・持続可能な発展に貢献するために、日常生活で人々が選択しうる事柄への理解
・自然科学、動植物にかかわる知識、単純な化学のプロセスや物理現象への理解
・科学技術について、探求し、さまざまな表現形式で説明し、質問し、議論する力
・日常生活で技術を探求し発見する力
・さまざまな技術、材料、道具を使用して築き上げたり、形作ったり、組み立てたりする力

＊　　で色付けした箇所が、Lpfö 18より新たに加わった観点である。
出典：Skolverket（2018b）Läroplan för förskolan Lpfö 18より筆者作成。

るほど、現場から大きな信頼を寄せられている教育要領について、2018年改訂版は従来のような社会の要請に応じて内容を改めるという意味よりも、スウェーデン社会が向かう次のステージへ向けて内容を刷新したという意味合いが込められているような印象を受ける。スウェーデン社会における価値の転換が進みつつある中、生涯学習における人生最初の学びのあり方やそれを支える責任を、就学前学校が改めて問い直された証左といえよう。

5-2 保育の質の評価にかかわる内容

それでは、教育要領の中で、保育の質の評価はどのように扱われているのだろうか。実は、2010年制定の新学校法に「質と影響」という章が設けられたことを受け、2010年改訂版からは、就学前学校教育要領の中にも保育評価にかかわる「フォローアップ、評価、発展」という項が新たに加わっている。ここで示されるのは「就学前学校の質を評価し、子どもの発達に必要とされる学習の良い条件をつくりだし、学習をフォローアップ、文書化、分析する」という一連の流れである（Skolverket 2010a）。

留意したいのは、保育評価の目的があくまでも「就学前学校の質すなわち活動の組織と内容が、すべての子どもに発達と学習における最善の機会を与えるよう、どのように実施されているか」を把握するためにあるということだ。つまり、評価のまなざしが向かう先は、子どもの学びの成果ではなく、あくまでも子どもの学びに対する保育の適切性なのである。

したがって、評価の視点は、発達の主な目標を示したうえで「ねらいに向かって、活動がよりよく発展しているか」という点に据えられる。加えて、子どもの当事者性や多様な観点による評価のあり方を担保するために「子どもの視点を前提」としつつ、「子どもと両親が評価に参加し、彼らの提言は重視される」よう言及している（Skolverket 2010a）。ここからは、保育実践同様に、評価においても就学前学校と家庭が連携していく姿勢が貫かれていることが理解できよう。

保育評価の一連においては、「文書化」が求められている。その意図は、「就学前学校で育ち学ぶ子どもの可能性を、就学前学校が教育要領に基づいてどのように保証しているか」を恒常的かつ組織的に分析することにある。したがって、実践が「教育的（pedagogisk）」な手順によって進み、「教育的」

に活動へ統合されるよう、就学前学校教諭が保育評価を実施する責任を明記しているのである（Skolverket 2010a）。

このような形で教育要領の中に保育評価の実施を示したスウェーデンではあるが、その本意は就学前学校の活動の質を「教育的」な視点から問うことにある。つまり、社会構造の変化に伴い、乳幼児期の「学び」に目が向けられるようになった福祉国家の政策動向を受け、保育実践と子どもの発達・学びとの関連を明らかにするために保育評価を導入したのである（大野2015）。

特筆すべきは、保育実践の価値を見定める手法が取り入れられるという1つの転換期を迎えた折に、学校庁が提示したのが教育的ドキュメンテーション（pedagogisk dokumentation）という質的な評価手法だったことではないだろうか。これは、国の幼児教育学研究者と保育者が保育実践研究をもとに開発した手法であり、就学後の教育における学習の成果評価とは異なり、子どもの学びのプロセスに焦点を当て、子どもがどのような経験をしているのかを実態的に明示することをねらったものである（大野2014）。保育評価の導入に際して、学校庁がこの質的評価を推奨した事実により、スウェーデンが過度に「保育の学校化」へ走る道ではなく、教育制度における幼児期における学びの特性や保育実践の独自性を担保する道につながった、まさに1つの分岐点だったのではないかと考える。

6 監査や評価

本節では、現在スウェーデンで取り組まれている多様な保育評価の一部を紹介する。

6-1 学校査察庁による監査

①概要

2011年以降、学校種の1つとなった就学前学校は、学校査察庁（Skolinspektionen）という独立機関によって、他の学校種と公平に運営の妥当性や教育環境の質を評価される。監査は、評価官がいくつかのランダムに選択された学校を訪問して行う形で2年ごとに実施される。調査官は、学校査察庁の職員が担う。調査官の要件は、査察庁が独自に行う調査官研修プログラムを受講し終えることにある。現在、調査官の専門性が法律専門家、教育者、社会調査者によって各3分の1ずつになるような構成比を目指している（Skoilinspektionen 2015）。

②評価方法

監査は、自治体や地区ごとでランダムに選択された就学前学校を評価官が訪問して行う。訪問に際しては、義務ではないものの、就学前学校が事前に自己評価を行っておくことが望ましいとされる。自己評価は、学校査察庁のHP上にある自己評価システムで行う。全部で22項目の問い（表4-3）に4段階スケールで回答すると、最終画面に自己評価結果が示される。自己評価の結果は、当事者のみがシステム上で確認できるだけで、システムに記録が残り学校査察庁側が閲覧することはない。この結果を各就学前学校で印刷などして、監査時の資料の一部として提出することもできる。

監査においては、調査官の訪問と実践観察、自治体や区役所の就学前学校担当者、就学前学校長、就学前学校の職員、保護者へのアンケート調査が実施される（Skolinspektionen 2018d）。評価においては、学校法、自治体の条例、就学前学校教育要領に基づき、質の様々な側面に焦点を当てる。就学前学校に関しては、自治体や地区ごとに評価を行い、結果がよくなかった就学前学校に対しては、半年後に再評価とフォローアップを実施する。具体的には、職員への聞き取り、就学前学校における2日間の追加観察調査、就学前学校の提出したドキュメンテーションの分析などによって、再評価する（七木田 2013）。

評価結果は、自治体及び就学前学校へ連絡される。評価は、数値で示されるものではなく、質がよくないと判断される項目について、関連する法律を明記したうえで評価の詳述が示される。すべての監査内容が報告書にまとめられ、査察庁のHP上で公開される。

表4-3　監査前に行う就学前学校の自己評価（全体版）

項目	観点
1. 発達と学び①	自治体は、子どもの多様な条件やニーズを考慮に入れて、自治体の就学前学校の質が同等であることを保証している。
2. 発達と学び②	就学前学校の活動は家庭との密接で信頼のおける協力関係のもとに行われている。
3. 発達と学び③	就学前学校は子どもの発達と学びを刺激し、安全なケアを提供する多様な実践を行っている。
4. 発達と学び④	就学前学校では、すべての子どもたちが個々の状況に基づいて、教育の目標に応じ可能な限り成長することができるような支援と刺激を与えられている。
5. 発達と学び⑤	身体的、精神的、その他の理由で特別な支援を必要とする子どもたちは、ニーズに応じた適切な支援を受けている。
6. 基本的な価値と影響①	就学前学校は私たちの社会が置かれている価値を形成し、確立するための体系的な活動を行っている。
7. 基本的な価値と影響②	子どもたちの最善の利益が活動の出発点であり、子どもたちは学びへの積極的な関与の機会を与えられる。
8. 安全と環境①	園内環境は、安全や子どものウェルビーイングへの配慮、適切なケアによって特徴づけられる。
9. 安全と環境②	就学前学校は、子どもの虐待に対し、目的的に対応する。
10. 学びの管理運営	就学前学校長は、園の活動を計画、監視、評価し、継続的に発展させている。
11. 教育的なリーダーシップと教育の発展①	就学前学校長は、教育的指導者および管理者としての責任を負い、教育の発展に努めている。
12. 教育的なリーダーシップと教育の発展②	就学前学校長は、体系的で質の高い実践を行い、その結果が国の指針を確実に満たすようにする責任を担う。
13. 管理体制と組織	就学前学校の外部および内部組織と管理構造は、法令に準拠している。
14. 就学前学校教諭と教育的活動	就学前学校で、就学前学校教諭が目的的な実践のプロセスをリードしている。
15. 職員の能力①	就学前学校長は、教育と経験を通して教育的な洞察を得ている。
16. 職員の能力②	就学前学校の職員は、求められる実践のための経験と能力がある。
17. 職員の能力③	就学前学校の職員は、能力を伸ばすための機会が与えられ、法規についても十分な理解をしている。
18. 研修の提供	自治体は、研修に参加する権利について通知している。
19. 教育の場にかかわる権利	自治体は、法令に従って就学前学校（または教育学的ケア）の場を提供している。
20. クラス編成の適切性	子どもたちは多様なニーズに合わせて就園を調整されており、良い環境を提供され、必要なケアと優れた教育活動を受けるための要件を就学前学校は満たしている。
21. 資源の配分	就学前学校において、満たされるべき教育の目的のために必要な資源がある。
22. 対応の手順	就学前学校の活動には適切な手順があり、法令に従って決定が下されている。

出典：Skolinspektionen（2018c）Kolla din skola eller förskolaより筆者作成。

③評価の観点

監査はそもそも就学前学校の活動が、学校法や自治体の条例、教育要領に示された基準に則って正しく行われているかを確認することを目的とした評価活動である。したがって、調査官の評価における観点は、学校法や教育要領の内容に基づいた9領域27項目によって構成されている（表4-4）。また、就学前学校の職員と保護者へのアンケート項目も学校法や教育要領の内容に沿っているかという点を確認するものとなっている（表4-5、表4-6）。

表4-4　監査における評価の観点

評価領域	主な観点
1. 教育条件	校長の教育経験、子どもの保健サービスへのアクセスや指導
2. 教育開発	質を高めるための取り組み、資源の配分
3. 財政的及び法的条件	運営状況、子どもの確保
4. 発達と学び	教育要領のねらいに基づいた活動の状態、子どもに対する教師の積極的な態度、個々の子どもの特性やニーズに応じた支援、子どもの学びへの欲求や自己肯定感へのかかわり
5. 特別支援	特別支援の状況、支援の適切性、子どもの発達や学びの保障、実践のモニタリングや評価活動
6. アセスメントと評定	発達と学びへの包括的なアセスメント、子どもや保護者への周知
7. 安全性、平和な学習環境、不当な扱いに対する対応	園内環境、いじめや虐待などへの対応、不登園の子どもへの対応
8. 学びと安全の条件	欠席児への対応、子どもの健康や保健への予防的対応
9. 活動の運営と発展	国の指針に基づく保育計画と文書化、職員の研修、子どもの構成やニーズに応じた資源の配分

出典：Skolinspektionen（2015）The Swedish Schools Inspectorate for international audiencesより筆者作成。

表4-5　監査における就学前学校の職員へのアンケート項目

評価領域	内容
1. 教育学的活動	・子どもたちに発達への刺激のある環境を提供しているか ・子どもの好奇心を高めることに努めているか ・日常的な活動における学びの経験に努めているか
2. カリキュラム分野Ⅰ	・スウェーデン語における教育学的活動を行っているか ・スウェーデン語以外の教育学的活動を行っているか ・子どもの学びを表現（ダンス、演劇、音楽、絵画など）でどのように見とっているか
3. カリキュラム分野Ⅱ	・テクノロジーを活用した活動を行っているか ・自然科学にかかわる活動を行っているか ・数学的な活動を行っているか

4. 安全性	・子どもの安全をどのように見守っているか ・子ども同士のいざこざや対立に、どのように対応しているか ・園内の屋内・屋外に危険な場所はあるか
5. 情緒の安定	・個々の子どもは、どのくらい大人に注目してもらっているか ・子どもが要求をした際に、どの程度かかわっているか ・子どもが要求した際に、どの程度安心感を得ているか
6. 支援	・すべての子どもが、彼らが必要とする援助を得ているか ・日々の活動内で、どの程度個々のニーズに応えられているか ・支援に必要な資源を必要に応じて得る機会は、どの程度あるか
7. 多言語児の母語発達	・スウェーデン語を話せない多言語児の言語発達について、どのくらい把握しているか ・多言語児は、就学前学校で母語の使用を奨励されているか ・多言語児は、日常の活動においてスウェーデン語以外の言語の発達を、どの程度支援されているか
8. ウェルビーイング	・子どもたちが楽しいと感じる活動を実践できているか ・子どもたちが積極的に参加できるような雰囲気を作っているか ・すべての子どもが楽しめるような工夫がなされているか
9. 不当な扱いへの対応	・いじめや虐待について、職員間でどの程度議論をしているか ・いじめや虐待への対応について、職員間でどの程度考えを共有しているか ・子どもが不当な扱いを受けていると認識した場合、あなたはそのことを同僚に話すことができるか
10. 平等性	・既存のジェンダー意識を打破するような取り組みをしているか ・女児と男児に、同等な条件を与えているか ・女児と男児に、同等な空間を提供しているか
11. 基本的価値	・子どもに平等な価値を伝えるための取り組みを行っているか ・子どもに多様性に対する寛容を伝えるための取り組みを行っているか ・子どもに互いを尊敬する気持ちを伝える取り組みを行っているか
12. 校長の透明性	・就学前学校長は、どの程度子どもたちとかかわっているか ・就学前学校長は、労働環境について、どの程度理解があるか ・就学前学校長は、職員の課題や悩みを把握しているか
13. 職員への傾聴	・就学前学校長と一緒に、保育の課題を解決しようと思うか ・自分の考えが園内業務に反映されていると思うか ・自分が職場で重要な存在であると感じているか
14. 子ども集団	・担当するクラスの子ども数に満足しているか ・担当するクラスの子どもの構成比に満足しているか ・クラスの人数が増えたり少なくなったりした場合に、子どもへの影響が考慮されていると感じているか
15. 職員集団	・職員数に満足しているか ・就学前学校教諭の数に満足しているか ・非常勤職員の状況に満足しているか
16. 一般組織	・就学前学校の運営に満足しているか ・園内業務の分掌に満足しているか ・子どもに対する姿勢に満足しているか
17. 研修	・自分の能力を発展させる機会を認めてもらっているか ・研修の内容と、自分のニーズは合っていたか ・研修内容を自分の実践に活かしたいと思うか

出典：Skolinspektionen（2018a）Förskoleenkäten HT 2017 - Pedagogisk personalより筆者作成。

表4-6　監査における保護者へのアンケート項目

評価領域	内容
1. 子どもの発達に関する情報	・子どもの発達にかかわる継続的な情報を得ているか ・就学前学校で、自分が伝えた子どもの情報が実践に反映されていると思えるか ・面談において、自分の子どもが就学前学校でどのように発達しているのかについて、明確な情報が得られたか
2. 規範と価値	・職員は、子どもたちが互いを思いやるように配慮しているか ・就学前学校で虐待が行われていないことは明白だと感じるか ・女児と男児が同等の条件を与えられていると感じるか
3. 安全とケア	・子どもが適切な休息をとりながら活動していると感じるか ・子どもの情緒的欲求は満たされていると感じるか ・自分の子どもが健やかに成長していると感じるか
4. 発達と学び	・就学前学校の活動が、子どもの好奇心を刺激していると感じるか ・子どもに刺激のある環境が提供されていると感じるか ・子どもは就学前学校で多くのことを学んでいると感じるか
5. 子どものニーズへの対応	・自分の子どもは就学前学校で適切な支援を受けていると感じるか ・就学前学校の職員数は十分だと感じるか ・人員配置に問題があると感じるか
6. 子どもの影響	・子どもが活動に参加できたり、自分でどうするかを選択して決めることができると感じているか ・子どもが職員に見守られ、声を聴きとってもらえていると感じるか ・子どもが就学前学校で自分自身を表現できていると感じるか
7. その他	自由記述

出典：Skolinspektionen（2018b）Förskoleenkäten HT 2017 - Vårdnadshavareより筆者作成。

6-2　学校庁が提供する教師の自己評価ツール：BRUK

①概要

学校庁では、BRUK（Bedömning・Reflektion・Utveckling・Kvalitet：Assessment・Reflection・Development・Quality）という名称によって、学校教育全般にわたる教師の自己評価ツールを提供している。ツールは、基礎学校（義務教育課程）版と就学前学校版の2種類が用意されている。活用は義務ではなく、任意である。評価の目的は、教師が各教育要領に基づいた実践を行っているか、教育要領のねらいに対して、どれだけ達成できているのかを確認し、それをもとに同僚と話し合いながら、活動の質を上げていくモチベーションやインスピレーションを得ることにあるとされる（Skolverket 2013）。

②評価方法

教師がBRUKシステムに登録をし、自分の好きな時間にログインして評価を行う。指標ごとに質問内容が表示され、4段階スケールで自己評価をしてチェックを入れていくと、最終ページに調査結果が示される。

評価結果は、項目ごとの達成状況が分析され、4段階のスケールの割合がグラフによって一覧表示される。調査結果は保存され、次回ログイン時には前回の評価結果との比較が表示される。これによって、教師が自らの変化を視覚的に捉えることができるようになっている（Skolverket 2013）。

③評価の観点

就学前学校版には、教育要領に基づいた4領域・20指標（表4-7）が示される（Skolverket 2013）。内容を鑑みるに、この自己評価では、教師が実践で用いる手法や活動のプロセスが教育要領の目標とどのように関わっているかを、全体的に分析することが可能となる。したがって、教育要領に対する自らの実践の前提条件を問い直す契機として活用する際に適している手法である。ここからは、システムの提供を通じて、生涯学習社会において学び続ける大人を支えようとする、学校庁の姿勢の一端をうかがい知ることができよう。

表4-7　BRUKの自己評価項目

領域	指標
1. 就学前学校の発展	1.1. 保育の質にかかわる体系的管理
	1.2. 環境、施設および備品
	1.3. 子ども集団の構成と規模
2. 規範、価値、影響	2.1. 民主主義や基本的人権の尊重と形成
	2.2. 民主主義的能力と倫理的アプローチ
	2.3. 平等な権利と機会の平等性の促進、いじめや虐待の防止
	2.4. 発見、報告、調査および改善
	2.5. 子どもの参加、影響、責任感
3. 知識、発達、学び	3.1. 生涯にわたる学びへの意欲の促進
	3.2. 個々の子どもの状態とニーズへの考慮
	3.3. 子どもと子どものニーズに対する包括的観点
	3.4. 多様な内容と実践手法
	3.5. 創造性、好奇心、問題解決能力
	3.6. 子どもの発達と学びへの刺激と挑戦
	3.7. 環境、健康および生活習慣
	3.8. 実践の発展にかかわる討議
	3.9. 特別な支援
	3.10. 活動の文書化および分析

4. 移行、連携	4.1. 就学前学校と家庭
	4.2. 就学前クラス、基礎学校、学童保育との連携

出典：Skolverket（2013）BRUK Sanvisningより筆者作成。

6-3 自治体独自の就学前調査：ストックホルム市の保護者アンケート調査の事例

①概要

ストックホルム市では、毎年独自に就学前施設調査（Stocholm Stad Förskoleundersökning）を行っている。この調査では公立私立を問わず、市内の全就学前学校と教育的ケア施設（Pedagogiskomsorg：家庭的保育）を活用する保護者へアンケート調査を実施している。アンケートは毎年2月初旬～4月初旬に実施され、郵送、またはWeb経由で回答が集められる。調査内容は約20言語に翻訳されており、保護者が自分で好ましい言語を選択できるよう配慮されている（Stockholm Stad 2019b）。

②評価方法

調査は5領域・全29項目に対し、6段階スケールの該当箇所にチェックを入れて回答する形式となっている。調査結果は就学前学校ごとに集計され、項目ごとに各スケールが何割を占めているかがグラフによって表示される。

結果はストックホルム市のホームページで公開されており、ホームページの就学前学校一覧に掲載されている各就学前学校の紹介ページの横に調査文書のリンクが貼られている。したがって、ある特定の就学前学校を検索すると、その就学前学校の基礎情報や活動内容・特徴とともに、保護者アンケートの結果を誰もが閲覧できる形になっている。

③評価の観点

項目は教育要領に基づき「概要」「発達と学び」「価値と規範」「家庭との連携」「食・運動・健康」の5領域・全29項目によって構成されている（表4-8）。また、地区独自に質問項目を追加して調査する場合もある。質問項目を見るに、子どもの育ちと学びを保障することを視野に入れ、多岐にわたった内容になっていることがわかる。そして、アンケートが保護者の就学前学校活動への参加の機会を保障するとともに、それら評価が保護者の就学前学校の選択における一助となるよう図り、スウェーデンにおける民主主義や社会参加を重視する価値観を反映させようとしていることが理解できよう。

表4-8　ストックホルム市保護者アンケートの項目

領域	質問項目
全体	1. 全体的に満足している。
	2. 子どもの安全・安心に満足している。
	3. この就学前学校を他の人に推薦できる。
発達と学び	4. 遊びと発達と学びを促す教育的環境が整備されている。
	5. 語彙、コミュニケーション、問いを尋ねる、考えを表現する、書き言葉など、子どもの言語発達を促している。
	6. 数、量、順序、時間、長さなど、子どもの数学的思考の発達を促している。
	7. 自然現象や動植物との関係性など、子どもの自然科学的な発達を促している。
	8. お話、絵、運動、歌、音楽、ダンス、演劇などさまざまな表現形式によって、子どもの創造性を育んでいる。
	9. 劇場や美術館、図書館などを訪問し、子どもに文化的な活動に触れる機会を提供している。
	10. 子どもの学びにおいて、デジタルコンテンツを活用している。
規範と価値	11. 子どもは就学前学校に安心を感じている。
	12. 子どもが他者への共感、イニシアチブ、責任感、寛容性、思いやりなどの社会性を育むよう促している。
	13. 就学前学校の職員は、子どもに敬意をもってかかわっている。
	14. 子どもたちは、性別、民族、宗教、身体的障害とは無関係に、成長する機会を平等に与えられている。
	15. 子どもが就学前学校の職員によって差別されていると思うか（差別とはジェンダー、国境を超えたアイデンティティーの表現、民族、宗教と信念、身体的障害、性的指向、年齢の7つのうちの1つに基づいて、何らかの形で子どもに不利益を与えることを意味する）。
	16. 15で「はい」と答えた場合、その根拠となるのは、7つの差別のうち、どれに該当するか。
	17. 15で「はい」と答えた方は、その件について就学前学校職員と話をしたか。
家庭との連携	18. 子どもの育ちや学びは、ドキュメンテーションによって可視化されている。
	19. 面談や保護者会など、就学前学校の活動に参加し意見を反映する機会を得ている。
	20. 意見や質問を述べることを歓迎されている。
	21. 就学前学校の活動目的や実践にかかわる情報を受け取っている。
	22. 就学前学校の職員は丁寧に対応してくれている。
	23. デジタル通信によって、就学前学校とコミュニケーションを図ることができる。

	24. 保護者として、就学前学校職員から差別を受けていると感じるか（差別とはジェンダー、国境を超えたアイデンティティーの表現、民族、宗教と信念、身体的障害、性的指向、年齢の7つのうちの1つに基づいて、何らかの形で子どもに不利益を与えることを意味する）。
	25. 24で「はい」と答えた場合、その根拠となるのは、7つの差別のうち、どれに該当するか。
	26. 24で「はい」と答えた方は、その件について就学前学校職員と話をしたか。
食・運動・健康	27. 就学前学校における食事について、受け取った情報に満足している。
	28. 就学前学校は、栄養価の高い食事を提供している。
	29. 子どもは身体的活動を行うよう促されている。

出典：Stockholm Stad（2019a）Tyck till om ditt barns föskolaより筆者作成。

6-4 就学前学校における実践評価：教育的ドキュメンテーション（Pedagogisk Dokumentation）

①概要

2011年の教育改革によって保育評価が義務付けられたことを受け、教育的ドキュメンテーション（Pedagogisk Dokumentation）という手法が普及している。教育的ドキュメンテーションはテーマ活動というプロジェクト型の保育実践と一体化した保育実践評価手法である。活動の様子を記録し可視化することで、子どもたちと一緒に活動を振り返りながら次の展開を考え、子どもと大人が学びのプロセスを共有する。同時に、保育者が記録をもとに保育実践を省察して、子ども理解や実践への新たな問いを見出していくことにより、保育の質を恒常的に改善していこうとするものである。教育的ドキュメンテーションは保育実践研究に基づいて開発され、学校庁によってその活用を奨励されている。しかし、必ずしもこの手法を活用する必要はなく、評価方法の選択は各就学前学校の裁量に委ねられている。

②評価方法

ここでは、教育的ドキュメンテーションについて述べる。ドキュメンテーションの作成頻度は各就学前学校の裁量によるが、月に1～2つ程度が一般的である。保育者は、ドキュメンテーションを作成しながら子どもの学びのプロセスを整理し、可視化して、保育をふりかえる。子どもの遊びや活動の観察記録、子どもの制作物などを手がかりとして、子どもの実態から浮かび上がる学びのプロセスに対し、保育者のかかわりや実践がどのように結びついているのかを深く考えていくことにより、子ども理解の再解釈や実践への新たな視点を得て、次の実践へ生かそうとしていく（大野 2014）。

③評価の観点

評価の対象はあくまでも保育実践の内容にあり、子どもの学びの成果ではない。活動を評価する際には子どもの学びのプロセスに着目しながら、観察された子どもの姿やつぶやき、やりとりとその変容を根拠として、子どもが探求しようとしている方向性に対する保育者のかかわりや実践が適切であったのかを判断する。ふりかえりに際しては、保育のねらいと子どもの育ちを期待したい姿を予測したうえで、①活動における子どもの実態、②活動における子どもの育ちや学びに対する保育者の解釈、③新たな問い、④今後の実践への展望などをまとめる。

近年では、子どもの学びの取り上げ方が、教育要領の「発達と学び」の指針に示されているような、特定の能力・分野別に整理されるような偏向への揺れも散見される。ただし、能力の発達にかかわって子どもが経験した内容や、それらをめぐる各年齢段階での子どもの声や姿を記録し重ねていくことに重点を置いている。つまり、1歳からの遊びを通して、少しずつ変容していく子どもの姿そのものに、学びというものを見出そうとする構えがあるのである。したがって、子どもの能力の到達度を評価する手法とは一線を画しており、子どもの学びのプロセスをふりかえりながら、周囲の大人も子どもの学びを学んでいくことに意義を見出している点が際立っている（大野 2014）。まさに、生涯学習型の保育を希求するスウェーデン保育のありようを表しているといえよう。

7 まとめ

幼保一元化の達成のみならず、学校教育制度の第一段階に位置づくスウェーデンの保育は、今や「スウェーデンにおける教育」という大きな文脈において、どのようにあるべきかを問われつつある。なぜならば、保育はもはや長年にわたり福祉国家を支えてきた福祉的事業ではなく、知業化社会への転換に向けた国の産業構造を強固に支える生涯学習の土台であると認識されているからだ。

こうした中、保育の質の向上をめぐっては、学校法や教育要領に保育評価が定められたことが、行政・保育現場双方に大きな影響を与えている。行政側は多様な質の評価システムを整備・提供しながら、スウェーデンの教育としての質を担保する仕組みを形成しようとしているようだ。一方、保育現場ではケア・発達・学びを一体化するアプローチにおいて、子どもの学びの側面へより意図的に働きかけながら、保育の質を向上させようとする姿勢が見られている。ただし、学びの評価が到達度評価ではなく、教育的ドキュメンテーションを用いた質的評価であり、評価の視線も子どもの習熟度ではなく保育実践の改善へ向けられている点は、スウェーデンの保育における質の基準や向上性にかかわる原理を理解するうえで重要な意味をもつ。

他方、就学前学校における学校査察庁の監査が開始された当初、保育実践に対して「教育ではなく、ケアに比重が置かれている」ため教育的ではないとする評価が散見されるような問題が生じた（Skolinspektionen 2011）。また、移民人口が増加する中で、子育て支援施設における親子へのスウェーデン語教育プログラムが開始されるなど、社会における保育施設の役割をめぐっては新たな動きもみられており、就学前段階における言語発達への支援と評価が問い直されるような課題も浮上してきている（大野 2019）。

長年にわたり保育の質をめぐる議論を慎重に重ね、改革を進めてきたスウェーデンではある。しかし、保育が生涯学習の基礎として教育制度に集約されたがゆえに、保育の質を他領域との関連から多角的に検討し直す局面を迎えているようだ。その中で、ケア・養育・養護・教育を一体化したアプローチで保育を実践し、遊びを通じた学びをみとる質的な評価手法を確立したスウェーデンは、今後どのような道を歩んでいくのだろうか。その動静には、まだまだ目が離せないといえよう。

◆注

1　就学前学校（förskola）：1～5歳児が通う幼保一体化施設である。0歳児は、育児休業制度によって保護者と過ごすため、就学前学校にはほとんど就園しない。

2　7～15歳児を主対象とする9年間の義務教育学校。

◆引用・参考文献

秋朝礼恵（2010a）「スウェーデンの児童ケアサービス拡充期における財源調達に関する一考察―― 1975年政府案の背景と思想」『季刊海外社会保障研究』第173号、28-40頁

秋朝礼恵（2010b）「スウェーデンの就学前学校におけるマックス・タクサ制度に関する一考察――その成立の背景と思想」『社学研論集』Vol.16、74-89頁

Boucher, L.（1982）*Tradition and change in Swedish education*, Pergamonn Press, Great Briten（レオン・バウチャー著、中嶋博訳（1985）『スウェーデンの教育――伝統と変革』学文社）

Cohen, B., Moss. P., Petrie.P & Wallace, J.（2004）*A New Deal for Children? Re-forming education and care in England, Scotland and Sweden*. The Policy Press, UK

神野直彦（2002b）「スウェーデンに学ぶ生涯学習社会」『国立女性教育会館紀要』第6号、39-44頁

Kaga, Y., Bennette, J. & Moss, P.（2010）*Caring and Learning Together A cross-national study on the integration of early childhood care and education within education*. UNESCO

Kommunstyrelsen（2001）Maxtaxa och allmän förskola m.m., Kommunstyrelsen, Stockholm

Korpi, B.M.（2006）*FÖRSKOLAN I POLITIKEN - om intentioner och beslut bakom den svenska förskolans framväxt*. Stockholm: Utbildningsdepartementet, Stockholm（バルバーラ・マルティン・コルピ、太田美幸訳（2010）『政治のなかの保育――スウェーデンの保育制度はこうしてつくられた』かもがわ出版）

七木田敦（2013）「第5章スウェーデン」『平成24年度文部科学省委託「幼児教育の改善・充実調査研究」諸外国（アメリカ、イギリス、フランス、ドイツ、スウェーデン、ニュージーランド、韓国）の幼児教育施設の教育内容・評価の現状や動向に関する調査および幼児教育の質保証に関する国際比較研究』上智大学、175-236頁

二文字理明・田辺昌吾（2006）「スウェーデンの『学校教育法』の翻訳と改題」『発達人間学論叢』第9号、99-142頁

OECD（1998）Early Childhood Education and Care Policy. Proposal for a Thematic Review, Major Issues, Analytical framwork and Operationg Procedures, Paris, OECD

大岡頼光（2014）『教育を家族だけに任せない――大学進学保障を保育の無償化から』勁草書房

大野歩（2014）「スウェーデンにおける保育評価の変容に関する研究―― 2011年教育改革後の教育学的ドキュメンテーションに着目して」『保育学研究』第52巻第2号、6-17頁

大野歩（2015）「スウェーデンの保育改革にみる就学前教育の動向――保育制度と『福祉国家』としてのヴィジョンとの関係から」『保育学研究』第53巻第1号、110-128頁

大野歩（2019）「第IV部報告（国際比較編）第3章スウェーデンにおける保育・教育行政の課題――保育分野への新たな社会的要請に向けて」『ネクストステージの都市税財政に向けて――超高齢・人口減少時代の地域社会を担う都市自治体の提言と国際的視点』公益財団法人日本都市センター、84-195頁

Patrie, P.（2002）“Social pedagogy: an historical account of care and education as social control”, in Brannen, J. & Moss P.（eds), *Rethinking children's care*. OPEN UNIVERSITY

PRESS, Buckingham, pp.61-79
Riksdagen (2010) Svensk föfattningssamling, Skollag (2010: 800)
Skolinspektionen (2011) Kommunbeslut efter tillsyn av förskoleverksamheten i Stockholms kommun, Skolinspektionen, Stockholm
Skolinspektionen (2015) The Swedish Schools Inspectorate for international audiences, Skolinspektionen, Stockholm.
Skolinspektionen (2018a) Förskoleenkäten HT 2017 - Pedagogisk personal, Skolinspektionen, Stockholm.
Skolinspektionen (2018b) Förskoleenkäten HT 2017 - Vårdnadshavare, Skolinspektionen, Stockholm (accessed 10 March 2019)
Skolinspektionen (2018c) "Kolla din skola eller förskola!", available at: http://www.kolladinskola.se/ (accessed 10 March 2019)
Skolinspektionen (2018d) Slutrapport Förskolans kvalitet och måluppfyllelse - ett treårigt regeringsuppdrag att granska förskolan, Skolinspektionen, Stockholm
Skolverket (1998b) *Läroplan för förskolan Lpfö98*, Skolverket, Stockholm
Skolverket (2004) *Förskola i brytningstid Nationell utvärdering av förskolan*, Stockholm. SWEDEN
Skolverket (2005) Allmänna råd och kommentarer Kvalitet i förskolan.Skolverket, Stockholm
Skolverket (2010a) *Läroplan för förskolan Lpfö 98 Reviderad 2010.*, Skolverket,Stockholm
Skolverket (2010b) *Utmaningar för skolan Den nya skollagen och de nya reformen*. Skolverket, Stockholm
Skolverket (2013) BRUK Sanvisning, Skolverket, Stockholm, Skolverket,Stockholm
Skolverket (2016) *Läroplan för förskolan Lpfö 98 Reviderad 2016*. Skolverket, Stockholm
Skolverket (2017) Remiss: Förslag till reviderad läroplan för förskolan
Skolverket (2018a) Beskrivande data 2017 Förskola, skola och vuxenutbildning, Skolverket, Stockholm
Skolverket (2018b) *Läroplan för förskolan Lpfö 18*, Skolverket, Stockholm
Sveriges Kommuner och Landsting (2018) Ekonomirapporten, december 2018 om kommunneras och landstings ekonomi, Sveriges Kommuner och Landsting, Stockholm
Stockholm Stad (2019a) Tyck till om ditt barns föskola, Stockholm Stad, Stockholm
Stockholm Stad (2019b) "Tyck till om förskolan 2019", available at: http://www.stockholm.se/Fristaende-webbplatser/Fackforvaltningssajter/Stadsledningskontoret/Brukarundersokningar/Aktuella-brukarundersokningar/Tyck-till-om-forskolan-2019/) http://www.q-steps.se/om-qualis-i-foerskolan/ (accessed 10 March 2019)
Utbildningsdepartementet (2010) Skollag (2010 : 800), Regeringskansliet, Stockholm
Utbildningsdepartementet (2017) Regeringens proposition 2017/18:9 Skolstart vid sex års ålder, Stockholm. SWEDEN

05

ドイツ

中西さやか

◎ドイツの保育をめぐる状況◎

- 東西統一以降の社会変化や移民家庭の増加を背景とする、保育（特に低年齢児）の急速な量的拡充、学力格差、社会的に不利な子どもたちへの対応といった社会的課題
- 連邦制の下、国ではなく各州が保育の基本的な権限を有するシステム
- 「教育」と「ケア」の２つの機能を併せ持つものとしての保育の概念（学校・家庭と並ぶ第３の教育領域である「社会教育」としての保育施設の位置づけ）
- 民間の福祉団体が運営する保育施設が多く、多様な理念の保育施設が混在する状況
- 保育の質に関しては、公的機関と事業者の合意的・自主的な規制に依拠する傾向

州や施設ごとの多様性・独自性・自律性を尊重しつつ、国全体としての保育の質向上を模索する中での、統一的な評価システムの導入に向けた動き

連邦レベル（国）の取り組み

・評価スケールの開発や評価実施の必要性は法律で規定されているものの、全国共通のシステムは未確立
・連邦政府主導の質評価指標開発プロジェクト（1999-2003年）
⇒施設の内部評価のための詳細な評価項目を体系化した「ナショナル標準要覧」の作成

「乳幼児期の教育とケアに関する全国調査（NUBEEK）」
保育のプロセスの質評価を実施
（「普通」80%、東部で質が低い傾向）
体系的・継続的な質のモニタリングの必要性を指摘

「保育における質の向上と参加に関する法律」
（2018年12月制定、2019年1月施行）
質と保育へのアクセス改善のための10の行動領域
連邦家族省による新たな資金提供
全国的な保育の質モニタリングの実施
（2020-2023年）

各州における取り組み

・評価の義務づけ：2015年時点で９州。うち、外部・内部両方の評価を義務づけているのは４州。最も具体的な評価手順や拘束力のある評価基準を定めているのはベルリンである
・子どもの発達や学びの評価：多くの州で就学前の言語スクリーニング評価を実施。また、教育計画において、保育者による観察とドキュメンテーションが評価の方法として位置づけられている

民間団体等による質の評価

・連邦民間福祉団体連合作成の質向上のための基準を踏まえ、各民間団体がそれぞれの保育理念に基づき独自の評価基準を作成
・様々な外部評価機関による質の認証（統一の基準等はない）
⇒多種多様な基準・方法による質の評価（国の過度な介入を防ぐ意識）

1 全体的な状況について

1990年の東西統一以降、ドイツでは保育へのアクセス改善とともに保育の質向上が重要な政策課題とされてきた。保育の質をめぐっては、①保育者の資格要件や人員配置、②カリキュラム、③質の評価を中心にさまざまな取り組みが行われている。

保育の質に関して特に問題とされているのは、地域によって質にばらつきが見られることである。東西で異なる保育文化を形成してきた歴史的な経緯や、連邦制のもとで州ごとに独自の保育制度を有していることなどを背景として、保育の利用率、人員配置、資金配分などあらゆる面で地域間格差が存在している。また、質の評価については、全国的に統一されたシステムが確立しておらず、州や施設の自律性・多様性が重視される中で、さまざまな評価のあり方が混在する複雑な状況となっている。

このような状況を踏まえ、2019年1月には保育の質向上を目的とする新たな連邦法が施行され、ドイツ全体として保育の質を高めるための方途が模索されている。

2 保育に関わる文化・社会的背景

2-1 歴史的背景：2つの保育文化

ドイツの保育をめぐる歴史的な背景として、東西で異なる保育文化が形成されてきたことがあげられる。1920年代以来、ドイツの保育は児童福祉の一領域に位置づけられてきたが、第二次世界大戦後の東西ドイツの分断時には、東ドイツと西ドイツのそれぞれにおいて、独自の保育文化が発展した。

東ドイツでは、社会主義を背景として乳幼児の集団保育施設が整備され、女性の就労率や子どもの保育利用率は高い水準にあったのに対して、西ドイツでは、幼い子どもは家庭で母親が育てるという伝統的な育児観が根強く、保育施設は社会的な援助を要する子どもたちの救済施設だと考えられていた

（豊田 2017）。したがって、西ドイツでは乳幼児の保育は家庭を中心に行われており、公的な保育施設の整備はほとんど進まなかったといえる。

1990年の東西ドイツの統一後は、新たな保育のあり方を求めて急速な改革が進められることになるが、後に示すように東西の保育文化の違いは、現在も保育の質に影響を及ぼしている。

2-2 統一後の保育改革の特徴

統一後のドイツでは、別々に発展してきた2つの保育システムが融合され、大規模な保育改革が進められている。ここでは、その改革の特徴を、①保育へのアクセスの改善、②保育内容・カリキュラム改革、③社会的に不利な子どもたちを包摂する保育、という3つの視点から整理する。

①保育へのアクセスの改善

先に述べたように、旧西ドイツ地域では、家庭育児が中心となっていたため、公的な保育は十分に整備されていなかった。しかし、統一後は女性の社会進出やワークライフバランス、少子化問題などを背景として、主として西部州◆1における保育施設の量的な拡充と利用率向上が目指されている（オーバーヒューマ 2018）。連邦政府は保育の拡充に向けて、2008年以来、59億5000万ユーロの資金提供を行っており、ドイツ全体として保育を拡充していくためにより積極的な役割を果たしている。

保育拡充のための具体的方策として特徴的なのは、保育へのアクセスを法的な権利として保障していることである。1996年には、3歳以上の子どもに保育を受ける権利が付与され、2013年には1～2歳児にもその権利が拡大された。また、旧西ドイツ地域では半日制が一般的であった幼稚園の保育時間を拡張することも目指されている。加えて、保育の拡充において最も重視されているのは3歳未満児を対象とする乳児保育の拡大である。「保育拡充法　Das Tagesbetreuungsausbaugesetz（TAG）」（2005年1月1日施行）および「子ども促進法　Kinder-förderungsgesetz（KiföG）」（2008年12月16日施行）という2つの法律では、保育ニーズと質を重視した乳児保育の拡大が目指されている。「子ども促進法」では、3歳未満児の保育利用率を2013年度までに35％にするという目標が掲げられている。この数値目標は2018年時点（33.6％）

でも達成されていないが、2002年の利用率が9%であったことを鑑みると、大幅に上昇していることがわかる。しかし、表5-1に示されているように、特に3歳未満児保育において、保育利用率の東西格差が大きい。

表5-1　保育利用率（2018年3月1日時点）

	3歳未満児	3～6歳児
西部州（ベルリンを除く）	29.4%	93.2%
東部州（ベルリンを含む）	51.5%	94.2%
ドイツ全体	33.6%	93.4%

出典：Bertelsmann Stiftung（2019）Tab6a_i4a1_lm19およびTab7a_i4a1_lm19をもとに筆者作成。

②学力問題を背景とする保育内容・カリキュラム改革

保育の拡充に加えて、1990年代後半以降は保育内容や教育プログラムの質が問われるようになっている。ドイツの保育内容・カリキュラム改革を急速に推し進める契機となったのは、2001年のいわゆる「PISAショック」◆2である。OECD（経済協力開発機構）による国際学力調査であるPISAの結果から、移民の背景をもつ子どもたちの学力格差問題が明らかになり、その是正のために新たな保育・就学前教育のあり方が求められたといえる。具体的には、すべての州に共通する保育施設のためのカリキュラム枠組み（2004年）が作成されると同時に、州独自のカリキュラムの作成および改訂が進められている。そこで重視されているのは、乳幼児期の知的な学び、言語教育、学校教育との連続性などである（詳細は「5）カリキュラム」を参照）。

③社会的に不利な子どもたちを包摂する保育

現在、ドイツにおける0歳から6歳までの乳幼児の人口は400万人以上であり、その大半が西部州に暮らしている。保育施設に通う子どものうち、移民の背景をもつ子どもは3歳未満児で約20%、3～6歳児で約30%であり、その多くは西部州に暮らす子どもたちである（Bertelsmann Stiftung 2019）。

このように、ドイツには数多くの移民の背景をもつ子どもたちが暮らしており、彼らをはじめとする「社会的に不利な子どもたち（disadvantaged children）」への対応は、保育における新たな課題として認識されている。国全体としては、就学前段階での言語能力アセスメントや言語教育プログラムの充実が重視されている（オーバーヒューマ 2018）。また、州ごとの取り組みとしては、一部の州で保育料の無償化◆3が行われるとともに、社会的に不利な子どもと家庭を包括的に支援する保育サービスが展開されている。

3 保育施設・事業・提供主体の所管・規制（ガバナンス）に関わる事項

3-1 多元的な保育システム

ドイツは16の州によって構成される連邦制国家である。そのため、保育制度については連邦法で大枠が定められているものの、州ごとに異なっており、保育の基本的な権限は各州に委ねられている。ドイツの保育システムの特徴は、そのような多元性にある。

以下では、オーバーヒューマ（2018）◆4の整理に依拠しながら、保育システムの概要を示す。

①所轄官庁

連邦レベルでの所管は、連邦家族・高齢者・女性・青少年省（Bundesministerium für Familie, Senioren, Frauen und Jugend：BMFSFJ）であり、福祉系の所管となっている。州レベルでの所管はさまざまであるが、2016年時点で教育系の所管が10州、福祉系の所管が6州となっており、近年では福祉系所管から教育系所管への移行が進んでいる（坂野 2016）。

②根拠法

ドイツにおける保育の根拠法は、「社会法典第8編　児童青少年援助法（Kinder-und Jugendhilfegesetz，1990年制定、2013年改正：KJHG）」である。同法では、児童・青少年のための教育・福祉活動等とともに、保育施設と家庭的保育における子どもの育成について規定されている。保育は、制度的には学校教育とは異なる児童・青少年福祉の一環に位置づけられている。

州は、連邦レベルの法律が要求するものに従い、独自に法律を制定し、保育サービスと資金供給についての枠組みを規定する責任を負っている。そのため、16州のすべてで保育に関する法律が制定されている◆5。また、法律だけでなく、保育に関する政策イニシアティブも各州がもっている。

③資金提供

先に示したとおり、保育における資金提供についての枠組みは、各州の州法によって規定されている。また、保育のための財源確保は、各地方自治体（Kommunen）が行っている。このように、保育における資金提供や財源については、基本的に州と地方自治体が責任を負っているが、保育改革推進のために連邦政府も一部資金提供を行っている。

州レベルでの保育への資金提供は近年増加傾向にあるが、州による格差が大きい。また、資金提供の方法も、事業者への資金提供、子ども1人あたりへの資金提供、バウチャー制度など州ごとに異なっており、保護者負担も州によって異なっている。

3-2 保育施設

①保育施設の任務と位置づけ

ドイツにおける「保育（Kindertagesbetreuung＝子どものデイケア）」は、施設型保育と家庭的保育を含む概念であり、「教育（Erziehung, Bildung）」と「ケア（Betreuung）」という2つの機能をもつものとして位置づけられている（児童青少年援助法第22条）。これらの機能は別々に存在するのではなく、相互に密接に結びついたものと考えられている（OECD 2004）。

ドイツの保育施設は、学校教育とは異なる「社会教育学（Sozialpädagogik）」の施設である。ドイツでは、伝統的に学校、家庭と並ぶ第3の教育領域として社会教育学が根付いており、保育は他の児童・青少年の教育福祉分野とともに、社会教育学の一領域に位置づいている。そのため、のちに述べる保育者の資格要件も、学校教員（Lehrer/rin）とは異なる社会教育系のものとなっている（4-1「保育者の資格」を参照）。

②種別

ドイツの乳幼児保育施設は、3歳未満児を対象とする保育所および3～6歳までの子どもを対象とする幼稚園に大別され、親の就労にかかわらず年齢ごとに施設が分かれている。これに加えて、保育所と幼稚園（あるいは学童保育所）の機能を併せもつ総合的な保育施設「キタ（Kita：Kindertagesstätte）」がある。また、近年では幼稚園が対象を拡大し、2歳児クラスを設置している場合もある。

2018年3月1日時点の保育施設（学童保育所を含む）の総数は、5万5933か所であり、最も大きな割合を占めているのは総合的保育施設キタの43.5%である（Bertelsmann Stiftung 2019）。しかし、地域によって状況は異なっており、キタの割合は東部州で74.2%であるのに対し、西部州では35.4%にとどまっている。西部州で最も多いのは幼稚園（Kindergarten）である（表5-2）。

これらの施設型保育に加えて、保育ママ／保育パパによって行われる家庭的保育（Tagespflege）がある。

表5-2　ドイツの保育施設◆6

種別と割合（2018年）	対象
保育所（Kinder）krippe （7.8%）	3歳未満児
幼稚園Kindergarten （2～6歳の幼稚園　31.6%、3～6歳の幼稚園　10.2%）	2歳から就学まで 3歳から就学まで
学童保育所Hort （6.9%）	6歳から14歳まで
総合保育施設キタ（Kita：Kindertagesstätte） 保育所と幼稚園が一体化した施設であり、学童保育の機能をもつ場合もある。 対象は0歳から学齢児。 （43.5%）	

③保育事業者の多様性

ドイツでは、施設型保育の約3分の2が非営利の児童・青少年福祉事業者（Freie Träger der Jugendhilfe）によって運営されており、公立の施設は全体の約3分の1である（オーバーヒューマ 2018）。その背景には、ドイツで伝統的に認められてきた「補完性の原理」という考え方があり、公的な機関は民間の機関が社会的なサービスを提供することが不可能な場合にのみサービス提供の義務を負うとされている。そのため、民間の福祉団体（宗教団体系、福祉団体系、労働者福祉団体系等）が運営する保育施設が多く、多様な理念の保育施設が混在している。

このように、ドイツの保育施設は、その大半が民間の事業者によって運営されており、そのことが保育の質や質の評価の多様性にもつながっている。

4 保育者の資格免許、養成、研修、雇用形態や労働環境等

ドイツの保育施設で働く保育者の総数は、2017年で60万123人にのぼり（施設型保育：55万6198人、家庭的保育：4万3955人）、2006年と比べて、全体で72.6％増と大幅に増加している（Autorengruppe Bildungsberichterstattung 2018）。保育者が増加している背景は、主に旧西ドイツ地域における乳児保育の拡大であり、急速な拡大のために人手不足の状態が続いている。

そのような中で、保育者の量的な拡充とともに急務とされているのは、質の高い保育者の養成と確保、および人員配置の見直しである。

4-1 保育者の資格

①資格要件

ドイツの保育施設で働く職員のうち、最も大きな割合を占めているのは「保育者（Erzieher/-in）」資格をもつ者である（約70％）。先に述べたとおり、「保育者」は学校教師とは異なる社会教育系列の資格であり、高校卒業後に2～3年制の専門学校において養成される。このほかに、「保育補助員（pfleger/-in）」「社会助手（Sozialassistent/-in）」という義務教育修了後に2年制の職業学校で取得する資格があるが、養成レベルの低さが問題となっており、近年は減少傾向にある（約13％）。また「社会教育者（Sozialpädagogen/-pädagogin）」という学士課程および修士課程で取得する資格があり、約5％がこの資格を有しているが、この資格は保育に特化したものではなく、社会教育学（＝児童・青少年の教育福祉）全体を対象とするものである。

②保育者資格の高度化に向けた動き

ドイツでは、2000年代に新たなカリキュラムが作成され、乳幼児期からの学びや社会的に不利な子どもたちの保育が重視される中で、保育者の資格要件が見直されている。すなわち現在の資格要件は、保育の新たな課題に対応するためには不十分であるという観点から、保育者資格の高度化が推進されている。

そのため、近年では4年制大学における保育者養成課程が増加しており、学士レベル・修士レベルの保育専門職資格である「幼年期教育者(Kindheitpädagogen/-pädagogin)」の養成が開始されている。しかし、2018年時点での幼年期教育者の割合は1%に達しておらず（Bertelsmann Stiftung 2019)、今後の増加が期待される。

4-2　人員配置

先に述べたように、.ドイツでは保育施設と保育者が急激に増加している。その中で問題となっているのは、保育者の人員配置である（オーバーヒューマ 2018)。人員配置の改善は保育の質を高めるための重要課題として位置づけられているものの、依然として州による格差が大きい。

①各州の人員配置基準

人員配置については、16州すべての州法において規定されているが、その基準にはかなりの違いがある。保育者1人あたりの子ども数は、保育所や幼稚園など施設の種別に応じて定められている場合（例：ザクセン州　保育所5人　幼稚園12人）や、年齢と保育時間によって定められている場合（例：ベルリン　2歳未満児　終日利用3.75人、パートタイム利用5人、半日利用7人／2～3歳未満児　終日利用4.75人、パートタイム利用6人、半日利用8人／3～6歳児　終日利用9人、パートタイム利用11人、半日利用14人）などがあり、大まかな最低基準を定めるのみの州もあれば、詳細な基準を示す州もある（Bertelsmann Stiftung 2019；2016年5月時点)。

多くの州では、障害のある子どもたち、移民の背景をもつ子どもたち、社会的に不利な地域に住む子どもたちなどの数に応じて、追加の人員配置が認められている。

②人員配置の現状と課題

以上に見てきたように、各州には人員配置に関する基準が定められており、州によっては人員配置の改善に向けた基準の見直しが行われている。2018年時点の保育者1人あたりの子ども数を見てみると、伝統的に集団保育を行ってきた旧東ドイツ地域で多い傾向にあり、州による格差が大きくなっている（表5-3)。

表5-3　保育者1人あたりの子ども数（中央値；2018年3月1日時点）

	保育所	幼稚園（3～6歳）	幼稚園（2～6歳）	キタ（Kita）
東部州（ベルリンを含む）	5.9	11.6	10.5	9.0
西部州（ベルリンを除く）	3.6	8.3	7.8	6.2
ドイツ全体	4.2	8.9	8.0	6.7

出典：Bertelsmann Stiftung（2019）Tab43a2_i9c_lm19をもとに筆者作成。

このような状況を踏まえ、ベルテルスマン財団は、推奨される保育者と子どもの比率として、3歳未満児で1対3、3～6歳児で1対7.5を掲げている（Bertelsmann Stifung 2019）。

4-3　保育者の専門性向上プロジェクトWiFF

保育者の専門性向上のための研修については、全国的に共通するシステムは構築されていない。そのため、研修は一般的に強制ではなく、短期的で非公式なものとなっている（オーバーヒューマ 2018）。

しかし、近年では連邦政府の主導で保育者の専門性向上のための取り組みが行われている。その1つとしてあげられるのが「乳幼児期の保育専門職のための継続教育イニシアティブ（Die Weiterbildungsinitiative Frühpädagogische Fachkräfte：WiFF）」である。WiFFは、連邦教育研究省（Bundesministeriums für Bildung und Forschung：BMBF）の資金提供を受け、連邦教育研究省、ロバート・ボッシュ財団、ドイツ青少年研究所の共同プロジェクトとして2009年に開始されたものである。プロジェクトの内容は、保育に関する専門的な知見の提供、保育者の専門化プロセスのモニタリングと分析、大学における保育者養成の推進等である◆7。

4-4　保育者の賃金◆8

保育者の平均給与は2017年時点で3253ユーロであり、2012年の2812ユーロから15.7％増加している。給与は保有する資格によって異なっており、8年勤続の場合、「保育者（Erzieher/-in）」が3317ユーロ、「保育補助員（pfleger/-in）」が2864ユーロとなっている。また、公立保育施設で働く保育者の平均給与は3500ユーロであり、小学校教員の平均給与である4800ユーロを大幅に下回っている。

このように、ドイツにおいて保育者の給与は増加傾向にある。しかし、保育者の中でも保有資格によって賃金に大きな違いがあり、小学校教員とのあいだにも賃金格差がある。

5 カリキュラム

5-1 保育内容・カリキュラム改革の背景

ドイツの保育施設は民間の事業者によってその大半が運営されていることから、従来、保育内容・カリキュラムは各施設や保育者の自由裁量に委ねられる部分が大きかった（Diskowski 2004）。全国共通のカリキュラムも存在していなかったが、2000年代初頭に学力格差問題への対応が求められる中で、乳幼児期の保育の目的や内容をより明確に示すことが要請された。それを受けて、2000年代に連邦レベルで初となる各州共通のカリキュラム・ガイドラインが策定され、各州でも独自のカリキュラムが作成された。

このような改革の背景には、移民をはじめとする社会的に不利な子どもたちの学力格差問題への強い危機感がある。その結果、新しく策定されたカリキュラム・ガイドラインでは、乳幼児期の保育における「教育」あるいは「知的な学び」の側面が重視され、社会的能力の育成を目指す従来の保育のあり方は大きな転換を余儀なくされた。そのような転換は、学校教育とのつながりや就学準備を意識したものであることから、「保育の学校化」として特徴づけられている（小玉 2008）。

5-2 『保育施設における幼児教育のための各州共通枠組み』（2004年）の概要

『保育施設における幼児教育のための各州共通枠組み』（JMK/KMK 2004：以下、「共通枠組み」）は、2004年に各州文部大臣会議と各州青少年大臣会議によって共同議決されたものである。「共通枠組み」は、保育施設における教育活動の原則に関する各州間の合意であり、法的な拘束力はない。ここに示された枠組みは、各州の教育計画において肉づけされ、発展していくものであり、すべての州はそれぞれの状況に応じて独自の教育計画を作成し実行すると考えられている。

また、この枠組みは保育施設の任務を示すものであり、子どもたちが到達すべき地点を標準化するものではないことが強調されている。

①構成

「共通枠組み」の構成は以下のとおりである。

1. 序言
2. 就学前教育領域における教育目標
3. 保育施設における教育活動
   - 3.1　全体的な育成の原理
   - 3.2　教育領域
     - 3.2.1　言語、文字、コミュニケーション
     - 3.2.2　個人的・社会的発達、倫理／宗教教育
     - 3.2.3　数学、自然科学、（情報）技術
     - 3.2.4　音楽教育／メディアとのかかわり
     - 3.2.5　身体運動、健康
     - 3.2.6　自然と文化的環境
   - 3.3　教育的活動／質の向上の形成
     - 3.3.1　教育の基本原理
     - 3.3.2　専門家としての保育者の役割
     - 3.3.3　親／家庭の役割
     - 3.3.4　（社会的な）学びのフィールドとしての集団、仲間の役割
     - 3.3.5　空間の機能／戸外の空間形成
     - 3.3.6　地域志向、協同、結びつき
4. 教育目標実現のための条件
5. 就学前教育領域から初等教育領域への移行の最善化

②教育課題

「共通枠組み」においては、保育施設が「固有のプロフィールをもった教育施設」であり、公教育システムの不可欠な一部分であることが強調されている。そのうえで、保育施設の教育的課題は、個人のコンピテンシーや学びの構えを早期から強化し、子どもの探究心を広げ、援助し、誘発すること、価値の教育、学び方の学習を促進すること、社会的な文脈における世界習得とされている。そして就学前教育領域における教育努力は、基本的なコンピテンシーの育成や人格的資源の発展や強化によって子どもたちを動機づけること、将来の生活や学習の課題を取り上げそれを克服するための準備をすること、責任をもって社会生活に参加し、生涯にわたって学び続ける準備をす

ることに向けられるものと考えられている。

また、幼児期の教育課題は教科や学問的な原理に基づく学習ではなく、日常生活と結びついた学びを通して実現されるのがふさわしいという観点から、プロジェクト活動が重視されている。すべての教育内容において重視されるものとして、①学び方の学習の促進（学びの方法コンピテンシー）、②施設の生活に関する決定への発達に応じた子どもの参加、③知的教育、④ジェンダーを意識した教育活動、⑤発達のリスクを有する子どもや（重度の）障がいのある子どもへの特別支援、⑥特別な才能のある子どもへの促進があげられている。また、保育者の役割としては、子どもの主体性の尊重、インフォーマルで探索的な遊びを中心とする子どもの学びに大人が寄り添ったりリードしたりすること、子どもの探究心を喚起し支えることなどがあげられている。

③教育領域

教育領域は、すべての保育施設と保育者が子どもの教育機会を促進するための手がかりとなる視点であり、①言語、文字、コミュニケーション、②個人的・社会的発達、倫理／宗教教育、③数学、自然科学、（情報）技術、④音楽教育／メディアとのかかわり、⑤身体運動、健康、⑥自然と文化的環境、の6つがあげられている。

以上に加えて、保育施設と基礎学校の結びつきをより強固なものとし、円滑な移行を可能にすることを求める項目もある（「5. 就学前教育領域から初等教育領域への移行の最善化」）。

5-3　州レベルのカリキュラム

州レベルでは、2003年のバイエルン州を皮切りに2008年までに16州のすべてが幼児教育のための「教育計画（Bildungspläne）」を作成した。それらの教育計画は固定的なものではなく、それぞれの州において教育計画の試行や改訂が重ねられている◆9。

各州の教育計画に共通する項目としては、①教育（Bildung）理解、遊びの意義などの中心的思想および基本的な子ども像についての記述、②教育目標あるいは子どもたちが獲得すべきコンピテンシー、③教育計画の主要な部分としての教育領域、学習・経験領域、④子どもたちの民主的参加、移民や特別なニーズをもった子どもとの統合、移行などのテーマに関すること、⑤教師への要求、質開発、自己・他者評価等などがあげられる（Textor 2008）。しかし、教育計画の分量や対象年齢、基盤となる教育観等にはさまざまな違いがあり、州ごとに多様な教育計画が展開されている。

6 監査や評価

ドイツでは、全国的に統一された質の評価システムは確立していない。しかし、質保証のために評価を行うことは必要だと考えられており、多様な取り組みがなされている。

6-1　法的枠組み：質評価の必要性

質の評価については、社会法典第8編児童青少年援助法第22条a（1）において、保育実践を評価するためのツールと手順を使用することの必要性が定められている。また、「共通枠組み」においても、質の確保と向上の観点から、評価の必要性が示されている。

しかし、具体的な質の概念や評価基準については、これらの規定では示されていない。

6-2　質の評価指標の開発：『ナショナル標準要覧』（2003年）

1990年代末から2000年代初頭にかけて、連邦政府の主導による、「国家的質イニシアティブ（1999－2003年）」という質の評価指標開発のためのプロジェクトが行われた◆10。プロジェクトは5つの部門からなっており、乳幼児を対象とするプロジェクトの成果として、『保育施設における教育の質—ナショナル標準要覧』（2003年）がベルリン自由大学の研究グループによって開発された。

①『ナショナル標準要覧』の概要

『ナショナル標準要覧』は、1999年から2002年にかけて、250の保育施設との協同対話を通して作成されたものであり、保育施設における質の内部評価のための評価項目が詳細に体系化されている。2016年の改訂版（Tietze et al. 2016；全272頁）では、「保育者　Erziher/rin」ではなく「教育専門家 pädagogische Fachkraft」という表記が用いられており、多様化・高度化する保育専門職を包括した表記が意識されている。また、21あった質領域は20に削減・改編されており、特に多様な背景をもつ子どもたちの保育や、言語教育・多言語教育をさらに重視するものとなっている。加えて、乳児保育に関する項目も追加されている。

『ナショナル標準要覧』に示された項目は、「最低基準」ではなく、「最善の実践（ベストプラクティス）」であることが強調されている。それは、すべての基準を完全に満たすことを目指すものでも、「達成不可能なユートピア」を示すものでもなく、ひとりひとりの専門家にとっての出発点となるものとされており、これらの項目を参照しながら保育を振り返ったり、議論を重ねたりすることで、保育実践の質が向上していくものと考えられている（Tietze et al. 2016）。

また、各評価項目に対応したワークシートも出版されている。

②質領域と中心的視点

『ナショナル標準要覧』（2016年版）は、20の質領域と各領域に共通する中心的視点を基本的枠組みとして構成されている（表5-4）。

表5-4 『ナショナル標準要覧』（2016年版）における質領域と中心的視点

【質領域】 1. 子どものための空間、2. 一日の構成、3. 個性、多様性、共通性、4. 食事と栄養、5. 身体的ケアと衛生、6. 休息と睡眠、7. 安全、8. 言語、多言語、バイリンガル教育、9. 認知的発達、10. 社会的・情緒的発達、11. 運動、12. ファンタジーとごっこ遊び、13. 組み立てと構成、14. 美的教育、15. 自然、環境、事象に関する知識、16. 適応、17. 受け入れとお迎え、18. 家庭との協働、19. 保育施設から学校への移行、20. 管理（マネジメント）とチーム
【中心的視点】 ・空間的条件 ・保育者と子どもの相互作用 ・計画 ・材料の活用と多様性 ・個性化 ・参加

ここでは、具体的な項目の例示として、質領域「3. 個性、多様性、共通性」の「空間的条件」(7項目)を示す。

質領域「3. 個性、多様性、共通性」

空間的条件(☆は乳児保育に関連する項目)

1.1 建物の入り口にも、保育施設の多様性は表れる。たとえば、子どもたちの家族の掲示や複数の言語で示された歓迎の言葉など。

1.2 保育施設は、ドイツ連邦共和国のさまざまな宗教の祝日や祭り(たとえば異文化カレンダーなどによって、)—その重要性や保育施設で祝祭が行われるかどうか、またその祝い方法—について知らせる。

1.3 保育施設には、子どもたちとその家族の写真がある。

1.4 入り口や屋内外のスペースはバリアフリーで、障害のある子どもや大人の参加を可能する。

1.5 空間的条件により、子どものさまざまな個別のニーズを考慮に入れることが可能になる(たとえば、少人数のグループで作業するための部屋、個別的ケアのための部屋、子どものプライバシーを保護する身体的ケアのためのエリアなど)。

1.6 必要に応じて、保育者や子どもたちが、柔軟にそしてさまざまな目的のために使用できる部屋がある。

1.7(☆)乳幼児のためのエリアと部屋は子どもたちが自由に動き回ることができるように設計されている。

6-3 質評価に関する州レベルの規制

ドイツにおいては、保育の質に関して、外部評価や監査よりも、保育施設と独自の保育の質保証システムをもつ機関との協定を通した合意的で自主的な規制に依拠する傾向がある(オーバーヒューマ 2018)。質の評価に関しても、独自の質評価システムをもつ州は少なく、民間福祉団体による多様な評価基準が作成されていることが特徴的である。そのため、保育の質評価をめぐる状況は州によってかなり異なっている。

①質評価に関する各州の状況

先に述べたように、連邦法において質の評価ツールの開発と実施の必要性が定められているが、それに加えて、州法で独自に質評価を義務づけているのは、2015年時点で9州(バイエルン州、ベルリン、ブランデンブルク州、ハンブルク、メクレンブルク＝フォアポメルン州、ノルトライン＝ヴェストファーレン州、ラインラント＝プファルツ州、シュレースヴィヒ＝ホルシュタイン州、テューリンゲン州)である。そのうち、外部評価と内部評価の両方を義務づけているのは4州であるが、評価手順が具体的に定められており、拘束力のある評価基準を定めているのはベルリンである(Bertelsmann Stiftung 2019)。

その他の州では、質評価は義務ではないが、推奨事項としてさまざまな形で定められている。

②ベルリンの質評価システム◆11

ベルリンは、質評価について最も具体的な要件・基準を備えており、拘束力のある「保育施設の質協定（QVTAG）」において外部評価と内部評価が義務づけられている。また、評価にかかわる機関として「保育の質向上センター（BeKi）」が設置されており、質評価を監督する責任を負っている。

外部評価と内部評価はいずれも州の教育計画である『ベルリン教育プログラム』にもとづいて行われ、外部評価は内部評価を補うものと位置づけられている。

【外部評価】

外部評価は、5年のサイクルでベルリン教育省の認可を受けた外部評価機関によって行われる。評価では、施設管理者、保育者、保護者に対する面接（あるいは質問票）によって施設が詳細に調査され、その後のフィードバックインタビューを経て評価報告書が作成される。

評価基準は『ベルリン教育プログラム』にもとづくものであり、評価手順においては、①施設全体の視点、②保育者の視点、③リーダーの視点、④保育事業者の視点、⑤親の視点を含む必要があるとされている。

【内部評価】

内部評価では、「保育の質向上センター」が大きな役割を果たしており、内部評価のための評価者トレーニング、評価ツールの作成、内部評価プロセスに関する調査データの公開などをとおした支援を行っている。内部評価のためのツールとして評価項目とそれに対応したツールボックスが2007年に作成されているが、必ずこれを使用する義務は課せられていない。なお、ここでの内部評価とは、保育施設の管理者と保育者チームが自らの仕事を個人レベル、チームレベル、施設レベルで評価することによって保育を振り返り、質向上に向けた共通目標を設定することを目指すものと位置づけられている。

なお、内部評価の基準は、『ベルリン教育プログラム』に対応する8つの領域ごとに定められている（Senatsverwaltung für Bildung, Wissenschaft und Forschung 2007）。

ベルリンの内部評価基準の領域

①保育所での生活を形成することは、子どもたちに多様な学びの経験を保障する。 ②保育者は、子どもたちが遊びの中で想像力や創造性を豊かにし、自らの発達に適した方法で世界を習得することを援助する。 ③保育者は、プロジェクト活動が子どもたちの生活現実に即したものとなるようにする。 ④空間の形成によって多様な学び・教育の機会を提供する。 ⑤保育者は、子どもの学びや人間形成プロセスを観察し、記録する。 ⑥親と保育者は、子どものケアと教育のパートナーである。 ⑦保育施設は、子どもたちが小学校にスムーズに移行できるようにする。 ⑧チームは、民主主義の原則に従い、保育施設での協力とコミュニケーションをつくり出す。

6-4　民間団体による質の評価

質の評価においても、民間福祉団体のもつ力は大きい。連邦民間福祉団体連合（ドイツ・カリタス連合、ディアコニー、労働者福祉団、同権福祉団、ドイツ赤十字、ユダヤ人中央福祉センター）は、質向上のための共通基準を作成しており、それにもとづいて、それぞれの事業者が独自の評価基準を作成している（Dahle 2014）。例えば、「連邦プロテスタント保育施設協会（BETA）」は『連邦枠組みハンドブック　保育施設の質管理システムのためのガイドライン』（2009年、最新版は2015年：全174頁）を発行している。また、「カトリック保育施設協会（KTK）」も独自の質管理基準を作成している。労働者福祉団体には、統一的な基準はないものの、各地区協会がマニュアルを発行している。

このように、各民間団体がそれぞれの保育理念にもとづき作成した多様な評価基準が存在している。

6-5　子どもの発達や学びの評価

子どもの発達や学びの評価については、①就学前の言語スクリーニング評価、②観察とドキュメンテーションの2つが行われている。

①言語スクリーニング評価

現在、ドイツ語を母語としない子どもたちの増加を受けて、すべての州で就学前の言語スクリーニング評価が行われている。スクリーニングの結果、ドイツ語の習得が不十分であると判定された場合には、ドイツ語の補習コースに通うことが多くの州で義務づけられている（坂野 2016）。

このような評価とともに、保育施設における言語育成支援について、連邦政府は資金提供を行っており、特に社会的に不利な子どもたちの教育機会の保証が目指されている（オーバーヒューマ 2018）。

②観察とドキュメンテーション

すべての州の教育計画において、子どもの発達や学びを評価するための方法として、保育者による観察とドキュメンテーションが位置づけられている。その目的は、子どもの発達や学びのプロセスを理解・可視化することによって、そのプロセスがより豊かなものとなるように援助することであり、観察とドキュメンテーションは保育実践に欠くことのできない基盤と考えられている。

全国的に共通した方法は確立しておらず、特定の観察や記録方法を用いていない場合が最も多いが、ポートフォリオやドイツ語版のラーニングストーリーをはじめとする子ども志向の評価方法も多く用いられている（Viernickel et al. 2013）。

6-6　質評価をめぐる議論や課題

保育の質評価をめぐる課題としては、①実施状況、②外部評価機関による質認証の問題、③「負担」としての評価の3つがあげられる。

①評価の実施状況

フィアニッケルらが実施した調査研究によれば、調査対象となった施設のうち、約52％が質のモニタリングシステムを使用しておらず、残りの48％で使用されている基準や方法は多種多様であった（Viernickel et al. 2013）。このことは、先に述べた民間団体による多様な評価基準の存在と結びついているが、そこには独自のシステムを使用することで国による過度な介入を防ぐ意図があると考察されている。

②外部評価機関による質認証の問題

ドイツでは、多様な評価基準が存在する中で、外部評価機関の監査による質認証が活用されている実態がある。しかし、そのような質認証には法的に統一された基準や証明書がないこと、また、質認証によって収益を上げる企業からのオファーで評価が行われている現状などから、厳密に評価が行われない可能性があることが問題として指摘されている（Altgeld&Stobe-Blossey 2008, Merchel 2010,)。

③「負担」としての評価

ドイツでは、この20年の間に保育に大きな注目が集まり、質向上のためにさまざまな改革が行われてきた。その過程で、保育施設や保育者に次々に新たなものが要求されている。そのような状況の中で、質のマネジメントや評価が求められたとしても、新たな「負担」として受け止められ、単に「実行」することに終始する危険性が指摘されている（Viernickel & Schwarz 2009)。

6-7　保育の質に関する全国調査（NUBBEK）が示すもの

ドイツでは、保育の質に関する調査研究として、2010年に「乳幼児期の教育とケアに関する全国調査　NUBBEK」（Tietze et.al. 2013)◆12が行われた。

NUBBEKは、ドイツ青少年研究所（DJI）と複数機関の研究者との共同プロジェクトとして実施されたものであり、連邦家族省、ロバート・ボッシュ財団、バイエルン州、ブランデンブルク州、ニーダーザクセン州、ノルトライン＝ヴェストファーレン州から資金提供を受けている。NUBBEKでは、調査の一環として403の施設型保育と164の家庭的保育を対象とするプロセスの質の評価が行われた。評価に際しては、ドイツ語版ECERS-R（改訂版保育環境評価スケール）などの評価尺度が用いられた。

結果は、「普通」80%、「良い」10%未満、「平均以下」10%以上であり、全体として質が高いとはいえない状況が示された。また、西部地域に比べて東部地域の質が低い傾向あった。

このような調査結果は、それまでに行われてきた質向上のための一連の取り組みが十分な成果につながっていないことを示すものとなっているが、質向上のためには今後も体系的で継続的な質のモニタリングが必要であることが結論として示されている。

7 まとめ

ドイツでは、保育の質を高めるために連邦レベル、州レベルで多様な取り組みが行われていることを示した。質評価については、全国的に統一された評価基準やシステムが確立していない中で、州ごとの評価、各施設の理念に応じた評価などが行われている。しかし、子どもや保育をめぐるさまざまな格差が明らかになる中で、ドイツ全体として保育の質を高めていくことが重視され始めている。

7-1 保育の質に関する近年の動向

保育の質向上に向けた新たな動きとして、ここでは2019年1月1日に施行された連邦レベルの法律である「保育における質の向上と参加に関する法律(Gesetz zur Weiterentwicklung der Qualität und zur Teilhabe in der Kindertagesbetreuung 通称：Gute-KiTa-Gesetz)」に触れておきたい。

この法律では、連邦政府が継続的な資金提供を行うことを前提として、質とアクセス改善のための10の行動領域が提示された。

質とアクセス改善のための10の行動領域

①ニーズに応じた保育における教育とケアの提供、特にすべての子どもに対するインクルーシブな支援ならびにニーズに応じた開所時間の拡大
②保育者と子どもの適正な比率を保障すること
③有能な保育者の養成と確保に貢献すること
④保育施設のマネジメントの強化
⑤保育で使用される空間デザインの改善
⑥子どもの発達、健康、栄養、運動領域における措置とホリスティックな教育を促進すること
⑦言語教育の推進
⑧家庭的保育の強化
⑨州および公的・無償の青少年援助事業者の調和的、統一的、目標志向的な

協同における保育システムの規制の改善

⑩保育における実際的な課題、特に子どものアクセス改善、性暴力や虐待からの子どもの保護、特別なニーズのある子どもの統合、親や家族との協力、ジェンダー特有のステレオタイプの解消への取り組み

同法は、これらの行動領域のすべてに各州が取り組むことを課すものではない。州はアクセスと質の改善に向けて特に重点を置く領域を提示し、連邦政府と協定を結ぶことで資金提供を受けることができる。

また、2020年から2023年にかけて連邦家族省が質のモニタリングを実施し、調査報告書を発行することも示されている。これまで、連邦レベルでの質のモニタリングシステムが確立されてこなかったドイツにおいて、この法律は新たな一歩を踏み出すものになるのではないかと考えられる。

7-2 日本への示唆

ドイツの保育は、統一後から現在に至るまで、量的にも質的にも大きな変化を遂げてきた。その過程では、法制度、カリキュラム、保育者資格、質評価などあらゆる側面で保育の質向上のための取り組みが行われている。そのようなドイツの取り組みから、私たちは何を学ぶことができるだろうか。

ドイツでは、保育の質評価が推奨されているものの、義務として課されている割合はそう高くなく、さまざまな評価基準やシステムが混在している。それぞれが独自の基準をもつことで、州や施設の自律性を保つことが重視されてきたのである。しかし、近年では、地域や施設ごとの質の格差をいかにして解消するのかが課題となっており、「保育における質の向上と参加に関する法律」が示すように、国全体として保育の質を高めていくための評価をめぐって新たな一歩が踏み出されている。

このようなドイツの状況は、保育の質における標準化と多様性のバランスをどのように考えるのか、という問題を提起しているのではないだろうか。質を均等に保障するためには全国一律の基準を設けることが有益であるかもしれないが、その一方で地方や施設の多様性は薄れて（なくなって）しまうことが想定される。このような問題は、決してドイツに限った問題ではなく、異なる社会文化的背景をもつ日本にも通じるものだろう。

ドイツの特徴は、トップダウンのシステム構築よりも、あらゆるレベルでのより合意的・対話的なプロセスが重視されていることにある。今後もそのようなプロセスが積み重ねられるとすれば、ドイツ独自の質評価システムの構築過程が展開されることになるだろう。

◆注

1 ドイツの州は、ベルリン、東部州（ブランデンブルク州、メクレンブルク＝フォアポメルン州、ザクセン州、ザクセン＝アンハルト州、テューリンゲン州）、西部州（シュレースヴィヒ＝ホルシュタイン州、ハンブルク、ニーダーザクセン州、ブレーメン、ノルトライン＝ヴェストファーレン州、ヘッセン州、ラインラント＝プファルツ州、バーデン＝ヴュルテンベルク州、バイエルン州、ザールラント州）の16州である（ベルリン、ブレーメン、ハンブルクは都市州）。

2 PISA（Programme for International Student Assessment：生徒の学習到達度調査）は、OECD（経済協力開発機構）による国際学力調査である。15歳の生徒を対象として、読解力、数学的リテラシー、科学的リテラシーの3つの分野について3年ごとに調査が行われている。2000年に開始されたPISA2000において、ドイツの順位は、参加国31か国中、読解力21位、数学的リテラシー20位、科学的リテラシー20位であり、参加国の平均をはるかに下回るものであった。そのことに対する衝撃が「PISAショック」と表現されている。

3 ベルリンでは2018年8月1日以降、保育料が無償化されている。その他の州でも、3歳以上、あるいは5歳児以上の無償化など、部分的な無償化が進行している。

4 オーバーヒューマ（2018）162-163頁。

5 16州の保育に関する法律の概要についてはdeutscher bildungs server（https://www.bildungsserver.de/Kitagesetze-der-Bundeslaender-1899-de.html）を参照。

6 施設種別については豊田（2017）134頁を参考として作成し、ドイツ全体に占める割合についてはBertelsmann Stiftung（2019）から引用した。

7 WiFFの詳細については、WiFFホームページ https://www.weiterbildungsinitiative.de/を参照。

8 Autorengruppe Fachkräftebarometer（2019）115-116.

9 各州の教育計画（最新版）の概要と本文は、https://www.bildungsserver.de/Bildungsplaene-fuer-Kitas-2027-de.htmlから取得することができる。

10 このプロジェクトについては、豊田（2017）142-143頁に詳細が示されている。また、同書の143-146頁には2003年版の『ナショナル標準要覧』の概要も示されている。

11 BeKiホームページ（http://www.beki-qualitaet.de/）

12 NUBBEKの詳細は、マティアス（2016）に示されている。

◆引用・参考文献

Altgeld, K.und Stöbe-Blossey, S.（2008）Qualitätsentwicklung in der Kindertages betreuung —

Verfahren und Perspektiven. Apolte, T. und Funcke, A.（Hrsg.）*Früh- kindliche Bildung und Betreuung. Reformen aus ökonomischer, pädagogischer und psychologischer Perspektive*, Baden-Baden:Nomos, 141-156

Autorengruppe Bildungsberichterstattung（2018）*Bildung in Deutschland 2018. Ein indikatorengestützter Bericht mit einer Analyse zu Wirkungen und Erträgen von Bildung*. Bielefeld: wbv Publikation ein Geschäftsbereich von wbv Media GmbH & Co. KG

Autorengruppe Fachkräftebarometer（2019）*Fachkräftebarometer Frühe Bildung 2019*.（https://www.fachkraeftebarometer.de/fileadmin/Redaktion/Publikation_FKB2019/Fachkraeftebarometer_Fruehe_Bildung_2019_web.pdf.　2019年12月1日閲覧）

Beltelsmann Stiftung（2019）*Ländermonitor Frühkindliche Bildungssysteme 2019*, Gütersloh: Beltelsmann Stiftung

Dahle, L.（2014）Qualitätsmanagement in Kindertagesstätten - Zur aktuellen Situation und zu möglichen Perspektiven. Textor,M-R. und Bostelmann, A.（Hrsg.）*Das Kita-Handbuch*.（https://www.kindergartenpaedagogik.de/fachartikel/qualitaet-und-qualitaetssicherung/qualitaetsfeststellung-qualitaetsmanagement/2306　2019年2月1日閲覧）

Diskowski, D.（2004）Das Ende der Beliebigkeit? Bildungspläne für Kindergarten. Diskowski, D. und Hammes-Di Bernardo, E.（Hrsg）*Lernkulturen und Bildungsstandards. Kindergarten und Schule zwischen Vielfalt und Verbindlichkeit*. Baltmannsweiler: Schneider Verlag Hohengehren, 75-104

Jugendministerkonferenz/Kultusministerkon ferenz（JMK/KMK）（2004）*Gemeinsamer Rahmen der Länder für die frühe Bildung in Kindertageseinrichtungen*.（http://www.kmk.org/fileadmin/veroeffentlichungen_beschluesse/2004/2004_06_03-Fruehe-Bildung-Kindertageseinrichtungen.pdf.　2019年1月25日閲覧）

小玉亮子（2008）「PISAショックによる保育の学校化――『境界線』を越える試み」泉千勢・一見真理子・汐見稔幸編著『世界の幼児教育・保育改革と学力』明石書店、69-88頁

マティアス，L.（2016）「ドイツの保育関連施設における『質』について―― NUBBEKを中心に」『保育学研究』54（2）、112-120頁

Merchel, J.（2010）*Qualitätsmanagement in der Sozialen Arbeit. Eine Einführung*. Weinheim, München.

ノイマン，K. 著、大関達也・小林万里子訳（2009）「幼児教育学における鍵的能力としてのコミュニケーション――国際比較のなかの日本とドイツ」『学校教育学研究』21、97-114頁

Oberhuemer, P.（2004）Controversies, chances and challenges: reflections on the quality debate in Germany. *Early Years,* 24（1）:9-21

Oberhuemer, P.（2012）Fort-Weiterbildung frühpädagogischer Fachkräfte im europäischen Vergleich. *WiFF Studie 17*, Munich: Deutsches Jugendinstitut

オーバーヒューマ，P. 著、中西さやか訳（2018）「ドイツ　保育・幼児教育におけるアクセスと質をめぐる問題」ガンバロ，L.・スチュワート，K.・ウォルドフォーゲル，J. 編、山野良一・中西さやか監訳『保育政策の国際比較――子どもの貧困・不平等に世界の保育はどう向き合っているのか』明石書店、159-188頁

OECD（2004）*OECD Country Note Early Childhood Education and Care Policy in The*

Federal Republic of Germany.（www.oecd.org/germany/33978768.pdf, 2019年12月10日閲覧）

坂野慎二（2016）「ドイツにおける就学前教育の現状と課題」『論叢：玉川大学教育学部紀要』19-47頁

Senatsverwaltung für Bildung, Wissenschaft und Forschung（2007）*Materialien für die interne Evaluation zum Berliner Bildungsprogramm*. Berlin

Textor,M-R.（2008）Erziehungs- und Bildungspläne. Textor,M-R. und Bostelmann, A.（Hrsg.）*Das Kita-Handbuch*.（https://www.kindergartenpaedagogik. de/ fach artikel/qualitaet-und-qualitaetssicherung/qualitaetsfeststellung-qualitaetsmanagement/2306　2019年2月1日閲覧）

Tietze,W.und Viernickel, S.（Hrsg.）（2016）*Pädagogische Qualität in Tageseinrichtungen für Kinder.Ein Nationaler Kriterienkatalog*.（Vollständig überarbeitete und aktualisierte Auflage）Weimar:verlag das netz

豊田和子（2017）「ドイツ連邦共和国――統一後の保育・就学前教育の動向」泉千勢編『なぜ世界の幼児教育・保育を学ぶのか――子どもの豊かな育ちを保障するために』ミネルヴァ書房、127-157頁

Viernickel, S., Nentwig-Gesemann, I., Nicolai.K., Schwarz, S. und Zenker, L.（2013）*Schlüssel zu guter Bildung, Erziehung und Betreuung - Bildungsaufgaben, Zeitkontingente und strukturelle Rahmenbedingungen in Kindertages-einrichtungen -*. Berlin: Alice-Salomon-Hochschule

06

ノルウェー

門田理世

◎ノルウェーの保育をめぐる状況◎

- 保育施設は「子どものため」に存在すると謳う保育理念（保育施設法）
- 社会教育学的アプローチに基づいた教育研究省管轄下での保育制度の一元化
- 中央政府（財政）と地方自治体（監督）の役割分業
- 小学校教育と連動させた７つの学びの領域（フレームワークプラン）

フレームワークプランに基づく保育における教育的意義の確立
モニタリング制度に支えられる保育の質の向上
形成的評価ツール・尺度に基づく保育実践への支援

フレームワークプラン（9 つの概要）

（1）中核を占める価値観　（2）役割と責任　（3）目的と内容　（4）子どもの参加
（5）家庭と保育施設との連携　（6）家庭・保育施設内・及び小学校教育との連携
（7）教育機関としての保育施設　（8）指導方法
（9）学びの７領域：　①コミュニケーション・言葉、②からだ・動き・食・健康、③アート・文化・創造性、④自然・環境・テクノロジー、⑤数・空間・形、⑥倫理・宗教・哲学、⑦地域の人々・社会

保育の質の向上のためのモニタリング制度

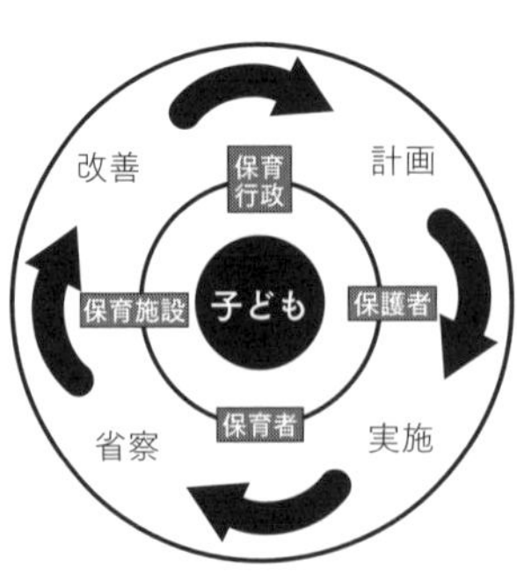

豊かな子どもの育ちを支える

子どもの育ちを保護者、保育者、保育施設、保育行政が、『計画⇒実施⇒省察⇒改善』の流れを通して対話することで保育の質を向上させ、子どもの育ちを豊かにする。その対話を促進させるために必要な枠組みとして、「知識情報とその普及について」と「質向上のツール・尺度」が用いられる。

質の高い保育実践を支援する

保育者自身が保育実践を振り返る自己現状分析ツール（Ståstedsanalysen）・日々の保育を振り返るドキュメンテーション・園外からの保育者が保育実践の観察をベースに実施される外部評価（保育者間評価）といった、監査や査定の意味合いを持たない評価ツールや尺度を用いて、保育者や保育施設を支援し、保育の質の向上を図っている。

❶ 全体的な状況について

ノルウェーの保育理念の中核には、子どもが据えられている。実際、現行の幼保一体型保育施設法（The Kindergarten Act◈1；以下、保育施設法）第1条の目的「子どもが必要とするケアと遊びを保障し、全人格的発達の基礎となる学びや人格形成を育まなければならない」では、幼保一体型保育施設（以下、保育施設）は子どもたちのために存在することが第一義として明記されている（表6-1）。また、第2条3項（保育施設に通う子どもの権利）には、「保育施設に通う子どもたちは、日々の活動に自らの見解を述べる権利がある。活動計画や評価にも積極的に参加する機会が定期的に与えられなければならない。その際、子どもたちの見解は、年齢や成熟度に応じて考慮されなければならない」とあるように、子どもたちを保育に参画する能動的存在として位置づけている。

本稿では、近年のノルウェー保育施設の成り立ちの概要に触れつつ、この「子どものため」の保育施設が置かれている現状と課題を、保育政策、特に、保育の質を保障する保育評価の観点から眺望することにする。

表6-1　幼保一体型保育施設法（The Kindergarten Act, last consolidated on 2018）

第1条　目的
幼保一体型保育施設（以下、保育施設とする）は、各家庭の協力とよき理解のもとで、子どもが必要とするケアと遊びを保障し、あらゆる発達の基礎となる学びや人格形成を育まなければならない。保育施設は、人間の尊厳や自然への畏敬の念、知的自由、慈善、寛容、平等、そして連帯といった、キリスト教、これまで人類が築き上げてきた遺産や伝統にある価値観に基づいていなければならない。これらの価値観は異なる宗教や信仰にもみられるだけでなく、人権に深く根ざしたものである。
子どもたちは、自らが、創造性、物事に対して不思議に思う感覚や探求心を育んでいかなければならない。また、自分自身や他の人や自然を大切にすることを学び、基本的な知識とスキルを身につけなければならない。そして、子どもたちは自らの年齢と能力に応じて社会参加する権利がある。
保育施設は、子どもたちに対して信頼と敬意をもってかかわり、乳幼児期の本質的な価値を認識する必要がある。子どもが幸せで、楽しく遊び学ぶことの喜びを享受し、社会生活や友情を育む難しさや安心感を与える場所でなければならない。そして、保育施設は、民主主義と平等を尊び、あらゆる差別に立ち向かう場所でなければならない。

出典：https://lovdata.no/dokument/NLE/lov/2005-06-17-64を筆者が翻訳。

2 保育制度転換における文化・社会的背景

EU諸国が乳幼児教育を国家政策の1つと位置づけるようになったのは1990年代であるが（Urban, 2009）、北欧諸国においては乳幼児教育を「北欧福祉モデル」として促進させるプロジェクトを1970年代からスタートさせていた（Sipilä 1997）。以降、女性の社会進出のためには、安心して子どもを預けられる質の高い保育を提供する必要があり、労働市場と家庭生活を保障する政策の結び目として保育政策が重視されていった（Karila 2012）。また、国家が福祉制度の社会民主主義化（Esping-Andersen 1990）を推し進める北欧諸国では、公立保育施設の設置が進み、現行の保育施設の骨組みとなる国家主体の保育制度が形作られていくことになるが、この間、男女共に復職を念頭に置いた育児休業制度の普及もあわせて進められたことから、公立だけではなく私立保育施設の設置へと保育施設の拡張が図られていく（Korsvold 2011）。

こうした労働・福祉の充実を背景とする北欧諸国の保育政策の流れはノルウェーにおいても浸透し、1975年の保育所法（Day Care Institution Act）において、保育施設は希望する保護者すべてのために存在することが明記され、国の政策として保育制度が整備されていくことになる。

2-1 1970年代から2000年代に起こった労働政策の一環としての保育制度改革

ノルウェーの保育政策は、1975年の保育所法（Day Care Institution Act）で国家方針として整備されていくものの、所謂、「全入（すべての希望する保護者が子どもを保育施設に預ける）」が可能になるのはそれから30年以上先のことになる（Ellingsæter 2012）。保育所法（Day Care Institution Act）は、国家主導で行われてきた保育政策を地方自治体にその主導権を委譲するものであり、保育施設の種類や設置数を決定する裁量権が与えられていた。こうして、地方自治体を通して全国に保育政策を拡充させていく試みは、法令や義務で縛り付けるものではなく、多額の補助金によって実施され、各自治体の実情に合わせた保育政策が展開されることが期待されていた（Bratton & Ray 2002）。

1980年代に入り、左派政党が「長時間保育が可能な保育施設の整備拡大」を訴える一方で、右派政党では「長時間保育による子どもの発達への弊害」を訴える議論が展開された（Vollset 2011）。1990年代では、「子どもたちにより多くの時間を」と「保護者の選択」という政策論争が起こり、保護者の保育への需要が見過ごされていった時代であった（Ellingsæter 2003）。1990年代で特筆すべき子育て政策としては、1年間の育児休業（1993年）と公立保育施設に入所できなかった1、2歳児への現金支給（1998年）があげられる。右派政党が支持したこの現金支給は私立保育施設への保育料として使用された。保護者をケアすることで子どもたちの最善がもたらされると仮定するなら、現金支給によって保護者の負担を軽減し、質の高い保育を子どもたちに受けさせる選択肢を保護者に与えることが有益であると考えられたうえでの対策であった。また、どの家庭にも等しく保育料が配分される点から考えれば、私立保育施設にも公立同等の補助金が支給されるべきであるという意見もこの対策には含まれている。これによって、さらに保育政策に対する意識が広がり（Ellingsæter & Gulbrandsen 2007）、2000年代は保育施設の需要に大きな変革をもたらすことになる。

まず、2002年の保育施設同意案を引き継ぐ形で、2003年に全党合意による保育折衷案（Childcare Compromise）が採択された。これは、保育はあくまでも各家庭の私的な問題であり、公的資金で賄うものではないと主張する政党の合意をも得られた法案であり、当時のノルウェーがいかに保育政策に関して国全体で取り組んでいたかが伺える事例といえる。保育折衷案は、保育施設への予算と管理に関する法案であり、主たる目的は保育施設の拡充と保護者の負担軽減にあった。その対応策は、政府の資源を投入し、地方自治体に保育施設運営の権限を譲渡するというものであり、具体的手法として保育施設運営費の約8割を公的資金によって賄うことが示された。同時に、保護者の保育料の上限がスウェーデンモデルを参考に導入された。また、保育施設運営に関する法的義務は地方自治体が負うことになり、公私問わず保育施設への平等な公的助成の原則についても明記された。さらに、「全入」を達成できた場合は、地方自治体に特別財源として交付された助成金を一般財源へと変更することや保育施設の法的権利について等が記載された（Ellingsæter 2012）。

近代における福祉国家の代表格とされる北欧諸国において、保育施設の位置づけが明確になされるのは1970年代に入ってからであり、その背景に女性の社会進出と就労環境への支援があったことは5か国に共通するものである（Karila 2012）。この段階では、保育施設とは子どもの権利や興味を保障する場所というよりもむしろ男女平等を勝ち取る象徴のような意味合いが強く（Korsvold 2011）、この概念は今も北欧諸国における乳幼児教育の根幹に息づいている（Kampmann 2004）。

2-2　子どものための普遍的制度としての保育政策改革（質の向上と保育内容・理念の葛藤）

近年のノルウェー乳幼児教育は、他の北欧諸国同様に社会教育学的アプローチ◆2の流れを汲んだものとなっている。幼児期は独自の価値をもつライフステージであり、この時期におけるケア、遊びや学びは相互に関連しあって子どもの育ちを支えると捉えられている（NOU 2010）が、この包括的に人の育ちを捉えるアプローチは、保育制度にも色濃く表れている。例えば、3歳以上の保育を幼稚園、3歳未満を保育施設で保育すると区別するのではなく、就学前のすべての子どもを保育の対象として保育施設を設置するのはこの考え方によるものとされている（Ellingsæter 2012）。

子どもの最善の利益が乳幼児教育の目的であることは、上記のように保育政策を法令化することで明文化されてきた経緯がある。他方、明確な規定がないままになっていた女性の就労と保育の長時間利用については、「子どものための施設であることに加えて、保護者の就労時や勉学時においてケアや安全を保障する場であり、ノルウェー保育の伝統に則って、教育とケアが施されている」（Ministry of Children and Equality 2003）とあり、就労のための施設であるとの認識は共有されている。近年の幼児教育に対するこうした社会投資の側面は、ノルウェーにおいても顕著であり、生涯教育の一環として、また、生産性の高い未来の市民への投資の側面から言葉とコミュニケーション能力を培うことがノルウェー保育施設の目的の1つとしてあげられるようになった（Ministry of Children and Equality 2003）。その影響を受け、2006年、保育施設の管轄が子ども平等省（Ministry of Children and Equality）から教育研究省（Ministry of Education and Research）へと移管された。これに伴い、遊びや社会性の発達を助長する側面が弱まり、認知発達を促すことが強調されるようになった（NOU 2010）。「全入」を達成するために量の拡充が行われる一方で、保育の質をどのように保障していくのかも重要な政策課題となり、2000年代は膨大な量の政府資料や専門家会議の報告書が提出されている（e.g. Ministry of Education 2009; Ministry of Children and Family Affairs 1999; NOU 2010, 2012）。特に、保育の機会を平等に提供することと社会における不平等を是正する観点（特に、移民の子どもたちへの保障）から、高い質の保育を保障することは重要政策の1つとなっていった（NOU 2009, 2010, 2012）。

3 保育制度（組織・所管・財政・法的規制）

3-1　政府および各市町村における役割分担

ノルウェーの保育政策は、1975年の保育施設法（Day Care Institution Act）までは中央政府主導で実施されてきたが、2003年の保育折衷案にて市町村および各州政府へとその責任主体が委譲されることが示された。2005年に施行された現行の保育施設法（Kindergarten Act）においても（図6-1）、第3条8項（市町村の責任）の第一文に「保育施設は市町村の管轄下に置かれる」と記されているように、保育施設が法令や規程に則って運営されるように支援し、その確認を行うのは市町村の責任となっている。また、同第4条12項（市町村における入所の手続き）では、その市町村に住む就学前の子どもたちが保育施設に入れるように整備することも市町村の義務として課されている。それと連動するように、12a項（保育施設に入所する権利）では、1歳を迎える子どもたち全員に保育施設で保育を受ける権利を保障している。その他、市町村は先住民族であるサミ族にも全く同様の保育を受ける権利と保育施設を提供する保障の責務を負うことが明記されており、市町村によってはサミ族の文化や言語を主体とした保育施設を設置する義務が課せられている（Ministry of Education and Research 2018）。

上記、保育施設をすべての希望者に保障する責務に加え、市町村の重要な役割として現金給付の管理があげられる。市町村は、現金給付法（the Cash Benefit Act）に則って現金給付の計算や管理を行い、国民保険局（the National

Insurance Administration）と連動して使用できるように登録管理制度を立ち上げなければならず、この管理簿は、国民保険庁の現金給付受給者の登録簿と照合することができる。教育研究省は、管理簿の保管、管理簿に含まれる情報、その取り扱いについての補足条項を含む規則を定め、市町村はこれら条項に則って管理簿が運用されているかどうかを監督確認する責務があり、特に必要と認められた場合には保育施設への立ち入りや関係書類へのアクセス権を有する。これらは、政府補助金が同等に支給される私立認可保育施設においても同様に行われる必要があり、市町村は保育施設法第4条14項に従って規定通りに補助金を使用しなければならず、勝手に補助金の減額をすることは認められていない（Ministry of Education and Research 2018）。

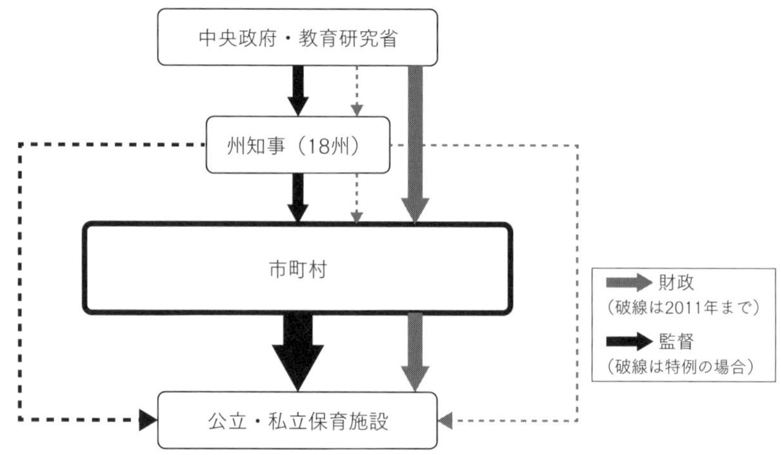

図6-1　ノルウェー保育行政関係図（財政・監督）

出典：Kindergarten Act（2019）OECD Thematic Review of Early Childhood Education and Care Policy in Norway（OECD 2015）を参考に筆者が作成。

「全入」に向けた保育施設の充足が念頭にあった2000年代、特別財源として予算化された助成金は、各保育施設の子どもの数、年齢、保育施設の種別に基づいて、政府から州知事を通して保育施設もしくは市町村に交付されていた。政府は「全入」が確認された2011年1月をもって、特別財源として交付していた助成金を市町村の一般財源として交付することとした（OECD 2014）。

市町村が保育施設法を遵守して（第3条8項、第4条、第5条、および第5条a）

保育施設の管理義務を遂行しているかどうかの確認は、地方行政法（the Local Government Act）第30条に則って、各州知事が責任を負うことが保育施設法第3条9項（政府の監督）には記載されている。また、特例として、州知事は個別に私立保育施設を監督することが認められており、そこで法令違反が認められた場合には、当該施設の施設長に直ちに改善勧告をすることができる。なお、期限までに法令内容が遵守できない場合、もしくは、改善が認められない場合は、州知事は一時的、または永久的に施設の閉鎖を命じることができる。加えて、私立保育施設において保育施設法第4条14a項（私立保育施設における公的補助金と保護者からの保育料の使途に関する規則）の違反が明らかとなった場合、州知事は同16項に基づいて財政制裁を適用することがある。この裁定に不服がある場合、私立保育施設は教育訓練局（the Directorate for Education and Training）に申し立てをすることができることも同法には記載されている。州知事も市町村同様に、その監督責務を果たすために必要と認められた場合において、保育施設への立ち入りや関係書類へのアクセス権を有する（Ministry of Education and Research 2018）。

州知事は、保育施設法第3条9項（政府の監督）に基づき、上記にあげた市町村や各保育施設に対する監督だけでなく、市町村や各保育施設が保育施設法に則って運営ができるように助言や指導を行う義務も負っている（Ministry of Education and Research 2018）。

3-2 Barnehager（幼保一体型保育施設）の種類と概要

ノルウェーには、大別して3つの保育施設がある（表6-2）。1つは保育施設全体の約98.6%◆3を占める（Ordinary）Barnehager（センター型保育施設）と呼ばれるもので、所謂センター型の保育施設を指す。2つ目は全体の約1.4%を占めるFamiliebarnehage（家庭保育施設）と呼ばれるもので、一般家庭を利用して開設される保育施設である。3つ目が、保護者が自由に子どもと一緒に保育に参加することができるÅpen barnehage（オープン保育施設）と呼ばれる保育施設である。それぞれの概要と職員配置については表6-2に示した通りである。保育施設法は、この3つの保育施設（Barnehager）すべてに適用される。

上記3種類の保育施設の運営主体は、公立（市町村立）、私立、政府主導に分別されており、その割合は2020年2月現在で公立が46%で私立が54%◆4

表6-2　ノルウェーの保育施設の名称と概要

名称	概要	職員◆5配置
(Ordinary) Barnehager/ Kindergarten/ 幼保一体型保育施設	Barnehagerはドイツ語のKindergartenを直訳したものであり、ノルウェー幼保一体型保育施設法（the Kindergarten Act）の規定に基づく乳幼児教育施設（ECEC）の一施設を指す。 通常0～5歳の就学前の子どもたちを保育する。ノルウェーで保育施設に通う子どもたちの約98％がこのタイプのBarnehagerに通っていることから、教育的・行政的意味合いでは、Barnehagerがリーダーシップ的役割を担っている。	・Barnehagerには、以下にあげる保育専門職を置くことが義務づけられている。 －styrer/head teacher/園長 －pedagogiske ledere/pedagogical leaders/ペダゴジカルリーダー －Barnehager/Teacher/保育者 －(アシスタントを置くことは義務ではない) ・乳幼児：保育者比率は、3歳児以下で3対1。3歳以上で6対1。 ・保育者はノルウェー語もしくはサミ語が堪能であること（保育施設法第5条18a項）。ノルウェー語・サミ語を母語としない場合は、語学能力試験の合格要件が必要。
Familiebarnehage/ Family Kindergarten/ 家庭保育施設	家庭保育施設は、保育施設法第4条11項において、通常3歳以下の子どもを家庭的な保育環境の下で保育を提供する就学前保育施設と位置づけられている。家庭保育施設では就学前の子どもを5名まで預かることが可能である アシスタント資格の保育者が開設している場合が多いが、Barnehager資格を有している保育者の監督と指導が開設の必須条件となっている。また、同項では、認可を受けた家庭保育施設では子どもたちの活動内容が組織化され、個人宅が保育施設として機能するように整備されていることが記載されている。	家庭保育施設の保育者はBarnehagerの資格を必要としないが、開設にあたっては、毎週、Barnehagerの資格をもった保育者の指導を受けることが条件となっている。家庭保育施設を担当するBarnehagerは、通常1人で複数の家庭保育施設を受け持ち支援にあたっている。
Åpen barnehage/ Open Kindergarten/ オープン保育施設	オープン保育施設は、保護者が保育施設の開所時間内であればいつでも自由に子どもを連れて保育を受けられる保育施設でありBarnehager資格を有する保育者によって運営される。 保護者は子どもを預けることはできず、子どもと一緒に保育施設で過ごしたり、保育に参加したりする。 市町村にオープン保育施設を提供する義務はないが、開設した場合はその保育内容は保育施設法に則った内容でなければならない。また、通常、保育料は無料である。保育者や他の保護者や子どもたちとの出会いの場と捉えられている。大都市圏に住む移民の家族や育児休業中の家庭が主たる利用者である。	Barnehager資格を有する保育者によって開設、運営される。

出典：Kindergarten Act（2019）OECD Thematic Review of Early Childhood Education and Care Policy in Norway（OECD 2015）https://eacea.ec.europa.eu/national-policies/eurydice/norway/early-childhood-education-and-care_en を参考に筆者が作成。

*子どもの年齢は、すべての保育施設において就学前（1歳から5歳）が原則。

となっている。

通常、保育施設は年齢別のクラス編成（1歳から3歳までと3歳から5歳まで）を敷く一体型施設として伝統的に組織されてきたが、ここ近年、年齢だけでなく、グループサイズの大小を取り混ぜた多様なクラス編成が見られるようになってきている。保育は1人のペダゴジカルリーダー（もしくは、保育者）と2人のアシスタントのチームで行うが、この他にも保育施設の実情に応じてさまざまなチーム編成で保育することがある。

家庭保育施設は、保育施設法においては、通常の保育施設と同様に保育施設として列挙されているが、法令内に家庭保育施設に関する記載は少ない。家庭保育施設の質は設置基準によって保証されていると同時に、教育的事業として家庭保育施設をサポートする組織によって支えられている。基準では、家庭的保育施設は複数の家庭によって構成されること、住居でない施設は認可されないこと、そして、保育者などによる監督やメンタリングは週に一度行われることが定められている。家庭保育施設の97％は私立施設であった（OECD 2015）。センター型の保育施設の増加に伴い、家庭保育施設の利用者は減少傾向にあり、2000年では5.5％あった利用率が、2013年には2％になっている。

一般家庭で提供される家庭保育施設の基準は、通常の保育施設とは以下の点で違っている。

・1人のアシスタントが一度に保育できるのは、最大5名までの3歳以上児である。
・保育が提供される家庭が適切（例：広さ）であり、設置基準を満たしている場合は、もう一グループ（3歳以上最大5名）を追加で保育することが可能。つまり、1つの家庭保育施設で2人のアシスタントと3歳以上10名までの保育を提供することができる。
・子どもたちの多数が3歳以下の場合は、定員数が少なくなければならない。
・家庭保育施設を監督・助言する保育者は、30名以上の子どもたちの責任を負ってはならない。

3-3　保育施設の数、園児数の推移

保育需要の高まりとともに保育施設数の数が上昇し始めるのが1980年代

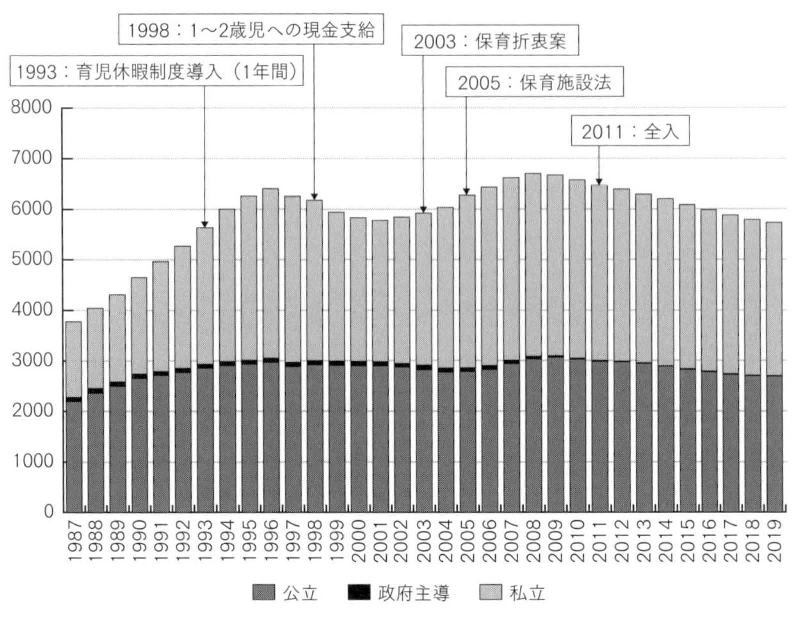

図6-2　保育施設数の推移

出典：https://www.ssb.no/のデータをもとに著者が作成。

後半からである（図6-2）。公立保育施設の数自体は1993年以降ほとんど変化を見せておらず、ノルウェー全土における保育施設増減は私立保育施設の増減に連動していることが読み取れる。

保育施設の総数は2008年の6705園を最大に以降減少しており、2011年に全入が確認された以降は公立私立共に減少の方向に向かっている。2019年現在の総数は、公立2689園（3028）、政府主導12園（54）、私立3029園（3623）となっている（カッコ内は2008年の実数）。

社会背景を受けて保育施設数が推移するように保育を受ける園児数も変動している（図6-3）。この30年間、0～5歳児の人口は35万人前後を推移しており、2007年以降は保育に通う子どもの数と同調する傾向にある。1980年代以降、さまざまな保育政策を実施してきたノルウェー保育がある一定の落ち着きを見せているといえる。このことは、図6-4に示した就園率にも表れている。2000年と2008年との就園率には1歳児で48ポイント、5歳児で15ポイントの開きがあり、この間に子どもたちの就園率が上昇している。一方

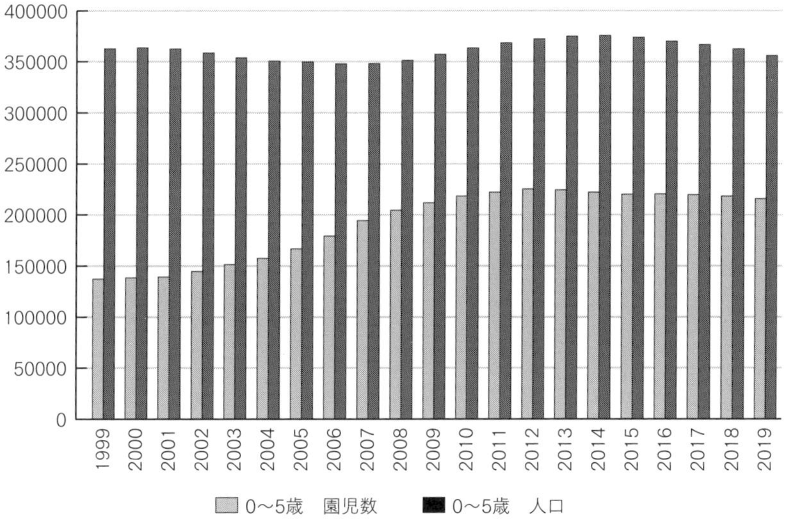

図6-3　0～5歳児の人口と保育施設に通う園児数（総数）

出典：https://www.ssb.no/のデータをもとに著者が作成。

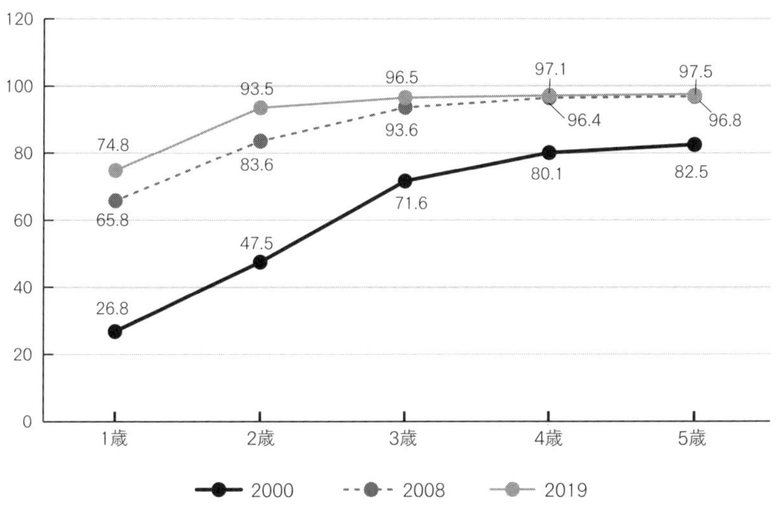

図6-4　年齢別にみる就園率

出典：https://www.ssb.no/のデータをもとに著者が作成。

で、2008年と2019年では、それほど大きな開きはなく（特に3～5歳）、子どもたちの保育を受ける権利を保障するために打ち出したさまざまな保育政策が根づいたことを示している。

子どもの人口就園率が落ち着きを見せる一方で保育施設が減少しているのは、保育施設の大規模化が進んでいるためである（OECD 2015）。例えば、2002年には1つの保育施設の園児数が35名（中央値）であったのが、2012年には47名（中央値）に増え、また、2007年と2013年の比較調査では、25名以下の施設は10％減り、中規模（26～75定員）の施設も4％減少する一方で、76名以上の保育施設は6％上昇している（OECD 2015）。

就園率の変動が見られなくなるなか、着目すべきは長時間保育を受ける子どもたちが増加していることである。保育施設で子どもが保育を受ける時間は、週あたり41時間以上が大多数を占めている（図6-5）。あわせて、図6-6では保育時間の長時間化がいつ頃から顕著に見え出したのかを示した。1999年と比較してみると、この20年間の間に約2.5倍に増えているが、この間、就労率は約7割のまま推移しており、就労率と保育時間の長期化には関係性

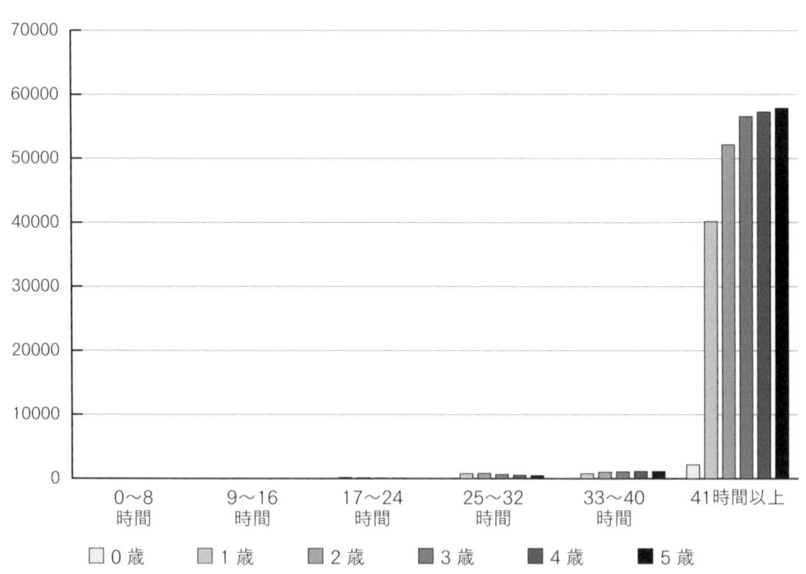

図6-5　保育時間（週）別にみる園児数（2019年）

出典：https://www.ssb.no/のデータをもとに著者が作成。

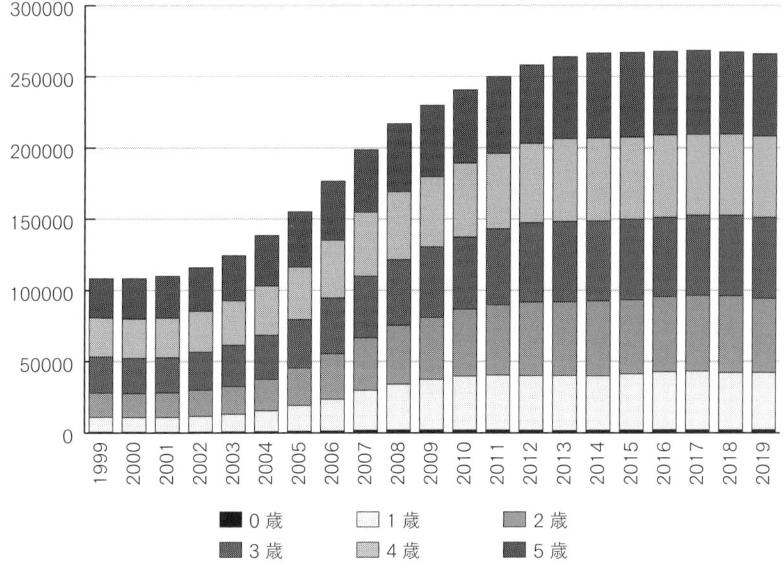

図6-6　週41時間以上保育を受ける園児数の推移

出典：https://www.ssb.no/のデータをもとに著者が作成。

表6-3　保育施設における設置基準（保育室および園庭の面積）

	3歳以上	3歳未満
保育室	4㎡/人	3歳以上の約3分の1
園　庭	保育室の約6倍以上	保育室の約6倍以上

出典：OECD Thematic Review of Early Childhood Education and Care Policy in Norway（OECD2015）をもとに著者が作成。

はみられない（https://tradingeconomics.com/norway/labor-force-participation-rate）。

保育室および園庭の法定基準は、表6-3に示すとおりである。なお、この法定基準は、1999年に保育施設法で設定されて以来、改正はなされていない（OECD 2015）。

3-4　保育者の免許資格・養成研修制度

この節では、保育施設従事者の職種をもとにその免許資格要件や養成研修制度を概観する。ノルウェーでは保育施設に従事する職種として、保育者、ペダゴジカルリーダー、園長・施設長、チャイルドマインダー◆6、そしてアシスタントがあげられている（OECD 2015）。その資格要件について示したのが表6-4である。また、ノルウェー全土での職種の割合を図6-7に示した。保育施設に務める保育従事者は、アシスタントの割合が最も高く、次いで保育者（ペダゴジカルリーダー含む）となっている。また、園長・施設長、保育者（ペダゴジカルリーダー含む）、およびアシスタントの教育歴の割合を示したものを、図6-8、図6-9に示した。

保育者とは、保育施設で働く有資格者を総称する職名であり、日本のクラス担任、学年担任、主任といった位置づけにあたる保育者はペダゴジカルリーダーと呼ばれる。園長・施設長も保育者資格を有していなければならず、通常は、ペダゴジカルリーダーを経験したのち、運営や組織について学んだ保育者が園長・施設長となっている。保育施設で保育専門職として従事するこれらの職種に加えて、アシスタントが、保育者やペダゴジカルリーダーと一緒に保育を行っている。上記で述べたように、通常の保育施設では保育者（もしくはペダゴジカルリーダー）1名とアシスタント2名がチームとなって保育を行うことが多いが、子どもたちや地域の実情に合わせてバイリンガル専門のペダゴーグやアシスタントが入る等、近年は多様なチーム保育が展開されている。

また、2017年に改訂されたフレームワークプラン（「4　カリキュラム」の項参照）では、保育施設を所有、運営する者、施設長（園長）、そしてペダゴジカルリーダーに課せられる役割と責任が明記されている。所有者・運営者には、保育施設が法に遵守して運営されているかにおいてすべての責任を負い、また、施設長（園長）を含む保育者の専門性を判断できる能力を有することが期待されている。施設長（園長）は日々の保育内容、保育者や保育業務の管理に関わる責任を負っている。保育者全員が保育施設法やフレームワークプランを理解し、これらに則った保育内容が実践されていることを管理監督すること、所有者・運営者と保育者との間を取り持つこと、保育計画や評価、労働環境等について常に確認し、スタッフ全員が参加していることを確認することなどが役割としてあげられている。ペダゴジカルリーダーは、その専門性に基づき保育施設における教育内容を実践し、他のスタッフが保育施設法やフレームワークプランに則った保育を提供しているかどうかを監督する

表6-4　保育施設従事者の職種一覧

職種	資格要件	備考
Barnehagelærer/ Kindergarten teacher/ 保育者	大学もしくはユニヴァーシティーカレッジ◆7で保育学の学士（もしくはそれに相当するレベル）教育を受けた者、もしくは、子どもとかかわったことがあり教育に携わる資格を有する大学教育の修了者（ISCED 6）。 保育施設法第5条18a項にあるように、保育者はノルウェー語もしくはサミ語が堪能であること。	この保育者という職位は恒久的な地位が保障されておらず、保育者として終身務めるにはペダゴジカルリーダーもしくは園長でなければならない（NOKUT◆8 2020）。
Pedagogisk leder/ Pedagogical leader/ ペダゴジカルリーダー	ペダゴジカルリーダーは、保育を専門として学び（学士もしくはそれ以上のレベルで）、保育者の資格を有すること。 教育学ではない学士を有する者は、3年間の保育学を修めることで同等の資格を有することとする（ISCED 6）。 他の教育領域で3年間の学士を有する者で保育施設での指導歴がある者は、保育者と同等の資格があるとみなされる。保育施設の一定のグループ（子どもたち）に対して責任を負う。	保育者資格をもつ保育者で、保育施設にいる子どもたち（集団）の保育に責任を負う立場の者を指す。 ペダゴジカルリーダーは、他の保育スタッフ（アシスタント・保育補助）、時には別のペダゴジカルリーダーと共に子どもたちの保育にあたる。
Styrer/Head teacher・Manager/ 園長・施設長	保育施設の保育者としての資格免許を有する者（例：大学で3年間の学士号を有する者）もしくは、子どもにかかわる資格と教育的専門知識を付与する他の領域での学士号を有する者で、加えて保育を修学した者（ISCED 6）。 教育学および保育施設運営のリーダーシップを有する者（保育施設法第5条17項）。	保育施設の運営、日々の保育への責任を負い、園のすべてを取り仕切る役割を担う。
Assistant/Assistant/ アシスタント	保育施設法では、アシスタントの資格要件についての記載はない。 アシスタントは、高校教育の4年間で保育や青年期に関わる専門的な職業訓練◆9を受けていることが望ましいが（ISCED 3；2年間の理論と2年間の実習）、アシスタントとなるためにこの修了証明書を有している必要はなく、実際、アシスタント全体の約25％のみがこの資格を有している。	OECD（2015）によると、保育施設で保育に従事する職員の42％が学士（準学士）資格をもつ保育者で、その他職員には保育者と一緒に子どもたちにかかわるフルタイムで働くアシスタントが含まれる。

出典：OECD Thematic Review of Early Childhood Education and Care Policy in Norway（OECD 2015）Kindergarten Act（2019）を参考に筆者が作成。

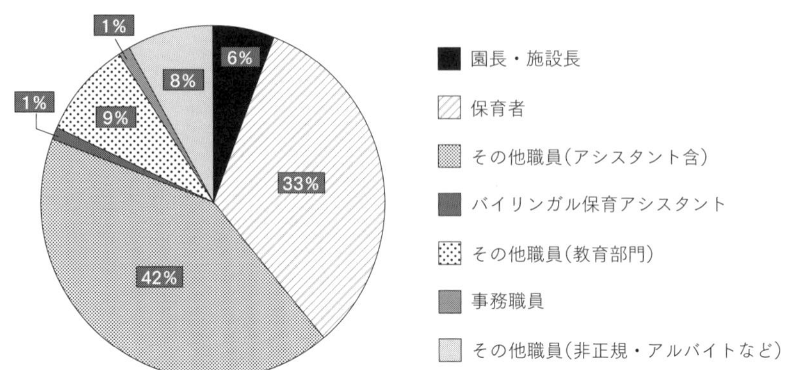

図6-7　職位別に見た保育施設勤務者の割合（2019年）

出典：https://www.ssb.no/ のデータをもとに著者が作成。

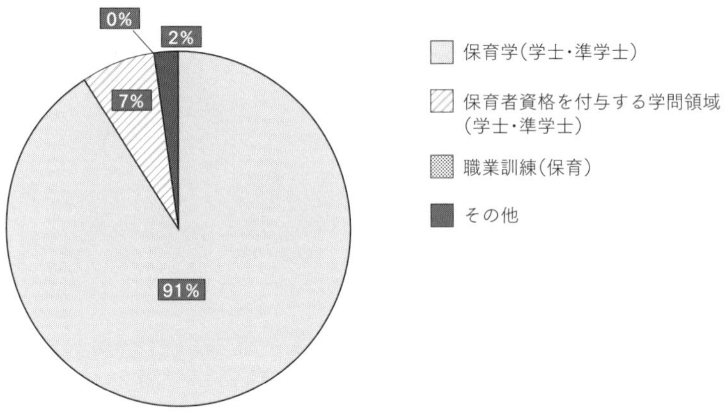

図6-8　園長・施設長の教育歴の割合（2019年）

出典：https://www.ssb.no/ のデータをもとに著者が作成。

役割を担っている。

ノルウェー政府の公式報告書NOU 2012：1 Til barnas beste（「子どもたちのために」）には、保育施設職員の50%は保育・教育学を修めた者（例：保育者、ペダゴジカルリーダー）でなければならず、25%（例：アシスタント）は16歳以降に受けた2年間の実習証明書を有していなければならないとしている。そして、残りの25%は全く保育の専門性をもっていなくてもよいとされている。

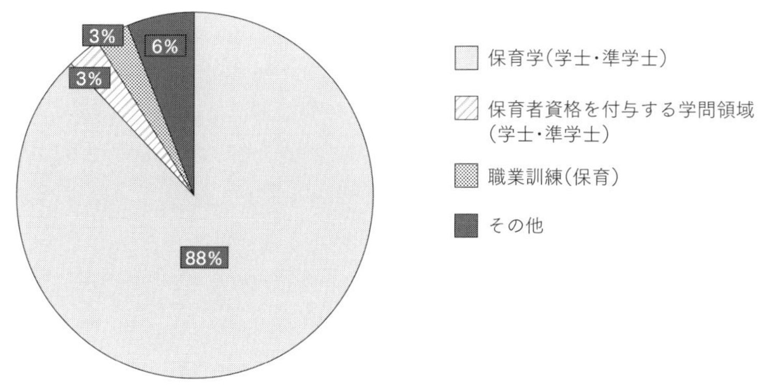

図6-9　保育者の教育歴の割合（2019年）

出典：https://www.ssb.no/のデータをもとに著者が作成。

職員配置に関しては、対スタッフ（アシスタントやケアワーカー等、無保育資格者を含む）と対保育者の二重構造になっている。保育施設法では、各保育施設における職員配置は、スタッフ1人に3歳未満は3名、3歳以上で6名を配置することとなっている。保育者1人当たりの基準についての明記はなされていないが、3歳未満は7名に1人、3歳以上は14名に1人の割合で教育内容を担当する保育者資格を有した保育者を配置することが各市町村に通達されている（personal contact with Mogstad-Slinde 2020）。例えば、3歳以上一クラス14名の場合、保育施設法によるスタッフ配置では3名が必要であり、うち1名はクラス担任ができる有資格者でなければならない。結果、14名／3名＝4.6名で基準の6名を下回り、手厚い職員配置で保育を提供することができる。この二重構造の背景には、保育における教育的要素を保障すること、保育者の資格要件を向上する移行期であること、保育運営を効率よく、かつ地域の実情に応じた弾力的な職員配置を可能にすることが考慮されている（personal contact with Mogstad-Slinde 2020）。

ただし、自治体や保育施設によっては、諸事情によって有資格の保育者を採用できない場合もある。その場合、園長・施設長は市町村に1年間の特例の免除措置を3年間に限り申請することが可能である。3年たっても事情が改善されない場合は、この免除措置は恒久的なものとして認められるが、このことは同時に園長・施設長や保育にあたる保育者が保育の専門性をもたないまま保育を提供することを意味し、2013年ではその割合が全体の10.9%を占めていた。実際、この年の保育施設全体で約4400名の有資格保育者を必要とするなか、保育者養成大学で保育学を修めて卒業した保育者は2059名であり、無資格者による保育を提供しなければならない保育施設はある一定数あったと考えられる。法令化により資格要件を明確にし、保育の質の向上を図ると同時にそれを保障するための保育者養成制度を拡張したが、離職率も勘案すれば、数的にその溝が埋まるまでのタイムラグが生じており、その状況を緩和させるために考案された1つが職員配置の二重構造による弾力化といえる。

4 カリキュラム

保育施設法の第1章第2条に「保育施設は教育施設でなければならない。保育施設は子どもたちに遊び、自己表現、有意義な体験と活動の機会を提供しなければならない」とあるように、各保育施設は、保育施設における子どもたちの育ちを保障する必要があり、そのために「教育研究省は、保育施設で提供される保育内容と業務に関する詳細なガイドライン（『Framework Plan for Kindergarten：フレームワークプラン』）制定の法令を策定しなければならない（同条）」とある。各保育施設の所有者は、各自の状況に応じてこのフレームワークプランを活用し、「このフレーワークプランに基づいて、教育活動の年間計画を立てなければならない（同上）」となっている。

教育施設である保育施設における教育活動に関するガイドラインを示した『Framework Plan for Kindergarten：フレームワークプラン』は、1996年に初めて策定され、2006年の改訂を受けて、2017年に現行のものとなっている。このフレームワークプランは、保育施設の理念、保育内容、保育施設に課せられる義務等が記載されており、カリキュラムガイドラインとしての位置づけも有している。また、小学校教育のカリキュラムとの接続を考慮して策定されていることからも保育施設における教育的意義を記したものと捉えられる。以下、9章からなる章立て（表6-5）のなかで、カリキュラムの背景となる（1）、カリキュラム内容が記載された（9）、そして教育機関としての保育

表6-5　フレームワークプラン概要

（1）中核を占める価値観 （2）役割と責任 （3）目的と内容 （4）子どもの参加 （5）家庭と保育施設との連携 （6）家庭・保育施設内・および小学校教育との連携 （7）教育機関としての保育施設 （8）指導方法 （9）学びの7領域

出典：Framework Plan for Kindergarten（2019）を筆者が翻訳。

評価の捉え方（7）について概観する。

フレームワークプラン（1）中核を占める価値観

保育施設における教育実践のあらゆる場面において共有され、実践されるものと位置づけられる保育の中核を占める理念は、保育施設法の第1条に記載されている。その理念を具現化するにあたって共有すべき価値観として、子どもそのものに本質的価値があることに基づき保育施設は子どもの発達を総合的に促す場であること、子どもに必要なケアや遊びを保育施設で充実させるために家庭との連携を図ること、子どものすべての発達の素地となる学びと段階的な発達を助長すること、そしてこれら遊び、ケア、学び、形成的な発達が子どもの日々の生活の文脈のなかで見られることがあげられている。

フレームワークプランのなかでは、子どもと子ども時代を尊重すること、民主的感覚を育むこと、多様性を重視し他者への敬意を払うこと、平等と公平の精神性を培うこと、自分自身や他者および自然に対するいたわりの気持ちで持続可能な発達を助長すること、心身の健康を助長することがあげられており、すべての保育施設は人権法の観点からこの価値観を支持し運営をしていく義務があるとしている。

フレームワークプラン（9）学びの7領域

上記の価値観に則り、子どもたちの幸福、あらゆる発達の側面と健康を助長する幼児期にふさわしい内容が学びの7領域としてあげられている（表6-6）。また、子どもたち自らが進んで参加するためには、これらの領域が子どもたちにとって意味のあるものであり、かつ、楽しいものであることが重要であるとしている。あわせて、興味関心を揺さぶられる内容を通して、さまざまな考え方や意見を分かち合う学びの共同体が生まれることが期待されている。子どもたちは、好奇心、探求心、想像力を駆使してすべての学びの領域を通して多様な知識やスキルを獲得していくものであり、保育施設はそのために教材や施設、テクノロジーやデジタル機器、ゲーム、本や音楽など、多様な環境を整えることが求められている。さらに、これらの学びの領域は小学校教育の学習内容と同調して作成されている。

表6-6　フレームワークプラン（9）学びの7領域とその内容（抜粋）

領域	子どもの姿（抜粋）	指導上の留意点（抜粋）
コミュニケーション・言葉	・思いや考えを表現する。 ・言語を用いて関係性を培う。 ・概念理解を促進しボキャブラリーを駆使する等。	・多様な言語環境を準備し、言葉を用いてのコミュニケーションを楽しめるように配慮する等。
からだ、動き、食、健康	・一年中、さまざまな環境下で体を動かすことにより満ち足りた、楽しく達成感のある経験を培う。 ・自らのことを理解し、からだのことや身の回りのこと、食について知る等。	・子どもたちが積極的に身体を使って遊ぶように、積極的に参加し、支援し、挑戦し、子どもたちの成果を認める。 ・子どもたちが食べ物、衛生、活動、休息についての良い習慣、態度、知識を身に付けることを支援する等。
アート、文化、創造性	・もの、空間、教材に触れることで楽しさや美しさを表現する。 ・想像力、創造的思考、熱い思いを表現する等。	・子どもたちの美的・文化的表現や多様な表現について話し合う。 ・子どもたちの美的・文化体験が豊かになるような環境を構成する等。
自然、環境、テクノロジー	・多様性のなかで自然を経験し探求する。 ・年間を通して外遊びに興じる。 ・自然現象と物理法則に触れ、探求し、実験する等。	・さまざまな戸外体験を提供し、自然を遊び、不思議、探索、学びの舞台として活用する。 ・子どもたちが疑問に感じ、自らの言葉で振り返り説明し、学んだことや経験したことを他者に伝える時間と機会を与える等。
数、空間、形	・数学的関係を発見して不思議に思う。 ・初歩的な数学的概念の理解を深める。 ・数字、数量、数えることに興じたり試してみたり、これらをさまざまな方法で表現してみる等。	・数学用語を慎重かつ積極的に保育のなかで使用する。 ・本、ゲーム、音楽、デジタル機器、自然素材、おもちゃ、道具等を用いて、子どもたちの数学的思考を刺激する等。

倫理、宗教、哲学	・キリスト教やヒューマニストの基本的な価値について学び、保育のなかで触れる宗教や世界観に慣れ親しむ。 ・実存的、倫理的、哲学的な疑問を探求し、疑問に思う等。	・子どもたち自身が、宗教、世界観、倫理および実存的質問に対して自らが発見し、話し合い、経験し、考えるための環境を提供する。 ・実存的、倫理的、哲学的な疑問を子どもと一緒に探求し、疑問に思う等。
地域の人々、社会	・自分の生活に影響を与えることを奨励され、社会に参加する自信を養う。 ・誰もが挑戦することや平等な参加機会を与えられていることを知る等。	・自分の選択と行動が自分自身と他人の両方にどのように影響するかが理解できるようにする。 ・帰属意識の形成を促し、子どもたちが安全に行動できるように、地域の人々、場所、施設と子どもたちをつなぐ等。

出典：Framework Plan for Kindergarten（2019）を筆者が翻訳。

フレームワークプラン（7）教育機関としての保育施設：保育実践に対する評価

フレームワークプランに描かれている評価とは、保育施設で定期的に行われる保育実践に対する評価を意味している。保育計画が保育施設法およびフレームワークプランに基づいて計画されたものであり、その計画に基づく保育実践であったかどうかを確認、分析することが重要であり、それらは、保育に関わるスタッフ全員の振り返りを基軸に行われる。この評価をもとにその後の計画と実践の起点をスタッフ全員が共有することになる。また、内容によっては全体で協議を要することもある。具体的に生じた専門的、倫理的課題は、評価過程において話し合うことになっている。実践から学び合いながら、保育施設全体の教育的意義を向上させていくことが評価の目的といえる。一方で、計画に則った実践を振り返る際に子どもの育ちに関する知識は必須であり、評価対象となる保育実践のなかで子どもたちがどのような育ちを見せているのかは評価の際の重要な資料の一部とみなされている。そのため、保育施設法およびフレームワークプランに則っているかどうかを示す計画、評価、実践の記録などは保管され、求めに応じて保護者や地域社会、地域行政や関係者に提供されることもある。

5 保育評価制度

ノルウェーにおける保育の質を向上させる手立ての1つとしてモニタリングがあげられる。モニタリングとはその教育効果のほどを判断するために制度に則って情報収集すること（Scheerens et al. 2003）とされている。運営に関するモニタリングに関しては、保育施設法第4章第16条では、保育施設の監督責任者である市町村（自治体）に保育施設が適切に運営されているかどうかを確認する監督責任についての記載がなされている。具体的には、公費が投入され、許可された保育施設の運営についてモニタリングし、不適切または違法な状態に対しては改善命令を下す権限が与えられている。また、改善されない場合には施設の一時的、または永久的な閉鎖を命じる可能性もあるとされている。これら行政決定に関しては、各郡の知事に報告がなされるようになっている。私立保育施設で上記のような事態が起こった場合には、監督責任者である市町村の判断で補助金を支給しない措置が図られるが、不服の申し立ては、市町村ではなく郡知事が窓口となっている。

こうした保育運営に関するモニタリングとは別に、保育実践に対する保育評価制度も保育の質を維持、向上させる手立てとして立案、実施されている。ノルウェーでは2012年に保育実践を評価するツールの開発に取り掛かり、2017年よりこの評価ツールによるモニタリングが開始されている。本節では、まず評価制度の全体像について概観し、そのなかでも保育施設が保育実践を評価するための尺度・ツール（図6-10右側）を焦点化して概説する。

5-1 モニタリング制度の概要（生成の背景、目的、および内容）

外部評価による教育研究省主導のもと、教育研修局（Directorate for Education and Training）が保育施設の質をモニターし、向上させる制度設計を行ってきた。その背景には、社会の要請に応じて公費を投入して拡充された保育施設が、子どもの育ちを豊かにしているのかどうかをステークホルダーに説明する責任を負ったことがあげられるが、第一義は保育の質の向上にある。よりよい保育施設へと改善していく手立てを明確にし、保護者への情報

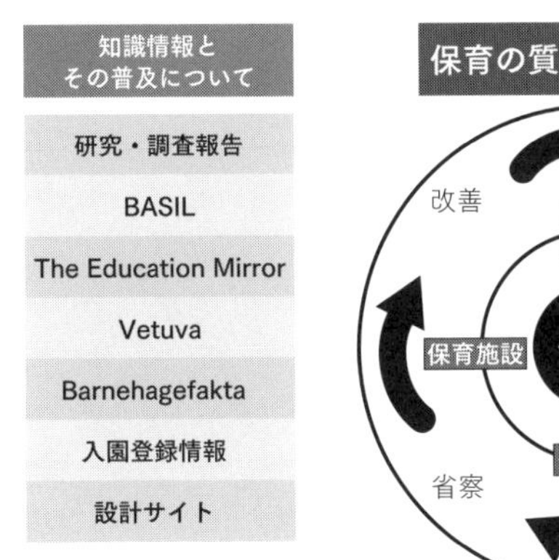

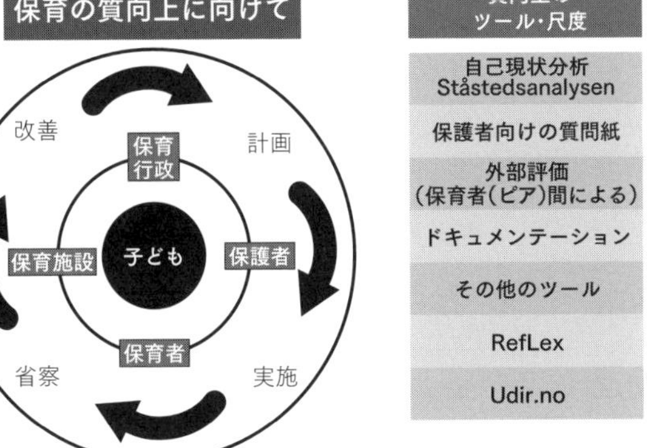

図6-10　保育の質を向上させるモニタリング制度

出典：https://www.udir.no/in-english/Quality-in-ECEC-Schools-and-Vocationa-Education-and-training/quality-assurance-school/のデータをもとに著者が作成。

提供と社会における承認を得ていくためのさまざまなモニタリング手法は、保育施設の質の向上を支え、保育施設への関心を失わせないためにも有用であると考えられている（Mogstad-Slinde 2019）。

保育の質の向上を支えるモニタリング制度の全体像を示したものが図6-10である。子どもの育ちを中心に置き、それを取り囲むように置かれた保護者、保育者、保育施設、保育行政が、「計画⇒実施⇒省察⇒改善」の流れを通して互いが対話をすることによって保育の質を向上させ、子どもの育ちを豊かにするイメージが描かれている。そして、その対話を促進させるために必要な枠組みとして、「知識情報とその普及について」（図6-10左側）と「質向上のツール・尺度」（図6-10右側）があげられている。この2つの枠組みは、保護者と保育施設の関係者（設置者、主任、保育者等）および保育行政と保育施設の関係者が、子どもや保育について質の高い対話をするために共有し、使用するために設計されたものである。各枠組み内の項目についての説明は、表6-7に記した（Mogstad-Slinde 2019）。

保育施設、設置者、地域や国の行政官は、この制度を通して各地区の保育施設の情報および保育施設の質を検証し、改善に向けてのツール、支援方法等へのアクセスが可能となった。また、このモニタリングを通して得られた保育施設の情報は、保護者や関心のある団体にも提供し、質の向上のための

表6-7　2つの枠組みの細目について

	項目	概要
知識情報とその普及について	研究・調査報告	保育や保育の質に関する研究・調査報告書
	BASIL	保育施設の統計データ
	The Education Mirror	ノルウェーの教育の実態調査結果
	Vetuva	年に1回発行される保育研究や情報を載せた、保育者・保育関係者向けの保育情報誌
	Barnehagefakta	各保育施設の現状が掲載されたウェブサイト
	入園登録情報	各保育施設の登録情報が記載
	統計サイト	あらゆる教育に関する統計結果が得られるサイトの掲示
質向上のツール・尺度	自己現状分析 Ståstedsanalysen	保育者が振り返りや保育プロセスの確認のために用いる自己評価ツール
	保護者向けの質問紙	保育や保育施設に関するアンケート調査。アンケートへの参加は任意で、2016年11月より毎年保育施設において実施されている
	外部評価（保育者（ピア）間評価）	他の保育施設に勤務する保育者によって実施される評価システム
	ドキュメンテーション	各保育施設で教育的観点から残される保育記録で、子どもと保育者が保育実践を振り返るように設計されている
	その他のツール	各保育施設が質向上のために必要とするさまざまなツールとして、 ・子どものウェルビーイングを保障し、いじめを防ぐガイド ・話し言葉以外の言語発達を促すためのガイド等
	RefLex	地方行政官が保育の質を検証するためツールで、保育施設が保育施設法やその他の関連法を遵守しているかどうかを確認し、各保育施設の強みや弱みを明確にして共有することを目的としている
	Udir.no	ノルウェー教育局が提供するウェブサイト

出典：https://www.udir.no/in-english/Quality-in-ECEC-Schools-and-Vocationa-Education-and-training/quality-assurance-school/のデータをもとに著者が作成。

対話を促進させることが想定されている。

2012年から策定作業に入ったこの制度は2017年に告知され運用されている。このモニタリング制度自体に対する評価も告知と共に実施され、その報告書が2019年10月に教育研修局によって提出されている（https://www.udir.no/in-english/Quality-in-ECEC-Schools-and-Vocationa-Education-and-training/quality-assurance-school/）。

特徴的なところでは、保護者の積極的関与をアンケート調査や情報の提供という形で薦めているところである。例えば、Barnehagefakta.noは各園の現状を掲載したウェブサイトで、保護者が園を選択する際に必要な情報が得られることや子どもが通う園での保育の質にかかわりをもつことが期待されている。このサイトでは、全国規模での保護者へのアンケート調査も実施されており、調査結果はこのサイトに掲載され、保護者と保育施設との話し合いを促している。

一方、保育施設で使用されるツールについては、手引書やフォーマットと共に、すべて教育研修局のウェブサイトに掲載されており、誰でも簡単に使用することができるようになっている。最も使用されているツールは、自己現状分析ツールである。以下、保育観察に基づいて保育実践を評価対象としているドキュメンテーションおよび外部評価（保育者（ピア）間評価）と共に簡単にその仕組みを記載する。

自己現状分析ツール

保育施設において、ペダゴジカルリーダーや保育者自身が自らの保育実践を振り返るツールであり、全職員を対象として使用されている。その使用手順を図6-11に示した。

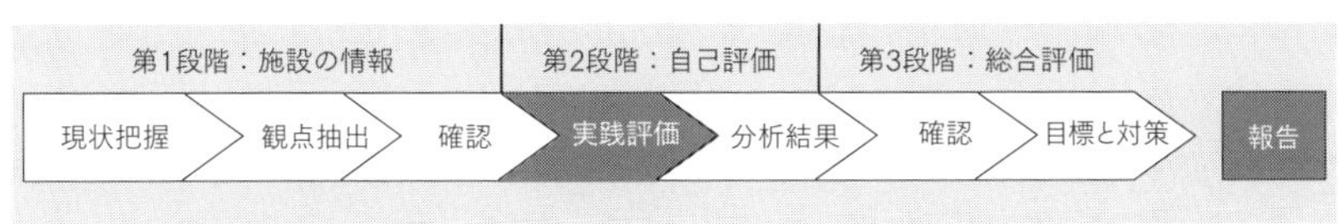

図6-11　自己現状分析ツール使用手順

出典：https://www.udir.no/in-english/Quality-in-ECEC-Schools-and-Vocationa-Education-and-training/quality-assurance-school/のデータをもとに著者が作成。

ツールは全体を3段階にわけて実施することになっており、第1段階では保育者自身が現状確認を行う。保育者は、まず、毎年更新されているBASILや保護者アンケート等で得られたデータを用いながら、①保育施設が受ける社会的要請について、②保育内容について、そして、③指導計画と協働について、の3点を振り返りの視点としてツールを用いる。そして、この項目に基づき、現状における改善点、評価のポイントなどが洗い出される。その他にも、子どものウェルビーイング・言葉の育ちを促す保育環境・自然や環境および技術・数や空間および形状について等が振り返り項目としてあげられており、保育者は自身のニーズに合った項目を選んで自己評価内容を設定することができる。

第2段階では、第1段階で抽出された項目に対して保育者が自身の保育実践を振り返り、自己評価を行う。結果はシステム上で分析され、その結果は保育者に送付される。第3段階では、結果を確認し、明日以降の保育に向けた新たな目標と対策を練る総合評価を行う。評価の観点や指標はツールと共に保育者に提供されている。最終的な自己分析評価ツールの結果は、保育者以外では設置者は見ることができるが、全国的に開示されるものではない。あくまでも保育者自身の保育実践を向上させるための手立てとしてのツールであり、この評価ツールの実施自体も任意であり、その結果は保育者の個人情報として扱われることが共通理解としてもたれている必要がある。こうした保育者自身への評価や監督のための評価ではないという位置づけが、保育者と保育施設との信頼関係を築くことにつながり、結果、自己評価を率先して受ける風土づくりにつながることが期待されている。

ドキュメンテーション

日々の保育を振り返る際に用いられているのがドキュメンテーションである。保育施設は教育機関であることから、教育的視点からの記録という意味合いが強く、子どもの学びの姿、その伸び具合、子どもの活動への参加の様子、スタッフの役割、プロジェクト、保育計画と環境構成等の観点から記録が残される。また、ドキュメンテーションには、観察や記録の観点、子ども側から見た活動の様子、振り返りの観点、ドキュメンテーションの読み取りと今後に向けて等が要素として含まれている。特に、子どもが活動の主体であることを踏まえて、子どもの声、子どもの文化規範をドキュメンテーションに盛り込む視点は重視されている。

外部評価（保育者（ピア）間評価）

ノルウェーにおける保育評価とは、内部評価を基本としており外部評価は行われないが、勤務する保育施設外の保育者によって評価されるこの保育者（ピア）間評価システムは、施設外からの評価という意味合いで外部評価と称されている。保育実践を保育施設外の関係者が評価する唯一の方法ではあるが、監査や査定の意味合いは一切もたない評価制度であり、自己現状分析ツールをはじめとする他のツールによって導き出されたデータを用いながら、保育実践の観察をベースに実施される。評価者は保育経験豊富で評価のトレーニングを受けた保育者であり、この評価ツールが用いられている間は、常に評価を受ける保育者や関係者との対話を行うことが重視されている。

評価者は、まず、どこを評価の観点とし、どの発達領域を焦点化するのかを評価を受ける保育者と確認をし、保育者と協議のうえ、目標設定を行う。その後、その観点に基づいたその他のツールから得られた情報を収集し、保育実践の観察を行い、結果の分析と評価を保育者と話し合いながら進めていく。最終的には、保育者と今後のプランについて話し合い、保育施設に報告を行うことになっている（図6-12）。保育者同士で共に改善策を考え、その後のプランを一緒に立て、保育実践の質の向上を図ることが目的とされている。

図6-12　外部評価による保育評価の流れ

出典：https://www.udir.no/in-english/Quality-in-ECEC-Schools-and-Vocationa-Education-and-training/quality-assurance-school/のデータをもとに著者が作成。

ノルウェーにおける保育評価の基本を内部評価とするのは、保育施設に対する評価が目的ではなく、あくまでも子どもたちの育ちを豊かにするために保育の質を向上させることを目的とすることを評価として位置づけているからであり、保育施設法およびフレームワークプランには上記以上の記載はなされていない。教育研修局が、継続的に保育に関する研究や調査結果情報を提供し、毎年実施される各保育施設のデータ更新やアンケート結果を公表するのは、ステークホルダーに対して保育の質向上に関与する要素を公にすることで、より一層の理解を深めてもらうことを目的としているからである。

評価者は子どもたちの日々の育ちを観察し、その時々の支援のあり方を探ることを念頭に置いているため、子ども同士の関係性や保育者との関係性等、あくまでも日々の保育をいかに改善していけるかをねらいとしている。その評価の観点は、保育施設法、フレームワークプランおよび各市町村や地域環境の特性に応じたものであり、どのツール・尺度を用いるかは各保育施設が自由に選択することになっている。

5-2　モニタリング制度の開発過程および実施方法について

上記のように、保育の質を向上させるためのモニタリング制度は、その重要性を啓蒙する意味での情報の共有と普及の側面と、保育実践に直接触れながら保育の質を向上させていく側面から制度設計されており、そこで用いられるさまざまなツールが行政、保育施設、保育関係者などとの話し合いや専門家からの助言を受けて開発されてきている。特筆すべきは、このツール開発と同時に、このツールの検証が行われる仕組みが組まれていたことであり、このモニタリング制度そのものの効果や機能具合についての検証がツール開発に携わった関係者主導の下で実施されている。2020年8月現在では、上記のモニタリング制度に変更点はなく、さまざまな試行やその結果を受けながら使用されている。

モニタリング制度の目的は保育の質を向上させることにあるため、保育施設に関わる誰もが使用でき、また、さまざまな視点から保育の質を確認できるように設計されている。そこには、子どもたちの声や保護者の声が反映されるツールが含まれており、保育の質を向上させるのは保育者だけではないことが明示されている。地域や保育施設の実情に応じて、また、設置者や地域行政もそれぞれの立場から保育の質を検証するツールが選択肢として準備されており、あらゆるステークホルダーが保育の質の議論に参加できる「質の循環機能」が働く仕組みとなっている。

主たる利用者であり、保育施設法の記載にあるようにフレームワークプランに則って年間指導計画を作成しなければならない保育者にとっては、これらのツールを「質の循環機能」として位置づけ、指導計画そのものの質の向上に役立てていくことが期待されている。保育施設においては、子どもや保護者の声が反映されたその計画に則って保育施設が運営されなければならず、保育施設に集う関係者に対してこのモニタリング制度がもつ「質の循環機能」を周知させることも重要な役割といえる。

5-3　モニタリング制度から得られた結果の公表方法について

モニタリング制度には、評価結果が公表される内容と公表されないものがある。例えば、保育施設法では、保育施設法やフレームワークプランに基づいた適切な運営が行われているかの記載があるが、こうした監査は市町村ごとに行われ、その結果はその地域において公表される。詳細を定めた法令はないものの、徐々に説明責任と統制の方向に向かって動き始めている。情報の共有という観点から、保護者向けのサイトには、設置者や地方行政官による情報提供の内容が記載されている。また、保護者が参加したアンケート調査結果も評価項目の一環として保護者向けのサイトに掲載されている。これらに加えて、保育者対子どもの比率、保育者の資質能力等の構造的な指標も公表されている。

他方、保育者自身が行う自己現状分析ツールや外部評価（保育者（ピア）間評価）等は、その主たる目的が、子どもの育ちを豊かにする保育プロセスの質の向上にある。それゆえ、保育施設の質の向上だけでなく、これら評価ツールにかかわる保育プロセスのすべてが評価の対象となり、基本的に保育者以外に結果が共有されることはない。保育実践を評価するツールを通して検証される保育の質は、子ども、家庭、保育者という実践へのかかわりのなかで理解され、定義づけされるべき概念であることを周知徹底することが必要である。

6 まとめにかえて

以上、近年のノルウェーにおける国家政策の一環として整備された保育制度改革を保育の質の向上という観点から概観してみた。1970年代以降に起こった労働政策を支える制度しての保育事業は、労働者確保のための量の拡充が強調され、労働者のための福祉政策としての色合いが強く、子どものための福祉・教育機関としての保育施設という概念は薄かったといえる。この時代の保育施設が象徴するものは、労働の観点から保障されるべき男女平等であり、女性の労働を支える不可避の手立てとして公費を投じ整備されていくことになる。

子どもを保育の中心に置き、保育の質に関しての議論が起こるのは、2011年に希望する子どもたちすべてが保育施設で保育を受けることが可能になった後といえる。実際、上記モニタリング制度は2012年に策定作業に入り、その運用が始まったのは2017年からである。その間、保育の質を捉える原理とされる、所謂「ノルウェーモデル」と呼ばれる「遊びを中心とした包括的アプローチ」が、保育施設を教育機関として位置づける法案の設立によって揺らぎ始める。2006年、保育施設の管轄が子ども平等省（Ministry of Children and Equality）から教育研究省（Ministry of Education and Research）へと移管され、子どもが主体的に遊び、活動することに重きを置いた子ども中心主義という社会教育的アプローチ一辺倒ではなく、学校教育を見据えた学習や言語獲得を念頭に入れた学びの概念が導入されることになる。2017年に改訂されたカリキュラムガイドラインであるフレームワークプランには小学校教育と連動させた7つの学びの領域が記載されているが、こうした伝統的な社会教育的アプローチの系統から外れる学習活動への流れにノルウェーの研究者や保育者の多くは懸念を抱いている（e.g., Einarsdottir, Purola, Johansson, Brostrom & Emilson 2015; Otterstad, Bustos, Andersen 2019）。多種多様なモニタリング制度のなかに子どものアセスメント的要素が含まれていないのは伝統的な社会教育的アプローチを重視し、尊重する傾向の表れともいえるが、小学校教育との接続を念頭に入れた新たなノルウェーモデルに対する議論はまだ緒に就いたばかりといえる。

保育の質の循環機能というモニタリング制度の生成も、希望者が全入するユニバーサルな学校教育機関という位置づけを確立した保育施設にとっては不可避であったといえる。保育の質を向上させることを第一義としながらも、莫大な公費が投入された保育施設にはその説明責任が求められ、社会的承認を得るための制度化が必要であった。保育者自らが保育実践を振り返り、その自己評価は保育者自身の個人情報として取り扱われるという規約は、他者による監視の目による競争原理を持ち込ませないという姿勢の表れであり、多種多様なモニタリングツールを準備して保育の質を多角的に捉える動きも保育実践を1つの尺度で縛らない自由度が尊重された流れと読める。

現在のノルウェー保育制度の課題の1つとしてあげられているのが、保育者養成制度を含めた保育者の専門性向上を図る職能教育制度の組みなおしである。現在、保育施設に勤務する保育者のうち、ペダゴジカルリーダーと施設長（園長）以外は、毎年契約を更新しなければならない保育者扱いとなっている。その多くがアシスタントと呼ばれる保育者資格免許をもたないスタッフであり、アシスタントは高校教育の4年間で保育や青年期に関わる専門的な職業訓練を受けたケアワーカーと呼ばれる資格（ISCED 3；2年間の理論と2年間の実習）をもつことが望まれているが、その保有率は約25%にしか過ぎない。こうした現状に対して、保育施設で働きながら免許資格が獲得できるような制度を作り、継続して保育者が学べる研修制度を確立し、新任保育者へのメンタリング制度や各保育施設の地域性や保育者のニーズに応じた園内研修制度や現職教育制度を構築することが2022年までの主な目標としてあげられている。

保育者養成制度の改革は、2025年までの改変を目標としている教員養成全体の一環として組み込まれており、小学校教育と連動する形で現在その制度設計が進められている。その背景には、保育者の教育水準を上げ社会的地位を確立させること、教育機関の一部である保育施設における教育内容の導入、保育施設における職能教育制度との連携等、があげられており、保育施設で保育を受ける子どもたちや家族の多様性に対応できる教育を修めた保育者養成の充実が求められている。保育の質の循環機能の1つとして、保育者に対する専門性向上への支援がツールとして強化されることになる。

この20～30年間のノルウェー保育制度の動きは目覚ましく、いまだその改革の途中といえる変動が起こっている。子どもを中心に捉える保育制度改革の可能性と方向性を探るには、改革へのフットワークが軽いノルウェーから学ぶのは得策といえるのかもしれない。

◆注

1 The Kindergarten Actは直訳すれば幼稚園法となるが、理念的背景と幼保一体型施設であるという現状を踏まえ、幼保一体型保育施設法と表記する。Kindergartenを幼保一体型保育施設（略称：保育施設）と表記するのも同様の理由による。

2 social pedagogue（社会教育学）：北欧における定義は、人は生涯にわたり、人や物とのかかわりを通して包括的に発達し学んでいくことを意味する。

3 2020年2月現在。出典は、Slinde, T. M.（2020, Feb. 20）。ノルウェーの幼児教育における「質の向上」と「インクルージョンの促進」に調査結果はどんな情報を与えたか　国立教育政策研究所　教育改革国際シンポジウム発表資料　https://www.nier.go.jp/youji_kyouiku_kenkyuu_center/symposium/sympo_r01/

4 同上。

5 保育者の職位については下記の項に詳細を記載しているため、ここでは名称のみにとどめる。

6 保育施設法においてはチャイルドマインダーについて言及されていないため、表6-4への記載を控えた。

7 ユニヴァーシティーカレッジ：学位授与資格をもたない大学。

8 NOKUT（the Norwegian Agency for Quality Assurance in Education）ノルウェー教育の質保証庁は教育研究省の下部にあたる独立組織であり、国内外の高等教育機関の検証、教員免許資格の交付、職業訓練機関への認証等、その質の保証を請け負う政府機関。

9 アシスタントにはこの訓練を受けておくことが奨励されている。2013年時点での職員全体でこの訓練を受けた割合は14.6%で、2003年（約7.6%）からの10年で倍増している。なお、保育施設で子どもたちに関わる職員全体の43.5%は保育を専門とした教育歴はなく、このうちの約24%が義務教育修了者となっている。

◆引用・参考文献

Korsvold, T.（2011）. Dilemmas over childcare in Norway, Sweden and West Germany after 1945, in: A. T. Kjorholt & J. Qvortrup（Eds）*The Modern Child and the Flexible Labour Market: Child Care Policies and Practices at a Crossroad?*（Basingstoke, Palgrave Macmillan）pp.19-37.

Karila, K.（2012）. A Nordic Perspective on Early Childhood Education and Care Policy. *European Journal of Education*, Vol. 47（4）, pp.584-595.

Elina Fonsén & Tuulikki Ukkonen-Mikkola（2019）Early childhood education teachers' professional development towards pedagogical leadership, *Educational Research*, 61:2, pp.181-196.

Ministry of Education and Research.（2019）. *Kindergarten Act*.

Norwegian Directorate for Education and Training.（2017）. Framework Plan for Kindergartens.

OECD.（2015）. Thematic Review of Early Childhood Eucation and Care Policy in Norway.

07

韓国

崔美美

◎韓国の保育をめぐる状況◎

- 「国の責務の強化」を通して良質の幼児教育及び実質的な教育機会の平等の保障を目指す
- 段階的な幼保一元化の推進（3 段階）

  サービスの質向上のための基盤構築（第 1 段階、2014 年、一部一元化）→ 規制及び運営環境の一元化（第 2 段階、2015 年、一部一元化）→管理省庁及び財源・保育者の一元化（第 3 段階、**二元化**）
- 幼児中心・遊び中心を追求するカリキュラム

「ヌリ課程」（3 歳～ 5 歳）と「標準保育課程」（0 歳～ 2 歳）に基づいて、
幼稚園評価（教育部所管、市・道教育庁で施行）と
保育所評価（保健福祉部所管、韓国保育振興院に委託）を施行

ヌリ課程（3 歳～ 5 歳）		標準保育課程（0 歳～ 2 歳）	
5 領域	内容	6 領域	内容
身体運動・健康	身体活動を楽しむ、健康に生活する、安全に生活する	基本生活	健康に生活する、安全に生活する
		身体運動	感覚と身体を認識する、身体活動を楽しむ
意思疎通	聞き取りと会話、読み書きに興味を持つ、本とお話を楽しむ	意思疎通	聞き取りと会話、読み書きに興味を持つ、本とお話を楽しむ
社会関係	自分を知り尊重する、共に生活する、社会に関心を持つ	社会関係	自分を知り尊重する、共に生活する
芸術経験	美しさをみつける、創造的に表現する、芸術性を感じる	芸術経験	美しさをみつける、創造的に表現する
自然探究	探究過程を楽しむ、生活の中で探究する、自然と共に生きる	自然探究	探究過程を楽しむ、生活の中で探究する、自然と共に生きる

幼稚園評価と保育所評価

・幼稚園：自己評価→書面評価
・保育所：自己評価→現場評価→総合評価

【評価指標の領域】

幼稚園評価

Ⅰ　幼児中心の教育課程及び放課後課程
Ⅱ　民主的な幼稚園の運営
Ⅲ　健康で快適な教育環境及び幼児のための健康・安全

保育所評価

Ⅰ　保育課程及び相互作用
Ⅱ　保育環境及び運営管理
Ⅲ　健康・安全
Ⅳ　教職員

幼稚園・保育所
統合情報公示のポータルサイトに
結果公開

1 全体的な状況

近年、女性の社会進出及び少子化進行、都市化など子どもをめぐる社会的な環境が変わってきた。それとともに、保育施設や地域社会の役割及び機能も変わってきた。2013年から『0歳～5歳児保育の無償化』が施行され、親の就労の有無を問わず、すべての家庭が幼稚園と保育所のどちらかを利用することが可能となった。これにより、すべての保育施設は、親の役割を補完して子どもの世話をすることから、地域におけるすべての子育て家庭を支援する社会的な責任をもつようになった。幼稚園や保育所のような保育施設は、保護者に対する教育や相談などの支援を行うことで、子育て家庭の構成員同士の関係改善にも影響を与えることができる。また、保育施設は、子どもの健やかな成長や豊かな学びを支える保育環境を提供する場でもある。

ところが、保育政策及び実際を覗いてみると、女性労働力創出という社会経済的な側面に価値が置かれているところもある。しかし、保育の中心には子どもがいるべきであり、子どもの全人的な発達のために、家庭－施設－地域社会／国の間の協力を通して、ひとりひとりの子どもにとってふさわしい保育環境をつくることが必要である。

韓国の国策研究機関である「育児政策研究所」(Korea Institute of Child Care and Education)（以下、「育児政策研究所」という）は、行政省庁（部署）の統合を中長期的な目標とした。そして、二元化されている保育システムを維持及び補完しながら、幼保の葛藤をもたらす主な要因であった施設間の機能、保育者養成及び資格制度、管理監督及び財政支援システムなどの違いを調整する過程を経て、1つの省庁（部署）に一元化していく「幼児教育と保育の協力及び一元化モデル」（図7-1）が開発された。この開発モデルでは、実現可能性のある政策方案とともに、詳細な協力及び調整課題を中心に漸進的な一元化方案が提示された。これは、保育現場において葛藤要因となる具体的な保育制度の調整から始めることが、省庁の一元化に向かうことに対して効果的であると考えられたためである（Rhee, Kim, Shin, Moon & Choi 2006)。

また、2009年育児政策研究所で実施された「幼児教育と保育の協力及び一元化モデル事業研究」(Moon, Kim, Kim, Hwang, Moon, Kim & Yang 2009)は、多くの先行研究で提案された幼保協力及び一元化に関する政策課題及び戦略などを具体化して、保育現場に適用したものである。この研究では、幼保協力に関する領域として「ハードウェア(3つ):施設運営(行政)、予算、施設環境(空間及び物的資源の活用)」と「ソフトウェア(4つ):保育者、プログラム、保護者(親)参与、支援システム」を提示した。そして、この7つの領域から幼稚園と保育所の保育現場同士の協力を把握しようとした。その結果、施設運営の予算節減、両施設における子どもの豊かな経験、保育者同士の資料共有など肯定的な側面が明らかになった。

それに加えて、施設利用者である親を対象に、「乳幼児の幼児教育・保育サービスの質の差に対する認識」について調査研究(Lee, Choi, Kim, Jung 2014)を行った。その結果、回答者の7割以上が「施設間のサービスの質に差がある」と認識しており、その質の差が表れる要因として、「運営する幼児教育・保育プログラムの差(38.1%)」「保育者など人的な資質・水準の差(32.6%)」「物理的な施設環境の差(13.5%)」「費用の差(12.3%)」があげられた。このうち、「運営する幼児教育・保育プログラムの差」と「保育者など人的な資質・水準の差」は保育者に直接につながる部分であるといえ、乳幼児の幼児教育・保育の質において保育者に関する要因の割合(合計70.1%)が非常に大きいことが捉えられる。

現在、多くのOECD諸国においては、良質な保育を提供するために、二元化されている保育(所管省庁、カリキュラム、施設など)の一元化を図る傾向にある(OECD 2013)。保育の一元化は、国の効率的な行財政運営・管理のためにも求められている。多くのOECD加盟国では、保育の一元化に対する合意はなされているが、それに関する詳細な部分(一元化の方向性、方法など)においては、多様な意見があり一向に進展していない。実際に、国ごとに保育の一元化に対する方向性は異なる。これは、その国によって異なる理念や価値観、社会的ニーズ、歴史的な流れ、社会文化的コンテキストがあるからだ(Penn 2011)。そこで、その国の保育に関する背景を考えたうえで、保育制度・政策を実現していくことが大事であると考えられる。

2 保育に関わる文化・社会的背景

2-1 施設保育の始まりと幼保二元化

1909年、韓国初の幼稚園が設立され、富裕層家庭の子女のための早期教育施設として位置づけられた。1921年、貧困層家庭の就労する親のための代理養育施設として託児施設（社会福祉的）が現れた。この2つの施設は、それぞれ独自に発展していった。しかし、1970年代には、本格的に産業化が進み、女性の社会進出により地域社会における保育に関する社会的ニーズが高まってきた。そのため、1980年代以降、幼稚園と託児施設の機能面でのギャップが埋められてきた。そこで、2つの施設を合わせた「新しい村（セマウル）乳児園」と「88託児所」のような施設が、国からの支援で全国に広がった。これらの子どもが利用する保育施設の区分が不明確になり、3歳から5歳までの子どもに対する保育施設の機能が類似化してきた。ところが、このように類似した保育サービスにもかかわらず、1991年『乳幼児保育法』制定、2004年『幼児教育法』制定により、保育施設の二元化が明文化された（Rhee, Kim, Shin, Moon & Choi 2006）。

2-2 1990年代以降の「教育改革」と「幼保二元化」

1990年代半ば、教育改革のために幼保一元化に対する議論が盛んになったが、社会的合意を得ることは困難であった（Yoo, Lee, Chang, Kim, Kim & Song 2008）。現代社会では、女性の社会進出、少子化、家族構造の多様化など子どもをめぐる社会的環境が大きく変わってきた。このような変化により、家庭における養育が施設（幼稚園と保育所）における保育を補完してきた。近年には、幼稚園と保育所（オリニチプ）に対する社会的ニーズの格差がなくなり、地域社会における保育施設の社会的役割や機能も拡大された。これによって、幼稚園と保育所のサービスに対する境界がより曖昧になった。

2000年代、OECD諸国における保育の質向上のための効率的な方案として、幼保一元化に対する議論が再び盛んになった。現在に至るまで、多くの国において幼保一元化に関する調査研究が進められ、政策的・学際的に議論されている。

2006年、韓国国務総理室直轄・育児政策研究所において、「幼保一元化モデル（案）」が検討され、「課題別調整後、省庁一元化（図7-1）」が効果的であると判断された。その理由としては、保育現場の葛藤要因に対して具体的に制度を調整しながら、省庁を一元化していくことが望ましいためと述べられている。

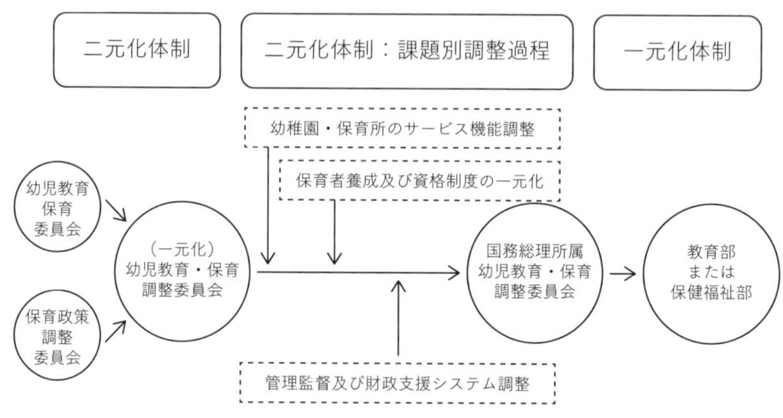

図7-1　幼児教育と保育の協力及び一元化モデル

出典：Rhee, Kim, Shin, Moon & Choi（2006）A study on cooperation and integration of early childhood education and care to improve the efficiency of national policies for young children, Major Research Projects-1, Korea Institute of Child Care and Education.

2-3 『ヌリ課程』と「幼保一元化」の推進

育児政策研究所（Kim, Kang, Yeom 2017）によると、2012年3月に『5歳ヌリ課程』が導入され、翌年3月には3歳、4歳まで拡大されることで、幼稚園と保育所に通う3歳から5歳までのすべての子どもが「共通のカリキュラム」を経験するようになった。これは、人生初期のスタートラインの公平性を保障（財政支援を含む）することを意味していると考えられる。ところが、施行当時から現在に至るまで、国家水準のカリキュラムである『ヌリ課程』を実践することが難しい（カリキュラムと保育内容の連続性の難しさ、画一的な保育実践など）という声が多くの保育現場からあがっている。そこで、ヌリ課程の保育現場における実践及び評価に基づくとともに、幼児期の育つ力、標準保育課程（The National Childcare Curriculum）及び小学校教育課程との連携、将来に予想される社会変化などを考えたうえで、2011年『ヌリ課程改訂

(案)』が発表された。

また、韓国国務調整室の報道資料（2013年5月22日）によると、幼保一元化を推進するために、2013年5月22日に「幼保一元化推進委員会・第1回（以下、「委員会」という）」が開催された。この委員会は、省庁の次官、公益財団、マスコミ、有識者、保護者などの多様な民間委員で構成・運営された。幼保一元化の推進過程において、幼保二元化による施設利用の不便さ、施設間のサービスの質の格差など、さまざまな保護者の声やニーズに耳を傾けることが強調された。さらに、保護者向けの世論調査を行い、幼保一元化に関する基礎資料として扱うようにした。特に、幼保一元化においては、省庁間の協力が最も重要であると考えられ、「幼保一元化」を共通課題として協力し合うことが明示された。2013年12月3日に「委員会・第2回」を通して、「幼保一元化の推進方案（案）」が議論された（表7-1）。

表7-1　幼保一元化の推進方案（3段階）

段階	推進方案（Suh、2015）	実行内容（Lee、2015）
第1段階（2014年） サービスの質向上のための基盤構築	情報公示の内容拡大、連携及び統合	幼稚園と保育所の統合情報公示サイト構築（2014年11月17日） 統合情報公示（7項目、20個）適用予定（2015年10月）
	幼稚園と保育所の共通評価項目及び評価基準づくり	私立幼稚園の財務会計規則（案）保留
	財務会計規則の適用拡大、共通の適用項目の開発	子ども幸せカードで統合（2015年1月） 施設基準の統合案（新規施設の職員室、屋外遊び場、乳幼児向け避難器具及び警報設備の設置義務化）
第2段階（2015年） 規制及び運営環境の一元化	決済カード統一 施設基準の整備・統合（保育室面積、保育者対子ども人数比など）	保育所の未設置地域における0歳から2歳の幼稚園入園の段階的な許容 2016年、保育所の未設置地域における幼稚園連携保育所の運営モデル事業
	利用時間、利用対象（0歳から2歳、幼稚園入園許容）、カリキュラム統合	
	保育者資格、養成体系整備及び連携	
第3段階（2016年） 管理省庁及び財源・保育者の一元化	管理省庁及び財源の統合 幼稚園と保育所の保育者に対する待遇改善（段階的な支援）	

出典：Suh（2015）「幼保一元化の課題と展望」韓国幼児教育・保育行政学会『学術発表大会論文集』10-22頁。
Lee（2015）A critical review on the current policy of integrating early childhood education and care in Korea, Journal of early childhood education（幼児教育研究）35（6）, 221-240.

韓国政府は、幼保二元化によるさまざまな問題を課題として認識し、これらを解決するために、幼保一元化の実現可能な政策を継続的に提案してきたことが分かる。国の政策として、2014年から2016年まで、幼保一元化の推進（3段階）を計画してきた。ところが、2017年5月、政権交代の後、現在に至るまで幼保一元化は順調に進んでいるとはいえない。そのため今後は、幼保一元化に関する必要性を超えて、その目的、形態及び方法などさまざまなことに対する議論・合意が求められる（Lee, Ryu, Lim 2018）。

3 保育施設・事業・提供主体の所管・規制（ガバナンス）

韓国の保育施設は、教育部所管の幼稚園と保健福祉部所管の保育所（オリニチプ）であり、関係法及び行政体系が二元化されている。幼稚園は、2004年に制定された『幼児教育法』（第2条第2項）に基づいた“幼児の教育のために、設立・運営される学校”である。保育所（オリニチプ）は、1991年に制定（2004年全面改訂）された『乳幼児保育法』（第2条第2項）に基づいた“保護者に委託され、乳幼児を保育する機関”である。韓国の保育に関する制度概要は次の表7-2の通りである。

幼稚園は、設立・運営主体により国立幼稚園、公立幼稚園、私立幼稚園に分けられる。保育所は、設立・運営主体により国公立保育所、社会福祉法人保育所、法人・団体等保育所、企業主導型保育所（職場オリニチプ）、家庭保育所、協同保育所、民間保育所に分けられる（表7-3）。

2021年の幼稚園と保育所の施設数、子ども数、保育者数は表7-4の通りである。幼稚園の場合には、施設数をみると私立より国公立の比率が少し高いが、子ども数をみると国公立より私立の比率が2倍以上高い。保育所の場合には、国公立保育所より家庭保育所と民間保育所の比率（全体数の7割以上）が圧倒的に高い。

2010年から2020年までの幼稚園数と保育所数の推移（表7-5）をみると、2012年のヌリ課程導入から約5年間、幼稚園数と保育所数は異なる傾向を示している。幼稚園の場合には、2012年以降、継続的に増加していたものの、2018年以降には減少している。一方、保育所の場合には、2013年以降、合

表7-2　韓国の保育体系

区分		幼稚園	保育所（オリニチプ）
法的根拠		幼児教育法	乳幼児保育法
対象		3歳-就学前子ども	6歳未満就学前子ども
サービス内容	主な機能	教育及び保護	教育及び保護
	教育・保育内容	ヌリ課程（3-5歳）	標準保育課程（0-2歳） ヌリ課程（3-5歳）
	教育・保育時間	教育課程（ヌリ課程・9時-14時、担任教師） 放課後課程（その他活動とケア活動・14時以降、担当者）	基本保育（9時-16時、担任保育教師）と延長保育（16時以降、担当保育教師）
	保育者対子ども人数比	1対15 （子どもの人数は、 15人から30人まで）	0歳（1対3） 1歳（1対5） 2歳（1対7） 3歳（1対15） 4･5歳（1対20）
行政体系		教育部 市都教育庁 地方教育庁	保健福祉部 市都及び市町村（市郡区）自治体
保育者		幼稚園教諭（幼稚園教師）	保育士（保育教師）

出典：Shin, Yeom, Jang（2017）「諸国の幼稚園教諭、保育士の資質向上及び専門性向上に関する方案（日本、シンガポール、台湾、英国、ニュージーランド）」韓国国務調整室・国務総理秘書室・徳成女子大学校・公告第55号をもとに筆者作成。

表7-3　幼稚園・保育所の種類（設立・運営主体）

設立・運営主体		内容
幼稚園	国立	国が設立・経営する幼稚園
	公立	地方自治体団体が設立・経営する（委託運営も含む）幼稚園 （設立主体により、市立幼稚園と都立幼稚園に分けられる）
	私立	法人または私人が設立・経営する幼稚園
保育所	国公立	国や自治体が設置・運営する保育所（企業主導型は除く）
	社会福祉法人	「社会福祉事業法」による社会福祉法人が設置・運営する保育所
	法人・団体等	各種の法人（社会福祉法人を除く非営利法人）もしくは団体等が設置・運営する保育所
	企業主導型（職場）	事業主が事業場の勤労者のために設置・運営する保育所（国もしくは地方自治団体の長が所属公務員及び、国もしくは地方自治体団体の長と勤労契約を締結したもので公務員ではないもののために設置・運営する保育所を含む）
	家庭	個人が家庭またはそれに準じるところで設置・運営する保育所
	協同	保護者または保護者と保育教職員の11人以上が組合を結成し設置・運営する保育所（営利を目的としない組合に限る）
	民間	上記の保育所（6つ）の規定に該当しない保育所

出典：幼稚園の内容は『幼児教育法』、保育所の内容は「2022年保育事業案内」（保健福祉部 2022）をもとに筆者作成。

表7-4　幼稚園・保育所の施設数、子ども数、保育者数（2021年）

	区分	施設数（%）	子ども数（%）	保育者数（%）
幼稚園	国公立	5,116 （59.8）	167,485 （30.3）	21,343 （39.7）
	私立	3,446 （40.2）	385,327 （69.7）	32,353 （60.3）
	合計	8,562 （100.0）	552,812 （100.0）	53,696 （100.0）
保育所	国公立	5,437 （16.4）	268,967 （22.7）	67,191 （20.9）
	社会福祉法人	1,285 （3.9）	72,085 （6.1）	17,673 （5.5）
	法人・団体等	640 （1.9）	30,998 （2.6）	7,351 （2.3）
	企業主導型	1,248 （3.8）	64,931 （5.5）	20,479 （6.4）
	家庭	13,891 （41.8）	208,842 （17.6）	83,758 （26.1）
	協同	142 （0.4）	3,465 （0.3）	1,009 （0.3）
	民間	10,603 （31.9）	535,428 （45.2）	123,655 （38.5）
	合計	33,246 （100.0）	1,184,716 （100.0）	321,116 （100.0）

注：保育者数は、幼稚園は正規教員と期間制教員、保育所は保育教職員を含む。
出典：教育部・韓国教育開発院（2022）「2021 教育統計年報」、保健福祉部（2021）「2021年保育統計」をもとに筆者作成。

表7-5　幼稚園・保育所の設置現況（2010～2020年）

		幼稚園数			保育所数							
		計	国公立	私立	計	国公立	社会福祉法人	法人・団体等	企業主導型	家庭	協同	民間
2010	箇所	8,388	4,501	3,887	38,021	2,034	1,468	888	401	19,367	74	13,789
	%	100.0	53.7	46.3	100.0	5.3	3.9	2.3	1.1	50.9	0.2	36.3
2011	箇所	8,424	4,502	3,922	39,842	2,116	1,462	870	449	20,722	89	14,134
	%	100.0	53.4	46.6	100.0	5.3	3.7	2.2	1.1	52.0	0.2	35.5
2012	箇所	8,538	4,525	4,013	42,527	2,203	1,444	869	523	22,935	113	14,440
	%	100.0	53.0	47.0	100.0	5.2	3.4	2.0	1.2	53.9	0.3	34.0
2013	箇所	8,678	4,577	4,101	43,770	2,332	1,439	868	619	23,632	129	14,751
	%	100.0	52.7	47.3	100.0	5.3	3.3	2.0	1.4	54.0	0.3	33.7
2014	箇所	8,826	4,619	4,207	43,742	2,489	1,420	852	692	23,318	149	14,822
	%	100.0	52.3	47.7	100.0	5.7	3.2	1.9	1.6	53.3	0.3	33.9
2015	箇所	8,930	4,678	4,252	42,517	2,629	1,414	834	785	22,074	155	14,626
	%	100.0	52.4	47.6	100.0	6.2	3.3	2.0	1.8	51.9	0.4	34.4
2016	箇所	8,987	4,696	4,291	41,084	2,859	1,402	804	948	20,598	157	14,316
	%	100.0	52.3	47.7	100.0	7.0	3.4	2.0	2.3	50.1	0.4	34.8
2017	箇所	9,029	4,747	4,282	40,238	3,157	1,392	771	1,053	19,656	164	14,045
	%	100.0	52.6	47.4	100.0	7.8	3.5	1.9	2.6	48.8	0.4	34.9
2018	箇所	9,021	4,801	4,220	39,171	3,602	1,377	748	1,111	18,651	164	13,518
	%	100.0	53.2	46.8	100.0	9.2	3.5	1.9	2.8	47.6	0.4	34.5
2019	箇所	8,837	4,859	3,978	37,371	4,324	1,343	707	1,153	17,117	159	12,568
	%	100.0	55.0	45.0	100.0	11.6	3.6	1.9	3.1	45.8	0.4	33.6
2020	箇所	8,705	4,976	3,729	35,352	4,958	1,316	671	1,216	15,529	152	11,510
	%	100.0	57.2	42.8	100.0	14.0	3.7	1.9	3.4	43.9	0.4	32.6

出典：韓国教育開発院（2022）「2021年教育基本統計」、保健福祉部（2021）「2021年保育統計」をもとに筆者作成。

表7-6　幼稚園・保育所の利用乳幼児数（2020年）（単位：名、％）

区分	人口数 (A)	保育所 (B)	幼稚園 (C)	計 (B+C)	比率 (B/A)	比率 (C/A)	比率 (B+C)/A
0歳	569,738	116,468		116,468	20.4		
1歳	331,606	263,128		263,128	79.3		
2歳	363,250	321,294		321,294	88.4		
0－2歳小計	1,264,594	700,890		700,890	55.4		
3歳	412,429	214,853	150,199	365,052	52.1	36.4	88.5
4歳	444,367	174,394	220,658	395,052	39.2	49.7	88.9
5歳	440,710	149,201	241,396	390,597	33.9	54.8	88.6
3－5歳小計	1,297,506	538,448	612,253	1,150,701	41.5	47.2	88.7
0－5歳全体	2,562,100	1,239,338	612,253	1,851,591	48.4	23.9	72.3

注：1）人口数は、2020年12月の住民登録人口0-6歳。
　　2）保育所における0歳の在園児数は0歳児クラスに在園している子どもの人数であり、2020年12月基準として2019年、2020年の出生児をすべて含む。
　　3）保育所の資料は2020年12月、幼稚園の資料は2020年4月を基準としており、6歳以上は除いている。
　　4）幼稚園の利用比率は、2020年の住民登録人口統計を分母としており、「幼稚園の就園率」とは算出方法が異なる。
資料：1）韓国教育開発院（2020）教育統計年報。
　　　2）保健福祉部（2020）保育統計（2020年12月末基準）。
　　　3）行政安全部（2020）住民登録人口統計：0-6歳。
出典：育児政策研究所（2021）2020乳幼児の主要統計、研究資料2021-01。

計施設数は減少傾向にある。また、保育所数の場合には、設立主体により差がみられる。国・公立保育所数と企業主導型保育所数は、毎年増加しているが、家庭保育所数は減少している。これは、2005年から現在に至るまで保育政策として計画・実行している「保育の公共性強化及び保育サービスの質的水準向上」（国・公立保育施設の拡充などを含む）に影響を受けたものと考えられる。2018年以降、幼稚園と保育所の両方とも施設数が減少していることは、合計特殊出生率が減少していることと関連付けて考えられる（韓国は、2017年に1.05、2018年に0.98で、初めて1.0を割り込んで世界最低水準となった）。

2020年12月時点における就学前の子どもの総人口数に対する保育所及び幼稚園の在園児数の比率（表7-6）をみると、就学前の子どものうち72.3％が幼稚園または保育所を利用している。年齢別にみると、0歳20.4％、1歳79.3％、2歳88.4％が保育所を利用している。幼稚園と保育所を利用する共通年齢においては、3歳88.5％、4歳88.9％、5歳88.6％が幼稚園または保育所を利用している（図7-2）。

幼稚園及び保育所の在園児数の推移（図7-3）をみると、幼稚園の場合に

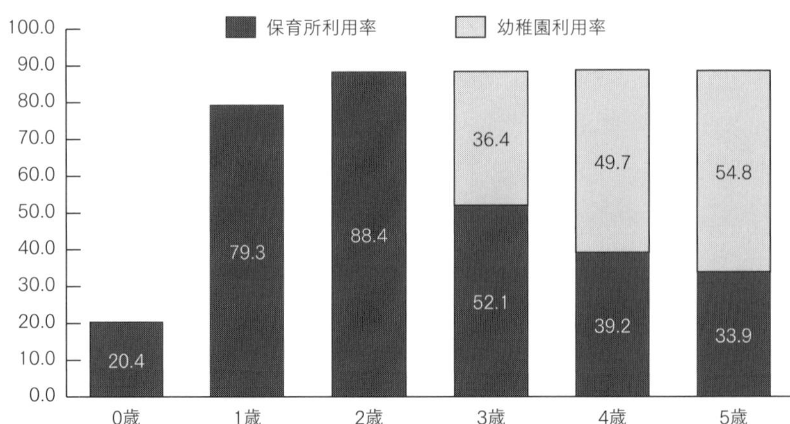

図7-2　幼稚園及び保育所の利用率（2020年）（単位：%）

資料：1）韓国教育開発院（2020）教育統計年報。
2）保健福祉部（2020）保育統計（2020年12月末基準）。
3）行政安全部（2020）住民登録人口統計：０－５歳。
出典：育児政策研究所（2021）2020乳幼児の主要統計、研究資料2021-01。

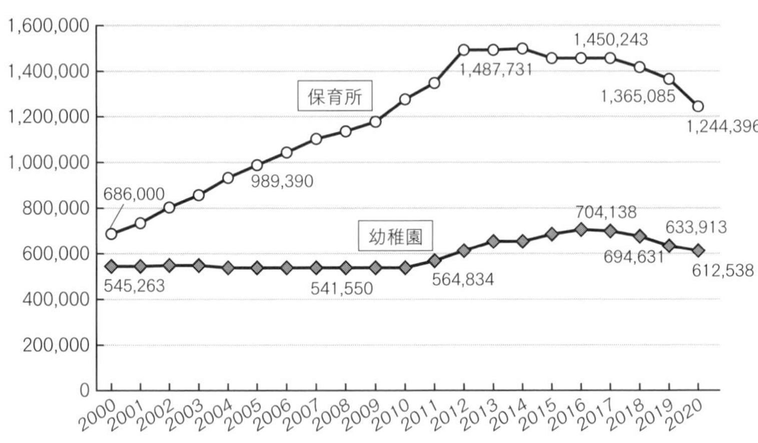

図7-3　幼稚園及び保育所の在園児数の推移（2000～2020年）

資料：1）韓国教育開発院（2020）教育統計年報。
2）保健福祉部（2020）保育統計（2020年12月末基準）。
出典：育児政策研究所（2021）2020乳幼児の主要統計、研究資料2019-01。

は、2010年までは大きな増減はみられないが、2010年から2016年にかけて増加し、それ以降はやや減少傾向にある。保育所の場合には、2012年までは著しく増加していたが、2014年以降減少傾向にある。

4 保育者の資格免許、養成、研修、雇用形態や労働環境等

4-1 保育者の資格免許及び養成

韓国では、保育体系が二元化されているために、保育者の資格免許も二元化（幼稚園教師と保育教師）されている（表7-7）。

表7-7 韓国の資格免許（保育者）

区分	幼稚園教師（幼稚園教諭）	保育教師（保育士）
根拠法	幼児教育法第22条	乳幼児保育法第21条
所管省庁	教育部	保健福祉部
資格免許	教育部長官が資格証検定・授与	保健福祉部長官が資格証検定・授与
資格区分	準教師、2･1級正教師、首席教師	3･2･1級保育教師

出典：『幼児教育法』（2021.6.8. 一部改訂）、『乳幼児保育法』（2021.12.21. 一部改訂）をもとに筆者作成。

幼稚園教師（日本における幼稚園教諭）の場合には、準教師、幼稚園正教師（日本における幼稚園教諭）2･1級、首席教師（日本における主幹教諭）、園監（日本における副園長）、園長に分けられている。準教師は、資格検定に合格した者に授与する。幼稚園正教師2級は、大学及び短大（これと同等以上の学校）の卒業生（幼児教育科の単位取得、保育及び教職科目の単位取得）に授与することが可能である。幼稚園正教師1級から園長までは、保育施設での勤務経験かつ研修を受けた者に対して授与する（表7-8）。

表7-8 幼稚園教師の資格基準

区分	資格基準
首席教師	第2項の資格証（正教師1・2級、準教師）を所持した者で、15年以上の教育経歴（「教育公務員法」第2条第1項第2号及び第3号による教育専門職として勤務した経歴を含む）をもち、教授・研究に優秀な資質及び能力をもっている者の中で、大統領令で定めることにより教育部長官が定める研修結果に基づいて検定・授与する資格証をもっていることを要する〈新設2011.7.25.、2013. 3.23.〉

正教師1級	1　幼稚園正教師（2級）資格証をもっている者で、3年以上の教育経歴をもち、所定の再教育を受けた者 2　幼稚園教師（2級）資格証をもち、教職大学院（教育大学院）または教育部長官が指定する大学院の教育科で幼稚園教育課程を専攻し、修士学位を取得した者で、1年以上の教育経歴がある者
正教師2級	1　大学に設置する幼児教育科の卒業生 2　大学（専門大学及びこれと同等以上の各種学校と「生涯教育法」第31条第4項による専門大学学歴認定の生涯教育施設を含む）の卒業生であり、在学中に所定の保育及び教職単位を取得した者 3　教職大学院（教育大学院）または教育部長官が指定する大学院の教育科で幼稚園教育課程を専攻し、修士学位を取得した者 4　幼稚園準教師資格証をもっている者で、2年以上の教育経歴をもち、所定の再教育を受けた者
準教師	1　幼稚園準教師の資格検定に合格した者

出典：『幼児教育法』（2021.6.8. 一部改訂）第22条「教員の資格」。

保育教師は、高等学校（これと同等以上の学校）の卒業生であり、保健福祉部令で定める教育訓練施設で決められた教育課程を修了した者であれば、保育士3級を授与することができる。保育士2級から園長までには、保育経験かつ昇級教育を受けることを要する（表7-9）。

表7-9　保育教師の資格基準

区分	資格基準
保育教師1級	1　保育教師2級資格を取得した後、3年以上の保育経歴がある者で、保健福祉部長官が定める昇級教育を受けた者 2　保育教師2級資格を取得した後、保育関連大学院で修士学位以上を取得し、1年以上の保育経歴がある者で、保健福祉部長官が定める昇級教育を受けた者
保育教師2級	1　専門大学またはこれと同等以上の学校で保健福祉部令で定める保育関連教科目及び単位を取得し卒業した者 2　保育教師3級資格を取得した後、2年以上の保育経歴のある者で、保健福祉部長官が定める昇級教育を受けた者
保育教師3級	高等学校またはこれと同等以上の学校を卒業した者で、保健福祉部令で定める教育訓練施設で決められた教育課程を修了した者

出典：保健福祉部（2022）2022年保育事業案内。

幼稚園正教師2級を授与するためには、幼児教育学、子ども学及び関連する学部（専攻・学科）において、50単位以上（基本科目21単位・7科目以上、教科教育8単位・3科目以上）かつ教職22単位以上を取得（合計72単位以上）することを要する（表7-10）。

表7-10　幼児教育学、子ども学及び関連学部による基本科目

資格	基本科目（分野）
幼稚園正教師2級	幼児教育論、幼児教育課程、乳幼児発達と教育、幼児言語教育、幼児社会教育、幼児科学教育、幼児数学教育、幼児美術教育、幼児音楽教育、幼児教師論、幼児動作教育、幼児遊び指導、幼児教育機関の運営管理、児童の権利と福祉、幼児健康教育、幼児観察及び実習、親教育、幼児安全教育

出典：『幼稚園及び小・中等・特殊学校等の教師資格取得のための細部基準』（2021.10.27. 一部改訂）別表3「教師資格種別及び表示科目別の基本履修科目（または分野）」。

保育教師2級資格を授与するためには、大学等で、「教師人格」（必修2科目・6単位）、「保育知識と技術」（必修9科目・27単位、選択4科目・12単位以上）、「保育実務必修科目」（必修2科目・6単位）の3領域において合計17科目・51単位以上を取得することを要する（表7-11）。

表7-11　教育領域別教科目

資格	領域	科目
保育教師2級	教師人格	【必修】保育教師（保育教師人格）論、児童権利と福祉
	保育知識及び技術	【必修】保育学概論、保育課程、乳幼児発達、乳幼児教授方法論、遊び指導、言語指導、児童音楽（もしくは児童動作、児童美術）、児童数学指導（もしくは児童科学指導）、児童安全管理（もしくは児童生活指導）
		【選択】児童健康教育、乳幼児社会情緒指導、児童文学教育、児童相談論、特別支援児指導、特別支援児への理解、保育所運営管理、乳幼児保育プログラム開発と評価、保育政策論、精神健康論、人間行動と社会環境、児童看護学、児童栄養学、親教育論、家族福祉論、家族関係論、地域社会福祉論
	保育実務	【必修】児童観察及び行動研究、保育実習

出典：『乳幼児保育法施行規則』（2022.6.22. 一部改訂）別表4「保育観連教科目及び単位」（第12条第1項関連）（2019.6.12. 改訂）。

4-2 保育者の研修

幼稚園教師の研修には、「資格研修」と「職務研修」がある（表7-12）。資格研修は教員資格を取得するための研修である。

表7-12　幼稚園教員研修の概要

区分	内容
資格研修	上位教員資格を取得するための資格研修 首席教師課程、正教師１級課程、正教師２級課程 【首席教師（首）及び正教師（正）の資格研修「標準教育課程」】 ・各課程の研修時数：合計90～135時間、・領域別割り当て比率：基本力量30～50%、専門力量50～70% ①基本力量：省察、教師リーダーシップ（正）／首席教師リーダーシップ（首）、研修機関の自律編成 ②専門力量：授業（正）／教育研究（首）、生活指導（正）／授業支援（首）、教育共同体への参加（正）／生活指導に対する支援（首）、研修機関の自律編成
職務研修	・「教員等の研修に関する規定」第18条の規定による教員の能力開発、評価結果の職務遂行能力の向上が必要であると認められる教員を対象に実施する職務研修 ・「教育公務員法」第45条第3項により復職しようとする教員を対象に実施する職務研修 ・その他教育理論・方法の研究及び職務遂行に必要な能力培養のための職務研修

出典：崔・秋田（2021）「日韓における『保育者研修』をめぐる政策の動向―2000年以降の研修体系に焦点化して」（p.6）より引用。

保育教師の研修には、保育教職員の資質向上のために実施する教育として「昇級教育」と「職務教育」がある（表7-13）。昇級教育は、保育教師が上位等級の資格（3級から2級、2級から1級）を取得するための教育である（人格・素養、健康・安全、専門知識・技術（特別支援及び多文化、保育活動運営の実際、家族及び地域社会との協力））。職務教育は、保育に必要とされる知識や能力を維持・開発するために定期的に受ける教育である。また、保育所園長の資格を授与する時にも事前職務教育を受けることが必要である。

表7-13　保育教師等の教育概要

区分		対象及び内容
昇級教育	2級	保育教師3級資格を取得した後、満1年の保育経歴のある者（80時間、履修希望者）
	1級	保育教師2級資格を取得した後、満2年の保育経歴がある者及び保育教師2級資格を取得した後、保育関連大学院で修士学位以上を取得し、1年以上（満6か月）の保育経歴がある者（80時間、履修希望者）

職務教育	一般 職務教育	【保育教師】現職に従事している保育教師として保育経歴が満2年を経過した者と保育教師の職務教育（昇級教育を含む）を受けてから満2年が経過した者（40時間、3年ごと）
		【長期未従事者】満2年以上保育業務を遂行していなくて再び保育業務を遂行しようとする保育教師や園長資格の取得者（40時間、履修希望者）
	特別 職務教育	【乳児保育】乳児保育を担当している一般職務教育対象者と乳児保育を担当する保育教師及びオリニチプ園長（40時間、履修希望者）
		【特別支援児保育】障害児保育を担当している一般職務教育対象者と障害児保育を担当する保育教師及びオリニチプ園長（40時間、履修希望者）
		【放課後保育】放課後保育を担当している一般職務教育対象者と放課後保育を担当する保育教師及びオリニチプ園長（40時間、履修希望者）

出典：保健福祉部（2022）2022年保育事業案内。

4-3　雇用形態や労働環境等

韓国の保育所においては、乳幼児の保育、健康管理、保護者との相談、その他保育所の管理・運営等の業務を担当するもの（保育教職員）として、園長と保育教師、その他の職員（障がい児のための保育教師、特殊教師、治療師、看護師、栄養士、調理員等）が勤務している。そのうち、保育教師は、担任教師、代替教師（保育教師の出産休暇、育児休暇、長期病暇等により採用される）、放課後教師、時間延長教師、24時間保育教師、時間制保育教師、補助教師、ヌリ課程補助教師（非担任、30時間未満／30時間以上）に分類されている。保育教師の報酬に関しては、勤労関係法令（勤労基準法、勤労者退職給与保障法等）に基づいて支給される（最低賃金法による最低賃金以上の報酬を支給しなければならない）。国公立、法人保育所等の国庫により運営される保育所においては、保健福祉部長官が定めた人件費の支援基準に応じて支給し、自治体による待遇改善費等も付加的に支給することができる。

幼稚園の場合には、幼稚園教員として園長、園監、首席教師、教師、また教員以外にも嘱託医、栄養士、放課後教師、看護師、看護助務士、行政職員等を置くことができる。幼稚園教員の報酬に関しては、公務員報酬規程第4条に基づいて支給される。公立幼稚園の手当は、賞与手当（精勤手当、成果手当）、家計保全手当（家族手当、子女学費補助金、育児休職手当）、特殊地勤務手当、特殊勤務手当（研究業務手当、教職手当）、超過勤務手当（時間外勤務手当、管理業務手当）、実費手当（定額給食費、祝日休暇費等）で区分されている。

一方、育児政策研究所（2019）によると保育所における離職率の理由として、度を超す業務量、長時間勤務時間、劣悪な勤務環境、低い給与等があげられた。保育所における「勤労条件や待遇改善」は、長きにわたって議論されてきた課題である。また、保育教師に対する待遇改善は、'保育教師の職務満足や没入'、'保育の質保障'にも影響を与える可能性があることから、解決すべき重要な課題として注目されている。これに対して、保育の質向上及び保育教師の待遇改善のために、保育所における「保育支援体制」が改編（図7-4）され、2020年3月から施行されている。「保育支援体制」の推進方針としては、第一に「午前7時30分から夜7時30分まで」になっていた保育時間を「基本保育（午前9時から午後4時までの7時間）＋延長保育（午後4時以降）」に区分し、第二に「延長保育」を設けて、その時間を専任で担当する保育教師を配置するようにした。このように保育現場を支援することで、乳幼児の情緒の安定、保育教師の業務負担や勤務環境改善、親のサービス利用の負担軽減等が期待されている。

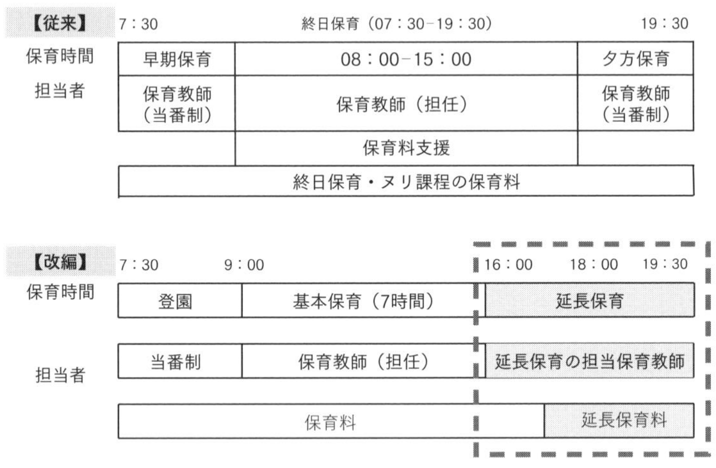

図7-4　保育所における「保育支援体制」改編案

出典：保健福祉部（2019）「保育支援体系支援改編案」。

5 カリキュラム

現在、韓国の国家レベルの保育カリキュラムは、『ヌリ課程』(幼稚園と保育所における共通のカリキュラム)と『標準保育課程』(保育所におけるカリキュラム)の2つである。『ヌリ課程』(2019年7月、4次改訂)は、『幼稚園教育課程』(3歳から5歳まで)と保育所の『3歳〜5歳標準保育課程』が統合されたものである。『標準保育課程』(2020年4月、4次改訂)は、保育所の0歳から5歳までの子どもに対するカリキュラム(3歳から5歳までは、ヌリ課程)である。『ヌリ課程』と『標準保育課程』の改訂プロセスは次の通りである(図7-5)。

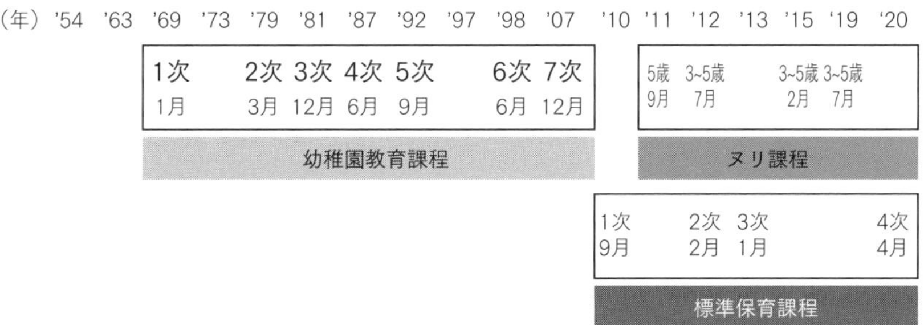

図7-5　標準保育課程、幼稚園教育課程、ヌリ課程(沿革)

出典::教育部・保健福祉部・育児政策研究所(2019)「2019年改訂ヌリ課程教師研修資料:コンサルタント研 修資料」(2019.10.25.金)、保健福祉部(2020)「標準保育課程」告示文をもとに筆者作成。

5-1 ヌリ課程

①ヌリ課程の改訂背景及び方向

2011年5月に、保育に対する「国の責任を強化」するために、5歳の幼児教育と保育内容が統合された共通課程が告示された。その後、幼稚園と保育所に通う5歳児の学費・保育料支援が全階層に拡大され、支援単価を年次的に現実化するための政策を用意し関連法令が整備された(2012年3月より幼稚園と保育所に通うすべての5歳児に共通施行)。さらに、ヌリ課程の適用対象は3・4歳児まで拡大され、2012年7月に幼稚園と保育所に通う3〜5歳児のための教育・保育を統合した「共通課程」である「3～5歳年齢別ヌリ課程」が告示された（2013年3月より施行）。これは、幼稚園と保育所に通うすべての3～5歳児が偏見や差別なく良質の経験ができることを示す。『ヌリ課程』は、前述したように既存の『幼稚園教育課程』と『3歳～5歳標準保育課程』を『3歳～5歳年齢別ヌリ課程』に統合したものであり、幼稚園と保育所に通う3歳から5歳までのすべての子どものためのカリキュラムである。このような『ヌリ課程』の制定は、「人生初期の公平なスタート保障」「3～5歳の幼児教育と保育の質の向上」「保護者の負担軽減」などを意味する。

『3歳～5歳年齢別ヌリ課程』は、2013年に施行してから現在に至るまで、韓国の幼児のための国家レベルの共通カリキュラムとして機能してきた。一方で、これを保育現場において実践する際には、「構成体系に対する補完の必要性」「非常に多い年齢別保育内容」「保育現場適用の画一化」などの問題が現れた。

2019年7月、『ヌリ課程』改訂（4次）の背景には、現政府の「国定5か年計画」と教育部の「幼児教育の革新的な方案」がある（図7-6）。

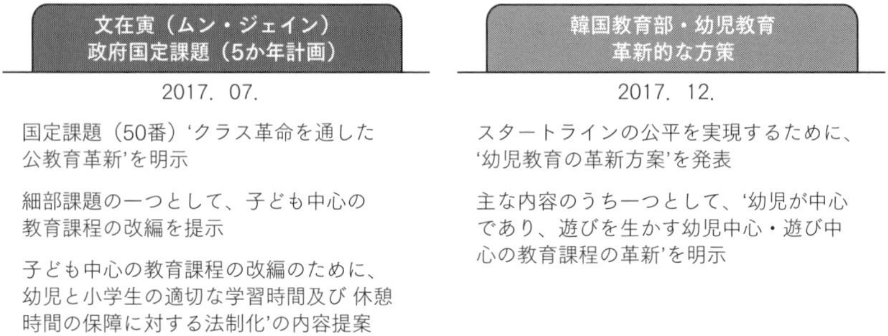

文在寅（ムン・ジェイン） 政府国定課題（5か年計画）	韓国教育部・幼児教育 革新的な方策
2017. 07.	2017. 12.
国定課題（50番）‘クラス革命を通した公教育革新’を明示	スタートラインの公平を実現するために、‘幼児教育の革新方案’を発表
細部課題の一つとして、子ども中心の教育課程の改編を提示	主な内容のうち一つとして、‘幼児が中心であり、遊びを生かす幼児中心・遊び中心の教育課程の革新’を明示
子ども中心の教育課程の改編のために、幼児と小学生の適切な学習時間及び 休憩時間の保障に対する法制化’の内容提案	

図7-6　文在寅政府の「国定5か年計画」と教育部の「幼児教育の革新的な方策」

出典：教育部・保健福祉部・育児政策研究所（2019）2019年改訂ヌリ課程教師研修資料：コンサルタント研修資料より（2019.10.25.金）。

『2019改訂ヌリ課程』の改訂内容の特徴は、次の通りである。

- ヌリ課程の性格を共通の教育課程に明示
- 教育課程の構成体系の確立
- 既存の構成維持及び5領域の内容簡略化

・幼児中心・遊び中心を追求する
・ヌリ課程の実行力と保育現場の自律性を強調
・評価の簡略化

②改訂ヌリ課程の概要

目次	第2章　領域別目標及び内容
	Ⅰ　身体運動・健康
ヌリ課程の性格	Ⅱ　意思疎通
第1章　総論	Ⅲ　社会関係
Ⅰ　ヌリ課程の構成方針	Ⅳ　芸術経験
Ⅱ　ヌリ課程の運営	Ⅴ　自然探究

ヌリ課程の性格（新設）

カリキュラムにおいて提示される「性格」は、国家レベルのカリキュラムの構成体系を確立する出発点である。ヌリ課程においても、改訂時に「性格」の項目が新設され、ヌリ課程は「3～5歳幼児のための国家レベルの共通カリキュラム」として定義された。改訂ヌリ課程の「性格」は、『2015改訂小・中等学校カリキュラム』の性格の構成体系と整合性が図られるとともに、幼児期の固有の特徴を反映して「幼児中心及び遊び中心」を強調している。

・国家レベルの共通性と地域、施設及び個人レベルの多様性を同時に追求する
・幼児の全人的発達と幸福を追求する
・幼児中心・遊び中心を追求する
・幼児の自律性と創造性伸張を追求する
・幼児、保育者、園長（園監）、親（保護者）及び地域社会が共に実践していくことを追求する

ヌリ課程の総論

ヌリ課程の「構成方針」には、「追求する人間像」「目的と目標」「構成の重点」が含まれている（表7-14）。改訂ヌリ課程では、国家レベルのカリキ

ュラムにおいて追求すべき教育的ビジョンとして、「追求する人間像」を提示している。ヌリ課程の「目的」では、幼児期の特性を反映し、ヌリ課程が目指すべきところを提示している。ヌリ課程の「目標」では、「追求する人間像」について、その具体的な内容を説明している。「構成の重点」は、改訂ヌリ課程を構成する際、主に考慮した点である。

表7-14　ヌリ課程の「構成方向」

Ⅰ. ヌリ課程の構成方向	
1. 追求する人間像	健康な人 自主的な人 創意的な人 感性の豊かな人 共に生きる人
2. 目的と目標	ヌリ課程の目的は、幼児が遊びを通して心身の健康と調和のとれた発達をし、正しい人格と民主的な市民の基礎を形成することにある。 【目標】 ・自分の大切さを知り、健康で安全な生活習慣を養う。 ・自分のことを自ら解決する基礎能力を養う。 ・好奇心と探究心をもち想像力と創造力を養う。 ・日常生活で美しさを感じ、文化的感受性を養う。 ・人と自然を尊重し、配慮して関わる態度を養う。
3. 構成の重点	・すべての3歳～5歳の幼児にふさわしいように構成する。 ・追求する人間像具現化のための知識、技能、態度及び価値を反映し構成する。 ・身体運動・健康、意思疎通、社会関係、芸術経験、自然探究の5領域を中心に構成する。 ・3歳～5歳の幼児が経験すべき内容で構成する。 ・0歳～2歳保育課程及び小学校教育課程との連続性を考えて構成する。

ヌリ課程の「運営」には、「編成・運営」「教授・学習」「評価」が含まれている（表7-15）。「編成・運営」は、幼稚園と保育所において幼児・遊び中心のカリキュラムを編成し運営するために、考慮すべき共通基準を提示している手引きである。「教授・学習」は、幼児が楽しく遊びながら自ら学ぶことができるように、保育者が支援する際に考慮すべきところである。ヌリ課程における「評価」は、幼稚園と保育所において幼児が中心となり、遊びが生き生きとするヌリ課程の運営を振り返り、改善していくプロセスである。改訂ヌリ課程は、幼稚園と保育所において、幼児・遊び中心のカリキュラム運営のためになるように‘評価を簡略化’、各施設における‘自律的な評価’を強調している。幼稚園と保育所では、評価の目的、対象、方法、結果の活用

に基づいて、ヌリ課程の評価を自律的に実施することができる。

表7-15　ヌリ課程の「運営」

Ⅱ. ヌリ課程の運営	
1. 編成・運営	・1日4～5時間を基準に編成する。 ・日課運営により、拡張して編成できる。 ・ヌリ課程に基づいて、施設の実情に応じた計画を作成し運営する。 ・一日の日課において、外遊びを含め幼児の遊びが十分に行われるように編成し運営する。 ・性、身体的特性、障害、宗教、家族及び文化的背景などによる差別がないように編成し運営する。 ・幼児の発達と障害程度により調整し運営する。 ・家庭と地域社会との協力及び参与を基盤として運営する。 ・保育者研修を通して、ヌリ課程の運営が改善されるようにする。
2. 教授・学習	・幼児が興味と関心により、遊びに自由に参加し楽しめるようにする。 ・幼児が遊びを通して学べるようにする。 ・幼児がさまざまな遊びと活動を経験できるように室内外環境を構成する。 ・幼児と幼児、幼児と保育者、幼児と環境の間に能動的な相互作用が行われるようにする。 ・5領域の内容が統合的に経験できるようにする。 ・ひとりひとり幼児の欲求に従って、休息と日常生活が円滑に行われるようにする。 ・幼児の年齢、発達、障害、背景などを考慮し、個別の特性に応じた方法で学ぶことができるようにする。
3. 評価	・ヌリ課程の運営の質を診断し、改善するために評価を計画し実施する。 ・幼児の特性及び発達の程度とヌリ課程の運営を評価する。 ・評価の目的に応じた方法を使用して評価する。 ・評価の結果は、幼児に対する理解とヌリ課程の運営の改善のための資料として用いることができる。

領域別目標及び内容カテゴリー

改訂ヌリ課程では、「身体運動・健康」「意思疎通」「社会関係」「芸術経験」「自然探究」の5つの領域を維持しつつも、各領域に含まれる「内容カテゴリー」及び「内容」は簡略化された。具体的には、各領域において3つずつ、計15項目の内容カテゴリーとなった（表7-16）。「内容カテゴリー」をさらに具体化した「内容」は、身体運動・健康領域に12項目、意思疎通領域に12項目、社会関係に12項目、芸術経験領域に10項目、自然探究領域に13項目で、全部で59項目に簡略化された（前回のヌリ課程では、63項目）。

表7-16　ヌリ課程の領域別「目標」及び「内容カテゴリー」

領域	目標	内容カテゴリー
身体運動・健康	室内外で身体活動を楽しみ、健康で安全な生活をする。	・身体活動を楽しむ ・健康に生活する ・安全に生活する
意思疎通	日常生活に必要な意思疎通能力と想像力を養う。	・聞き取りと会話 ・読み書きに興味をもつ ・本とお話を楽しむ
社会関係	自分を尊重し、共に生活する態度をもつ。	・自分を知り、尊重する ・共に生活する ・社会に関心をもつ
芸術経験	美しさと芸術に関心をもち、創意的表現を楽しむ。	・美しさをみつける ・創意的に表現する ・芸術性を感じる
自然探究	探究する過程を楽しみ、自然と共に生きる態度をもつ。	・探究過程を楽しむ ・生活の中で探究する ・自然と共に生きる

5-2　標準保育課程

①標準保育課程の改訂背景及び方向

1991年1月、『乳幼児保育法』が制定され、保育の法的な土台は構築されていたが、保育所においては具体的な保育の目標（ねらい）と内容に関する国家レベルの指針はなかった。その結果、保育目標と内容が保育所ごとに異なるため、保育の質にも差が生じていた。そのため、その差をなくすための方策が必要であるという保護者の声や社会的なニーズが高まっていった。

そのため、2004年全面改訂された『乳幼児保育法』第29条に基づいて、『標準保育課程』開発が行われ、2007年1月女性家族部（Ministry of Gender Equality and Family）は、『標準保育課程』を告示した。また、『標準保育課程』を施行するために、2007年には0歳から5歳までの保育プログラムと特別支援児のための保育プログラムが開発・普及された。

その後、社会変化に伴い、保育に対する「公共性」が求められ、これに応じて、2012年3月から幼稚園と保育所に通う5歳の子どものための共通のカリキュラム（『ヌリ課程』）が制定・施行された。それを受けて、制定された『5歳ヌリ課程』の内容を反映して『標準保育課程』が改訂（2次）され、2012年告示された。

2013年3月、政府は0歳から5歳までの無償化を推進することを決定し、これに応じてヌリ課程の範囲が3歳から5歳までに拡大された。それを受けて、2013年1月には、3歳～5歳ヌリ課程の内容が反映された改訂『標準保育課程』（3次）が告示された。

保育所（オリニチプ）『標準保育課程』（以下、「保育課程」という）は、保育所の0歳～5歳の乳幼児に対して国家レベルで提供する普遍的で共通的な保育の目標と内容を提示したものである。保育課程は、0歳～1歳保育課程、2歳保育課程、3歳～5歳保育課程（ヌリ課程）で構成する。

2019年7月、『ヌリ課程』の改訂とともに、『標準保育課程』においても改訂計画（乳幼児の遊ぶ権利及び発達のバランスを考える）が発表された。2020年4月、0歳から5歳までの経験及び発達の連続性のために、『ヌリ課程』の改訂方向及び内容を踏まえて、『標準保育課程（0歳～2歳保育課程）』が改訂・告示（4次）された（2020年9月1日施行）。

『4次標準保育課程』（0歳～2歳）の改訂内容の特徴は、次の通りである。

- 総論においては、ヌリ課程の改訂方向と趣旨を受容し、かつ保育（care）のアイデンティティを維持、乳幼児保育の特性を反映する
- 領域ごとにおいては、『3次標準保育課程』に基づいて、その特性を反映する
- 既存の年齢体系を維持する：0歳～1歳保育課程、2歳保育課程
- 構成体系の調整：領域・内容カテゴリー・内容の維持、0歳～1歳（4水準）、2歳（2水準）の細部内容を統合する
- 既存の領域（6つ）の維持及び内容簡略化
- 乳幼児中心・遊び中心を追加する
- 乳幼児ひとりひとりの基本的権利の保障を強調する

②第４次改訂標準保育課程の概要

目次	第３章　２歳の領域別目標及び内容
	Ⅰ　基本生活
標準保育課程の性格	Ⅱ　身体運動
第１章　総論	Ⅲ　意思疎通
Ⅰ　標準保育課程の構成方向	Ⅳ　社会関係
Ⅱ　ヌリ課程の運営	Ⅴ　芸術経験
第２章　０歳～１歳の領域別目標及び内容	Ⅵ　自然探究
Ⅰ　基本生活	第４章　３歳～５歳の領域別目標及び内容（ヌリ課程）
Ⅱ　身体運動	Ⅰ　身体運動・健康
Ⅲ　意思疎通	Ⅱ　意思疎通
Ⅳ　社会関係	Ⅲ　社会関係
Ⅴ　芸術経験	Ⅳ　芸術経験
Ⅵ　自然探究	Ⅴ　自然探究

標準保育課程の性格（新設）

保育所における標準保育課程は、0歳～5歳の乳幼児のための国家レベルの保育課程であり、0歳～1歳保育課程、2歳保育課程、3歳～5歳保育課程（ヌリ課程）で構成されている。

- 国家レベルの共通性と地域、施設及び個人レベルの多様性を同時に追求する
- 乳幼児の全人的発達と幸福を追求する
- 乳幼児中心・遊び中心を追求する
- 乳幼児の自律性と創意性伸張を追求する
- 乳幼児、保育者、園長、親（保護者）及び地域社会が共に実践していくことを追求する

標準保育課程の総論

標準保育課程の「構成方向」には、「追求する人間像」「目的及び目標」「構成の重点」が含まれている（表7-17）。

表7-17　標準保育課程の「構成方向」

Ⅰ．標準保育課程の構成方向	
1．追求する人間像	・健康な人 ・自主的な人 ・創造的な人 ・感性の豊かな人 ・共に生きる人
2．目的及び目標	標準保育課程の目的は、乳幼児が遊びを通して心身の健康と調和のとれた発達をし、正しい人格と民主的市民の基礎を形成することにある。 【0歳～2歳保育課程の目標】 ・自分の大切さを知り、健康で安全な環境で楽しく生活する。 ・自分のことを自らしようとする。 ・好奇心をもって探索し、想像力を養う。 ・日常生活で美しさに関心をもち、感性を養う。 ・人と自然を尊重し、関わることに関心をもつ。 【3歳～5歳保育課程の目標】 ・自分の大切さを知り、健康で安全な生活習慣を養う。 ・自分のことを自ら解決する基礎能力を養う。 ・好奇心と探究心をもち想像力と創意力を養う。 ・日常生活で美しさを感じ、文化的感受性を養う。 ・人と自然を尊重し、配慮して関わる態度を養う。
3．構成の重点	・乳幼児は、個別的な特性をもつ固有な存在であることを前提として構成する。 ・すべての0歳～5歳の乳幼児に適用されるように構成する。 ・追求する人間像具現化のための知識、技能、態度及び価値を反映し構成する。 ・標準保育課程は、次の領域を中心に構成する。0歳～1歳保育課程、2歳保育課程は、基本生活、身体運動、意思疎通、社会関係、芸術経験、自然探究の6領域を中心に構成する。3歳～5歳保育課程（ヌリ課程）は、身体運動・健康、意思疎通、社会関係、芸術経験、自然探究の5領域を中心に構成する。 ・0歳～5歳の乳幼児が経験すべき内容で構成する。 ・小学校教育課程との連続性を考えて構成する。

標準保育課程の「運営」では、「編成・運営」「教授・学習」「評価」が含まれている（表7-18）。

表7-18　標準保育課程の「運営」

Ⅱ．標準保育課程の運営	
1．編成・運営	・保育所の運営時間に合わせて編成する。 ・標準保育課程に基づいて、施設の実情に応じた計画を作成し運営する。 ・一日の日課において、外遊びを含め幼児が十分に遊べるように編成し運営する。 ・性、身体的特性、障害、宗教、家族及び文化的背景などによる差別がないように編成し運営する。 ・乳幼児の発達と障害程度により調整し運営する。 ・家庭と地域社会との協力及び参与を基盤として運営する。 ・保育者研修を通して、標準保育課程の運営が改善されるようにする。
2．教授・学習	・乳幼児の意思表現を尊重し、敏感に応答する。 ・乳幼児が興味と関心により、遊びに自由に参加し楽しめるようにする。 ・乳幼児が遊びを通して学べるようにする。 ・乳幼児がさまざまな遊びと活動を経験できるように室内外環境を構成する。 ・乳幼児と乳幼児、乳幼児と保育者、乳幼児と環境の間に能動的な相互作用が行われるようにする。 ・各領域の内容が統合的に経験できるようにする。 ・ひとりひとりの乳幼児の欲求に従って、休息と日常生活が円滑に行われるようにする。 ・乳幼児の年齢、発達、障害、背景などを考慮し、個別の特性に応じた方式で学ぶことができるようにする。
3．評価	・標準保育課程の運営の質を診断し、改善するために評価を計画し実施する。 ・乳幼児の特性及び発達の程度と標準保育課程の運営を評価する。 ・評価の目的に応じた方法を使用して評価する。 ・評価の結果は、乳幼児に対する理解と標準保育課程の運営の改善のための資料として扱うことができる。

領域別目標及び内容カテゴリー

改訂標準保育課程（0歳～2歳保育課程）では、「基本生活」「身体運動」「意思疎通」「社会関係」「芸術経験」「自然探究」の6つの領域を維持しつつも、各領域の「内容カテゴリー」に含まれる「内容」は簡略化された（表7-19、表7-20）。0歳～2歳保育課程においては、ヌリ課程に比べて「基本生活」を強調し、子どもが‘経験する’、‘試みる’ことに重点が置かれている。

表7-19　0歳～1歳保育課程の領域別「目標」及び「内容カテゴリー」

領域	目標	内容カテゴリー
基本生活	健康で安全な日常生活を経験する	・健康に生活する ・安全に生活する
身体運動	感覚的に探索し、身体活動を楽しむ	・感覚と身体を認識する ・身体活動を楽しむ
意思疎通	意思疎通能力の基礎を養う	・聞き取りと会話 ・読み書きに興味をもつ ・本とお話を楽しむ

社会関係	自分を認識し、親しみのある人と関わる	・自分を知り、尊重する ・共に生活する
芸術経験	美しさを感じて、経験する	・美しさをみつける ・創造的に表現する
自然探究	周りの環境と自然に関心をもつ	・探究過程を楽しむ ・生活の中で探究する ・自然と共に生きる

表7-20　2歳保育課程の領域別「目標」及び「内容カテゴリー」

領域	目標	内容カテゴリー
基本生活	健康で安全な生活習慣の基礎を養う	・健康に生活する ・安全に生活する
身体運動	五感を使って、身体活動を楽しむ	・感覚と身体を認識する ・身体活動を楽しむ
意思疎通	意思疎通能力と想像力の基礎を養う	・聞き取りと会話 ・読み書きに興味をもつ ・本とお話を楽しむ
社会関係	自分を認識し、他者と共に生きる経験をする	・自分を知り、尊重する ・共に生活する
芸術経験	美しさを感じて、楽しむ	・美しさをみつける ・創造的に表現する
自然探究	周りの環境と自然を探索する過程を楽しむ	・探究過程を楽しむ ・生活の中で探究する ・自然と共に生きる

6 監査や評価

韓国における保育施設は幼稚園と保育所（オリニチプ）に二元化されている。この2つの施設における保育の質を評価するために、2006年に保育所（オリニチプ）における「評価認証制度」が、2008年には「幼稚園評価」が施行された。2011年には幼稚園と保育所（オリニチプ）における共通の標準教育保育課程である「5歳児ヌリ課程」の施行（2012年3月から3歳児・4歳児も施行）により、幼保一体化の推進のための幼稚園と保育所（オリニチプ）における「統合評価指標」が開発（2016年）、施行（2017年）された。それから、保育所における評価は、2019年6月から「義務化」になり、その名称も「評価認証制」から「評価制」に変わった。その評価指標の細部内容は、既存の幼稚園と保育所「統合評価指標」に基づいて、保育所のもっている固有の特性を反映したものとなっている。さらに、2020年には、『2019改訂ヌリ課程』及び『改訂標準保育課程』の施行、「保育支援体系」の改編とも整合性が図られている。一方、幼稚園における評価は、2020年から「第5回幼稚園評価」が施行される。前回と比べて、評価領域、指標数、評価項目等を大幅に縮小し、幼稚園現場における負担を軽減するようにした。また、「第5回幼稚園評価」においては、教育部による「第5回（2020～2022年）幼稚園評価推進計画」に基づいて、市・都による「自治体指標」を用いて幼稚園評価を行う。

6-1　幼稚園における評価

①開発背景

幼稚園における国家水準の評価システム構築を通して、幼稚園の運営を体系的・総合的に点検・モニタリングすることで幼児教育の公教育化及びその質を向上させることが必要とされている。また、評価結果を幼稚園と行政が共有することで、幼児教育への投資の効率性を高めることが可能になる。公教育化が進むことで、政府による幼児教育への財政支援は事実上、小さな子どもをもつ親に対する補助としての意味合いをもつようになり、親による幼稚園の選択の重要性がますます高まってきた。よって、幼稚園に対して国家レベルの評価を行い、その結果を公開することで、親が幼稚園を選択するうえで必要な情報を取得する権利を保障し、幼稚園教育に対する満足度を向上することが求められている。

○「第5回幼稚園評価」の目的

・幼稚園における自律的な教育活動の診断及び改善を通した幼児教育の質向上
・教育共同体の参与・交流・協力を通した自律と責任のある幼稚園の自治文化の醸成
・健康・安全の強化を通した安全な幼稚園環境の醸成
・幼稚園の公共性及び責務性の向上による自律運営体系の構築

表7-21　幼稚園評価の概要

区分	第4回	第5回
評価の手続き	・自己評価→書面評価→現場評価	・自己評価→書面評価
評価の方法	・客観化、定型化された形式の現場評価を通した評価団中心の評価 ・画一化された評価指標、評価項目の提示	・幼稚園における構成員同士の協力・交流を通した幼稚園自己評価の力量向上 ・評価項目の自律的な構成による幼稚園の自律性尊重
結果の還元	・評価結果の実質的な活用の不足	・組織的、体系的・継続的な事後コンサルティングの実施

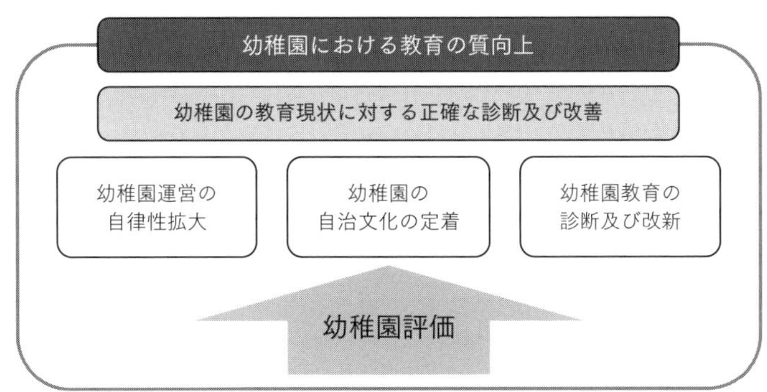

図7-7　幼稚園評価の目的

出典：ソウル特別市教育庁・幼児教育振興院（2020）第5回（2020～2022年）「2020年幼稚園評価ガイドブック」（教員用）。

②第5回幼稚園評価（2020～2022年）　＊ソウル特別市の事例

『幼稚園教育法』第19条第1項に基づく幼稚園評価は、幼稚園における教育共同体の参与・交流・協力を通した自律と責任をもとに、幼稚園教育の全般を確認・診断し、改善していく「計画—実践—評価—改善」のプロセスである。2020年から施行される「第5回幼稚園評価」においては、‘評価の手続きの簡略化（自己評価、書面評価）による幼稚園における自治文化の醸成’、‘健康・安全の領域の強化による責務性の向上’、‘コンサルティング強化による現場支援体系の確立’を目指している。

運営体制

○ 評価機関

・ソウル市都教育庁 幼児教育振興院

○ 評価対象及び有効期間など

・評価対象：ソウル特別市教育庁管内すべての公・私立幼稚園

※自己評価は、毎年ソウル特別市教育庁管内すべての公・私立幼稚園を対象に毎年実施する。書面評価は、1年次（2020年）270か所、2年次（2021年）280か所、3年次（2022年）280か所を対象に実施する（3年周期内1回）。

・評価の対象期間：評価実施年度内の6か月間
（第5回幼稚園評価は、2020～2022年の間に実施する）

・評価の有効期間：3年

○評価の手続き

自己評価 → 書面評価（手続きの簡略化）

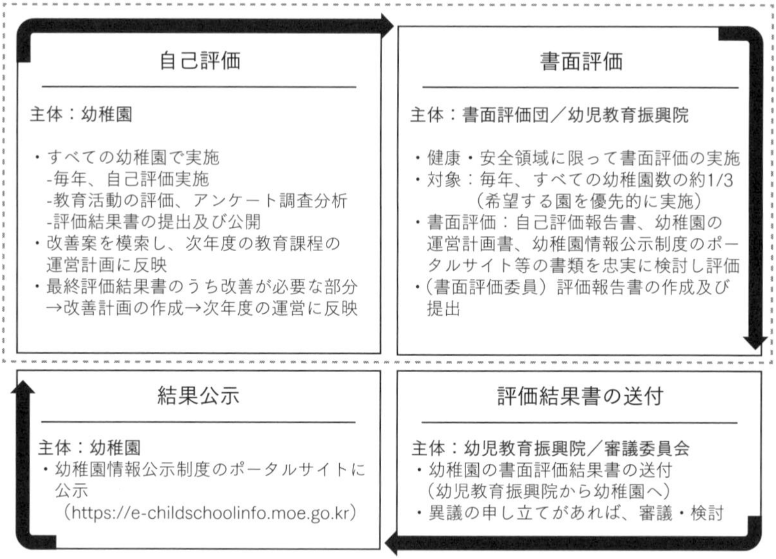

自己評価

主体：幼稚園

・すべての幼稚園で実施
-毎年、自己評価実施
-教育活動の評価、アンケート調査分析
-評価結果書の提出及び公開
・改善案を模索し、次年度の教育課程の運営計画に反映
・最終評価結果書のうち改善が必要な部分→改善計画の作成→次年度の運営に反映

書面評価

主体：書面評価団／幼児教育振興院

・健康・安全領域に限って書面評価の実施
・対象：毎年、すべての幼稚園数の約1/3（希望する園を優先的に実施）
・書面評価：自己評価報告書、幼稚園の運営計画書、幼稚園情報公示制度のポータルサイト等の書類を忠実に検討し評価
・（書面評価委員）評価報告書の作成及び提出

評価結果書の送付

主体：幼児教育振興院／審議委員会

・幼稚園の書面評価結果書の送付（幼児教育振興院から幼稚園へ）
・異議の申し立てがあれば、審議・検討

結果公示

主体：幼稚園

・幼稚園情報公示制度のポータルサイトに公示（https://e-childschoolinfo.moe.go.kr）

※審議委員会：幼児教育振興院により構成・運営される幼稚園評価委員会内の小委員会

図7-8　幼稚園における評価の手続き

出典：ソウル特別市教育庁・幼児教育振興院（2020）第5回（2020～2022年）「2020年幼稚園評価ガイドブック」（教員用）。

評価項目及び方法

○評価領域、評価指標

表7-22　幼稚園における評価指標

領域（項目数）	指標	項目数
Ⅰ．幼児中心の教育課程及び放課後課程（16～17項目）	1-1　幼児・遊び中心の教育課程の編成・運営及び教授－学習支援	6～7
	1-2　幼児・教育課程の評価及び還元	4
	1-3　教員の専門性向上への支援	4
	1-4　ケアと休憩がある放課後課程	2
Ⅱ．民主的な幼稚園の運営（15項目）	2-1　幼稚園のビジョン共有	3
	2-2　参与と疎通の教育自治	8
	2-3　協力共同体の形成	4
Ⅲ．安全で快適な教育環境及び幼児のための健康・安全（10項目）	3-1　安全な施設設備と快適な空間	3
	3-2　安心、信用できる給・間食の環境	2
	3-3　幼児と保育者のための健康及び安全の増進	3
	3-4　安全な登・降園	2
合計	11	41～42

○評価方法

・自己評価と書面評価を並行することで、幼稚園の自律性を尊重しつつ、公共性を強化する 。

・自己評価：（Ⅰ、Ⅱ領域）5点尺度を用いた評定尺度方式、（Ⅲ領域）充足（Y）／未充足（N）の定量評価（優秀、適合、要改善）

・書面評価：領域別に‘優秀’、‘適合’、‘要改善’に評価

－（項目）各評価項目別に‘充足（Y）’または‘未充足（N）’に チェックする。

－（領域）評価項目の‘充足’個数により、3つの等級（優秀、適合、要改善）のうち1つを付与する。

※評価項目別の合否に対する詳細な基準は評価マニュアルに提示する。

・評価指標：評価指標の評価項目の‘合格’の個数により3つの等級（優秀・適合・要改善）のうち1つを付与する。

※評価項目の充足比率：‘優秀’は80％以上、‘適合’は60％以上～ 80％未満、‘要改善’は60％未満

表7-23 '充足'評価の項目の数による評価指標の等級（例）

評価領域（項目数）	'充足'評価の項目数		
III 領域（10）	8つ以上	6～7つ	5つ以下
	▼	▼	▼
	優秀	適合	要改善

結果の公開

○幼稚園評価の結果の公開

・評価結果の分析及び改善案に関する内容を還元し、幼稚園の教育計画の作成に反映する。

・自己評価、書面評価の結果書を次年度の幼稚園の情報公示制度のポータルサイト（https://e-childschoolinfo.moe.go.kr）にアップロードする。

・幼稚園評価の結果による継続的なコンサルティング、優秀事例の共有、幼稚園間のネットワークを構築する。

○期待される効果

・幼稚園：自律的な運営の実態診断及び改善、幼稚園間の教育力向上

・保護者：総評、領域別の所見等幼稚園に関する具体的・詳細な情報の共有、優秀幼稚園の公開による保護者の機関選択権の保障及び満足度の向上

・教育支援庁：評価結果の公開による親の知る権利の保障、責務性の向上を通した教育の質向上

表7-24 幼稚園評価の概要（自己評価・書面評価）

区分	自己評価	書面評価
時期	毎年	周期内1回
評価委員	幼稚園の自己評価委員（保護者2人以上を含め5～11人以内で構成）	書面評価委員（幼児教育振興院で選定）
評価領域	Ⅰ～Ⅲ領域	・Ⅲ領域
評価指標及び項目	・Ⅰ、Ⅱ領域：各幼稚園の特性を考慮して、指標ごとに2項目以上選択する ・Ⅲ領域：すべての項目について行う	・Ⅲ領域：すべての項目について行う

評価方法	・アンケート調査 ・評定尺度 ・Y/N定量評価	・Y/N定量評価 ・評価項目別の提出書類 ・情報公示サイトの資料
結果公開	幼稚園の情報公示制度のポータルサイト	幼稚園の情報公示制度のポータルサイト

6-2 保育所（オリニチプ）における評価

①開発背景

1980年以降、女性の社会進出が進み、保育に対する社会的な需要が増えてきた。1991年に「乳幼児保育法」が制定、1995年から3年間にわたり「保育施設の拡充計画」が推進され、保育施設の拡充が実現した。しかし、2004年に「乳幼児保育法」が改訂される前まで、施設設備及び勤務者の資格に関する基準は制定されていなかった。1998年から2004年までの間、保育施設の設置は申告制となっていたため、容易に設立され、質の管理が難しい傾向にあった。

評価認証制度は、保育の質に影響を与える指標の基準を定め、保育現場が自律的な運営点検・改善を行うことで、保育サービスの質を向上させることを目指している。また評価認証制度を通じて保育サービスの利用者への情報提供が可能になる。評価認証制度は、保育施設で生活している多くの乳幼児の健やかな成長や幸福のために環境を整備し、基本的な成長や発達に関する権利を保障するものである。

○「評価認証制度」の目的

・乳幼児が安全な保育環境で健やかに育てられる権利を保障するため、保育サービスの質を向上すること
・保育サービスの質の向上のプロセスを通して、園長や保育教師の専門性を向上すること
・親が合理的に保育施設を選択することができるように、保育サービスの質の水準に関する情報を提供すること
・保育現場の支援に関する政府の効率的な管理体制の確立

②保育所（オリニチプ）評価制（2019年6月より義務化）

2018年12月、保育所における評価は『乳幼児保育法』第30条（保育所評価）

に基づいて義務化された（参加手数料は、国が全額負担する）。評価制は、すべての保育所（オリニチプ）を対象にし、評価を円滑に進められるように、結果等級別に質の管理が持続可能であるように設計された。国家レベルの周期的な評価を行うことで、すべての保育所（オリニチプ）の常時的な保育サービスの質を確保し、保育・養育に対する社会的責任を強化し、実現することで、安心できる保育環境を醸成する。保育所においては、「評価義務」となるために、『乳幼児保育法』第44条第4の6号により、評価を拒否、妨害もしくは忌避、虚偽、その他不正な方法で評価を受ける際には、法に従う是正命令及び行政処分を受ける。

○「評価制」の目的

・常時的な保育サービスの質管理のために、主な指標を中心に質管理の標準を提示し、保育所自らの質を向上させる。

・すべての保育所において周期的に評価を行うことで、保育サービスの質管理におけるブラインドスポット（Blind spot）を解消し、保育サービスを継続的に管理し、国による責務性を強化する。

・評価制を通して保育サービスの質を向上させることで、乳幼児の安全・健康、調和のとれた成長・発達を図る。このために、乳幼児の人権と遊ぶ権利を保障し、乳幼児が健康で幸せに成長していき、安心できる保育環境を整備し、保育教職員が保育に集中できる環境を整える。

運営体制

○評価機関

・保健福祉部長官は、保育サービスの質向上のために、すべての保育所に対して定期的に評価を実施し、評価業務は「韓国保育振興院」に委託し実施する。

※評価指標の評価領域及び項目、評価方法、評価手続きなどに関する細部事項は、「韓国保育振興院」で定められる。

○評価対象及び有効期限など

・評価対象：『乳幼児保育法』に基づいて設置したすべての保育所（学童保育所は除く）

・評価の対象期間：評価周期による評価対象を選定・通知し、その6か月経過後、「現場評価」を進める。

※新規開園の場合は、開園日から6か月経過した後、評価対象に選定し、対象選定の通知後6か月経過時に現場評価を実施。代表者変更の場合には、認証有効期間の終了処理後、変更認可日から3か月以内に選定通知を行う。

・評価の有効期間：等級区分により異なる（表7-29参照）

※A・Bは3年、C・Dは2年を周期とする

〇評価の手続き

・評価手続き：3段階

（基本事項の確認及び自己点検➡現場評価➡総合評価）

保育所における評価の手続きは、評価対象となる保育所の選定及び通知から始まり、基本事項の確認及び自己点検報告書の提出、現場評価、総合評価の順で進められる。保育所における評価の手続きは図7-9の通りである。

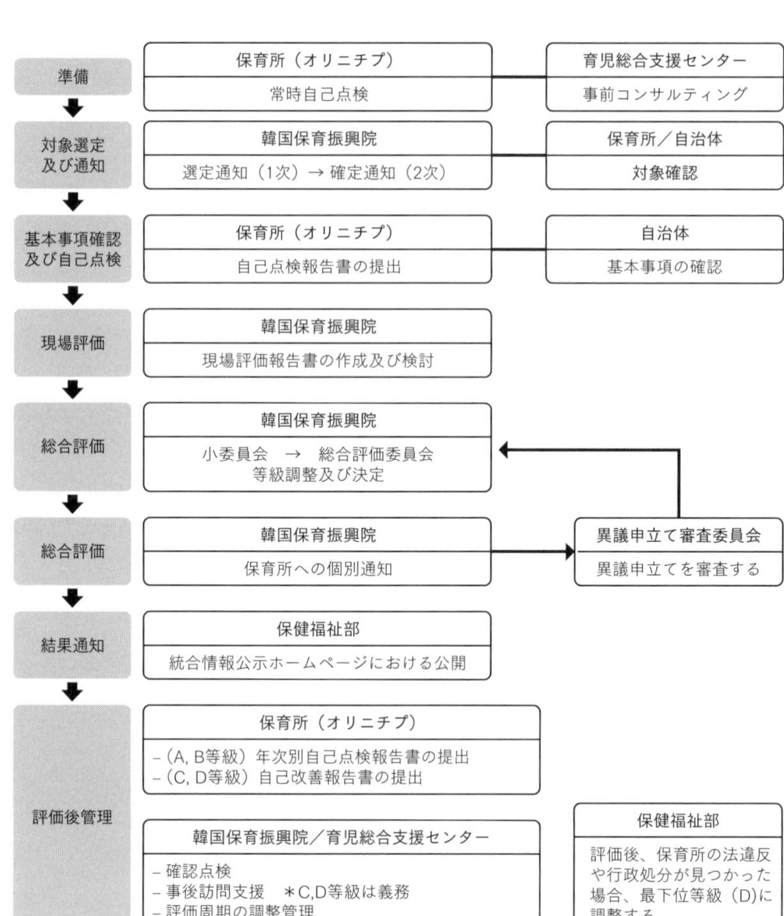

図7-9 保育所（オリニチプ）評価における運営体制

○評価領域、評価指標

表7-25　保育所における評価指標

領域（項目数）	指標	項目数
1．保育課程及び相互作用（18項目）	1-1．乳幼児の権利の尊重（必須）	2
	1-2．保育計画の作成及び実行	6
	1-3．遊び及び活動支援	3
	1-4．乳幼児間相互作用に対する支援	4
	1-5．保育課程の評価	3
2．保育環境及び運営管理（14項目）	2-1．室内空間の構成及び運営	4
	2-2．室外空間の構成及び運営	3
	2-3．施設運営	4
	2-4．家庭及び地域社会との連携	3
3．健康・安全（15項目）	3-1．室内外空間の清潔及び安全	3
	3-2．給食・間食	3
	3-3．健康増進のための教育及び管理	3
	3-4．登・降園の安全	3
	3-5．安全教育及び事故対策	3
4．教職員（12項目）	4-1．園長のリーダーシップ	3
	4-2．保育教職員の勤務環境	3
	4-3．保育教職員の処遇と福祉	3
	4-4．保育教職員の専門性向上	3

※3-2、3-4、3-5 指標内、必須要素8つを含む。

○現場評価方法

・評価方法：観察、面談、記録確認の方法で行う。

表7-26　評価方法

区分	内容
観察	保育環境、保育内容、相互作用などに対する観察を行う 登園から降園までの日課の間に行う
面談	「園長、保育者、調理員、運転手、保育参与者」を対象に面談を行う 評価指標（項目、要素）に関する実行可否及び内容を確認する
記録	評価指標（項目、要素）に関する実行可否及び内容確認のために必要となる記録を確認する ※保育日誌：現場評価の１か月前の分から ※その他：現場評価の３か月前の分から ※ただし、1年単位で確認できる指標の場合には、前年度の記録を確認することもある

・評定方式

【評価指標】各指標の評価項目の'充足'個数により、3つの等級（優秀、普通、要改善）のうち1つを付与する

※評価項目は、チェックリストの方式により、'充足（Y）'または'未充足（N）'にチェック

表7-27　評価指標における評定方式

評価項目の数	指標評定 項目の数		
2	2つ	1つ	0
3	3つ	2つ	1つ以下
4	4つ	2～3つ	1つ以下
5	5つ	3～4つ	2つ以下
6	6つ	3～5つ	2つ以下
	▼	▼	▼
	優秀	普通	要改善

【評価領域】各領域の評価指標の'優秀'、'要改善'の指標個数により、3つの等級（優秀、普通、要改善）のうち1つを付与する

※評価指標の'要改善'等級が1つでもある場合には、'要改善'等級を付与する

表7-28　評価領域における評定方式

評価領域（指標の数）	領域評定		
Ⅰ 領域（5）	'優秀'指標4つ以上（必須含む）	優秀及び要改善等級に該当しない場合	'要改善'指標1つ以上
Ⅱ 領域（4）	'優秀'指標3つ以上		
Ⅲ 領域（5）	'優秀'指標4つ以上（必須含む）		
Ⅳ 領域（4）	'優秀'指標3つ以上		
	▼	▼	▼
	優秀	普通	要改善

【保育所の等級】4つの評価領域のうち、'優秀'、'要改善'等級の個数により、保育所の等級（A、B、C、D）のうち1つを付与する。

表7-29　評価等級及び評価周期

等級区分	等級の付与基準	評価周期
A	すべての領域において'優秀'である場合（※すべての必須指標及び要素充足）	3年
B	'優秀'領域が3つ以下であり，'要改善'がない場合	
C	'要改善'の領域が1つある場合	2年
D	'要改善'の領域が2つ以上ある場合	

結果の公開

〇公開の内容

・等級区分及び定義、保育所及び領域別の等級、評価結果書、地域（市郡区）及び設立類型、全国の保育所の等級分布など

※評価結果（A～D等級）など全国の保育所に対する評価の履歴情報を統合情報公示ホームページ（www.childinfo.go.kr）を通して公開する。

※評価を受けた保育所は、評価結果に対する「異議の申し立て」が可能であり、「異議の申し立て」の内容を反映し最終的に結果を公表する。

〇評価後の措置

・評価結果により、保育所サービスの管理、保育事業に対する財政的・行政的支援など必要な措置を講じることが可能である（『乳幼児保育法』第30条第2項）。

※2回連続でD等級を受けた保育所に対して、指導点検を優先的に行う。

7 まとめ

2017年12月27日、教育部（報道資料 2017）より、「幼児教育に対する国の責任の強化と教育文化の革新」をビジョンとした「幼児教育における革新方案」が発表された。これは、国の責務性強化を通して良質の幼児教育及び実質的な教育機会の平等の保障を目指すものである。また、幼稚園、保育者、保護者（親）などの教育共同体とともに、「幼児発達支援」「教育現場との協力体制の構築」を通して、幼児教育の公共性の確保を目標としている。そこでの推進課題は、「幼児教育の公共性強化による教育の希望の橋の復元」「ク

ラス革命による幼児中心の教育文化醸成」「教育共同体とともに幼児の健やかな発達支援」「幼児教育革新のための行政システムの構築」である。これらを支援するために、教育部－教育庁－現場（幼稚園、保育者、親）、関係省庁（部署）間の総合的、体系的な支援システムが構築された。

近年、社会変化とともに、女性の社会進出、少子化、国際化など子どもをめぐる環境は急激に変わってきた。これに伴って、保護（care）に対する社会的な要求が高まり、幼稚園における「ケア」の機能が強化された。そして、保育に関しては初期の「保護と養育」中心の概念から「乳幼児の成長と発達を目的とする教育」の概念として包括的に使用されるようになり、保育は“保護と教育”の統合的な概念として拡張された。これは、幼児教育と保育それぞれにおいて、両方に含まれる要素が拡大したことを意味する（Choi 2015）。

前述のように、幼稚園（教育＋ケア）と保育所（ケア＋教育）は機能的に同様となるとともに、保育（ケア）の概念的定義に教育が包括されることによって、その意味の範囲はより広くなった。この2つは、韓国における幼保一元化を論じるにあたって核となる部分であると考えられる。しかしながら、未だに幼稚園と保育所、教育部と保健福祉部、そして学問体系（幼児教育学と保育学）の間にある隙間を小さくするにあたっては困難が予想される。

現在、韓国における幼保一元化は「幼保一元化の推進方案（3段階）」（表7-1参照）で提示しているように、「サービスの質向上のための基盤構築」と「規制及び運営環境の一元化」においては相当部分一元化が進められているが、「管理省庁及び財源・保育者の一元化」においては、まだ残された部分がある。今後、幼保一元化を進めていく中で焦点をあてる部分は、保育において追求すること、すなわち「乳幼児の健やかな成長と発達のための教育」を共通の価値に置いて、関係者（保護者（親）、保育者、有識者、政府省庁など）が互いに継続的な議論を行うことが重要である。このような議論の場で、“子どものための保育実践”に関することに焦点をあてて、相互に開かれた意思疎通することで、保育の課題を解消する糸口が見つかることを期待している。

◆引用・参考文献

Chang, Myunglim, Kim, Jinkyung, Park, Sooyeon（2010）A Study on the Nationwide Systemization of nationwide kindergarten evaluation system, *General Research Project-2*, Korea Institute of Child Care and Education

Choi, Eun-Young（2015）Prerequisites for Integrating Early Childhood Education and Childcare in Korea, *Korean Journal of Child Care and Education Policy*, 9（1）, 257-277

Choi, Mimi（2019）*A case study on teachers' practices in a Japanese authorized early childhood education and care center*（Doctoral dissertation, Sookmyung Women's University）Retrieved from http://www.riss.kr/link?id=T15021435

Kim, Eunyoung, Kang, Eun Jin, Yeom, Hye Kyung（2017）A study on the Revision of the National Nuri Curriculum for Children at age 3 to 5, *General Research Project-26*, Korea Institute of Child Care and Education

Lee, Jeongwon, Choi, Hyomi, Kim, Jin-Mi, Jung, Joo-Young（2014）Measures to Improve Equity in Using Childcare and Education Services from the Perspective of Social Integration. *Major Research Projects-9*. Korea Institute of Child Care and Education

Lee, Jeong-Wuk（2015）A critical review on the current policy of integrating early childhood education and care in Korea,*Journal of early childhood education*（幼児教育研究）, 35（6）, 221-240

Lee, Jeong-Wuk, Ryu, Seung-Hee, Lim, Soo-Jin（2018）Analysis of the social discourse of integration of ecec in 1982-2016 newspaper articles - focusing on eac presidential regime, *Journal of early childhood education*（幼児教育研究）, 38（2）, 469-500

Moon, Mugyeong, Kim, Eunseol, Kim, Jinkyung, Hwang, Hae Ik, Moon, Hyukjun, Kim, Moonjeong, & Yang, Sinae（2009）Pilot Application of the Cooperation Model of Early Childhood Education and Care, *Major Research Projects-13*, Korea Institute of Child Care and Education

Rhee, Ock, Kim, Eunseol, Shin, Nary, Moon, Mugyeong & Choi, Hyesun（2006）A study on cooperation and integration of early childhood education and care to improve the efficiency of national policies for young children, *Major Research Projects-1*, Korea Institute of Child Care and Education

Shin, Dongju, Yeom Jisook, Jang Haejin（2017）『諸国の幼稚園教諭、保育士の資質向上及び専門性向上に関する方案（日本、シンガポール、台湾、英国、ニュージーランド）』韓国国務調整室・国務総理秘書室・徳成女子大学校・公告第55号

Suh, Young-Sook（2015）「幼保一元化の課題と展望」韓国幼児教育・保育行政学会『学術発表大会論文集』10-22頁

Yang, Mi-sun, Cho,Yong-nam, Choi, Yoon kyoung（2019）Job Supply and Demand Analysis and Expansion Plan For Childcare and Early Childhood Education, *Major Research Project-5*, Korea Institute of Child Care and Education

Yoo, Heejeong, Lee, Meehwa, Chang, Myunglim, Kim, Eunseol, Kim, Eunyoung & Song, Shinyeong（2008）Developing ways of Cooperation and Integration of Kindergartens and Child Care Centers, *Major Research Projects-09*. Korea Institute of Child Care and Education

Penn. Helen（2011）*Quality in early childhood services: An international perspective*. New York: McGraw Hill

OECD（2013）*Starting Strong III : A quality toolbox for early childhood education and care*（Korean version）OECD Publishing
育児政策研究所（2021）2020乳幼児の主要統計、研究資料2021-01
幼児教育法［施行 2021. 9. 9.、2021. 6. 8.、一部改訂］
乳幼児保育法［施行 2022. 6. 22.、2021. 12. 21.、一部改訂］
教育部・韓国教育開発院（2021）2021 教育統計年報
教育部・保健福祉部・育児政策研究所（2019）「2019年改訂ヌリ課程教師研修資料：コンサルタント研修資料より」（2019.10.25.金）
乳幼児保育法［施行 2020. 3. 1.］［法律第16404号、2019. 4. 30、一部改訂］
教育部・保健福祉部（2019）「3 ～ 5歳年齢別ヌリ課程告示」全部改訂（ヌリ課程）告示第2019-152号（2019.7.24）【ヌリ課程について】
教育部・保健福祉部（2019）「2019改訂ヌリ課程解説書」（2020.1.2）【ヌリ課程について】
ソウル特別市教育庁・幼児教育振興院（2020）第5回（2020 ～ 2022年）「2020年幼稚園評価ガイドブック（教員用）」【幼稚園評価について】
崔美美・秋田喜代美（2021）「日韓における『保育者研修』をめぐる政策の動向――2000年以降の研修体系に焦点化して」『乳幼児教育学研究』第30号、1-14頁
保健福祉部（2019）「保育支援体系支援改編案」
保健福祉部・韓国保育振興院（2019）「2019 保育所（オリニチプ）評価マニュアル（保育所向け）」【保育所評価について】
保健福祉部・韓国保育振興院（2022）「2022 保育所（オリニチプ）評価マニュアル（保育所向け）」【保育所評価について】
保健福祉部（2021）「2021年保育統計」
保健福祉部（2022）「2022年保育事業案内」

○ 韓国・ウェブサイト
育児政策研究所：http://www.kicce.re.kr/
韓国保育振興院：https://www.kcpi.or.kr/
教育部：https://www.moe.go.kr/
教育統計サービス：https://kess.kedi.re.kr/
国家法令情報センター：http://www.law.go.kr/
中央育児総合支援センター・保育課程ウェブサイト（標準保育課程）：https://www.nccw.educare.or.kr/【標準保育課程について】
保健福祉部：http://www.mohw.go.kr/
e-国指標（国定モニタリング指標）：http://www.index.go.kr/

08

シンガポール

中橋美穂・臼井智美

◎シンガポールの保育をめぐる状況◎

- 就学前教育から始まる英語と母語（華語、マレー語、タミル語）による二言語教育、言語的・文化的な多様性を等しく尊重
- 小学校の準備教育としての保育内容から、遊びを通した全人教育へ転換　⇒４～６歳児対象の保育所・幼稚園共通のナショナルカリキュラム
- 施設の認証評価の第一段階は、就学前教育機関としての認可段階に相当

ナショナルカリキュラムによる教育・保育内容の質保証
職能とキャリアパスの可視化による幼児教育者の質保証
施設の認証評価制度による保育環境の質保証

「幼い学び手を育てるカリキュラム」
(The Nurturing Early Learners Curriculum: NEL)
４～６歳児対象のナショナルカリキュラム

NEL カリキュラムの６つの学習領域

学習領域	キーワード
美学と創造的表現	音楽と動き、アート
世界の発見	人々と文化、自然と人工物、場と空間、時間と出来事、発明とテクノロジー
言語とリテラシー	話す、聞く、読み書き、英語と母語
運動技能の開発	身体を使った大きな運動、手指を使った小さな運動、健康と安全
数量的思考能力	組み合わせ、分類、数、図形、空間概念
社会的情動的発達	自己認識、情動や行動の自己管理、多様性の尊重、コミュニケーション、責任

幼児教育者の職能と育成過程の可視化

▶幼児教育者の３つの職種のキャリアトラックに沿った育成

３つの職種は計 27 の職位で構成され、それぞれの職務内容を明示。経験年数ではなく、職位に必要な能力や資格要件等を可視化。園長になるにも厳しい要件を設定。各職位に必要なコンピテンシーや専門資格を取得し、計画的にキャリアアップが可能。

認証評価制度
(Singapore Pre-school Accreditation frameworRK; SPARK)

▶①登録と規制／認可 ⇒ ②自己評価 ⇒ ③質の評価 ⇒ ④認証

①第一段階は認可段階のため受審は義務。
②第二段階と第三段階は (quality rating scale; QRS) を指標として評価。
③第三段階はアセッサー（assessor）による外部評価。
④第四段階は認証段階。評価基準を満たせば SPARK 認証を獲得。有効期間は6年。

1 はじめに：多民族・多言語国家シンガポールの社会背景

シンガポール共和国（Republic of Singapore）は、マレー半島の南端に位置し、面積は約725平方キロメートルで琵琶湖（670平方キロメートル）と同程度の広さの都市国家である。日本の県や市に相当する地方自治体はなく、中央省庁に行政権限は一元化されている。建国以来、人民行動党（People's Action Party；PAP）が与党として政権を握っている。人口は約564万人で、そのうちシンガポール人および永住者が約407万人である（2022年6月現在）◆1。ただし、民族構成は多様で、中華系（74%）を筆頭に、マレー系（14%）、インド系（9%）、その他（3%）となっており、国語はマレー語であるが、公用語として英語、華語、タミル語も用いられている多民族・多言語国家である。宗教も多様で、仏教、イスラム教、キリスト教、道教、ヒンズー教などがある。極めて狭い国土の中に多言語かつ多宗教で多様な民族的背景をもつ人々が暮らすことから、シンガポールでは言語的・文化的な多様性を等しく尊重している。例えば、国の法定祝日の中には、Vesak Day（ヴェサックデイ；釈迦の誕生日）、Hari Raya Haji（ハリラヤハジ；イスラム教の犠牲祭）、Deepavali（ディーパヴァリ；ヒンズー教の光の祭典）、Christmas Day（クリスマスデイ；キリストの降誕祭）などがあり、それぞれの信仰を同等に重んじている。こうした言語的・文化的な多様性、すなわち考え方や価値観の多様性を社会背景として有するため、シンガポールでは極めて合理的な基準（数値目標等）と成文法により社会秩序が保たれている。それと同時に、「シンガポール人」としてのアイデンティティの確立にも力が注がれており、学校教育に限らず社会生活のあらゆる場面で、「シンガポール人として…」といった啓発が盛んに行われている。

シンガポールは1965年にマレーシアから分離独立したが、狭小国土ゆえに自国に天然資源が乏しいことから、その立地を活かして世界有数の国際ハブ空港都市として成長してきた。現在では、観光業、貿易金融業、運輸業で国際的な地位を確立している。こうした経済的な成功の背景には、国力増強と国際社会での生き残りのために採ってきた人的資源開発政策（manpower policy）と実力主義（meritocracy）の考え方がある。シンガポールの人的資源開発にとって教育は極めて重要な位置を占めており、「lifelong learning and skills mastery」（生涯にわたる学習と技能の獲得）の考え方の下、学校教育のみならず社会教育、職業教育などが、「SkillsFuture」というシンガポール人に生涯を通じて最大限の可能性を発揮する機会を提供するという国民運動の中に位置づけられている。後述する、幼児教育者の養成教育や現職教育も、SkillsFutureの枠組みの中で行われている。

国家事業として教育を重視する姿勢は、国家予算に占める教育費の割合の高さにも見て取ることができる。教育省所管の歳出は、コロナ禍前で見ると、歳出額全体の約12.8％（2019年度）が充てられ、例年の歳出全体に占める教育費の割合は、国防費に次いで第2位である（日本の場合、2019年度一般会計歳出に占める「文教及び科学振興」費は約5.4％）◈2。

2 シンガポールの就学前教育の概況

2-1 就学前の保育施設と幼児教育者の種類

シンガポールの義務教育は小学校のみである。満6歳以降最初の1月1日に小学校に入学し12歳までが在学期間である。これに先立つ就学前教育を担うのは、保育所（Child Care Centre）と幼稚園（Kindergarten）である。通常は、保育所は2か月から6歳の子どもを、幼稚園は3歳から6歳の子どもを対象としている。

保育所の約三分の一が、2か月からの乳児を預かっている。保護者の就業状況に応じて終日保育と半日保育が選択でき、月曜から土曜までの週6日、7～19時まで開所している。土曜日は14時までである。一方、幼稚園は10人以上の子どもが在籍する教育機関であり、少なくとも5歳児（K1）と6歳児（K2）の課程を提供する必要がある。4歳児のナーサリー（N2）や4歳未満児を対象としたプレイグループやプレナーサリー（N1）などの課程を提供することもできる。教育週数は年間約40週で、月曜から金曜までの週5日開園する。土曜日も14時まで開園しているところや、日本の幼稚園の預かり保育に相当するサービス（7～19時）も実施されている。ほとんどの幼稚園は毎日3～4時間の教育を提供し、午前（8～12時）と午後（13～17時）の二部制をとる（プレイグループとN1は2～3時間）。シンガポールは国土が狭いため校園の敷地面積にゆとりがない。そのため、小学校でも主には二部制が採られ、高学年（午前）と低学年（午後）の子どもを時間帯を区切って入れ替えるなどして、収容力の限界を補っている。

幼保二元制を採るところは一見日本と似ているが、実際にはさまざまな点で日本とその制度は大きく異なる。例えば、保育所や幼稚園で働く教育者（educator；幼児教育者）は、教育や保育の対象となる子どもの年齢によって、その職名が保育士（educarer）と教師（teacher）の2つに分けられてきた（図8-1-1）。勤める施設が保育所であれ幼稚園であれ、2か月～3歳児を担当するのは保育士で、4～6歳児を担当するのは教師である。シンガポールでは、後述するナショナルカリキュラム（The Nurturing Early Learners Curriculum；NELカリキュラム◆3）（日本の幼稚園教育要領に相当）に基づく教育（education）が4～6歳児に提供されているため、保育所も幼稚園も同じ教育課程を実施している。その担い手が教師である。2か月～3歳児については、乳幼児保育実践フレームワーク（Early Years Development Framework；EYDF）（日本の保育所保育指針に相当）が保育（care and education）の基準となっており、その担い手が保育士である。このように、担当する子どもの年齢を基準に職名の区別が行われてきたが、2021年10月から、さまざまな年齢層の子どもにとって、すべての幼児教育者は等しく重要であるとの認識の下、担当する子どもの年齢に関わらず呼称が「×××educator」と統一された。あわせて、新たに学習支援教育者（learning support educator）と早期介入教育者（early invention educator）という職名が導入された（図8-1-2）。

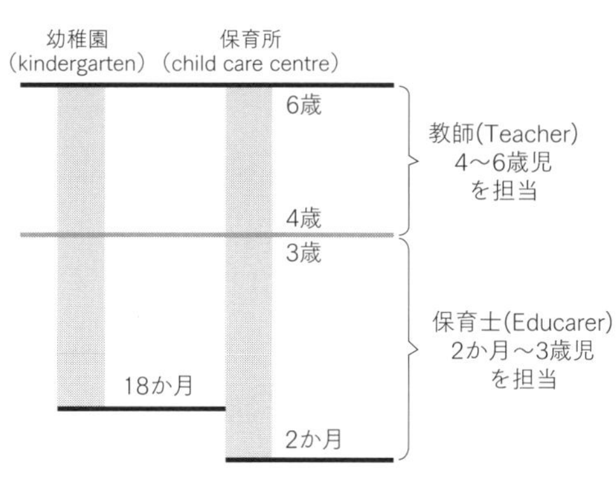

図8-1-1　就学前の保育施設と幼児教育者の種類（～2021年9月）

出典：筆者作成。

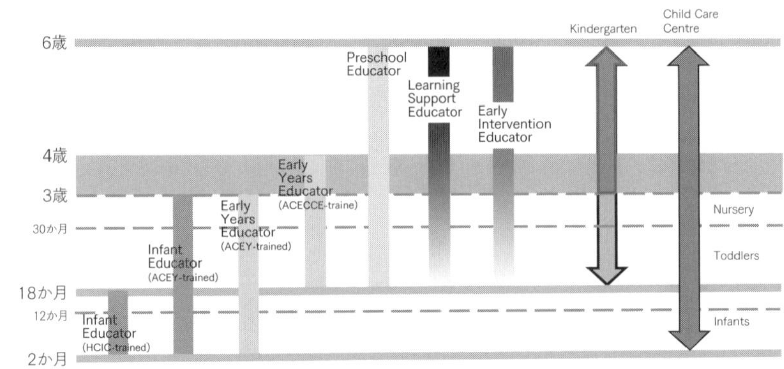

図8-1-2　就学前の保育施設と幼児教育者の種類（2021年10月～）

出典：筆者作成。

2-2　子どもの全人的発達を志向

シンガポールでは小学校卒業試験（Primary School Leaving Examination；PSLE）の結果により中学校以降の進路の行方が大きく左右される仕組みとなっているため、かつて就学前教育は小学校への準備教育として捉えられ、教科書中心で知識詰め込み型の傾向があった。しかしながら、就学前教育で社会情動的スキル（social and emotional skills）を育成するという近年の国際的な動向を受け、シンガポールの就学前教育政策は転換され、2000年以降は子どもの全人的発達（children's holistic development）を目指すカリキュラムへとシフトしている。すなわち、幼児期に受けた教育の違いによって、その後の人生にどのような影響を及ぼすのかを追跡した欧米での研究成果などを受け、就学前教育段階での認知的スキル（cognitive skills）の育成のみならず、社会情動的スキルの育成にも高い関心が寄せられている。認知的スキルとは、IQテストや経済協力開発機構（OECD）の「生徒の学習到達度調査」（Programme for International Student Assessment；PISA）などのように、筆記テストで測ることができる能力を指し、社会情動的スキルとは、忍耐力や社交性、自尊心などのように、筆記テストで測ることが困難な目に見えにくい能力を指す。OECDの報告[◆4]によると、社会情動的スキルを幼少期より育成することは、人生において成果を収めることに役立つという。そして、社会情動的スキルを獲得することにより認知的スキルの獲得も促されるため、この2つのスキルをバランスよく育成することが重要であるという。また就学前教育への公的資金の投入は社会政策として効果的であることを、ノーベル経済学賞を受賞したヘックマン（James J. Heckman）[◆5]が指摘したことから、多くの先進国が就学前教育の目標や活動内容を見直し、その質の確保・向上に注力しているという動向がある。こうした国際的な潮流の中で、シンガポールの就学前教育政策も変化してきた。

シンガポールでは、子どもの全人的発達を具体化する形で2012年に策定されたNELカリキュラムの確実な実行に向けて、カリキュラムの内容の充実だけでなく、その教育の担い手である幼児教育者の資質能力の向上も、日本とは大きく異なるやり方で制度の充実が図られてきた。さらに、日本と同様に、圧倒的に民間経営の保育所や幼稚園が多いという状況において、ナショナルカリキュラムの確実な遂行と幼児教育者の資質能力の向上を図るため、保育所と幼稚園の設置認可と就学前教育機関としての質保証の仕組みも整備されてきた。端的に述べると、シンガポールの就学前教育制度では、「教育・保育内容の質」「幼児教育者の質」「保育環境の質」の3つの方向から、質保証が図られてきている。そこで、以下では、これらの質の確保や保証がいかなる仕組みで具体化されているのかをみていく。

3 ナショナルカリキュラムによる教育・保育内容の質保証

3-1　幼保二元制

シンガポールでは幼保二元制を採るが、日本では保育所を厚生労働省、幼稚園を文部科学省が別々に所管するのとは異なり、保育所、幼稚園ともに幼児期開発局（Early Childhood Development Agency；ECDA）が所管している。もともと、保育所は社会・家族開発省（Ministry of Social and Family Development；MSF）が、幼稚園は教育省（Ministry of Education；MOE）が所管していたが、2013年に就学前教育の発展のためにMSFとMOEが共同統括機関としてECDAを設立して以降、ECDAが幼児教育の主管庁となっている（組織上の上級庁はMSF）。ECDA設立以前は、保育所は保育所法（Child Care Centres Act）による認可制、幼稚園は教育法（Education Act）による登録制だったが、

ECDA設立以降は、後述の統一的な認証評価制度に基づき、保育所と幼稚園の設置認可はECDAが行っている。2022年度現在、ECDAが設置認可している保育所は約1500園、幼稚園は約500園である。また、幼児教育者に求められる資格要件等の管理と幼児教育者養成課程の認定等もECDAが行っている。一方、ナショナルカリキュラムの策定やナショナルカリキュラムの検証園的な位置づけで2014年から新たに設立している教育省立幼稚園（MOE幼稚園◆6）（5～6歳児課程のみ）については、MOEの管轄となっている。

3-2　就学前教育から後期中等教育までを貫く教育指針

前述のような国際的な就学前教育改革の流れの中で、シンガポールも就学前教育の内容を変化させてきたが、シンガポール国内においてより直接的な契機となったのは、1997年に当時のゴー・チョクトン（Goh Chok Tong）首相が「考える学校、学ぶ国家」（Thinking Schools, Learning Nation）を提唱したことである。そこでは、若いシンガポール人が教育を生涯のプロセスとして認識するように奨励し、創造的な思考力や学習に対して生涯にわたって情熱を高めていくことが目指された。これを受けて、MOEは同年に「教育の望ましい結果」（Desired Outcomes of Education；DOE）を公表し、すべてのシンガポール人が学校教育を修了する時点でそうなっていることが望まれる状態を示した。これらは、教師たちにとっては共通の目的として機能し、教育政策やプログラムの立案においては指針となり、シンガポールの教育システムの良さを判断する際の基準となるようにした。具体的には、「教育の望ましい結果」として、「自信に満ちた人、自律的な学習者、率先して貢献する人、積極的に社会に関わる市民」という4つの姿を示した（表8-1）。以降、このDOEがシンガポールの就学前教育から後期中等教育までを貫く、大きな教育指針となっている。

1997年に公表されたDOE（2009年改訂）では、教育の成果を点検する時期として小学校修了時、中学校修了時、後期中等教育修了時を想定しており、就学前教育段階への言及がなかった。そのため、MOEは新たに就学前教育修了時を想定した「就学前教育の望ましい結果」（Desired Outcomes of Pre-school Education）を2000年に示し、就学前教育段階での望ましい結果として、図8-2に示したような8つの力を挙げた。

表8-1 「教育の望ましい結果」(Desired Outcomes of Education;DOE)

- 自信に満ちた人(Confident persons):
  人生への情熱を持ち、善悪の感覚が強く、順応性とレジリエンスがあり、己を知っており、判断力に優れ、依存せず批判的に考え、効果的にコミュニケーションをする人。
- 自律的な学習者(Self-directed learners):
  己の学習や疑問に責任を持ち、生涯にわたる学びの中で、省察し粘り強くやり通す人。
- 率先して貢献する人(Active contributors):
  チームで効果的に働き、イニシアチブを取り、割り出されたリスクを負い、革新的で、卓越性に努める人。
- 積極的に社会に関わる市民(Concerned citizens):
  シンガポールに根ざし、強い市民意識を持ち、自分の家族や地域社会や国家に対して責任を持ち、周囲の人々の生活を改善するために積極的な役割を果たす人。

出典:Ministry of Education, Singapore, https://www.moe.gov.sg/education-in-sg/desired-outcomes(2022年10月10日確認)。

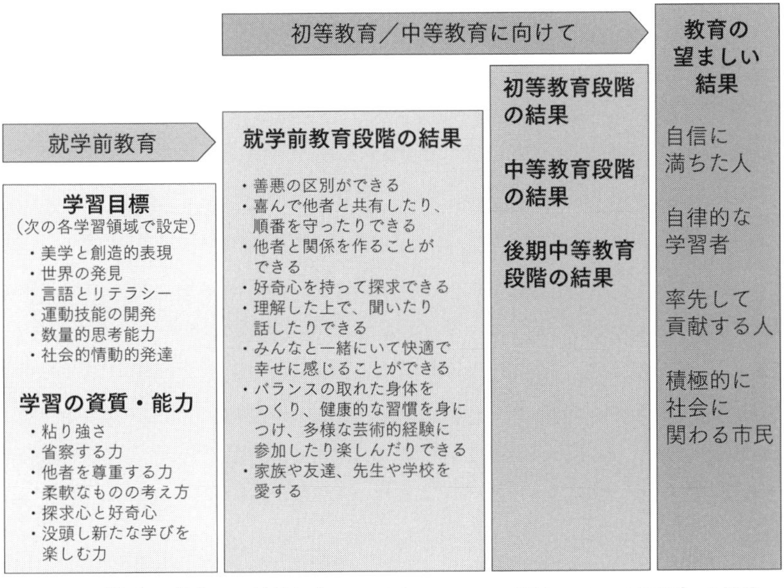

就学前教育	就学前教育段階の結果	初等教育/中等教育に向けて	教育の望ましい結果
学習目標 (次の各学習領域で設定) ・美学と創造的表現 ・世界の発見 ・言語とリテラシー ・運動技能の開発 ・数量的思考能力 ・社会的情動的発達 **学習の資質・能力** ・粘り強さ ・省察する力 ・他者を尊重する力 ・柔軟なものの考え方 ・探求心と好奇心 ・没頭し新たな学びを楽しむ力	・善悪の区別ができる ・喜んで他者と共有したり、順番を守ったりできる ・他者と関係を作ることができる ・好奇心を持って探求できる ・理解した上で、聞いたり話したりできる ・みんなと一緒にいて快適で幸せに感じることができる ・バランスの取れた身体をつくり、健康的な習慣を身につけ、多様な芸術的経験に参加したり楽しんだりできる ・家族や友達、先生や学校を愛する	**初等教育段階の結果** **中等教育段階の結果** **後期中等教育段階の結果**	自信に満ちた人 自律的な学習者 率先して貢献する人 積極的に社会に関わる市民

図8-2 「教育の望ましい結果」(Desired Outcomes of Education;DOE)の概略

出典:Ministry of Education, *Nurturing Early Learners - A Curriculum Framework for Kindergartens in Singapore*, 2012, p.16.の記述を基に筆者作成。

3-3 「幼稚園カリキュラムのためのフレームワーク」

2003年には、MOEは「幼い学び手を育てる:シンガポールの幼稚園カリキュラムのためのフレームワーク」(NURTURING EARLY LEARNERS:A Framework for A Kindergarten Curriculum in Singapore;NELフレームワーク)を策定した。このNELフレームワークは、幼稚園だけでなく保育所も使うことが可能で、4～6歳児対象の質の高い就学前教育の実現に向けて、それぞれの幼稚園でカリキュラムを作るときの原理を国レベルで初めて示したものである。いわゆる"良い実践"から導き出された経験則として、アクティブラーニングや遊びを通した学びを取り入れるといった6つの原則を示すとともに、子どもの全人的発達、すなわち、知識、技能、資質、感情のすべての面で子どもの発達に気づき評価できるように、カリキュラムを6つの学習領域（美学と創造的表現、環境への気づき、言語とリテラシー、運動技能の開発、数量的思考能力、自己と社会への気づき）で構成し、それらの学びを統合していくことが目指された。

しかしながら、2003年当時は現在とは異なり、保育所と幼稚園が別々の法体系の下で管理され、就学前教育機関の質保証の仕組みもなかったため、「就学前教育段階の結果」として期待される力の獲得が期待通りに進んでいるかを確かめられなかった。そのため、NELフレームワークは2012年に改訂され、21世紀型学力の獲得に向けて、新たに教授・学習の原理により焦点化する形で、現在のナショナルカリキュラム（「幼い学び手を育てる：シンガポールの幼稚園のためのカリキュラムフレームワーク」（NURTURING EARLY LEARNERS：A Curriculum Framework for Kindergartens in Singapore；NELカリキュラム））へと姿を変えた。このNELカリキュラムは、質の高い教室実践や子どもの全人的発達に向けて、幼児教育者が日々の実践の中で活かせるように幼児教育者用ガイドや教授学習リソースをも併せて開発するなど、より幼児教育者の指導に寄り添う形でカリキュラムフレームワークが示された点に特徴がある。二言語教育に向けた母語教育フレームワークと母語教育のための幼児教育者用ガイドも、同時に開発されている。これらは、幼児教育者が学習の到達目標を教育活動の中に具現化できるよう支援している。後述のように、現在ではNELカリキュラムに基づく教育の結果や質は、就学前教育機関の認証評価制度において評価対象となっているため、直接的に各施設の教育実践の質を点検することが可能になっている。

NELカリキュラムでは、大枠ではNELフレームワークを踏襲しつつ、6つの学習領域の一部が再構成された（表8-2）他、新たに学習領域ごとに学習目標とその達成への道筋の手がかり（表8-3）が示されたり、質の高い幼

表8-2　NELカリキュラムの学習領域の変遷

	2003年NEL フレームワーク		2012年NEL カリキュラム		2022年NELカリキュラム （改訂草案）
学習領域	美学と創造的表現		美学と創造的表現		美学と創造的表現
	環境への気づき	➡	世界の発見		世界の発見
	言語とリテラシー		言語とリテラシー	✕	健康、安全と、運動技能の開発
	運動技能の開発		運動技能の開発		言語とリテラシー （英語と母語）
	数量的思考能力		数量的思考能力		数量的思考能力
	自己と社会への気づき	➡	社会的情動的発達	⇨	（「学習領域」から「育むべき力」へ移行） 社会的情動的コンピテンシー

出典：Ministry of Education, *NURTURING EARLY LEARNERS-A Framework For A Kindergarten Curriculum In Singapore*, 2003, pp.15-18. Ministry of Education, *Nurturing Early Learners – A Curriculum Framework for Kindergartens in Singapore*, 2012, pp.65-107. および https://www.nel.moe.edu.sg/general/ revised-nel-framework（2022年10月10日確認）の記述を基に筆者作成。

表8-3　学習目標と目標達成の判断指標（抜粋）

学習領域5：数量的思考能力	目標1）単純な関係性やパターンに気づき活用する。 目標2）日常の経験の中で、数字を活用する。 目標3）日常の経験の中で、基礎的な図形や単純な空間概念に気づき活用する。
鍵となる知識/技能/資質 **※目標3）の例**	図形と空間概念 ・4つの基礎的な図形（円、正方形、長方形、三角形）を見分ける。 ・基礎的な図形を使って他の形を作る（例えば、2つの正方形と1つの三角形を使ってボートを作る）。 ・位置（上/下、前/後ろ）、方向（上に/下に、左/右）、距離（遠い/近い）の名前を言える。
子どもたちの学びや成長が見て取れるのは、例えば、次のような場合… **※目標3）の例**	・教室や身近な環境の中で、4つの基礎的な図形を見分けて名前を言える。 ・さまざまな図形を写す。 ・絵の中の異なる大きさの図形を見分ける。 ・基礎的な図形から単純な形をつくるために、ブロックやパターンブロック（色板）、タングラム（分割パズル）などの操作活動をする。 ・物の位置を表すために、上/下、前/後ろといった言葉を使う。 ・運動や音楽などの動く活動をしているときに、方向や距離を表すために、左/右、遠い/近いといった言葉を使う。 *ここに挙げた子どもの学びや成長の例は、ある年齢に固有のものでもなければ、網羅的なものでもない。教師には、子どもたちの能力や興味、成長の上での必要性に応じて、適切な学習機会を提供する柔軟性が必要である。*

出典：Ministry of Education, *Nurturing Early Learners - A Curriculum Framework for Kindergartens in Singapore*, 2012, p.22. およびpp.93-99. の記述を基に筆者作成。

稚園カリキュラムにおいて求められる「iTeach」という6つの指導原理（表8-4）などが解説されたりしている。これらはいずれも、「就学前教育段階の結果」として期待される力をより実現していくためのものである。2022年

表8-4　教師の指導原理「iTeach」

integrated approach to learning	（学びへの統合的アプローチ）
Teachers as facilitators of learning	（学びのファシリテーターとしての教師）
engaging children in learning through purposeful play	（目的を持った遊びを通して子どもたちを学びに引き込む）
authentic learning through quality interactions	（質の高いやり取りを通した真の学び）
children as constructors of knowledge	（知識の構築者としての子どもたち）
holistic development	（全人的な発達）

出典：Ministry of Education, *Nurturing Early Learners - A Curriculum Framework for Kindergartens in Singapore*, 2012, p.30. の記述を基に筆者作成。

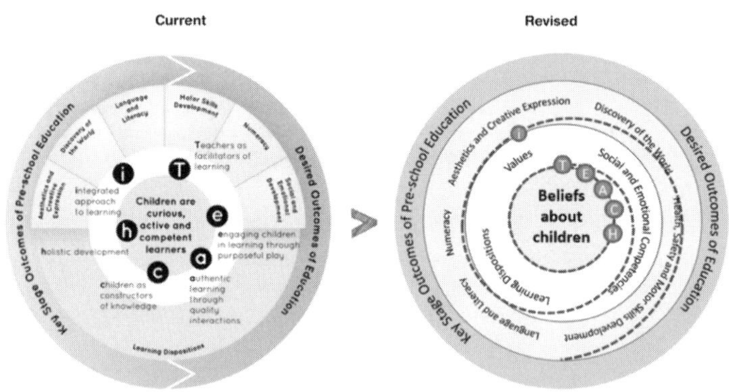

図8-3　NELカリキュラム（フレームワーク）の改訂概要（草案）

出典：Ministry of Education, Singapore. https://www.nel.moe.edu.sg/general/revised-nel-framework（2022年10月10日確認）

10月現在で、NELカリキュラムは改訂中である（図8-3）。そこではiTeachの6つの指導原理はほぼ維持されつつも、新たに幼児期に育む4つのコアバリュー（敬意、責任感、ケア、誠実さ）と6つの学びに向かう力（忍耐力、省察力、感謝の気持ち、独創性、探究心と好奇心、関わる力）と社会的情動的コンピテンシーが設定され、それらの育成に向けて、学習領域を5つに組み換えることなどが検討されている。

このように、より幼児教育者の日常の実践に近いところで質の高い就学前教育の実現に向けた枠組みや原理を示しているが、NELカリキュラムは教育内容の大枠を示しただけのものではない。NELカリキュラムの一部をなしている幼児教育者用ガイドは、総論と6つの学習領域別の計7冊で構成されている。総論の巻では、「iTeach」の指導原理や子ども理解、全人的発達のための指導計画、学習過程の設計、子どもの学びや成長の観察と評価、省察に基づく実践、家庭や地域との連携など、質の高い保育や教育が提供できるように、幼児教育者が参照できる具体的な手がかりを解説している。また、各学習領域の巻では、各領域での子どもにとってのコアとなる学び、学習目標、指導のコツ、学習環境づくり、子どもの学びの観察・記録と評価などを、意義や具体例を示しながら解説している。そのため、幼児教育者は、その学習領域の発展段階を見通したうえで、子どもに成果として期待される知識、技能、資質をどのように育んでいけばよいのかについて、イメージを持って理解することができる内容になっている。それゆえ、NELカリキュラムと幼児教育者用ガイドは、養成教育においても現職教育においても主要なテキストの1つとして使用され、幼児教育者にはその内容の熟知が求められている。

その一方で、NELカリキュラムや幼児教育者用ガイドに沿った教育を目指すことで、型にはまった画一的な実践とならないような制度上の工夫もなされている。すなわち、そこに幼児教育者としての専門職性を保証する制度上の特徴を見出すことができる。保育の質保証の基準を満たしつつ、そこからいかに自分が直接関わる子どもたちの個性やニーズ、また成長への期待を踏まえてより質の高い教育や保育を構想し実践できるか。その力量が備わるように、幼児教育者の職位の細分化や厳格な教師教育システムが運用されている。その様子については、次節以降でみていく。

3-4 「乳幼児期の発達枠組み」

NELカリキュラムは4～6歳児課程を対象にしたものであるのに対し、2か月～3歳児課程を対象にしたものとしては、「保育所のための乳幼児期の発達枠組み」（early Years DEVEROPMENT FRAMEWORK for Child Care Centres；EYDF）がある。これは､2010年に当時のコミュニティ開発・青少年・スポーツ省（Ministry of Community Development, Youth and Sports；MCYS。現在のMSF）が策定したもので、2013年のECDA設立以降はECDAの所管の下、2014年に改訂され現在の形となった。ECDAが質の高い保育や教育の実現のために組織されたことから、ECDAの所管となるにあたり、EYDFは神経科学や子どもの発達理論などのさまざまな科学的知見を結集させて、内容の見直しが行われた。

EYDFの目的は、質の高いケアや保育実践という原理を定義づけ、プログラムや実践の基準を示し、強力なパートナーシップや地域社会との協働を実現し、継続的な職能開発を強化推進することにある。そのため、2017年には、保育士が「望ましい結果（Desired Outcomes）」に至ることができるように、「乳幼児期の発達枠組み（EYDF）保育士用手引き」（early Years DEVEROPMENT FRAMEWORK(EYDF) Educarers' Guide）を作成し、保育士の省察的実践を後押ししている◆7。保育士用手引きでは、推奨される具体的な実践事例やその背景にある理論が示され、事例を通して保育士自身が考え、その重要性を認識し、実際に自分が何をすべきかを考えられるようになっている。

EYDFは、3歳以下の乳幼児が力強く全人的な発達の基盤を形成できるように、「乳幼児期に期待される質」「EYDFの柱と指導原理」「望ましい結果

表8-5　EYDF の概念図

<table>
<tr><th colspan="5">乳幼児期に期待される質</th></tr>
<tr><td colspan="2">子どもたちは、安心感を持ち、自信に満ち、安全で健康的でいられる</td><td>子どもたちは、互いに関わり合い、探究している</td><td colspan="2">保育施設と家庭と地域社会は、つながり合い、良い関係を作っている</td></tr>
<tr><th colspan="5">柱と指導原理</th></tr>
<tr><th>子どもの発達</th><th>意図的なプログラム</th><th>専門職としての保育士</th><th>家庭との連携</th><th>地域社会との関わり</th></tr>
<tr><td>養育者とともに、子どもの中に安心感のある愛着と自信を育む</td><td>安全で健康的な環境の中での子どもたちの全人的な発達や学びに向けて、適切な機会を文化的発展的に生み出す</td><td>子どもや家庭とともに働く中で、また保育者自身の職能成長において、専門職基準や倫理を遵守する</td><td>子どものケアや発達や教育において、パートナーとして家庭を巻き込む</td><td>家庭や保育施設の支援者や諸資源として、地域社会が関わる</td></tr>
<tr><th colspan="5">望ましい結果</th></tr>
<tr><td>子どもたちは安心感と自信を持つ</td><td>プログラムは全人的で、成長や発達や学びにとって最適な支援と経験を提供する</td><td>保育士は専門職であり、省察的実践に従事する</td><td>保育士は、家庭との間に強固なパートナーシップと結びつきを築く</td><td>地域社会は家庭と保育施設に対して、資源と支援のネットワークを提供する</td></tr>
<tr><th colspan="5">結果の下位項目</th></tr>
<tr><td>1.1　子どもたちは、安心感を持ち感情的に結びついている
1.2　子どもたちは、自信や自律性の高まりを示している
1.3　職員と子どもの相互作用は、敬意が払われ応答的で対等である</td><td>2.1　保育士は学びや発達に向けて、ルーティンのケアを用いている
2.2　保育士は、学びに向かう気質を育んでいる
2.3　カリキュラムは、学びに向けて全人的な経験を提供している
2.4　保育者は、空間や素材の多様性に触れられるようにしている
2.5　環境は安全で健康的である</td><td>3.1　保育者は、専門職基準や倫理に従っている
3.2　保育者は、省察的実践を行っている
3.3　保育者は、継続的な職能成長に努めている</td><td>4.1　家庭と保育者は、定期的なコミュニケーションやフィードバックを行っている
4.2　家庭は、保育施設の中に多様な方法でかかわりを持っている</td><td>5.1　保育施設は、更新された情報を持ち、地域社会の諸資源にアクセスしている
5.2　地域社会は、子どもの学びを豊かにしたり、家庭への支援を提供したりするために、諸資源として奉仕している</td></tr>
</table>

出典：ECDA, *early Years DEVELOPMENT FRAMEWORK for Child Care Centres*, 2014, p.18. およびECDA, *early Years DEVELOPMENT FRAMEWORK Educarers' Guide*, 2017, p.2. の記述を基に筆者作成。

(Desired Outcomes)」「望ましい結果の下位項目」という枠組みで構成されている(表8-5)。ここでの「望ましい結果」とは、MOEが追求している「教育の望ましい結果(DOE)」とは異なる。MOEが4～6歳児課程をDOEの中に組み込み、NELカリキュラムを通じて教育の質保証を図ってきたのとは異なり、やや遅れを取ってEYDFによって質の向上が目指されてきた2か月～3歳児課程は、NELカリキュラムの外に置かれているという事情もあって、“カリキュラムの”望ましい結果ではなく、“保育士に求められる”望ましい結果を意味している。それゆえ、EYDFは、保育と学びの実践やプログラム、環境に関して保育士が行う判断を手助けするものという位置づけになっている。その背景には、教師よりも保育士のほうが入職時に求められる専門職資格や学力資格が低いため、より実践的な手引きを提供することによって、保育の質の向上を図りたいという思いがある。

このようにシンガポールでは、2か月～3歳児課程をもつ施設の場合はEYDFが、4～6歳児課程をもつ施設の場合はNELカリキュラムが、保育や教育の質向上の手引きとして機能している。それぞれが補完し合う形で、「就学前教育段階の結果」として期待される力の獲得のために乳幼児保育期と就学前教育期をつないでおり、それが初等教育期へとつながっていくことで、DOEの実現という形で教育の質保証を図っている。

4 職能とキャリアパスの可視化による幼児教育者の質保証

4-1 幼児教育者の養成課程

シンガポールでは、小学校や中学校、高等学校、特別支援学校の教員養成は国立教育研究所(National Institute of Education；NIE)で行っている。教職志望者はNIE入学と同時に教員就職予定者として国家公務員扱いとなり、給与を受けながら教員養成教育を受ける仕組みとなっている。すべての教職志望者が同じ養成教育を受けて卒業していくため、教員に必要な職能の獲得はNIEの課程修了によって保証されている。一方で幼児教育者の養成は、2016年以前はNIEを含めて国内の学士課程では行っておらず、ECDAの認定を受けたポリテクニクや高等専門学校、私立訓練校など複数機関で行ってきた。複数のルートで異なる課程により幼児教育者が養成される仕組みとなっていたため、幼児教育者の職能は、各養成課程で取得すべきディプロマ（diploma）や認定資格（certification）を明示することで保証してきた。2017年10月からは、国内初の四年制大学（学士課程）での幼児教育者の養成がシンガポール社会科学大学（Singapore University of Social Sciences；SUSS）で開始されている（それまでは、NIEでの修士（Early Childhood）の学位課程のみ）。2019年にはNIEに並置する形で国立幼児教育研究所（the National Institute of Early Childhood Development；NIEC）を新設し、既存のポリテクニク等の4つの教育機関で個々に実施されてきた幼児教育者養成教育を統合し、'One NIEC, Four Campuses' model（NIECの下での4キャンパス展開モデル）を掲げて多様性の中でも養成教育の質確保をより高める仕組みを稼働させるとともに、ディプロマや認定資格等の保有者や現職者対象の研修の機会としても職能成長やキャリアアップに必要な資格取得課程を提供している。ここで留意すべき点は、シンガポールでは後述のように、幼児教育者に求められる職能をディプロマ取得を核に据えて保証する仕組みになっている。そのため、幼児教育に関する学位や修士課程プログラム自体は、入職やキャリアアップ用の要件としてはECDAに認証も承認もされていない。あくまでも、各課程でECDAが認証するディプロマや認定資格の取得が必要である。

4-2　幼児教育者のキャリアトラック

シンガポールの幼児教育者養成教育（現職教育を含む）の特徴は、端的に述べると、可視化された職能に基づく職位の体系性とその職位に就くために必要な資格要件等の明示、その資格要件等の獲得に必要な教育・研修機会の提供と教育・研修履歴の蓄積という点にある。これらは、先に述べた「SkillsFuture」の下で体系化された技能枠組み（skills framework）に従って設計されている。2016年から2021年9月までは、シンガポールの幼児教育者（educator）には、0～3歳児課程を担う保育士（educarer）、4～6歳児課程を担う教師（teacher）、管理職であるリーダー（leader）という3つのキャリアトラックがあり、職務内容が異なる13の職位で構成されていた（図8-4-1）。それが、2021年10月より、3つの職種（Early Childhood Education / Learning

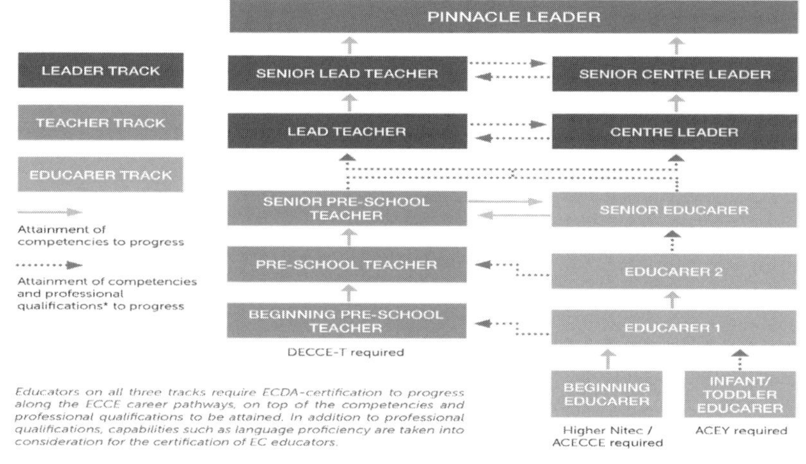

図8-4-1　幼児教育者のキャリアパス（～2021年9月）

出典：SkillsFuture Singapore, Workforce Singapore and Early Childhood Development Agency, *Skills Framework for Early Childhood Care & Education*, 2016, p.6.

Support / Early Intervention）の計27の職位構成へと変更された（図8-4-2）。その背景には、生後1000日までの経験がその後の子どもの発達に非常に大きな影響を及ぼすという神経科学のエビデンスを受けた、乳幼児期の保育の一層の重視という流れや、インクルーシブな教育環境の下で多様な教育ニーズに応じていくことがすべての子どもにとって有用である、という国際的な研究動向の影響がある。

ただ、その職位を得るための手続きに大きな変更はない。各職位に必要な資格要件（ディプロマや認定資格）と養成教育（現職教育を含む）の機会等は公表されており、現職者だけでなくこれから幼児教育者を目指す者でも、どういう資格要件を満たせば幼児教育者になれるのか、どういう養成教育を受ければキャリアアップ（職位を上げること）ができるのかを知ることができる。キャリアアップに必要なコンピテンシーや専門職資格の内容は、スキルマップという形で職種と職位ごとに規定されている。また、各職位で求められる職能はSkillsFutureの枠組みの下、技術的なスキル・コンピテンシーと批判的なコアスキルという2つの観点から詳細に規定され、公表されている。そのため、幼児教育者は自身のキャリアアップの希望に応じて計画的に職能成長を図ることができる。

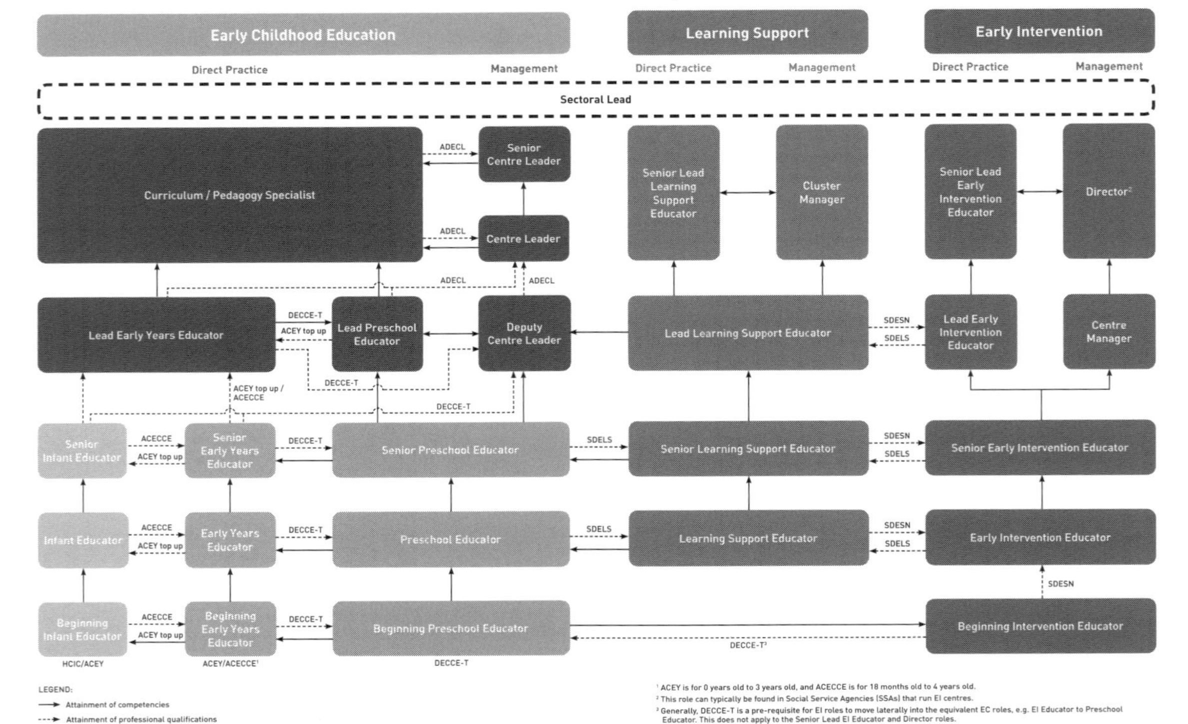

図8-4-2　幼児教育者のキャリアパス（2021年10月～）

出典：SkillsFuture Singapore, Skills Framework for Early Childhood Career Pathways, ECDA. *ERALY CHLDHOOD CONTINUING DEVELOPMENT ROADMAP*, 2022, p.6.

キャリアアップの過程で他の職種に横移動することは可能である。また、Early Childhood Educationの職種では、Infant Educatorであれ、Early Years Educatorであれ、Preschool Educatorであれ、2022年3月に策定されたリーダーシップ開発枠組み（Leadership Development Framework；LDF）に基づき、所定の専門職資格やコンピテンシーを獲得すれば、園長（Centre Leader）を目指すことができる。これらの点は、日本のように、保育所で働くためには保育士資格が、幼稚園で働くためには幼稚園教諭の教員免許状が、認定こども園で働くためには保育士資格と幼稚園教諭の教員免許状が必要といった、施設別に幼児教育者に必要な資格や免許状を定めている点とは大きく異なる。

4-3　キャリアアップに必要な３つの認定要件

ECDAは各職位に必要な認定要件を、専門職資格（professional qualifications）、学力資格（academic qualifications）、言語力（language proficiency）の3つの観点で示している。専門職資格とは、取得しているディプロマや認定資格の種類を指している。どの養成校のどの養成課程でどのディプロマや認定資格が得られるかは、各養成課程であらかじめ示されている。ECDAが幼児期の保育・教育（Early Childhood Care and Education）のディプロマと認定しているものを取得する必要がある。例えば、Preschool EducatorやDeputy Centre Leaderになるためには「幼児期の保育・教育―教授ディプロマ」（Diploma in Early Childhood Care & Education - Teaching；DECCE-T）が必要である。また、シニアレベルの幼児教育者がLead Early Years EducatorやCurriculum/Pedagogy Specialistのようなより上位の職位を目指す場合には、「幼児期のリーダーシップ上級ディプロマ」（Advanced Diploma in Early Childhood Leadership; ADECL）が必要である。一方、Infant EducatorやEarly Years Educatorになるために必要な「幼児期に関する労働者技能資格の上級証明書」（WSQ◆8 Advanced Certificate in Early Years；ACEY：0～3歳児用）や「幼児期に関する労働者技能資格の上級証明書」（WSQ Advanced Certificate in Early Childhood Care & Education；ACECCE：18か月～4歳児用）は、ディプロマではなく認定資格である。

学力資格は、学歴やGCE−Oレベル（中等教育修了試験；Singapore-Cambridge General Certificate of Education Ordinary Level）の結果を指す。学歴やGCE-Oレベルによって、入学可能な養成課程が異なる。例えば、2021年9月以前の状況では、保育士や教師の養成課程の入学資格をみると、Infant/Toddler Educarer（2か月〜3歳児担当）は、最低4年間の中等教育修了か10年間の公式教育修了（つまりGCE−Oレベルを問わない）が要件だが、Beginning Educarer（18か月〜4歳児担当）はGCE−Oレベルで英語1（C6評定以上の成績）を含む最低3科目の単位取得が、Beginning Pre-School Teacher（4〜6歳児担当）は最低5科目の単位取得が要件となっている。また、認定要件に「言語力」がある理由は、シンガポールは二言語教育政策を採っており、就学前教育段階から英語と母語による二言語教育を行っているからである。そのため、教師は言語力に応じて、英語の教師、第二言語（華語、マレー語、タミル語、タミル語以外のインド系言語）の教師、外国語の教師の3つに区分される。

4-4 日本の幼児教育者養成制度との違い

このようにシンガポールでは、幼児教育者のキャリアパスが可視化されており、経験年数ではなく資格取得や認定された養成教育の修了等によって幼児教育者の職能成長を図る仕組みとなっている。そのため、例えば、園長になれるということ自体が、そこに至るまでの下位の各職位で求められるすべての職能が獲得できている証となっている。日本の場合は、保育士あるいは幼稚園教諭それぞれのキャリアトラックの中で職位が実質的に分化しておらず、一度保育士資格や教員免許状を取得した後は、職位に応じて資格や免許状を更新して昇任していくというシステムになっていない。入職後に期待される職能成長やそのために必要な養成教育、あるいは専門資格や経験年数等が異なる幼児教育者同士の力量の差や職務内容の区別も曖昧にできる状態になっている。保育士資格や教員免許状が、実態として能力証明書としてではなく履修証明書としての機能しか果たせていないことへの危機意識が、昨今の国による教員養成課程や保育士養成課程でのコアカリキュラム策定の背景にあるほど、幼児教育者の職能の質保証の点で日本の仕組みは脆弱である。

とりわけ幼稚園の園長職については、日本とシンガポールの養成制度の違いは相当に大きい。日本では学校教育法施行規則の定めにより、「教諭の専修免許状又は一種免許状を有し、かつ「教育に関する職」に5年以上あった」者（第20条第1項）、あるいは「「教育に関する職」に10年以上あった」者（第20条第2項）を原則としながらも、同第21条および第22条で、教員免許状を有さなくても第20条で規定した者と「同等の資質を有すると認める者」を園長として任命、採用することができるようになっている。いわゆる“民間人”校長に関する規定である。そのため、教員免許状を持たなくても、また教育の実践経験がなくても、園長になることができる。シンガポールでは、園長になるまでにも専門職資格（ディプロマ）の取得が必須であり、園長養成課程の受講に際しても、現職経験と勤務先の事業者の推薦が必要になるなど、職能の保証のために厳しい要件を設けている。

現在、公立の幼稚園や認定こども園の園長および教員の資質向上に関する指標が整備されたり、厚生労働省によって「保育士等キャリアアップ研修ガイドライン」が策定されたり、全日本私立幼稚園幼児教育研究機構が「保育者としての資質向上研修俯瞰図」を示したりするなど、研修を通して幼児教育者の資質向上を図る動きが活発である。しかしながら、現状では、必ずしも幼児教育者の個々の職能成長の希望やプランにそって研修が選択・受講できるわけではなく、法定研修のように受講が幼児教育者の経験年数を基に決められているなど、“与えられた学びの機会”という形になっているため、各人に必要な職能を計画的にあるいは自発的に獲得していくことを促しにくい仕組みとなっている。また、職位が分化していないために職能の違いも明確でなく可視化もされていないため、研修内容相互の関連性や受講のタイミング、今の自分に適した内容などを、求められる職能全体（シンガポールでいうところのスキルマップ）の中で俯瞰して捉えることも困難な仕組みになっている。

5 施設の認証評価制度による保育環境の質保証

5-1 就学前教育機関認証枠組みの開発

シンガポールは、就学前教育機関認証枠組み（Singapore Pre-school Accreditation Framework；SPARK）という、保育所や幼稚園の保育環境の改善・向上と教育成果の向上を公的に支援する仕組みを備えている。教育の質向上を就学前教育施策の最優先課題と位置づけるECDAが、その中核に位置づけている制度である。元々、SPARKは2010年にMOEが開発したものであるが、2013年のECDA創設以降はECDAが所管している。

SPARKは、幼児期を取り巻く社会環境の変化や定期的な内容の点検により、これまでに数度改訂されている。SPARKは、教育の質を点検するための評価項目の中にNELカリキュラムの実施状況に関する項目を含むため、2011年の導入当初は、4～6歳児課程がある保育所と幼稚園を対象としていた。その後、2017年に自己評価尺度であるQRS（後述）を更新、乳幼児期の発達を重視する社会動向を受けて、2018年に新たに2か月～3歳児課程を対象に加えた。2019年に0～3歳児課程用のQRSと4～6歳児課程用のQRSを統合し、2020年1月以降の新規申請と認証更新から新QRSを運用し、0～6歳児課程があるすべての保育所と幼稚園を対象としている。現在、SPARKでは、8つの評価領域（表8-6-3）の計28項目について、新QRSを用いて対象施設の質を点検・認証する仕組みとなっている。ちなみに、0～6歳児課程を包括的に対象とする前のものでみると、4～6歳児課程（2017年版）は7つの評価領域の計21項目（表8-6-1）、0～3歳児課程（2018年版）は2つの評価領域の計7項目（表8-6-2）となっていた。

SPARKが開発された目的は2つある。1つは、教育内容の質保証のためである。SPARKでは評価領域の1つに「カリキュラム」があり、そこではNELカリキュラムの実施状況が確認できるようになっている。もう1つは、施設設備を含む保育環境の質保証のためである。シンガポールの就学前教育は義務教育ではなく、また民間経営の施設が大半を占めてきた。SPARKの開発以前は保育所法や教育法に基づいて認可や登録がされていたが、保育施設の実際の保育環境はさまざまであった。そのため、2013年4月にECDAを設立し、保育所であれ幼稚園であれ、ECDAがSPARKを用いて同じ基準や手続きで保育施設としての認可の審査を行うことで、保育環境を一定の質以上で確保できるようにした。

MOE幼稚園を除き、シンガポール国内の民間経営の保育所や幼稚園は、就学前教育機関としての認可を得たければみな、SPARKを受審する義務がある。なぜなら、SPARKは図8-5に示したように4つの段階で構成されているが、その第一段階に当たるのが「登録と規制」（Registration & Regulation）、すなわち「認可」（Licensing）の段階だからである。SPARKを受審しない保育施設は、いわゆる無認可施設ということになる。この段階では、就学前教育機関として運営の最低基準を満たしているかを判定される。第二段階以降の受審は任意で、各施設による自己評価（Self-appraisal）（第二段階）、ECDAによる外部評価（Quality Rating）（第三段階）を経て、ECDAが想定する質を確保できていると判断された施設には、保育環境の質が高水準にあることの公的証明としてSPARK認証（Accreditation）が与えられる（第四段階）。SPARK認証を得てもその有効期間は6年であり、3～4年目には中間点検（check）が行われる。中間点検では、専門家が半日訪問し、園内を見てまわったり、保育を観察したり、園長や教職員と協議したりする。その際、教授・学習の実践と過去3年間で実現した改善が重点的にチェックされ、さらなる質の向上に必要な努力について指導助言される。これらはあくまでもコーチングであり、評価（assessment）ではない。また、SPARK認証の中もさらにランク分けがなされており、より上位のSPARK認証を得るように促され、SPARK認証を得た施設の実践を参照したり施設の園長から助言を受けたりする機会も設けられている。

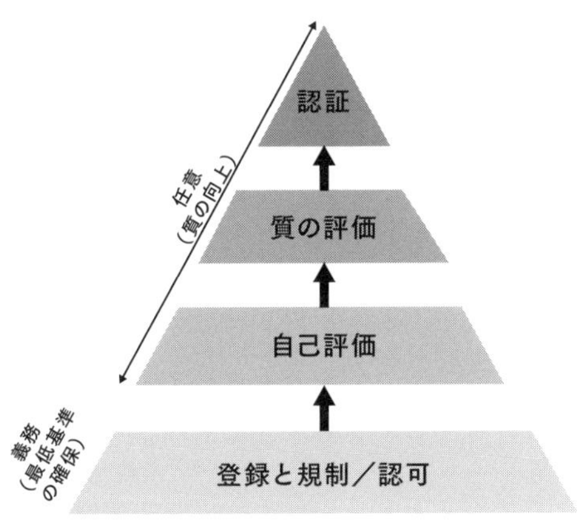

図8-5　SPARKの認証・評価プロセス

出典：ECDA, *Singapore Pre-school Accreditation Framework Quality Rating Scale, Updated Edition*, 2017, p.5.より抜粋のうえ筆者作成。

ECDAが認可した就学前教育施設は約2000あるが、このうち982がSPARK認証を得ている（2022年7月現在）。ECDAはSPARKの受審・認証による利点として次の4点を挙げ、各施設の積極的な受審を促している。すなわち、SPARKによって、その施設と教育内容の質に対する公式な保証が与えられること、その施設の強みや要改善領域についての客観的評価を提供できること、改善努力に際し施設を導くための質の指標を提供できること、保護者が施設を選択するときの参考情報を提供できることである。こうした利点を強く印象づけるために、ECDAは優秀な施設を表彰すること（SPARK認

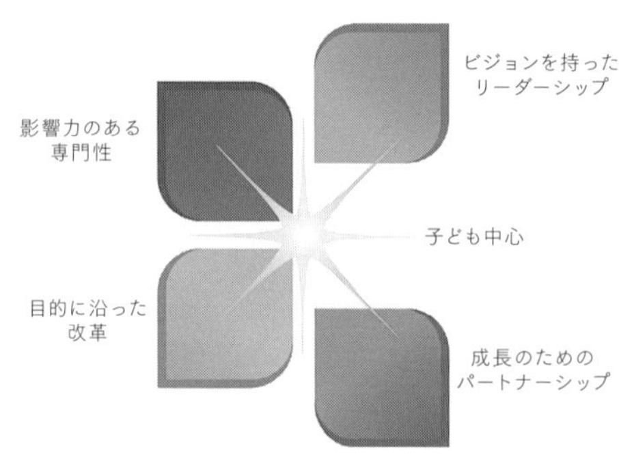

図8-6　SPARKのロゴマークとコアとなる価値

出典：ECDA, *Singapore Pre-school Accreditation Framework Quality Rating Scale, Updated Edition*, 2017, p.7.より抜粋のうえ筆者作成。

証を得ている982施設のうち、優秀施設として表彰されているのは103施設）や、認証を受けた施設には、ECDAのウェブサイトへの掲載、SPARKロゴ（図8-6）の使用、表彰セレモニー等への参加、認証証明書の付与などが行われている。とりわけSPARKロゴは、施設のウェブサイトや配布物、横断幕など人目に付くところへの使用が可能なことから、対外的にSPARK認証施設であることを示す効果的なアイテムとなっている。

5-2　SPARKの審査過程

受審の募集は年に4回（2月、4月、7月、9月）ある。審査の過程には5つのステージがある。ステージ1は施設がオンラインで申請を行い、費用400シンガポールドル（2020年度時点）を支払う。ステージ2は、ECDAによる適合審査があり、適合の場合は、審査書類の提出と2日間の訪問審査の通知が来る。ステージ3は、施設は受審資料を準備、提出する。そしてアセッサー（assessor）による2日間の訪問審査及び資料の点検、報告書作成が行われる。アセッサーはECDAのトレーニングを受けたSPARKの評価者で、小学校の元校長や元教員などの教職経験者が就いている。ステージ4は、SPARK委員会がアセッサーから提出された報告書を精査しまとめる。QRSのスコアが2以上であれば認証が与えられ、ステージ5でアセッサーが審査結果として、成果、長所、改善点を施設に報告するという流れで行われる。

この一連の審査過程の特徴は、認証を得るという評価結果のみがゴールとなっているわけではなく、認証に向けて、どこを改善すればよいのか、どのようにすればもっと良くなるのかなどを各施設が考える契機となることで、園長や幼児教育者らの自己評価力や自己改善力の育成を図っているところである。その一例として、受審に際し、SPARKという制度の説明会だけでな

表8-6-1　SPARKの評価領域（4～6歳児課程用：2017年版）

評価領域	下位項目
1. リーダーシップ	1.1　戦略的リーダーシップ
	1.2　カリキュラムリーダーシップ
2. 計画作りと経営	2.1　戦略的な計画作り
	2.2　プログラムの構造と実施
	2.3　経営
3. 教職員管理	3.1　新任者と配置
	3.2　職能成長とパフォーマンス評価
	3.3　教職員の福利
4. 資源	4.1　教授・学習環境と資源
	4.2　保護者との協働
	4.3　地域との連携
5. カリキュラム	5.1　統合されたカリキュラムと全人的発達
NELカリキュラムの6つの学習領域	5.2　美学と創造的表現
	5.3　世界の発見
	5.4　言語とリテラシー
	5.5　運動技能の開発
	5.6　数量的思考能力
	5.7　社会的情動的発達
6. 教育学	6.1　教育学の一般原理
	6.2　子どもの学びと成長の評価
7. 健康・衛生・安全	

出典：ECDA, *Singapore Pre-school Accreditation Framework Quality Rating Scale, Updated Edition*, 2017, より一部抜粋のうえ筆者作成。

表8-6-2　SPARKの評価領域
（0～3歳児課程用：2018年版）

評価領域	下位項目
1. 乳幼児の学習環境	1.1　物的環境 1.2　資源 1.3　家庭の関わり
2. 乳幼児の学びと発達	2.1　教育学の一般原理 2.2　社会的情動的発達 2.3　身体的発達 2.4　認知的発達

出典：筆者作成。

表8-6-3　SPARKの評価領域
（0～6歳児課程用：2019年版）

1. リーダーシップ
2. 計画作りと経営
3. 教職員管理
4. 乳幼児の学習環境
5. 早期学習と発達
6. 資源
7. カリキュラム
8. 教育学

出典：筆者作成。

く複数のワークショップやコーチングの機会が設けられている。これから受審しようとする施設に対しては、ECDAが費用を負担し、各施設から2名まで参加できる1～2日間のQRSワークショップが行われている。このワークショップを通じて、質の改善・向上のための“良い実践”について学び、それを実際に自施設に持ち帰って点検や実行をすることで、SPARKの第二段階に当たる自己評価を、園長を中心にして行うことができる仕組みになっている。

SPARKの第二段階と第三段階では、質評価尺度（quality rating scale；QRS）を用いて保育環境の質や改善状況の評価が行われる。QRSは、ECERS（Early Childhood Environment Rating Scale）やPAS（Program Administration Scale）という、すでに国際的に認知されている保育の質評価尺度をモデルとして、シンガポールで開発された自己評価尺度である。QRSは、SPARKの各評価領域で用いられる。

各評価領域には下位項目が設定され、項目ごとにQRSによる評価基準が示されている。2017年版を例に挙げると、QRSは図8-7に例示したように、「入り口段階」（評点1～2点)、「実行段階」（評点3～4点)、「習得段階」（評点5～6点）の3段階6点満点で構成されているが、まずは「入り口段階」の評価基準のすべてで「はい」（Yes）にならないと、次の「実行段階」の評価には進めない。つまり、「入り口段階」で設定されている評価基準をすべて満たすことは、SPARK認証を得るための「入り口」にようやく立ったに過ぎないため、この「入り口段階」の基準を満たさないのに次の「実行段階」の評価基準を満たすことはありえないのである。このような評点方法は、

5.1　統合されたカリキュラムと全人的発達					
入り口段階		実行段階		習得段階	
1	2	3	4	5	6
学習目的と目標を設定する					
A2 はい□ いいえ□	学習目的[1]は、全ての学習領域の活動と全てのレベルに対して設定されている。	A4 はい□ いいえ□	学習目標[2]は、全ての学習領域と全てのレベルに対して設定されている。	A6 はい□ いいえ□	全ての学習領域とレベルに設定されている学習目標は、子どものニーズに合うように毎年見直されている[3]。

図8-7　質評価尺度（QRS）の基準と項目

出典：ECDA, *Singapore Pre-school Accreditation Framework Quality Rating Scale, Updated Edition*, 2017, p.35.より一部抜粋のうえ筆者作成。

ECERSやPASを踏襲している。SPARKの認証施設となるためには、6点満点中2点以上の評点が必要である。

SPARK（2017年版）の7つの評価領域のうち5.2から5.7までは、現行のNELカリキュラムで示されている6つの学習領域と合致している。そのため、評価領域「5.カリキュラム」をQRSを用いて点検することで、各施設は自分たちが教育内容の質をどの程度確保できているかを確認することができる。また、評価領域「7. 健康・衛生・安全」は就学前教育機関として守るべき認可基準項目に該当するため、この項目は満たしていることが大前提であり（つまり、満たさない場合は認可されないため）、QRSの対象とはなっていない。

QRSの全評価指標は園長が自施設を点検する形式で作られているが、SPARKの受審の過程では、園長は幼児教育者と相談して自己評価を行っている。ECDAは、園長の独断ではなく自施設の幼児教育者とともにQRSを用いた日常的な点検評価を行うことを、QRSワークショップ等の研修機会を通じて園長らに推奨している。それゆえ、QRSを用いた評価過程では、園長から幼児教育者に対し、単なる点検評価にとどまらない助言的コミュニケーションがなされており、そのことが付随的に、保育や教育、幼児教育者の質向上を促している。

6 シンガポールの就学前教育の質保証のシステムと特徴

シンガポールの就学前教育においては、教育・保育内容の質はNELカリキュラムやEYDFによって、幼児教育者の質はディプロマや認定資格、各職位の認定要件によって、そして、保育所や幼稚園の保育環境の質はSPARKによって、それぞれ保証されるシステムとなっている（図8-8）。それぞれの目指す「質」はそれぞれの指標で示されているが、SPARKを媒介することによって指標間の一貫性が保たれている。NELカリキュラムやEYDFの実施状況の点検のみならず、SPARKでは、評価領域「教職員管理」において、所属職員の保有しているディプロマや認定資格、現職教育の受講・修了状況なども園長が点検することになっており、結果的に幼児教育者の質保証の契機となっている。ゆえに、シンガポールにおいて幼児教育の質とは、

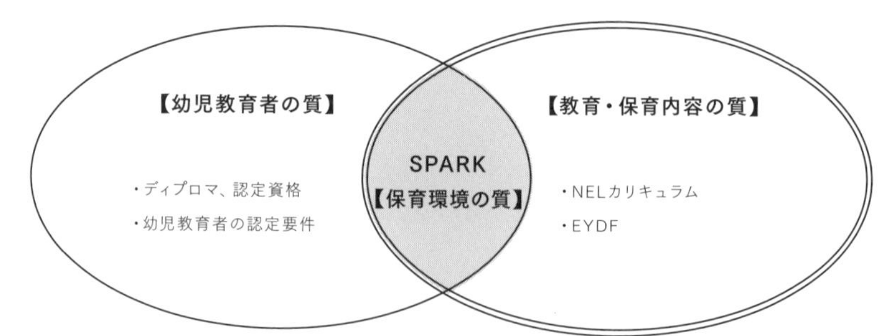

図8-8　シンガポールの就学前教育の質保証システム
出典：筆者作成。

SPARKで示された各指標（QRS）を達成することで実現できる状態を意味しているといえる。QRSによって質向上に必要な要件が可視化されることで、園長のみならずすべての幼児教育者が質向上の過程や手段をイメージしやすいことは、大きな利点といえる。

7 日本の就学前教育における質保証の課題

日本の幼児教育や就学前教育においては、シンガポールのように3つの観点で見たとき、「教育・保育内容の質」「幼児教育者の質」「保育環境の質」のいずれをとっても、明確な指標の下で点検や評価をしたり、相互の質保証の関連性が明確になったりするような制度上の仕組みを備えていないことがわかる。

教育・保育内容の質については、幼稚園教育要領、保育所保育指針、幼保連携型認定こども園教育・保育要領が告示されているという点では、ナショナルカリキュラムないしそれに準ずる国家基準があり、ある程度の均質性が保たれる仕組みはあるといえる。しかしながら、その実施過程で幼稚園教育要領等が求める「幼稚園教育において育みたい資質・能力」がどの程度実現できているのか、あるいはどのように努力すればよいのかなど、達成目標に照らして自らの現状の良し悪しや改善点を判断する手がかりが得られるものとはなっていない。シンガポールのNELカリキュラムやEYDFの特徴は、それが教育・保育内容の国家基準であるという点にあるのではなく、どうすればより良い教育や保育を提供できるのかを考えたり試したりする具体的な指導の準拠枠となっているところにある。とりわけ幼児教育者用ガイドでは、細かに指導の方法や留意点が示されているため、ともすればそれは幼児教育者の専門職性を阻害しているようにも見える。しかし、シンガポールの考え方は、質保証にとって最低限これはやらなければならない・できなければならないことを誰でも確実に行えるようにするためにカリキュラムフレームワークや幼児教育者用ガイドはあるのであり、その最低ラインを実現できるのであれば、それ以上あるいはその他のやり方で子どもの力を伸ばす教育や保育を行う指導上の裁量は制限されていない。

こうした最低ラインの確実な実施に向けた道筋を細かに示す背景には、幼児教育者の学歴が高くなく、また離職率も高いために、長らく質の高い幼児教育者の確保が容易でなかったという事情がある。それゆえ、多様な学歴、職歴の人でもいつでも幼児教育者になれるように多様なルートで養成教育にアクセスできるようにしてきた。日本のようにフルタイムで在籍して大学で資格取得を行うルートだけでなく、パートタイムの資格取得課程や大学以外の教育機関での資格取得のルートを開くことで、幼児教育者の量的確保に取り組んできた。その一方で、付随する課題として質的確保に取り組む必要があったことから、シンガポールでは、取得したディプロマや認定資格の別によって、幼児教育者の職位やキャリアトラックが規定されるという仕組みを整える必要があったのである。つまり、量的確保の課題と表裏の関係で質的確保の課題があったため、養成教育のルートに応じた職位と職能を、キャリアパスやスキルマップという形で明示する必要があったのである。こうした背景の違いがあるために、一見すると、昨今の日本の幼児教育者養成教育において策定が進むコアカリキュラムや教員育成指標等は、幼児教育者のキャリアパスやスキルマップに類するもののように見えるかもしれない。しかし、実態としてそれに基づいて養成された幼児教育者の職位や職能が分化していないため、コアカリキュラムや教員育成指標等は、職能成長という点での幼児教育者の質保証の指標としては機能していない。

本章では、シンガポールの幼児教育や就学前教育の質保証の仕組みについて述べてきたが、シンガポールの事例を通して改めて浮き彫りになった日本の課題は、可視化された指標で教育・保育内容や幼児教育者、保育環境の質を測るということへの心理的抵抗感から脱却し、質が可視化されることの意義を社会的に共有していくことの議論の必要性についてである◆9。

◆注

1 Department of Statistics Singapore, *Singapore Population*. https://www.singstat.gov.sg/modules/infographics/population（2022年9月30日確認）
2 コロナ禍により、2020年度および2021年度予算では保健省の支出が増大している。2020年度の場合、国防費15.1％、保健費13.4％、教育費13.3％（https://www.mof.gov.sg/docs/librariesprovider3/budget2020/statements/fy2020_analysis_of_revenue_and_expenditure.pdf）、2021年の場合、保健費18.8％、国防費15.4％、教育費13.6％（https://www.mof.gov.sg/docs/librariesprovider3/budget2021/download/pdf/fy2021_analysis_of_revenue_and_expenditure.pdf）である。
3 NELカリキュラムは、4～6歳児に対して質の高い学習経験を提供することができるように、幼児教育者向けの手引きとして教育省（MOE）が開発したものである。その中身は、NELフレームワーク（初版は2003年）によって支えられ、NEL幼児教育者用ガイドとNEL教授学習リソースによって補完されている。このうち、NELフレームワークは2012年に改訂されている。2012年改訂により、NELフレームワークはカリキュラム設計上の観点の提示のみならず、指導の目標や具体的な指導事例までもその中に含むようになったことから、本稿では2012年改訂のNELフレームワークのことを（2003年版と区別するために）NELカリキュラムと表記している。
4 OECD, *Starting Strong: Early Childhood Education and Care*, OECD Publishing, 2001. OECD, *Starting Strong II: Early Childhood Education and Care*, OECD Publishing, 2006. OECD, *Skills for Social Progress: The Power of Social and Emotional Skills*, OECD Publishing, 2015.
5 James J. Heckman, *Giving Kids a Fair Chance*, Massachusetts Institute of Technology, 2013.（ジェームズ・J・ヘックマン著、古草秀子訳『幼児教育の経済学』東洋経済新報社、2015年）
6 2022年6月現在、MOE幼稚園は全国に43園ある。2027年までに約60園を開設する予定で、質の高い保育実践の普及を目指している。
7 EYDFのEducarers' Guideでは「Educarer」の語が使用されているため、ここでは保育士と訳しているが、前述のように、2021年10月より、educarerの職名はなくなり、infant educatorとearly years educatorに分化している。
8 Workforce Skills Qualifications.
9 本稿は、1～4を臼井が、5～7を臼井と中橋が共同執筆した。

◆謝辞

本章の執筆にあたり、シンガポール幼児期開発局（Early Childhood Development Agency；ECDA）のTan Gim Hoon博士には、ECDA著作資料の引用や事実の確認作業等においてご助言とご協力をいただきました。また、シンガポール教育省（Ministry of Education；MOE）就学前教育部門のTan Ching Ting博士にも、MOE著作資料の引用に際しご協力をいただきました。ここに感謝の意を記します。

◆引用・参考文献

Early Childhood Development Agency, *early Years DEVELOPMENT FRAMEWORK for Child Care Centres.*, Singapore, 2014.

Early Childhood Development Agency, *early Years DEVELOPMENT FRAMEWORK Educarers' Guide.*, Singapore, 2017.

Early Childhood Development Agency, *Singapore Pre-school Accreditation Framework Quality Rating Scale., Updated Edition*, Singapore, 2017.

池田充裕「第7章 シンガポール－グローバリゼーション対応の幼児教育」池田充裕・山田千明編著『アジアの就学前教育―幼児教育の制度・カリキュラム・実践』明石書店、2006年。

Ministry of Education, *NURTURING EARLY LEARNERS: A Framework for A Kindergarten Curriculum in Singapore.*, Singapore, 2003.

Ministry of Education, *Nurturing Early Learners-A Curriculum Framework for Kindergartens in Singapore.*, Singapore, 2012.

SkillsFuture Singapore, Workforce Singapore and Early Childhood Development Agency, *Skills Framework for Early Childhood Care & Education.*, Singapore, 2016.

SkillsFuture Singapore, *Skills Framework for Early Childhood Career Pathways.*, Singapore, 2022.

臼井智美・中橋美穂「教育の質保証と教師教育の連関―シンガポールの幼児教育者育成システムにみる「可視化」を手がかりに―」『大阪教育大学紀要（総合教育科学)』第67巻、39-53頁、2019年。

09

中国

呂小耘

◎中国の保育をめぐる状況◎

- 都市部・農村部の劇的な格差をなくすため、地方政府は中央政府の保育政策改革に従い、公的資金の投入で公立園や非営利園を増やし、就学前３年保育の全面的な普及を推進
- 就学前教育は基礎教育の一部であり、学校教育と生涯教育の土台に位置づけ
- 3-6 歳児に対して、「科学保育」を掲げ、幼児の発達と学びの特徴に合わせてナショナル・カリキュラムに基づいて保育を行う。3 歳未満児は「科学育児」という趣旨で家庭の責任を強調

地方教育行政機関が幼児園の評価基準を作成、第三者評価によってレベル認定され、質の保証を図る
認定された園のみ公的補助金の投与、レベルによって補助金額が異なる
幼児園園長と幼児園教諭の専門性基準を作成、多様な研修システムの開発

『幼児園教育指導綱要（試行）』
『3-6 歳児童学習と発達ガイドブック』
3-6 歳児対象のナショナル・カリキュラム

幼児期の学びの目標

領域	各領域内の分野
健康	①心身の状態　②動作の発達 ③生活習慣と生活能力
言語	①傾聴と表現　②読み書きの準備
社会	①人間関係　②社会適応
科学	①科学探求　②数学認知
芸術	①感受性と鑑賞　②表現と創造

地方教育行政機関による第三者評価とレベル認定

- 各県・市の教育行政機関は独自の評価基準を開発
- 幼児の発達の評価、園の環境、保育職務、園内の管理や職務等包括的な評価指標
- 園からの報告、園の観察評価、職員に対する面談、質問紙調査等評価方法は多様
- 園の評価申請⇒評価チーム編成⇒評価と認定⇒結果公開
- 評価結果によって、認定されない園に改善命令を出す

幼稚園園長の研修

- 「教育部幼児園園長研修センター」と地方教育行政機関

幼児園教諭の研修

- 中部・西部農村公立園や非営利園の教諭を最初の対象にしている

1 全体的な状況について

中国では、満6歳の年の9月に義務教育を受け始めるが、それまでに通う就学前の保育施設は幼児園、託育施設、親子活動センター等がある。都市部幼児園は3年保育を行うことがほとんどだが、農村部では1年保育がまだ見られる。

2016年「全面二人っ子政策」が実施され、2016年と2017年の出生数は1700万人を突破したが、2018年度出生数は1523万人、2019年11月中旬までは1016万人であった。出生数続減の原因の1つとして、3歳未満児の保育サービスの欠如があげられている。

2018年度公的財政支出教育費の対GDP比は4.11%であり、7年連続で4%を超えた。その中で、保育に対する支出は、全体の公的財政支出教育費の7.96%を占め、2017年度より12.79%増加した。教育部（文部科学省相当）も地方教育行政機関も、これまでになく保育を重視するようになった。

2 保育に関わる文化・社会的背景

2-1 保育改革の流れ

建国後（1949年）から1980年代中期までは、幼児園と託児所が共存していた。3～6歳児に保育サービスを提供する幼児園は就学前教育という位置づけで、管轄は教育部であった。3歳未満児を対象にする託児所は企業福祉の一部として、企業敷地内に設置されることが多く、管轄は衛生部（厚生労働省相当）であった。

1980年代中期から改革開放が進み、市場経済が進行した。さらに一人っ子政策（計画生育政策）の実行により出生数は減少し、託児所の需要は減少した。その時期政府は託児所の管理投入を減少させ、0～2歳児の保育責任を家庭に戻した。一部残った託児所は、幼児園に合併され、「未就園児クラス（託児クラス）」となった。未就園児クラスの全体的な数は少ない。

1990年代から、国有企業の民営化に伴い、企業運営幼児園は廃園や民営化された。1999年の幼児園在園児比率は、公立40%、民営48%だった。

2010年、中央政府は「国家中長期教育改革と発展計画（2010～2020年）」を発表し、初めて保育を単独に位置づけた。2010年、中国国務院（日本の内閣府相当）は「現在の幼児教育の推進に関する意見（关于当前发展学前教育的若干意见）」を発表し、以下の内容が強調された。①民営幼児園を「非営利性」に変換し、地方政府の財政投入を増加させ（中央政府はそのための財政を提供する）、「入園の難しさ」を解決する；②保育の量的拡充、保育形態の多様化；③保育者の専門性の向上。

2019年10月、衛生部（厚生労働省相当）は『託育施設設置基準（試行）』と『託育施設管理規範（試行）』を公表し、3歳未満児の保育サービスの監督を実施しようとした。

2-2　都市部・農村部の格差及び地域における格差

1980年代中期からスタートした改革開放政策は、「先富論」という基本原則に基づいていた。つまり、先に豊かになれる者たちを富ませ、そして貧困の者たちを助けるということだったが、それは現在に至る都市部・農村の劇的な格差及び地域における格差をもたらした。

2018年、中国国民1人あたりのGDPは1万ドル弱（日本の約4分の1）に上り、国民1人あたりの可処分所得◆1は2万8228元（約44万2000円）であった。その中で、上海市1人あたりの可処分所得は6万4183元（約100万5000円）で、もっとも高かった。それに対して甘粛省の農村部1人あたりの可処分所得は8804元（約13万8000円）で、もっとも低く、上海市の7分の1弱であった。

都市部・農村部の経済格差は、教育の格差ももたらした。2018年、上海市幼児園（3年保育）の総就園率は97%だったが、一部の農村部幼児園（3年保育）の総就園率は50%以下であった。2020年全国の3年保育の総就園率を85%に達することを目指している。

2-3　計画生育政策の実行及び撤廃

2006年頃から、最初の一人っ子政策の世代が親になった。出生率は安定し、出生数が年間1500万～1600万人の「準ベビーブーム」が到来した。

2013年、一人っ子夫婦の第2子の出産が許可された。2016年「全面二人っ子政策」が実施され、出生数の激増が予想された。しかし、2016年と2017年の出生数は1700万人を突破した後、2018年は1500万人台に戻り、2019年はそれ以下に減少した。中国は少子高齢化社会になり、「子ども」は各家庭にとっても、国家にとっても、今までになく貴重な存在となっている。

そして、幼児園の3年保育の普及率が高い都市部（2018年上海市は97%）では、両親や祖父母ともに教育熱心で、家庭だけで3歳未満児を育てるより、専門家による保育サービスの需要が高まった。農村部では、保育の量的な普及は大きな課題であるが、都市部の保育は量から質への転換が図られている。

3 保育施設・事業・提供主体の所管・規制等

3-1 保育施設の概要

①幼児園

都市部では3年保育（3～6歳）が主流だが、農村部では未だに1年保育（5～6歳）が大きな割合を占めている。農村部の幼児園（1年保育）は小学校の敷地に設置される場合が多い。

基本の保育時間は8時間（8:30～16:30）が多く、給食と午睡がある。

公立と民営（営利と非営利◆2）の幼児園があり、入園の方法は異なる。公立の幼児園に入園希望の場合、戸籍◆3所在区内の幼児園から、1園を選び、区役所の申請システムに申請を行う。募集人数を超える場合、抽選となる。

民営の幼児園の入園方法は園で決定される。人気の園では先着順となる。

現在、公立園の質の高さと保育料の安さ等の理由から、ほとんどの保護者はまず公立園を申請し、落選した場合、民営の園に行く。

②託育施設

託育施設は3歳未満児に保育サービスを提供する施設であり、3歳になると幼児園に移行することが一般的である。

2006年からの「準ベビーブーム」の到来、及び中国経済の継続的な発展により、都市部では、3歳未満児を対象とする保育サービスの需要が高まった。また、2012年、国務院は「女性労働者保護特別規定」を公表し、国家の法定産休期間を98日（土日含み、祝日は含まない）以上と定めた。法定育休期間は県・市の規定によって異なる。例えば広東省は80日、上海市は30日である。産婦は産休・育休開始期間を決められるため、ほとんどの産婦は出産予定日まで出勤し、育児に産休・育休を使う。しかし育休期間が終了しても休業は延長できないため、ほとんどの産婦はキャリアや昇進に影響しないように、育休期間終了後すぐ職場復帰を果たす。育休期間の短さは、3歳未満児を対象とする保育サービスの需要をさらに高めた。そして、3歳未満児（主には1.5歳以上児）を対象にした民営の託育施設が現れた。2016年、「全面二人っ子政策」が実施されたことで、家庭だけでは保育することが困難という問題が浮上し、民営の託育施設が急増した。

2017年、一部の地方政府（南京、上海等）が2～3歳児の保育サービスの試行を開始したが、全体的に普及率は低い（上海市は10%前後）。

現在の多くの託育施設では、基本の保育時間が7.5時間（8:30～16:00）、給食と午睡がある。

2019年10月、衛生部（厚生労働省相当）は『託育施設設置基準（試行）』と『託育施設管理規範（試行）』を公表し、民営の託育施設の管理を行おうとしている。

また、中央政府も、条件のあう公立幼児園に未就園児クラスの併設を促し、2～3歳児の保育サービスの提供を進めている。

③その他の保育施設

・親子活動センター

地方政府が運営している親子活動センターでは、0～3歳児を育てる家庭に対して、専門家が健康指導、育児指導を行っていて、自由に参加することができる。親子一緒に遊ぶことができるスペースが用意されている。例えば上海市では、「科学育児」というスローガンを掲げ、「応答的な育児」を行えるように、0～3歳児を育てる保護者に対して年6回無料の科学育児指導を行っている。

民営の親子活動センターでは、音楽遊び、運動遊び、美術遊び等、親子一緒に参加できるプログラムが用意されている。時間や料金はさまざまである。

0～3歳児対象の託育施設を併設しているセンターもある。

・新生児専門のベビーシッター（月嫂）

都市部では、赤ちゃんが生まれてから1か月間、新生児専門のベビーシッター（月嫂）を雇うことが多い。新生児専門のベビーシッターは雇い主（産婦）の家に住み込み、赤ちゃんの保育と産婦の産後ケアを行う。また、雇い主に赤ちゃんのお世話の方法を教えたり、産婦に授乳の方法を教えたりすることもある。ベテランのベビーシッターであれば料金はかなり高額となる。

3-2　保育施設の設置主体別の施設数・園児数（表9-1）

2017年教育部の統計資料では、幼児園総就園率は79.6％であり、就園児数は4600万人であった。その中で、都市部の公立幼児園は1.83万か所、農村部の公立幼児園は7.63万か所であった。

また、2017年の教育部の統計資料では、託育施設の就園児数（3歳未満児）は112.95万人であり、民営託育施設は全体の81.4％を占めた。2017年の3歳未満児人口5164万人で計算すると、託育施設の総就園率はわずか2.2％であった。

表9-1　保育施設の設置主体別の施設数・園児数

施設形態	設置主体	施設数	園児数
幼児園	公立	9.46万か所	2028万人
	民営	16.04万か所	2572万人
託育施設	公立	—	21万人
	民営	—	91.95万人

注：公立の託育施設は「未就園児クラス」を含む。
出典：教育部（2019）「2001-2018年全国教育事業発展簡明統計分析」教育部（2018）『2017年教育統計データ』。

3-3　法定基準

1988年、国家教育委員会と建設部（国土交通省相当）は『都市部幼児園建築面積基準（試行）』『全日制・寄宿制幼児園編成基準』を公表した。『全日制・寄宿制幼児園編成基準』では、保育者対子ども人数比とクラスの定員が明記されている。2019年10月、衛生部（厚生労働省相当）は『託育施設設置基準（試行）』を公表し、託育施設の保育者対子ども人数比とクラスの定員を明示した（表9-2）。

表9-2　保育施設の形態別の保育者対子ども人数比とクラスの定員

施設形態	子どもの年齢	保育者対子ども人数比	1クラスの定員
託育施設	0-1	1:3	10人以下
	1-2	1:5	15人以下*注
	2-3	1:7	20人以下
幼児園	3-4	1:6～1:7 教諭：0.8～1人；保育補助：0.8～1人	20-25人
	4-5	1:6～1:7 教諭：0.8～1人；保育補助：0.8～1人	26-30人
	5-6	1:6～1:7 教諭：0.8～1人；保育補助：0.8～1人	31-35人

注：託育施設では、18か月以上は混合保育可、ただし1クラス18人以下
出典：国家教育委員会と建設部（1988）「都市部幼児園建築面積基準（試行）」「全日制・寄宿制幼児園編成基準」、衛生部（2019）『託育施設設置基準（試行）』をもとに筆者作成。

また、『都市部幼児園建築面積基準（試行）』では、都市部幼児園の規模別の園舎、保育室、トイレ・風呂場、教材庫、共用の音楽・体育室等の面積基準が明記されている。具体的に、幼児園は規模によって、6クラス（180人定員）、9クラス（270人定員）と12クラス（360人定員）に分けられている。幼児園園舎の面積は、園の規模による。6クラスは1773㎡以上、9クラスは2481㎡以上、12クラスは3182㎡以上となる。各クラスにそれぞれに保育室、トイレ・風呂場、教材庫・倉庫がある。保育室の使用面積は90㎡以上あることが望ましい。午睡室と保育室が別設の場合、保育室の使用面積は54㎡以上。トイレと風呂場は15㎡以上。教材庫・倉庫は9㎡以上。園舎内に共用の音楽・体育室があり、園の規模によって、6クラスは120㎡以上、9クラスは140㎡以上、12クラスは160㎡以上となる。

4 保育者の資格免許、養成、研修、雇用形態や労働環境等

4-1　保育者に関連する資格

中国は古来、「教師を尊敬し、教育を重視する」という伝統があり、教師の社会的地位は高い。世間は教師を尊敬する。保護者は教師の指導のもとで、子どもの家庭教育を行うのが一般的である。幼児園教諭も同様であり、女性にとって、幼児園教諭は小学校教諭と同じく、人気の職業である。

表9-3に示したように、「幼児園教諭資格」は国家資格であり、教育部の認定によって授与される。相応の学歴に加え、現在では、国家教師資格試験に参加しないと取得できない県・市が多くなっている（全国の82.4%）。

「保育補佐職業資格」と「乳幼児保育士職業資格」は職業資格であり、人力資源社会保障部（厚労省相当）の認定によって授与される。地方政府の研修に参加すれば取得できる。幼児園の保育補佐や親子活動センターでの保育業務の従事者に資格を付与するために、その2つの職業資格が導入された。経験年数によって等級が異なる。

表9-3　保育者に関連する資格、資格の取得の条件と構成

資格名	資格取得の条件	資格構成
幼児園教諭資格（幼儿园教师资格）	①学歴 幼児園教諭養成課程◆4を卒業したか、短大及びその以上の学歴（幼児園教諭養成課程以外の専攻の場合）を要する ②共通語検定に合格すること ③国家教師資格試験に参加し、(1)筆記試験と(2)実技試験に合格すること、あるいは幼児園教諭養成課程を卒業した◆5 （筆記試験は①総合教養②保育教育知識と能力から構成されている。国家教師資格試験は年2回） ④健康状態良好 ⑤思想道徳良好 ・教育部（文部科学省相当）認定	幼児園教諭資格は資格の等級がない
保育補佐職業資格（保育员）	・1年以上の保育及び保育関連業種の勤務経験をもつことが受験の条件 ・保育補佐職業資格試験に合格すること ・人力資源社会保障部（厚労省相当）認定	初級（職業資格5級） 中級（職業資格4級） 高級（職業資格3級）
乳幼児保育士職業資格（育婴师）	・乳幼児保育士職業研修に参加し、研修時間が100時間以上、そして乳幼児保育士職業資格試験に合格すること ・人力資源社会保障部（厚労省相当）認定	初級（職業資格5級） 中級（職業資格4級） 高級（職業資格3級）

出典：教育部（1995）『教師資格条例』、人力資源社会保障部（2019）「16種類の職業資格技能基準」をもとに筆者作成。

4-2　園長・職員の就任要件

幼児園の園長・職員の就任要件は、2016年公表された『幼児園職務規定（幼儿园工作规程）』に記載されており、託育施設の施設長・職員の就任要件

は、2019年10月に公表された『託育施設設置基準（托育机构设置标准）（試行）』に記載されている。具体的な要件は、以下の表9-4になる。

表9-4　施設形態別職員の職位と就任要件

施設形態	職位	就任要件（以下の要件すべてを満たす）	その他
幼児園	幼児園園長	①幼児園教諭資格（幼儿园教师资格） ②短期大学及び専門学校以上の学歴 ③3年以上の幼児園勤務経験 ④幼児園園長就任研修に参加し、合格すること	
	幼児園教諭（幼儿园教师）	①幼児園教諭資格（幼儿园教师资格）	
	幼児園保育補佐（保育员）	①高卒以上 ②保育補佐職業資格証書取得済み（保育员职业资格证书）	
	幼児園保健員	①高卒以上 ②地方保健所の健康衛生専門知識研修に参加し、合格すること	医師免許、看護師資格をもつ者を雇うこともある
託育施設	施設長	①短期大学及び専門学校以上の学歴 ②3年以上の保育・健康衛生 勤務経験 ③託育施設長就任研修に参加し、合格すること	
	保育員（保育人员）	①乳幼児保育経験あり、あるいは関連専門の学歴をもつ ②乳幼児保育及び心理健康専門知識研修に参加し、合格すること	
	保健員	①地方保健所の衛生健康専門知識研修に参加し、合格すること	
親子活動センター	職員	「乳幼児保育士（育婴师）職業資格」の取得をすすめる	

出典：教育部（2016）『幼児園職務規定（幼儿园工作规程）』、衛生部（2019）『託育施設設置基準（托育机构设置标准）（試行）』をもとに筆者作成。

また『幼児園職務規定（幼儿园工作规程）』では、幼児園教諭の職務内容として、①幼児を観察し、幼児の発達と興味に合わせて教育計画や日案を作成する、②教育環境を整備し、教育内容を検討し、豊かな玩具や材料を提供し、適切な教育活動を展開する、③幼児園の安全、保健衛生の規定通りに保育を行い、保育補佐を指導し協力して保育を行う、④幼児の家庭教育環境を理解し、保護者と協力して教育を行う、⑤専門性向上のための研修や保育研究活動に参加する、⑥定期的に自己評価を行い、園長の指導とアドバイスを受ける、という6点が明記されている。

それに対して、幼児園保育補佐の職務内容とは、①保育室、設備、環境の掃除や消毒、②教諭の指導の下で、幼児が快適に生活できるような環境を提供し、教諭の教育活動に協力する、③保健員と教諭の指導のもとで、幼児園の安全、保健衛生の規定通りに保育を行う、④幼児の衣服等私物や保育室内の設備、道具などを保管する、という4点があげられている。

4-3 『幼児園園長の専門性基準』及び園長の研修システム

2011年、東北師範大学に「教育部幼児園園長研修センター」が設立され、全国の幼児園園長を対象とする研修が始まった。「教育部幼児園園長研修センター」は全国幼児園園長研修の先頭に立ち、模範的な役割を発揮する。さらに、地方の園長研修機構を加え、全国すべての幼児園園長が研修を受けるように研修システムが構築された。

2013年7月、幼児園園長の専門性の発達を促進し、高い素質をもつ幼児園園長を育て、保育の改革と発展を推進するために、教育部教師課は「教育部幼児園園長研修センター」に『幼児園園長専門性基準』の開発を委託した。2015年1月に『幼児園園長専門性基準』を公表した。

『幼児園園長専門性基準』において、幼児園園長の6つの核心職務領域及び3つの分野の「リード」（導き）が明記されている。まず「価値のリード」として、1. 幼児園の発展計画、2. 教育の文化を営むという職務領域がある。そして、「教育のリード」では、3. 保育や教育のリード、4. 教師の成長のリードという職務領域がある。最後に、「組織のリード」として、5. 内部の管理の最適化と6. 外部環境の調整という職務領域も明示されている。

2011年から始まった幼児園園長研修では、幼児教育理論、管理理論と実務、教養課程という3つのカリキュラムが実施されている。研修では伝統的な文化を強調し、道徳に関連した内容が組まれている。

研修の形式は多様であり、講義以外には、国内外の著名な専門家による講演、公開保育、テーマサロン、園長のワークショップ、研究指定園で園長の実践の見学（園長の仕事を1～2日観察し研修する）、管理職経験の共有、チューター制（修士号取得者がグループ指導を行う）等が含まれている。また、園長のランクによって、参加する研修クラスが異なる。

表9-5　園長のレベル、研修クラス、研修する場所・期間と内容

園長のランク	研修クラス	研修する場所	研修期間と内容
先導的園長	パイロットクラス	「教育部幼児園園長研修センター」	—
優秀な園長（推薦を受けた県・市モデル園の優秀な園長）	研究クラス	「教育部幼児園園長研修センター」	・研修期間は2年間。1年2回センターで集中講義に参加する。集中講義は15日間。普段はチューターによる指導。 ・研修の内容:園の理念を抽出、園の計画を作成、方案の改善等。
中核園長（県・市モデル園の園長だが、優秀の園長より経験年数が短い）	高度研修	「教育部幼児園園長研修センター」	・研修期間は1か月の集中講義。 ・研修の内容:『幼児園園長専門性基準』に基づき、6つの領域の専門性の発達を促し、園管理の経験をまとめ、園の特色を見出し、管理の能力の向上を促す。
県・市モデル園以外の園長	在職向上研修	地方の園長研修機構	県・市の教育行政機関によって異なる
新任の園長	就任資格研修	地方の園長研修機構	県・市の教育行政機関によって異なる

出典：教育部幼児園園長研修センターウェブサイト上の研修内容、王小英（2016）「『幼児園園長の専門性基準』及び園長研修の実施」をもとに筆者作成。

4-4　幼児園教諭の国家研修計画と『幼児園教諭の専門性基準』

①幼児園教諭の国家研修計画

2011年、教育部と財政部（財務省相当）は幼児園教諭の専門性向上を促すため、「幼児園教諭の国家研修計画」の実施を始めた。主な研修対象は中部・西部農村の公立幼児園と非営利幼児園の園長、中堅教諭と非幼児教育専攻出身の教諭である。2012年から、研修対象は全国の中堅教諭に広げた。

具体的な研修計画は県・市の教育行政機関と財政機関に任されるため、県・市の状況によって、研修内容は異なる。例えば表9-6では、中国南西部の貴州省（県）の幼児園教諭国家研修の項目とその機関と方法を示している。また、集中講義等の研修は教育部指定研修機構（県・市の師範大学等）で行うため、貴州省（県）の場合では、貴州師範大学で行う。

表9-6　貴州省（県）の幼児園教諭国家研修の項目とその機関と方法

番号	研修の項目	研修の期間と研修方法
①	『幼児園教諭職業行為規定』研修	講師派遣、インターネット研修等
②	初任者研修	集中講義と実習
③	非幼児教育専攻出身の教諭の専門性向上研修	1か月（180時間）以上 集中講義、実習、ワークショップ等
④	農村部幼児園教諭の専門性向上研修	10日（60時間）以上 講師を派遣し、実践指導
⑤	幼児園中堅教諭のモデル園研修	20日（120時間）以上 県内・県外のモデル園での実習
⑥	民営幼児園園長の法律・安全教育研修	5日（30時間）以上 集中講義、インターネット研修
⑦	農村部幼児園園長の専門性向上研修	10日（60時間）以上 集中講義、モデル園の見学
⑧	民営幼児園園長の規範研修	10日（60時間）以上 集中講義、モデル園の見学

出典：貴州省教育委員会（2019）貴州省「国家研修計画（2019）」中西部と幼児園教諭国家研修プロジェクトの実施案。

②『幼児園教諭の専門性基準』の公表

2012年、教育部は幼児園教諭の専門性の発達を促し、高い素質の教諭チームをつくるために、『幼児園教諭の専門性基準』を公表した。基本理念として、①教師としての道徳、②幼児中心、③専門的能力重視、④生涯学習が強調された。そして、『幼児園教諭の専門性基準』の基本内容として、表9-7に示したように、3つのカテゴリーと14の領域に分けて述べられている。

表9-7　『幼児園教諭の専門性基準』のカテゴリーと領域

カテゴリー	領域	
専門の理念と教師としての道徳	①職業に対する理解と認識 ③保育に対する態度と行為	②幼児に対する態度と行為 ④個人の教養と行為
専門知識	⑤幼児の発達に関する知識 ⑦教養知識	⑥保育に関する知識
専門能力	⑧環境の整備と使用 ⑩遊び活動の援助 ⑫幼児への働きかけと評価 ⑭省察と専門性の発達	⑨1日の生活の計画と保育 ⑪教育活動の計画と実施 ⑬コミュニケーションと協働

出典：教育部（2012）『幼児園教諭の専門性基準』。

5 カリキュラム

5-1 『幼児園教育指導綱要（試行）』

2001年7月、教育部は幼児園教育の質の向上を促すために、ナショナルカリキュラム『幼児園教育指導綱要（試行）』（以下は『綱要』）を公表した。

『綱要』は「A. 総則」「B. 5領域の教育内容と指導」「C. 計画と実施」と「D. 教育評価」の四部からなる。「B. 5領域の教育内容と指導」は、「健康」「言語」「社会」「科学」「芸術」の領域からなる。各領域では、①学びの目標、②教育内容と③指導ポイントから構成されている。以下の表9-8では、「芸術」の領域の内容と指導ポイントについて示す。

表9-8 「芸術」の領域の内容と指導ポイント

①学びの目標	1. 環境、生活と芸術における美しさを感じて、楽しむ。 2. 喜んで芸術活動に参加し、思い思いに自分の感情や体験を表現する。 3. 自分なりに芸術表現活動を行う。
②教育内容	1. 幼児が周りの環境や生活の中の美しい事象等に触れ合うことを促し、豊かな感性や美しいものへの興味を養い、表現及び造形の美しさへの興味を引き出す。 2. 芸術活動では、幼児一人ひとりの個性やニーズに合わせて、全員が美しさに出会える環境を提供する。特に芸術面に優れる幼児に対して、その潜在能力の発達を促す。 3. 自由に表現できる機会を提供し、幼児が異なる芸術の形で自分の感情・理解と想像を表現することを励ます。幼児一人ひとりの考え方を尊重し、それらの独特な感じ方や表現の仕方を認め、創造する楽しさを共有する。 4. 幼児が積極的に芸術活動に参加すること、思い思いに表現することを支えて、励ますとともに、幼児たちの表現のスキルと能力の向上を援助する。 5. 幼児たちが身近なものや廃材等を使っておもちゃや手芸品を作り、自分の生活を豊かにし、また他の活動で使うことを指導する。 6. 幼児が自分の作品を展示できる場所を提供し、幼児同士の交流や鑑賞、成長を促す。
③指導ポイント	1. 芸術は美術教育の主なやり方であり、芸術が感情に働く機能を発揮し、幼児の健全な人格形成を促す。スキルや芸術活動の結果のみを重視し、活動中の感情体験や態度を無視することは避けるべきである。 2. 幼児の創造のプロセスと作品は、彼らが自分の認識と感情を表す重要な方法であり、幼児の個性や創造性のある表現を認め、スキルや標準化を強調する傾向を避けるべきである。 3. 幼児の芸術活動の能力は、思い思いに表現するプロセスにおいて発達していく。教諭の役割は、幼児たちが美しさを感じる機会を提供し、表現する興味を養い、そして自由に表現と想像できる楽しさを味わう体験ができるように援助することである。その上で、幼児の発達段階とニーズに合わせて、表現の方法やスキルに対して適切な指導を行う。

出典：教育部（2001）『幼児園教育指導綱要（試行）』。

5-2　『3～6歳児童学習と発達ガイドブック』

2012年10月、教育部は幼児園教諭と保護者の幼児の学習と発達に対する理解を促し、さらに幼児園教諭が科学的に保育を行えるように、ナショナルカリキュラム『3～6歳児童学習と発達ガイドブック』（以下は『ガイドブック』）を公表した。さらに、教育部は、①保育者及び保育関連者全員に対する研修、②『ガイドブック』の実践と拡散のために、まず各地のモデル区を設立、そしてその経験を研修等を通して広げる、③幼小接続を強化、幼児園の小学校化を厳禁、④社会の広い理解を得るための広報、という4つの具体的な職務内容も指示した。

①『ガイドブック』の構成と内容

「A. 説明」と「B. 5領域」の二部からなる。「A. 説明」は『ガイドブック』の策定の経緯、保育目標、5領域の構成、及び保育方法の基本である。保育方法の基本では、①幼児の学習と発達の一体性に注目する　②幼児発達の個人差を尊重する　③幼児学習の方法と特徴を理解する　④幼児の学習の質を重視するという4点から構成されている。

『ガイドブック』の「B. 5領域」は、『綱要』と同じく、「健康」「言語」「社会」「科学」と「芸術」である。しかし、『綱要』の各領域では、①学びの目標、②教育内容と③指導ポイントのように、簡潔な内容から構成されているのに対し、『ガイドブック』は各領域をさらに2～3つの分野に分けて、幼児の年齢ごとの発達の特徴を加えている。

具体的に、各領域では、①基本的事項　②領域内の分野（2～3つ）から構成されている。各分野はさらに2～3つの学びの目標を含み、1つの学びの目標において、①3～4歳、4～5歳、5～6歳の発達の特徴、②教育へのアドバイスから構成されている。5領域、領域内の分野及び各分野の学びの目標は以下の表9-9の通りである。

表9-9　5領域と各領域内の分野及び各分野の学びの目標

領域	各領域内の分野	幼児期の学びの目標
健康	①心身の状態	(1) 健康な体　(2) 情緒の安定　(3) ある程度の適応能力
	②動作の発達	(1) ある程度のバランス力、動作の協調と柔軟性　(2) ある程度の体力と忍耐力　(3) 手の協調的な動きと柔軟性
	③生活習慣と生活能力	(1) 好ましい生活習慣と衛生習慣　(2) 基本的な生活自立能力　(3) 基本的な安全知識と自己防衛力
言語	①傾聴と表現	(1) 日常会話を聞いて、理解できる　(2) 話したい意欲があり、はっきり表現できる　(3) 言語のマナー
	②読み書きの準備	(1) 絵本や物語を好んで聞く、読む　(2) プレリテラシーをもつ　(3) 書きたい意欲があり、基本のスキルがある
社会	①人間関係	(1) 他者と交流する意欲がある　(2) 仲間と仲良くできる　(3) 自尊心と自信をもち、自己表現できる　(4) 他者への思いやりがあり、他者を尊重する
	②社会適応	(1) グループの生活が好きで適応できる　(2) 基本のルールを守る　(3) 初歩的帰属感がある
科学	①科学探求	(1) 自然に親しみ、探求することを好む　(2) 初歩的探求力がある　(3) 探求を通して、周りの物事や現象を認識する
	②数的認知	(1) 生活の中の初歩的な数的概念の使い方や面白さに気付く　(2) 数・量及びその相互の関係に気付き、理解する　(3) 形と空間との関係に気付く
芸術	①感受性と鑑賞	(1) 自然や生活の中の美しい事象を楽しむ　(2) さまざまな芸術分野や作品を好んで鑑賞する
	②表現と創造	(1) 芸術活動を行うことを楽しみ、思い思いに表現する　(2) 初歩的芸術表現力と創造力がある

出典：教育部（2012）『3～6歳児童学習と発達ガイドブック』。

②『ガイドブック』の領域の一部例

五、芸術

芸術は人類が美を感じて、表現し、創造する重要な形であり、自分が周りの世界に対する認識や自分の情緒態度を表現する独特の方法である。

一人ひとりの幼児の心には、美しい種が埋まっている。幼児の芸術領域の指導のポイントは、十分な環境や機会を提供し、自然や社会文化生活の中にある美しいものへの幼児の感受性を引き出すこと、また体験を通して想像力や創造力を豊かにし、心で美しさを感じたり発見したりすることや、自分なりの方法で表現と想像することを導く。

幼児が物事を感じ、理解する方法は大人と異なり、自分の認識と感情を表現する方法も異なる。幼児独特の描き方、動きと言葉は豊かな想像と感情を含み、大人は幼児の芸術表現を十分に理解し、尊重し、自分の基準で幼児を評価しない。また、「完璧な結果」を求めるために、標準化された訓練を行わない。それは幼児たちの想像と創造の芽の成長によくない。

…（中略）

（二）表現と創造

学びの目標(1)　芸術活動を行うことを楽しみ、思い思いに表現する

3～4歳	4～5歳	5～6歳
1. よく歌ったり、面白い動き、表情や口調を真似したりする。 2. よく絵を描いたり、色を塗ったり、つくったりすることを楽しむ。	1. よく歌ったり、踊ったりする。歌や、リズムのある表現活動、踊りや演じて遊ぶことに参加する。 2. 絵、粘土、制作等多様な方法で自分のイメージや考えを表現する。	1. 積極的に芸術活動に参加し、自分の好きな活動がある。 2. 多様な道具、材料や異なる表現方法で自分のイメージや想像を表現できる。 3. 芸術活動では、他児と協力することも、自分を表現することもできる。

教育へのアドバイス：
1. 幼児が自発的に芸術表現や創造できるように、機会や環境を提供する。
・豊かな材料、道具や部品を扱いやすく配置し、幼児が自発的に描いたり、つくったり、歌ったり、演じて遊んだりする等芸術活動を支える。
・幼児と一緒に歌ったり、演じて遊んだり、描いたり、つくったりして、芸術活動の楽しさを共有する。
2. 安全安心な雰囲気をつくり、幼児が楽しく表現できるように援助する。
・幼児が歌ったり、真似したりする等の自発的な芸術活動を鑑賞し、反応し、その独特な表現方法を認める。
・幼児の自発的な表現創造プロセスにおいて、干渉しすぎず、自分の意見の押し付けをしない。幼児が助けを求める時に具体的な援助を行う。
・幼児が芸術表現に関する思いや気持ちを理解し、傾聴する。幼児の創造の意図を理解し尊重する。大人の基準で評価しない（例えば「似ているかどうか」「良いかどうか」等）。
・幼児の作品を展示することで、幼児が自分の作品や芸術品を飾ることを促す。

学びの目標(2)　芸術表現と創造能力がある

3～4歳	4～5歳	5～6歳
1. 真似して、短い歌を歌う。 2. 親しみのある曲に合わせて身体を動かす。 3. 声、動きや身振りで自然の事象や生活の状況を真似する。	1. 自然の、適切な音量で歌うことができる。 2. 即興的に歌ったり、演じたり、親しみのある曲に歌詞を加えたりして、自分の気持ちを表現できる。 3. 手足等身体の動きや、簡単なリズム楽器を使ってリズムを感じる。 4. 絵や制作等で自分が見たもの、想像したものを表現できる。	1. おおむね正しいリズムと音階で歌うことができる。 2. リズム表現や簡単な踊りで自分の気持ちや自然物の様子（雨や風など）を表現できる。 3. 自分で物語をつくったり、演じたりして、それに合わせて簡単な衣装、道具や背景を選ぶことができる。 4. 自分で作った芸術作品を飾り、生活を豊かにする。

教育へのアドバイス：
　幼児の自発的な表現と想像を尊重し、適切な指導を行う。
・芸術活動のための経験や素材を得るために、幼児が生活の中で真剣に観察したり、体験したりすることを促す（例えば異なる種類の木の形や色を観察すること）。
・本や、写真、絵画や音楽作品等豊かな材料を提供し、幼児が自分で選び、自分なりの方法で模倣や創造ができるようにする。大人は過度な指導をしない。
・幼児の生活経験に基づき、幼児と一緒に表現したいテーマを探し、幼児がテーマに沿って想像し、表現することを援助する。
・幼児が絵を描くとき、見本を提示することは勧められない。特に、見本通りに描く指導は行わない。
・幼児の作品から保育者は感じたことを伝え、幼児の作品を認め、さらなる成長を促す（例えば、「あなたの絵には、赤をいっぱい使ったね。年越しのような楽しい雰囲気を感じるね」「あなたが演じたオオカミ、声はそっくりね。もっと怖い顔にしたら本物みたいだよ」）。

出典：教育部（2012）『3～6歳児童学習と発達ガイドブック』。

6 監査や評価

6-1　幼児園の地方教育行政機関による第三者評価とレベル認定

2003年から、各県・市は保育サービスの発展に合わせて、その質の向上を促進するために、幼児園に対して第三者評価を行い、レベル認定するようにした。例えば、2003年、上海市教育委員会（教育行政機関）は『上海市幼児園レベル評価認定基準（試行)』を公表した。

レベルの分け方は県・市によって異なるが、「県・市のモデル園」「一級園」「二級園」（「三級園」）のように、3つ（あるいは4つ）のレベルで認定することが多い。認可された時点から、幼児園は教育部と地方教育行政機関から補助金をもらえるようになる一方、幼児園の保育料は地方教育行政機関の基準に準じて、かなり低くなるのが一般的である。例えば、上海市の民営幼児園なら毎月の保育料は3000元前後（約4万7000円）が多く、「豪華型」幼児園なら1万元（約15万6000円）を超える場合もある。それに対して、2019年上海市の「市モデル園」毎月の保育料は700元（約1万1000円)、「一級園」は225元（約3500円)、「二級園」は175元（約2700円)、「三級園」（認定に合格していない園）は125元（約2000円）である。

民営園から「非営利性」幼児園に転換したい幼児園は、教育部と地方教育行政機関からの補助金をもらうために、積極的に評価を受けようとしているが、「豪華型」幼児園は高い保育料を徴収しているため、評価を受ける機会が少ない。

・評価と認定の仕方

公立幼児園だけではなく、地方教育行政機関で経営が認可された民営幼児園なら、自由にレベル認定のための評価申請ができる。幼児園から、「県・市のモデル園」「一級園」「二級園」（「三級園」）のどれに申請するかを決めて、県・市の教育行政機関に申請書を提出する。申請する園数がある程度に達したところで、地方教育行政機関は第三者評価チームをつくる。1つの評価チームは5～7人であり、チームメンバーは「幼児園の優秀な園長」「大学の専門家」「教育行政の職員」という3つの分野から構成される。「幼児園優秀な園長」と「大学の専門家」は、各県・市の「幼児園の第三者評価の専門家バンク◆6」から選ばれることが多い。第三者評価チームのメンバーが選定された後、評価基準や評価の方法などに関する研修を行い、評価期間中には定期会議を開催する。

評価は園からの報告、園の観察評価、職員に対する面談、質問紙調査等の形で行う。事前通知なしに訪問する場合もある。

評価と認定の順番としては、まず「二級園」を認定し、次に「一級園」を認定し、最後に「一級園」から「モデル園」を認定する。認定の結果は、各地方教育行政機関のホームページに掲示され、保護者が幼児園を選ぶ際に参考になる。

また、「県・市のモデル園」に認定された幼児園は保育の質の高さが認められると同時に、自分たちの経験を同じ地域内の他園に共有し、その保育者たちに対して研修を行うなど地域内の保育の質を向上させる責任を担うようになる。

・評価の基準

評価の基準は地方教育行政機関に任されるため、県・市によって異なる。点数評価によって評価させることが多い。以下の表9-10に示している上海市と重慶市の幼児園評価基準を見ると、2市の評価基準は異なるが、具体的な評価項目において共通点が多く見られる。

また、2市とも幼児園のカリキュラムや保育計画等はナショナルカリキュラム通りに計画・実行しているかどうかを重視し、評価している。具体的に上海市の評価基準において、「発展的な要求：カリキュラムの実施」の項目では、園のカリキュラムは『綱要』と『ガイドブック』通りに作られているかどうか、カリキュラムは幼児の発達段階に合わせて、多様なニーズに対応しているかどうかを評価する。また、重慶市の評価基準において、「保育職務：1日の活動計画」の項目では、園の1日の活動計画は『綱要』と『ガイドブック』を反映し、幼児の心身の発達過程を尊重し、保育を計画・実行しているかどうかを評価する。

表9-10　上海市と重慶市の幼児園評価基準

都市	評価項目	点数	レベル認定方法
上海市	①　幼児の発達水準	20点	90点以上：「一級園」 60-89点：「二級園」 60点以下：「三級園」 （合格ではない）
	②　園の環境（園舎設備・人員配置）	12点	
	③　園内の職務（園内管理・地域と家庭指導）	12点	
	④　保育職務（職務管理・保育の計画と実施）	23点	
	⑤　保健衛生職務（保健管理・健康診断・消毒隔離対応・安全と病気予防・栄養）	18点	
	⑥　発展的な要求（チームワーク・教育研究・カリキュラムの実施・管理体制・園の文化）	15点	
重慶市	①　園の基本条件（設立認可・経費・園舎・室外環境・設備・規模・人員）	35点	90点以上：「一級園」 80-89点：「二級園」 70-79点：「三級園」 69点以下は不合格
	②　園内の管理と職務（園の方向性・組織管理・チームワーク・職務管理）	25点	
	③　保育職務　（1日の活動計画・保育環境整備・保護者と地域対応・保健衛生・幼児の発達状況）	40点	

出典：上海市教育委員会（2003）『上海市幼児園レベル評価認定基準（試行）』、重慶市教育委員会（2010）『重慶市幼児園レベル評価認定基準』をもとに筆者作成。

・評価認定後の改善命令

地方教育行政機関は認定されなかった園に対して、期限付きの改善命令を出す。特に、①法律に反し、幼児教育の原理に従わない、偏った方向への育成、小学校化傾向が強い、営利的傾向が強い、②学期ごとの給食費の残金が総金額の3%を超える、という問題は直ちに改善するように指示を出す。

また、①3年以内に重大な安全に関わる事故があった、②体罰行為、③改善命令に従わない、という問題が見られた場合、認定されたレベルは直ちに取り消される。

6-2　他の評価スケールの開発

各地方教育行政機関が作成した評価基準以外に、大学の研究者たちが開発した保育の質評価スケールもある。例えば北京師範大学の刘炎教授らが開発した「中国幼児園教育の質評価スケール（都市部）」「中国幼児園教育の質評価スケール（農村部）」「中国幼児園教諭の保育職務の質評価スケール」、浙江師範大学杭州幼児師範大学李克建准教授の研究チームが開発した「中国保育施設教育評価スケール（中国托幼机构教育评价量表）」。このような評価スケールは、中国の保育の質に関する大規模調査に用いられたり、幼児園の自己評価、幼児園の管理職及び保育者たちの自己評価◈7にも使用されたりしている。

例えば、北京師範大学の刘炎教授らが開発した「中国幼児園教育の質評価スケール（都市部）」の評価内容は以下の表9-11に示す。

表9-11 「中国幼児園教育の質評価スケール（都市部）」の評価項目

評価のカテゴリー	評価項目
環境の設定と使用	戸外遊びと活動の環境、保育室の環境
1日の生活の計画と実行	1日の流れと安全管理、給食、手洗い、水飲み
遊び活動の援助	各区域内の遊びの材料、遊びの材料の安全・保管・管理、遊び活動の観察と指導
教育活動の計画と実行	健康、言語、社会、科学、芸術、集団教育活動
人間関係	保育者と幼児の交流、保育者間の交流と協働、保育者と保護者との交流と協働

出典：刘炎・潘月娟（2019）「中国幼児園教育の質評価スケール（都市部）」。

また、「中国幼児園教育の質評価スケール（都市部）」の各項目では、2～7つのサブ評価項目がある。各サブ項目において、5段階のリッカート尺度で評価する。評価スケールでは、「不適切1点」「一般3点」「優秀5点」の欄において、具体的な評価の説明が示されている。例えば以下の表9-12では、「人間関係：保育者と保護者との交流と協働」の項目を 示している。

表9-12 「人間関係：保育者と保護者との交流と協働」の項目

サブ評価項目	不適切 1点	合格 2点	一般 3点	良好 4点	優秀 5点
保護者との交流	1.1 保護者と交流しない（掲示板で情報の提供、保護者面談や非正式的な交流を含む）、保護者の家庭の状況は知らない		3.1 登園・降園時保護者と非公式な交流を行う；掲示板、保護者面談等を通して定期的に情報を共有する		5.1 多様な方法で計画的に保護者と交流し、個々の幼児の教育に対して深い交流を行う；カリキュラムや活動計画等の情報を共有する
保護者の参与	1.2 保護者の見学や幼児の活動への参与を勧めない		3.2 保護者は見学や幼児の活動に参与する機会がある		5.2 多様な方法で保護者がクラスの活動や、幼児園の管理・評価等に参与することを勧める（例えば、幼児園のボランティア、保護者委員会等）
交流の性質	1.3 保護者と緊張関係にあり、保護者にクレームを言う；一部の保護者に偏見をもつ		3.3 保護者と尊敬し合いながら、積極的に交流する（例えば、登園・降園時は積極的に質問をする）		5.3 保護者の育児経験を尊重し、保護者と緊密に協力する

出典：刘炎・潘月娟（2019）「中国幼児園教育の質評価スケール（都市部）」。

なお、以上のような評価スケールは市販されているとはいえ、すぐに幼児園の評価や自己評価に用いられるのは難しい。そのため、開発チームは評価者に対して、評価スケールの理解、評価の基準とポイント、実際に評価するトレーニング等の研修も行っている。

他に、浙江師範大学杭州幼児師範大学李克建准教授の研究チームはECERS-Rの評価項目を参考に、中国の社会・文化や保育の実態に合わせて、「中国保育施設教育評価スケール（中国托幼机构教育质量评价研究）」を開発した。李克建准教授らはこのスケールを用いて、中国の幼児園に対して2回の大規模調査を実施した。さらに、調査の結果を活用し、「中国保育施設教育評価スケール」の改訂も行い、現在は第3版となる。評価のカテゴリーと評価の項目は以下の表9-13に示す。

表9-13　「中国保育施設教育評価スケール」の評価項目

評価のカテゴリー	評価項目
空間と施設	室内空間、家具と教育設備、トイレと給水設備、午睡の空間と設備、コーナー活動、壁面の装飾と幼児の作品の展示、戸外体育活動空間、戸外体育活動の設備
保育	トイレ・手洗い・水分補給、給食、午睡と休憩、健康、安全
カリキュラムの計画と実行	週案の計画、1日の活動の計画、自由遊び、集団活動、戸外体育活動
集団教育	目標と内容、感情へのサポート、教育設備と準備、教育の実行、学習への援助、言語の理解と表出、概念と思考のスキル、幼児の表現、教育価値の傾向
遊び活動	ごっこ遊びと劇遊び、構築遊び、微細運動に関する活動、言語、数学、自然・科学、音楽・リズム、美術、砂・水、映像設備とパソコン
人間関係	室内活動における保育、戸外活動における保育、規範とルール、保育者と幼児の交流、幼児間の交流、日常の言語よる交流、多民族多文化の受容
保護者と保育者	保護者に提供するサービス、保育者と保護者の協働、保育者の個人空間の確保、保育者の働きやすさ、保育者間の交流と協働、保育者の仕事の監督と評価、保育者の専門性の発達と支援

出典：李克建等（2017）『中国保育施設の教育の質の評価に関する研究（中国托幼机构教育质量评价研究）』。

以上の「中国保育施設教育評価スケール」の構成は「中国幼児園教育の質評価スケール（都市部）」に類似している。具体的に各評価項目は、さらに3～4つのサブ評価項目から構成される。各サブ評価項目において、9段階のリッカート尺度で評価する。評価スケールでは、「不適切1点」「最低基準3点」「合格5点」「良好7点」「優秀9点」の欄において、具体的な評価の説明が示されている。

7 まとめ

2018年、中央政府は、2020年までに全国の幼児園（3年保育）総就園率を85%、公的補助金投与を受ける幼児園の割合を85%、そのうち公立幼児園が50%以上占める、という目標を策定した。中央政府からの補助金以外に、多くの県・市の教育行政機関は目標達成のために、小学校教育等の教育経費を削り、幼児園の補助金に当てた。中央政府の目標を達成した後、地方教育行政機関はどのように持続的な公的補助金投与を保障するか、課題がまだ残されている。

また、2019年8月の13回全国人民代表大会常任委員会第12回会議において、教育部部長陳宝生はこれからの保育の改革的発展について、①コミュニティの幼児園の非営利化推進、②農村部幼児園の3年保育の普及、③公的補助金制度の健全化、④地方公立幼児園の職員雇用基準の策定、⑤保育の質の向上、⑥監査と評価の普及、⑦2020年就学前教育法の立法計画、という7つの重要ポイントを強調した。特に2020年就学前教育法の立法計画では、就学前教育の位置づけを明確化、地方政府と関連機構の責任・体制の保障、幼児園の違法行為に対する罰則の策定に着目した。就学前教育法の立法によって保育の改革的発展を阻む問題を解決し、就学前教育の持続可能な発展を保障しようとした。

一方、教育部はこれからの保育の改革的発展において、3歳未満児の保育サービスについて触れていなかったため、その動向はまだ見えにくい。しかし、2019年10月、衛生部は民営の託育施設の管理を行うために、『託育施設設置基準（試行）』と『託育施設管理規範（試行）』を公表した。すなわち、中央政府の意向では、3歳未満児の保育サービスは教育部の管轄で「幼保一元化」へ発展するのではなく、再び単独に衛生部の管轄になると推測される。それに対して、上海市、南京市等一部の地方教育行政機関はすでに3歳未満児の保育サービスの管理監査を行い、「幼保一元化」を図ろうとしている。各地の地方政府が、中央政府の政策にどのように反応していくのか、これからの動向に注目したい。

◆注

1 可処分所得とは、所得から税金や社会保険料等を差し引いた後、自由に使える部分を指す。

2 非営利幼児園（普恵幼児園）：民営幼児園は国家の基準に準じて「非営利幼児園」認定を受けることによって、教育局及び地方教育行政機関から補助金を受けるようになる。認定後、地域の幼児を対象に保育サービスを提供する。保育料は公立幼児園と同じ水準となる。2010年から非営利幼児園は激増し、多くの県・市は2020年までに公的補助を受ける園の比率を全体の80％以上にすることを目標としている。しかし、現実的には低い保育料では経営が苦しく、民営幼児園の閉園も多く見られる。

3 中国の教育・福祉等のサービスは、日本と異なり、現在の居住地ではなく、戸籍上の住所によって定められる。戸籍上の住所は容易に変更できない。現在は不動産の購入によって戸籍上の住所（学区）を変更することが一般的である。そのため、ある公立の教育機関に入るために、その周辺の不動産を購入する保護者も多く見られる。

4 幼児園教諭養成課程は、3年制高校（日本の職業高校相当）、3年制短期大学、4年制大学と2年制（3年制）大学院がある。2017年、現職の幼児園教諭の最終学歴の割合は、高卒以下は2％、高卒は18％、短大は57％、4年制大学卒以上は23％だった。98％の現職教諭は幼児園教諭資格を取得している。
幼児園教諭資格は学歴による違いはない。募集の際に、短大卒や4年制大学卒など、学歴が示されることが多い。地域によって、4年生大学卒業以上しか雇わない幼児園もある（例：2018年上海宋慶齢幼儿园の求人票では、幼児園教諭に応募する条件として「4年生大学卒業あるいはそれ以上」と明記されていた）。

5 2012年から、保育者の専門性の向上を促進するために、「小中学校教師資格改革」（以下は「資格改革」）を開始した。「資格改革」に参加した県と特別市においては、幼児園教諭養成課程の卒業生も、国家教師資格試験に合格しないと資格を取得できなくなった。2019年では、28の県と特別市が「小中学校教師資格改革」に参加している（全国の82.4％）。

6 各県・市の地方教育行政機関は各自の「幼児園の第三者評価の専門家バンク」（以下は「専門家バンク」）をつくっている。「専門家バンク」は地方教育行政機関が一方的に専門家を選ぶのではなく、幼児園の第三者評価という仕事に関わりたい専門家を募集し、応募者から評価する資質のある方を選んでいくという、双方の意図を尊重した仕組みである。実際に、「専門家バンク」の中には第三者評価基準の作成当初から関わってきた専門家が多く、幼児園の第三者評価の経験者も多い。

7 幼児園の保育者の自己評価は、教育部や地方の教育行政機関から決められた評価スケールを使用する規定がなく、幼児園ごとに自作したものを使用し、年度末に自己評価を行うことが多い。その評価の基準を作成するために、市販されている評価スケールは参考となる。

◆引用・参考文献

・中国保育政策・保育制度・施設・カリキュラムについて
中国教育局のウェブサイト：http://www.moe.gov.cn/
一見真理子（2008）「中国――全人民の資質を高める基礎『早期の教育』」『世界の幼児教育・保育改革と学力』明石書店
高向山（2006）「中華人民共和国――早期多面注力の就学前教育」『アジアの就学前教育――幼児教育の制度・カリキュラム・実践』明石書店
劉郷英（2013）「中国における乳幼児教育・保育の動向と保育者養成改革の現状と課題に関する検討」『福山市立大学教育学部研究紀要』vol.1、135-147頁
上海市人民政府（2018）「上海市3歳未満児の託育施設管理方法」に関する通知
南京市人民政府（2017）「南京市3歳未満児早期発達職務向上の行動計画（2017-2020）」

・中国保育に関する統計資料について
教育部（2019）「2018年全国教育経費統計報告」（全国教育经费统计快报）
教育部（2019）「2001－2018年全国教育事業発展簡明統計分析」
教育部（2018）「2017年中国教育事業発展統計概況」（中国教育事业发展统计简况）
中国教育局のウェブサイト：http://www.moe.gov.cn/
国家統計局　2017年・2018年教育分野統計データ
国家統計局のウェブサイト：http://www.stats.gov.cn/
上海財政局（2012）「公立幼児園保育料徴収基準に関する通知」

・中国の保育者資格制度について
中国教育部『教師資格条例』：http://www.moe.gov.cn/s78/A02/zfs__left/s5911/moe_620/tnull_3178.html
中国教師資格サイト：http://www.jszg.edu.cn/
人力資源社会保障部の規定：http://www.mohrss.gov.cn/gkml/zcfg/gfxwj/201904/t20190402_313701.html

・『幼児園園長の専門性基準』及び園長の研修システムについて
教育部幼児園園長研修センターのウェブサイト：http://yzpxzx.nenu.edu.cn/
王小英（2016）「『幼児園園長の専門性基準』及び園長研修の実施」東京大学乳幼児保育実践政策学セミナー「園におけるリーダーシップ――東アジアの改革動向」http://www.cedep.p.u-tokyo.ac.jp/project_report/symposiumseminar/seminar_20160110/

・幼児園教諭の国家研修計画について
中小学校教諭・幼児園教諭の国家研修計画（国培计划）ウェブサイト：http://www.gpjh.cn/
貴州省（県）教育委員会（2019）貴州省「国家研修計画（2019）」中西部と幼児園教諭国家研修プロジェクトの実施案

・中国の保育の監査と評価について
上海市教育委員会（2003）『上海市幼児園レベル評価認定基準（試行）』
上海財政局（2012）「公立幼児園保育料徴収基準に関する通知」
重慶市教育委員会（2010）『重慶市幼児園レベル評価認定基準』
刘炎・潘月娟（2019）「中国幼児園教育の質評価スケール（都市部）」；「中国幼児園教育の質評価スケール（農村部）」；「中国幼児園教諭の保育職務の質評価スケール」北京師範大学出版社
李克建等（2017）『中国保育施設の教育の質の評価に関する研究（中国托幼机构教育质量评价研究）』北京師範大学出版社

chapter III

考察
――日本が学べるものは何か

古賀松香

本章では、chapter IIにあげた9か国における保育の質にまつわる制度とその発展から学び、日本の保育制度の今後に向けた示唆を得たい。まずは、各国の保育制度の発展にかかわっている文化・社会的背景と、各国の保育制度の志向性についておさえたうえで、どのような保育の構造的特徴があるか、また中でも保育の質に関する監査や評価がどのようになされ改善や質向上へとつなげていこうとしているか、という点に着目して、考察を行う。

保育の質については、一定以上の保育の質を確保するという最低限度の質保証のレベルと、そこからさらに質の向上を目指すことが恒常的になされる仕組みを構築するレベルという、2つのレベルで捉える必要がある。しかし、その2つのレベルは連続的でもある。例えば、免許・資格において、高校卒業＋専門的内容の研修といった最低限度の質保証をするレベルを設定することと、大学院の修了＋専門資格といった高度なレベルを設定することとは連続した階層構造で示される。構造的な特徴や監査・評価の制度的特徴をみていくことで、保育の質の確保と向上という2つのレベルの考察につなげたい。

現在、日本においても多様な保育施設が存在する。そのすべての保育施設の一定以上の質を確保し、さらにそこから向上を目指す保育界の動きを促進するために、今何をすべきか。そのことを諸外国のこれまでの取り組みに学び、さらなる改善への足掛かりを得たい。

1 各国の文化・社会的背景と保育制度

保育制度は、その国の社会において必要とされて、成立しているものである。その制度の内容には、必ずその国の文化・社会的背景がかかわっており、保育制度の構築に至る過程がある。制度の施行後にも紆余曲折があり、改善に向けて練り上げる過程は続いていく。各国における保育制度はどのような理念または必要性の下に、どのような検討がなされ、運用され、改善されてきたのだろうか。

ここでは、各国の文化・社会的背景と保育制度の特徴を4つの志向性に分け、捉えてみたい。なお、ここで示す4つの志向性は、どの国もある程度もっているものであり、その志向性が比較的強く感じられる例をあげているに過ぎない。また、どの国もある志向性に固定的であるということではなく、今後も変遷していくものと思われる。それぞれの国の事情に合わせて制度を組み合わせ、自国にとってふさわしいバランスを模索している過程が展開されている。

1-1　志向性1：権利保障としての保育

1つ目にあげる各国の保育制度に見られる志向性は、すべての子どもの権利として、保育を保障することを重視する志向性である。子どもは生育環境を選べず、自ら権利を主張することも困難である。社会の側が、すべての子どものよりよく生きる権利を保障する必要がある。地域間や民族間格差、また保育の質の格差は、子どもの発達に影響を与えると考えられる。子どもが生育環境によって不利益を被るという可能性を、その国の抱える事情に応じた制度設計によってできる限り低減し、すべての子どもがよりよく生きることへつなげようとするものである。

制度に則らない日常的な相互扶助の精神が生きるニュージーランドでは、先住民マオリとイギリス系移民という二文化主義を背景に、生活上の困難や貧困など地域の人々が必要性に応じて多様な保育活動を展開してきた歴史をもつ。いわゆる施設型保育も普及しているが、多様な乳幼児教育サービスが存在し、保育者も保育者資格をもつ者から親や拡大家族まで幅広い。1986年に幼保一元化がなされて以来、保育の質の向上へ向けた制度設計が進められてきた。そこにはすべての子どもとそれぞれの文化を尊重する対話的態度がある。マオリ族や太平洋諸島の子どもたちの文化や言語、アイデンティティの尊重や、格差を是正しすべての子どもに平等に学びの機会が得られるようにする衡平補助金、2歳未満の子どもを優先学習者に含めるなど、多様性と平等性の重視が、制度やカリキュラムの中に息づいている。

スウェーデンは社会保障制度の充実した福祉国家であり、保育は公的な財源で供給されるべきものとみなされてきたが、1970年代の幼保一元化以降、「働く親」のためではなく「すべての子ども」のためという視点の転換があった。また、1990年代初頭の経済危機の際に、全国民が学べる生涯学習制度の構築が目指され、幼児期の教育は知識社会を形成する要として生涯学習の基礎に位置づけられた。一方で、地方分権政策や保育の自由化に伴い、保育の質の低下が社会問題となり、1998年就学前学校教育要領策定、2001年教員養成課程の統合、2002年保育料の上限を設定する制度の導入へと動く。特に、保育料の上限設定については、制度を導入する自治体には、歳入減を補う補助金と児童ケアの質を確保する対策を講じるための補助金が支給されたことから、すべての子どもに同じ高い質の生育環境を提供するサービスの普遍化を目指した制度改革の1つと位置づけられる。公的社会保障としての保育分野が、生涯学習制度の基盤として就学前学校へと位置づけられた変遷はあるが、公平性の担保という観点から質の保障と向上が図られている。

同じ北欧諸国のノルウェーでは、1970年代の女性の社会進出と就労支援を背景として、1975年保育所法で、保育施設は希望する保護者すべてのために存在すると明記され、男女平等の象徴のような意味合いが強かった。1980年代には、長時間保育の是非に関する議論が展開され、1990年代には保護者の負担を軽減し、質の高い保育を子どもたちに受けさせることが有益であると考えられ、1年間の育児休業と公立保育施設に入所できなかった1・2歳児への現金給付という政策がとられた。さらに2000年代には保育施設の拡充と保護者の負担軽減を目指す保育折衷案が採択され、保育施設運営費の約8割を公的資金による財政負担、保護者の保育料上限設定等、政府財源の投入がなされていった。2005年保育施設法では、全1歳児に保育施設で保育を受ける権利が保障されるなど、移民の子どもを含め、保育の機会の平等が重要政策課題である。また、カリキュラムのフレームワークプランでは、子ども時代の尊重、多様性の重視、平等と公平といった、人権や民主的感覚に関する中核的価値観が示されている。

いずれの国もすべての子どもが保育を受ける権利を保障されるだけでなく、多様なアイデンティティが尊重されること、保育を学びの機会ととらえ、それが平等に得られることが優先的に大切にされた制度設計となっている。

1-2　志向性2：社会的変化に対応する国策としての保育制度展開

移民問題、貧困問題を始めとする社会経済的格差の拡大が教育格差を生んでいる国は多い。また、女性の社会進出で保育ニーズが高まり、かつ多様化してきている。そういった教育格差解消と保育ニーズの高まりへの対応のため、国レベルで乳幼児教育政策を推進している国として、英国、韓国、シンガポール、中国があげられる。中でも、英国とシンガポールは中央集権的品質管理ともいえる厳格な制度に特徴があるので、次の節で述べたい。

韓国は、富裕層の子女のための幼稚園と貧困層家庭の就労する母親のための代理養育施設としての託児施設という幼保二元体制であったが、女性の社会進出、少子化、家族構造の多様化などを受け、幼保間の保育ニーズの差がなくなっていった。1990年代半ばから、幼保一元化に関する議論が活発化し、段階的な幼保一元化モデルが計画された。2013年には、3～5歳児のすべての子どものためのカリキュラムとしての「ヌリ課程」が制定され、また0～5歳児の保育の無償化もなされた。就労にかかわらず、すべての子育て家庭の支援に国が責任をもち、幼児教育の公教育化とその質向上を目指す評価制度を進めている。しかし、政権交代後、幼保一元化が順調に進んでおらず、評価のあり方も幼保で異なる。

中国は、その広大な国土の中で、地域格差と経済格差が大きく、それが教育格差をもたらしていることから、公的資金を投入し、非営利園への変換や3年保育、科学保育の推進と就園率の向上を目指している。一人っ子政策による出生数の減少により、託児所の需要が減少し、3歳未満児の保育が立ち遅れていたが、都市部では3歳未満児の保育ニーズが高まり、民間の託育施設が急増している。そのような中で、保育者や園長の専門性の基準や研修システムを整備し、ナショナル・カリキュラムとガイドブックの公表、第三者評価によるレベル認定評価といった質向上の施策が推進されてきている。

韓国も中国も、少子化が社会に与える今後の影響に対して懸念の大きい国である。韓国は世界で初めて出生率が1.0を下回り、2021年の合計特殊出生率は0.81という衝撃的な数字となった（韓国統計庁 2022）。中国は一人っ子政策から2016年に二人っ子政策、2021年には三人っ子政策へ転換したものの、出生率は2016年をピークに減少し続けており、国連の世界人口推計2022によると、中国の人口は早ければ2023年に減少するとされる（United Nations 2022）。無償化や非営利園化といった公的資金の投入と、ナショナル・カリキュラムや評価制度の推進によって、保育制度の国レベルの管理・運営に力点を置くようになってきている。

女性の社会進出、教育格差と、両国の抱える社会的背景は異なるが、保育内容に関するナショナル・カリキュラムの策定やその評価制度の構築が進められており、保育の質の確保や向上に対する意識が高まっている。特に韓国は、幼保の保育ニーズの差がなくなってきているにもかかわらず、幼保一元化の進行がうまくいっていない。社会状況が日本と似ているところがあり、今後の展開にもさらに注目したい。

1-3　志向性3：質の可視化とアカウンタビリティ

ナショナル・カリキュラムや保育の質およびその成果についての評価に関して、中央集権的な運用を行うという志向性もある。明確な指標を提示し、結果を視覚化し、社会に対するアカウンタビリティを果たすこと、また収集されたデータをエビデンスとして、次の政策展開に活かすことが行われている国がある。

英国は、エビデンスに基づく政策形成に大きな特色があり、現在その保育制度に注目が集まる国の1つである。そこに至るまでの社会の変動が興味深い。1970年代までの福祉国家政策が興隆の後、1979年サッチャー政権の新自由主義に基づく制度改革によって、市場主義的かつ管理主義的な政策へと大きく変容した。その中で、教育分野においても改革が進められた。ナショナル・カリキュラムと教育で達成すべき水準（スタンダード）が設定され、そして、ナショナル・テストによって成果を統一的に測るようになる。1992年には現在保育施設の監査にも携わっている教育水準局が設立され、以来、学校のパフォーマンスは共通の基準に基づき評価・格付けされるようになった。学校査察を通じた事後評価によって、政府の定める指標に照らしてアカウンタビリティが強く求められるという、中央政府による集権的な統制がなされてきた。1997年のブレア政権誕生後は、包摂社会の形成という目標のもと、教育を優先課題にあげた政策が推進されていく。貧困家庭の母親の就労支援等、「福祉から労働へ」という政策展開の中で、1998年「国家チャイルドケア戦略」が打ち出される。英国には、未就学の子どもを他の家庭で預かるチャイルドマインダーや、保護者の自主保育活動であるプレイグループといった、市民の草の根的な保育活動がある。その多様な保育形態を含む乳幼児期や学童期の子どものケアが、政府の関与すべき対象とみなされるようになった。貧困や移民といった格差問題を抱える英国は、「確実な人生の門出」(Sure Start)、「すべての子どもを大切に」(Every Child Matters）というウェブサイトのタイトルに象徴されるような、すべての子どもの発達に効果的なチャイルドケアの質保証へ向かって、仕組みの構築と取り組みを重ねている。

その質保証のために、監査、調査研究、スケール開発、自己評価が相互補完的になされ、数値化されたデータの集積と公開によって、質の可視化とアカウンタビリティを果たし、次の教育政策を打ち出すことへとつなげている。3000名、4000名といった子どもの発達と保育の質について縦断研究を行うには、莫大な費用と時間と労力がかかる。しかし、社会に対してアカウンタビリティを果たしながら国の新たな政策展開を生むに当たり、研究エビデンスの収集に重点を置いた英国から学ぶべきことは多い。

こういった質の可視化とアカウンタビリティの重視は、シンガポールの保育政策にも色濃く表れている。多様な民族、言語、宗教などが入り混じる都市国家であるシンガポールでは、言語的・文化的な多様性を等しく尊重するために、きわめて合理的な基準と成文法によって社会秩序を保っている。また狭小国土でありながらも国際社会の中で生き残るために採ってきた人的資源開発政策と実力主義の考え方を背景に、国家予算に占める教育費は2019年度歳出額全体の12.8%という。一方、日本は2019年度一般会計歳出に占める「文教及び科学振興費」は約5.4%（臨時・特別の措置を除く）で、さらにそのうちの科学振興費を除くと約4.1%となり、その差は歴然としている（財務省 2019）。国家事業として教育を重視するシンガポールは、その保育政策において、設置認可と質保証の仕組み整備を行ってきており、「教育・保育内容の質」「幼児教育者の質」「保育環境の質」という3つの方向で質保証を図っている。

その質保証のシステムにおいては、両国共に評価スケールの活用が特徴的である。英国は、保育環境評価スケールECERS-Rの活用のみならず、自国のカリキュラム内容によりふさわしいECERS-Eを開発したり、調査結果の知見を踏まえ、保育プロセスの質評価スケールSSTEWを新たに開発したりして、保育の質の評価を行っている。シンガポールでは、ECERSやPASといった国際的に認知度の高い保育の質評価スケールをモデルとして開発したQRSという質評価尺度を用いた、就学前教育機関認証SPARKを保育制度の中核に据えている。客観的評価の視覚化と公式認証、ロゴマーク使用といった、一般にもわかりやすい質保証とアカウンタビリティの重視は、シンガポールの保育制度の細部でも一貫してみられる特徴だと言えよう。

一方で、こういった厳格な質の評価システムは、査察や認証評価と結果の公表が現場にとって圧力となり、評価結果重視の実践を形作る危険性もはらむ（妹尾・湯澤 2018）。すべての保育施設の質向上や社会に対するアカウンタビリティを果たすことは、もちろん重要である。しかし、一定の質基準に照らして評価される子どもや保育者にとって、それらはどのような意味をもっているかみていくこともまた必要であろう。制度によって実現されていることと抑制されていることの両方を視野に入れ、質が可視化されることの意義（中橋・臼井 本書284頁）と保育施設の多様性や自律性の保障（淀川 本書87頁）のバランスを考慮していく必要があるのではないだろうか。

1-4　志向性4：地方分権と多様性・自律性

質のモニタリングや発達のスクリーニングは、中央集権的なシステムにおける活用実践ばかりではない。多様性と自律性を重んじる州自治という地方分権の制度設計において、活用がなされている国もある。

個人主義が浸透しているアメリカは、多様性と個々の家族のアイデンティティの尊重という文化をもつ。1960年代に「貧困との闘い」と称された、支援の必要な家庭の子どもを対象とした保育政策「ヘッド・スタート・プログラム」以降、教育格差対策として連邦政府による法律制定や政策が打ち出されているものの、州の権限が強く、その差も大きい。そういった州による自治、個々の家庭の判断を尊重する原則が貫かれる多元文化主義、個人主義の伝統を背景に、専門組織が発達している。また発達心理学の伝統があり、専門組織や養成大学が構築するモニタリングやスクリーニングのデータを根拠とした、選択と集中による公的資金の投与や成果報酬的なシステムが、アメリカの保育の質に大きく関与している。

ドイツは戦争の影響が色濃く、旧西ドイツ、旧東ドイツそれぞれに展開していた保育政策と女性の就労・育児に対する価値観の違いがある。旧東ドイツは社会主義による女性の就労率が高く、保育利用率も高かったが、旧西ドイツでは母親は家庭で育児という伝統的育児観が強く、公的保育の整備が不十分であった。東西のそういった保育文化の差があるものを統合、融合させたという経緯、さらには戦争への反省から中央集権的な政策ではなく、州と地方自治体がイニシアチブをもつ政策運営に特徴がある。州ごとに保育制度が異なることで制度的な地域間格差があるが、州や施設の自律性が尊重され、対話的合意形成の文化の中で、質認証も自主的な方法でなされてきた。また、保育施設は学校教育とは異なる社会教育としての位置づけとなっており、資格要件も学校教員と異なる社会教育系列の資格であることも特徴と言えよう。しかし、国レベルでは社会教育という位置づけでありながら、州レベルの所管は福祉系から教育系所管への移行が進んでいることや、各州共通のカリキュラム・ガイドラインで「教育」「知的な学び」の側面が重視され、「保育の学校化」と捉えられる転換もあるという。移民を始めとする社会的に不利な子どもたちの学力格差問題も保育における課題となっており、就学前段階の言語教育に力点が置かれるようになっている。質の多様性も格差問題もあるドイツだが、2020年から国レベルの質のモニタリングが実施されるなど、制度的にも内容的にも揺れ動いている。

多様性と自律性を重んじる文化・社会的背景をもつ中で、保育の質の向上を促すシステム構築はどのように可能なのか。アメリカのアソシエーション・カルチャーの中で形成されてきたさまざまな指標や基準による道具立てと州ごとの制度設計のあり方は、他の国々にも影響を与えてきた1つのモデルである。その一方で、評価結果に基づく成果報酬的な公的資金投与についての課題（北野 本書114頁）や評価によるランク付けに潜むジレンマや危険性の指摘（北野 本書118頁）、さらには、日本の省察と対話の文化との違いを踏まえる必要性（北野 本書118頁）など、どんなに優れたツールやシステムも単純な輸入ではうまく機能しないことが示唆される。またドイツにおける新たな国レベルの制度の模索は、多様性・自律性を重んじる文化・社会的背景と質の格差解消に向けた体系的継続的なモニタリングの必要性との間で生じている揺らぎと捉えられる。保育の質の格差は、子どもの育ちに影響を与えることが想定される重大な政策課題であり、両国の今後の動向も注視する必要がある。

以上のように、各国の文化・社会的背景と保育制度の展開には、いくつかの志向性がある。すべての子どものための社会保障としての保育制度とその質を問うという志向性、保育ニーズの高まりへの対応としての保育制度の充実を図る志向性、全国統一的な法令や評価制度により中央集権的な質保証を行っていく志向性、個人や州の自治を重視する一方、モニタリングやスクリーニングのツール開発と自律的な活用の志向性という、大まかな特徴が見られる。これらの志向性が各国における保育の質評価システム等に反映されていく。しかし、そのそれぞれに課題も指摘され、各国は保育の質の向上への模索の過程を歩んでいる。

2 保育制度の構造的特徴と潮流

それぞれの国の文化・社会的背景の下で成り立っている保育制度は、どのような構造的特徴があるのだろうか。本節ではこの点について、一元化をめぐる所管・管理体制、保育の無償化、就学前教育への公費投入といった点に着目して、各国の現在から学びたい。

2-1 一元化をめぐる所管・管理体制

国としての制度設計は、その国の統治の仕方が単一国家か連邦制かによって、つまりは国として中央政府が法規制を行っているか、州や連邦国がその地方政府の主権によって法規制を行っているかが異なってくる。本書において取り上げているニュージーランド、スウェーデン、ノルウェー、韓国、シンガポール、中国については、国としての法律や規制によって、一定の保育制度が成立している。日本もそうである。また、本書では、英国についてはイングランドの制度を中心に取り上げているので、単一国家的内容となっている。一方で、連邦制を採るアメリカとドイツでは州法によって保育制度の枠組みが定められ、これらとは異なる成り立ちである。

この単一国家か連邦制かによって、例えば保育室等の面積や保育者の人的配置等の基準に関して、国で一定の基準を設けている場合と、専門機関が推奨基準を示しているが州などにより差がある場合など、異なる状況が見られる。

そういった国・地域の法制度の中で、どのような所管官庁が保育制度にかかわっているのか。単一国家では、ニュージーランド、英国（イングランド）、スウェーデンは福祉省、教育省の二元体制から教育省への一元化を達成している。特にスウェーデンは、福祉国家体制のもとでありながら、保育を生涯教育の基礎に位置づける制度設計がなされる中で、1996年に教育省へ行政移管されたことは印象的である。同じ北欧諸国であるノルウェーでも、その10年後の2006年に保育施設の管轄が子ども平等省から教育研究省へと移管されている。また、シンガポールでは、教育省と社会・家族開発省が共同統括機関として幼児期開発局を設立するという、合併統合型の展開も見られる。

これに対して、幼保一元化の三段階推進モデルプランを開発しながらも、いまだ幼稚園が教育部所管、保育所（オリニチプ）は保健福祉部所管の二元体制である韓国、3歳以上児については幼児園（教育部）、3歳未満児については託育施設（衛生部・人力資源社会保障部）という二元体制で成り立っている中国、といった近隣諸国の現状もある。

連邦制をとるアメリカ、ドイツでは、州によって管轄の違いがあり、多元的であるが、連邦レベルではアメリカは幼稚園が教育省、乳幼児対象施設は保健福祉省の二元体制、ドイツでは、社会教育としての位置づけで福祉系の所管である。しかし、ドイツは、州においては福祉系所管から教育系所管への移管が進んでおり、複雑な展開を見せている。

このような情勢をみると、保育制度の発展と教育所管官庁への一元化ということが、重要な1つの潮流として見えてくる。大まかに言うと、保育制度を学校教育の初期段階として位置づけるか、社会福祉施設として位置づけるかによって所管が異なるわけだが、ここには小学校との接続という問題が絡む。二元体制をとる国においても、例えば、アメリカの幼稚園は、小学校就学前の5歳児が通う園の84%が公立で無償のもので、一般に小学校内に付設されていることからも、小学校以上の学校教育の基礎段階としての位置づけと捉えられる。そのアメリカの幼稚園は教育省管轄である。中国では、0歳から就学前の間の後半部分である3歳以上児は教育部管轄であり、より小学校以上の学校教育とのつながりがとりやすい官庁の管轄になっている。OECD（2017）のStarting Strong VはTransitions from Early Childhood Education and Care to Primary Education（幼児期の教育・保育から小学校への移行）がテーマとされたように、保育から学校教育への移行は世界的な教育課題となっている。どのような保育体制をもつ国においても、すべての子どもは小学校という学校教育に移行していく。その内容の接続が改革されていく中で、学校教育と関係の深い官庁への移管は1つの手立てとして選択されてきていると言えるのではないだろうか。

日本においては、現在、保育・幼児教育分野の所管は内閣府、文部科学省、厚生労働省と三府省にまたがっている。それは、学校教育法に基づく幼稚園が文部科学省管轄、児童福祉法に基づく保育所が厚生労働省管轄という二元体制から、幼稚園機能と保育所機能を併せもち、地域における子育て支援も行う施設として認定こども園を制度化する際に、両省のどちらかへの移管でも統合でもない道を進んだからである。現在、内閣府には、内閣の重要政策に関する企画・立案総合調整を行うという担務があり、子ども・子育て政策についてもその重要政策の1つと位置づけられている（内閣府 2020）。ナショナル・カリキュラムである幼稚園教育要領は文部科学省告示、保育所保育指針は厚生労働省告示、幼保連携型認定こども園教育・保育要領は内閣府、文部科学省、厚生労働省告示というところにもあらわれているように、幼保連携型認定こども園という文部科学省、厚生労働省の所管を超えた施設を設置するにあたり、内閣府という3つ目の政府機関が関与する、三元体制化したのである。

一方、地方においては、この3種の施設種別を超えた研修・指導体制等を構築する仕組みとして、幼児教育センターが設置され始めている。現在、その設置は全国の自治体の5.5%程度であり（東京大学大学院教育学研究科附属発達保育実践政策学センター 2019）、全国的展開とはいいがたい状況に留まっている。こういった、国レベルでは三元体制をとり、地方において一元化を進めるという単一国家は、少なくとも本書で取り上げた限りにおいて他に例はなく、日本は諸外国とは異なる道を開拓している状況にある。

そのような中、2021年12月21日に、「こども政策の新たな推進体制に関する基本方針」が閣議決定され、2022年6月15日「こども家庭庁設置法」及び「こども家庭庁設置法の施行に伴う関係法律の整備に関する法律」、そして「こども基本法」が成立した。このこども家庭庁の設置にあたって、厚生労働省子ども家庭局と内閣府子ども・子育て本部が移管となる一方、文部科学省幼児教育課は移管されない。諸外国のこれまでの変遷を参照すれば、保育・幼児教育部分を教育所管庁から移管して拙速な一元化を行うことは、学校教育との接続の問題を後退させることが容易に推測される。この学校教育との接続の問題に関しては、文部科学省中央教育審議会初等中等教育局分科会の下に設置された「幼児教育と小学校教育の架け橋特別委員会」において集中的に議論され、2022年3月に審議経過報告が取りまとめられた。その中で、目指す方向性として示された「幼保小の架け橋プログラム」の実施に向け、カリキュラム開発等が全国の採択自治体において現在開始されたところである。言うまでもなく子どもの発達や学びをつなげていくことは重要な課題であり、その検討を教育所管庁から切り離して行うことは不合理であろう。また、2022年10月31日に予定されている幼児教育と小学校教育の架け橋特別委員会第9回では、「幼保小接続期の教育の質保障の方策に関するワーキンググループについて」という議題があがっている。これまで「幼保小の接続期の教育の質的向上に関する検討チーム」においてなされてきた質保障のあり方の議論◆1が、今後さらにどのように展開していくのかが注目される。

しかしながら、2023年4月にこども家庭庁が設置されると、三元体制からあらためて二元体制となり、この意義についてはすでに議論が生じている(例えば池本 2022)。こども基本法の目的には、児童の権利擁護の視点が明記されており、そのことは現在の子どもを取り巻く諸問題の解決に向けた動きとして、また国際的な動向を見ても評価すべき点である。しかし、教育基本法における「幼児」、児童福祉法における「児童」、就学前の子どもに関する教育、保育等の総合的な提供の推進に関する法律における「子ども」、そして今回のこども基本法における「こども」と、法律上の用語と定義は増え、制度は複雑化している。少子化も財政難も深刻化する中で、今後、いまだ残されている幼保一元化の問題や小学校教育との接続、そして保育・教育の質保証のあり方についてどのように議論し、国民的理解を図り、機能と質保証の高度化を実現する統合へ向かうのか。所管・管理体制は、保育の質の評価のあり方とかかわる、非常に重要な基本構造である。その国が保育の質を評価し、一定以上の質を確保し、さらにはその質の向上へ向けた動きを推進しようとする際、所管省庁からの管理体制が大きく影響を与えるのである。日本の文化・社会的背景を踏まえ、かつ、諸外国のこれまでの取り組みから学びながら、効果的で効率的な制度設計に向けて、ひらかれた議論が展開されなければならない。

2-2 保育の無償化

保育へのアクセス改善による保育保障とともに、格差解消へ向けた重要な施策として、また、育児費用に関する家計負担軽減を目的として、保育の無償化がすすめられている。いくつかの国では、3～5歳児の1日3～4時間程度の保育が無償となる施策が、さらに無償利用が拡張可能になるなど、広がりを見せている。

ニュージーランドにおいては、3・4・5歳児を対象とした無償幼児教育制度が導入されており、1日6時間まで、週20時間まで、幼児教育が無償で受けられる。週20時間というと、例えば週5日保育施設を利用した場合、1日平均4時間分が無償となるが、20時間を超えて通園する場合は、プラス10幼児教育制度により1週間に10時間分の補助金を追加で受け取ることができる。また、英国では、3～4歳児の92%が週15時間の無償化を受けており、無償化の範囲は2歳児の一部にも拡張してきている（表2-3）。それは、初等教育以降の学力及び教育水準向上を図ることを目的としている（植田 2015）。さらに2017年9月以降は、世帯収入の要件はあるものの、3・4歳児に対して週30時間、年38週無償で保障されている（椨 2017）。英国における教育の無償提供は、アフォーダビリティ、アクセシビリティ、アカウンタビリティの「3つのA」（淀川 本書68頁）に絡んでおり、政策として効果的であるかどうか、常に明確なエビデンスをもって検証される仕組みとなっていることが大きな特徴である。

スウェーデンでは3・4・5歳児を対象として年間525時間、週15時間、1日最低3時間が無償で提供される。保育料の上限設定制度と児童手当によって、実質的な保育料の保護者負担は重くないという。

連邦制を採るアメリカとドイツでは、無償化の実現も州によって異なっている。アメリカにおいては、いわゆる就学前の5歳児とそれよりも年齢の低い子どもの公的資金の活用に差がある。5歳児は84%が原則無償の公立園に通う。現在、教育格差是正、子どもの権利保障、幼児期の教育保障と社会経済的発展の関係から、3・4歳児の保育の無償化政策がすすめられている。また、社会的に不利益な立場にある子どものためのヘッド・スタート・プログラムは、連邦州政府の予算により無償で行われる。

ドイツは州法によって保育における資金提供の枠組みが定められており、州による格差が大きい。しかし、ベルリンでは2018年8月以降保育料無償化、他の州においても3歳以上、あるいは5歳児以上の無償化がすすめられているという。

こういった主に3～5歳児の保育無償化が広がりを見せる中、韓国では、2013年から0～5歳児保育の無償化がなされ、すべての子育て家庭は、幼稚園か保育所のどちらかを利用することが可能となっている。しかし、前述のとおり、韓国の少子化は世界で最も深刻なレベルで推移しており、少子化対策としてはその効果が問われる事態となっている。保育の無償化以降、高所得層世帯（所得上位20％）と低所得層世帯（所得下位20％）の間の私的教育費の支出の差が拡大しているという分析結果や、少子化の要因として未婚化、晩婚化の影響を視野に入れた政策展開の必要性の指摘もなされている（金 2019）。

子どもの養育にかかる費用の家計負担を少なくすること、生まれてきた子どもにより高い質の保育を保障していくことは、どの国にとっても重要な施策であることは間違いないだろう。しかし、少子化という現象は、ジェンダーやワークライフバランスに関する価値観の変化等、多様な要因の絡む社会現象であり、保育政策のみでアプローチするという問題ではない。日本は2019年10月に、3～5歳児の幼稚園、保育所、認定こども園等の保育料が無償となる幼児教育・保育の無償化をスタートさせた。無償化の制度の具体化にあたって発表された関係閣僚合意文書「幼児教育・高等教育無償化の制度の具体化に向けた方針」(2018) によると、その趣旨は、幼児教育の負担軽減を図る少子化対策と、生涯にわたる人格形成の基礎を培う幼児教育の重要性の2点があげられている。格差解消や子どもの権利保障といった目的ではなく、幼児教育にかかる家計負担を軽減するということが一大目的となっているところに特徴がある。保護者にとっての利便性向上が目指されたようにも見える。子どもの貧困問題や増加し続けている虐待問題を抱え、多言語多文化化のすすむ日本において、すべての子どもの発達をよりよく促す保育制度を設計することは重要な政策課題である。日本で生活するすべての子どもたちの保育へのアクセスがどのような状況かを把握し、また、保育へのアクセスによって、どのような問題が改善されているのかを明らかにする必要がある。さらには、保育を無償で提供することにより、その後の教育への影響はどのようにみられるか、検討することも重要であろう。すでに走り出した制度を、子どもの成長発達によりよい保育を無償で提供するということへ向けて改善していくためには、無償化のみに焦点を当てるのではなく、制度全体の構造が保育の質の確保と向上に対してどう機能しているかを検証しなくてはならない。

2-3　就学前教育への公費投入

保育施設の運営主体や補助金等の制度には、その国や州等がどのような質の運営管理を行おうとしているかが表れるところでもあり、諸外国における無償化以外の公費投入に関する制度設計をここで確認しておきたい。

ニュージーランドでは、財務利益を得ることが禁じられたコミュニティーベースの乳幼児教育サービスがある。子ども1人1時間あたりで定められたレートに基づいて支払われる乳幼児教育補助金や3・4・5歳児対象の幼児教育の無償制度など、利用に応じた補助金だけでなく、文化的背景や社会経済的地位、孤立地域などによる格差を是正する補助金が組まれ、すべての子どもが平等に学びの機会を受けられるような制度設計が目指されている。

英国とアメリカでは、施設形態により運営主体の割合が異なる。英国においては、ナーサリースクールや小学校併設のナーサリークラスは公立が大部分だが、デイナーサリーは私立が多く、公立はリスクのある家庭に入所優先権がある。このような施設形態による公費投入の差がある一方、社会経済的に最も厳しい家庭の2歳児や3・4歳児全員を対象とした無償化も進められている。また、アメリカは、貧困との闘いと称した保育政策ヘッド・スタート・プログラム以降、教育格差対策が進められ、2015年には「すべての生徒が成功する法」（Every Student Succeeds Act）の制定へと展開してきた。その流れの中で公立化を進めていることは注目に値する。5歳時点では、公立小学校に付設されている幼稚園クラスに通う子どもが多く、5歳児の84%が公立に通っており、公立園は原則無償である。幼稚園就園前に通うプレスクールは公立が6割、私立が4割だが、公立化が進められている。ヘッド・スタート・プログラムは社会的に不利益な立場にある子どものための補償プログラムであり、連邦州政府の予算で委託事業者が実施している。一方で、3歳未満児の保育についての実態把握は難しい状況にある。こういった施設種別により、就園率、保育者の保有する資格、研修保障等、質にかかわる内容の格差が大きいという課題が、質評価向上システム（QRIS）の導入の契機となっている。英国とアメリカの共通点としては、小学校付設の保育については公立が主体であること、リスクのある家庭の子どもについては公費でという考え方も共通している。

スウェーデンにおける保育施設の運営主体としては、地方自治体、親協同組合、民間の3種類があり、いずれも国・地方自治体の運営交付金によって運営される。公設公営中心から株式会社や協同組合による運営が広がってきており、2016/2017年度には民間の就学前学校が28%を占めた。公費の負担はすべての子どもに対して平等であるが、運営主体には広がりが出ているという状況である。ノルウェーでは、公立、私立、政府主導の3つのタイプで運営されており、その割合は、公立が46%、私立が54%となっている。ドイツは施設型保育の約3分の2が非営利の児童・青少年福祉事業者（私立）で、公立は3分の1である。民間の福祉団体が多様な理念の下、運営している。

保育料完全無償の韓国では、幼保によって公私の割合が異なり、特に保育所の設置主体は、親協同、企業主導型など多様である。幼稚園については、公私の設置数は約半数ずつだが、保育所については民間保育所、家庭保育所が合わせて全体の7割以上と多い。

中国は、近年、公的財政支出教育費を増加させてきており、保育政策を重視する流れにある。2010年に発表された「現在の幼児教育の推進に関する意見」の中に、民営幼児園を「非営利性」のものに変換し、財政投入するという内容が含まれている。都市部と農村部の経済格差が教育の格差となっている問題は、就園率の大幅な違いにも表れており、その格差是正のために2020年全国の3年保育の就園率85%を目指し、非営利園を増加させようとしている。公立園の質の高さと保育料の安さ等の理由から、ほとんどの保護者は公立園を申請するとあるが、現在6割強が民営幼児園である。託育施設については、2016年の「全面二人っ子政策」の実施により、民営託育施設が急増しているが、その就園率は3歳未満児人口のわずか2.2%である。今後、この幼保の就園率の推移と、保育の量から質への転換がどのようになされていくか、注目したい。

シンガポールは、日本と同様、幼保ともに民間園が圧倒的に多いという状況にあるが、ナショナル・カリキュラムの確実な遂行と保育者の資質能力向上を図る、設置認可と質保証の仕組みが整備されてきている（評価の仕組みについては後述）。

すべての子どもに対して平等に、保育の質を確保したうえで提供するために、施設形態による公私のバランスを取りつつ、保護者の費用負担への公費投入を組み合わせていくシステムが展開されている。例えば、公立ベースの就学前の段階、リスクのある家庭を対象とした公立への入所優先権、私立の非営利事業者への限定、公私別のない運営交付金と、国によって多様な取り組みがなされている。

日本においては、前節の幼児教育・保育の無償化における財源負担を、基本的に国2分の1、都道府県4分の1、市町村4分の1と定めている。ただしその例外となるのが公立施設（幼稚園、保育所及び認定こども園）であり、その財源負担は市町村100％となっている。ここが諸外国と際立って異なる潮流を生み出している点である。これは一見公費投入をしているように見えて、国や都道府県による給付金がないことにより、税収の少ない市町村等は公立園を維持できなくなり、国と都道府県に費用負担がある民間園への転換、つまり民営化していく流れを作り出す仕組みとなっているのである。すでに保育所について、2004年「児童福祉法による保育所運営費国庫負担金について」等が一部改正され、公立保育所の運営費については一般財源化を図り、保育所運営費国庫負担金は民間保育所のみを対象とするとされたことから、保育所の民営化が進んだことを想起させる。このようにして、日本の幼児教育・保育においては、特に公立園についての財政負担を国から地方へと委譲していく中で民営化が進むという潮流が作られている。当然ながら、就学前教育への公費投入は、保育費用の負担ばかりでなく、施設整備費や人材確保支援など多岐にわたっており、キャリアアップによる給与改善も図られてきているところではある。一方で、義務教育への接続部分や貧困等のハイリスク層への保育を公立化していく諸外国の潮流と逆行するような日本の状況は、ハイリスク層に質の高い保育を保証する仕組みの構築を必要としている。また、このような保育に対する公費投入に関しての説明責任という観点からも、質の保証や評価が重要になる。次節で、その点について触れていく。

3 保育の質の確保・向上

それぞれの国の文化・社会的背景と構造的な特徴のもとで、具体的にはどのような保育の質の確保と向上のための制度設計がなされているのだろうか。この点について、本節では、①保育者の要件、資格、免許、②保育者の養成・研修等、③カリキュラム、④監査・評価の4点から概観し、日本への示唆を得たい。

3-1 保育者の要件、資格、免許

保育の質に大きくかかわる保育の構造的要素として、保育者の質があげられる。その要件や資格、免許については、国によって多様な制度展開のタイプがある。まず、幼保統合型の資格や養成教育（現職教育を含む）をもつニュージーランド、シンガポール、学歴と勤務経験、専門研修や実習等による資格取得によって階層化されている英国、国で統一された保育専門資格免許はなく、初等教育免許を含む多様な資格免許の運用と高度化、階層化が進むアメリカ、幼保一元体制の中で教諭と保育士とが併設の制度としてあり、組み合わせでクラス運営を行うスウェーデン、同じく幼保一元体制の下で学士教育を受けた保育者がアシスタントと組んでチーム保育を行うノルウェー、保育制度が二元化している韓国、中国における資格免許の二元体制、そして、学校教育とは別の社会教育系列で発展してきた保育者資格から、保育専門職資格の高度化が開始されたドイツと、それぞれの国の保育制度の下での展開がある。

このように多様な制度展開の中で、多くの国が階層化による職能発達の可視化と促進を行っているが、概して高度な資格を有する者は少なく、高度化についてはその途上であると言っていいだろう。中には、無資格者のアシスタントと有資格者の組み合わせでクラスを担当する国もあり、保育者全体に占める有資格者は日本のようには多くない。例えば、幼保一元体制の下でセンター型施設が98.6%を占めるノルウェーでは、保育学の学士レベル教育を

受けた保育者資格をもつ者でなく、資格要件に関する法的記載のないアシスタントの割合が最も多い。しかし、有資格者の保育者とアシスタントがチーム保育を行うことで、人員配置としては手厚くなっている。効率よく運営し、実情に応じた弾力的な職員配置を行うことと、教育的要素を保障することのバランスを取るという考え方である。また、アシスタントを用いる制度の別のあり方として、中国の幼児園の例があげられる。教諭と保育補佐とが役割分担の下で保育を行うが、保育補佐も職業資格取得が求められ、幼児園職務規定により職務内容も規定されている。実質として子どもに接する保育者の要件と人数の構成と、その下で実現されている保育実践の質について、詳細な検討が必要となろう。

無資格者が多い現状に対して、動き出している国もある。ニュージーランドにおいては、乳幼児教育10か年戦略計画（Early Learning 10 year Strategic Plan）の中で、乳幼児教育センターにおける保育者の有資格率100％達成、乳幼児教育分野全体の保育者の給与と条件の一貫性と水準を高めるという目標が掲げられている。有資格化が質の確保と向上において重視されており、また給与水準の向上と連動させることでインセンティブを高める手法が取られていると理解できる。質向上のための保育者の有資格化がどの程度進展していくかは、今後注目すべき点の1つである。

また、高度化を目指す仕組みを構築した国もある。多様な施設形態をもつ英国では、給与水準が低い保育者の待遇を職位が上がるにつれて引き上げていくインセンティブを設けている。エントリーレベルからレベル8までの9段階の規定資格枠組みと、そのレベルと関連づけられている乳幼児実践者、乳幼児教育者、乳幼児教員という3つの職位があり、乳幼児教員は小学校正教員資格と同等の地位や待遇となる。政府としてはこの乳幼児教員の割合を増やしたい考えだが、当初の目標ほど増えていない。階層化と給与によるインセンティブが、保育者の質水準向上にうまく機能していないのである。英国の保育者が保育の質向上に向けた絶え間ないプレッシャーの中にあるという報告もあり（妹尾・湯澤 2018）、精緻な質評価制度（これについては後述する）と保育者の職務満足度やキャリアアップへの意欲との関連については、多くの示唆を含む重要な課題である。引き続き動向に注視したい。

それでは、無資格者が少ない日本は、保育者の水準が高いと言えるのだろうか。OECD国際幼児教育・保育従事者調査2018報告書（国立教育政策研究所 2020）では、日本の保育者は他の調査対象国と異なり、高卒以下の割合が最も少ない一方、学士レベル以上の最終学歴を有する保育者は調査参加国中最も少ないことが明らかにされた。こういった現状に対して、令和元(2019）年度から文部科学省の「幼稚園免許法認定講習等推進事業」により、幼稚園教諭二種免許状の一種免許状への上進が促進されているが、保育士資格には上級資格がなく、準学士でも学士でも同じ資格となり、学士レベルの就学に対するインセンティブが働きにくい仕組みである。また、養成教育の出口に国家試験がなく、どのような専門性の質保証となっているのかは必ずしも明示的でない。養成課程のコアカリキュラム策定後、養成教育の質保証がどの程度なされ、入職時や就業継続にどの程度効果が見られるか、検証していく必要があるのではないだろうか。

2点目に議論すべきは、免許資格の統合の道についてである。1986年に幼保一元化を達成したニュージーランドでは、1988年に幼保統合型保育者資格が創設された。学士と準学士があり、学士取得者には小学校教員と同等の給与が与えられる。このように資格の統合と給与水準の保障が進んでいる一方で、全保育者数のうち有資格者が57％に留まっている課題もある。さらに、その割合は施設種別によって、幼稚園91％、教育・保育センター64％、家庭的保育10％と、実態としての差がある。このことが保育の質の格差となっていないかということが危惧される。乳幼児教育センターについては有資格率100％達成が目標とされていることは前述の通りだが、施設間の格差が生じないようにすることも課題であろう。

幼保二元体制を採るシンガポールは免許資格の統合ではなく、幼保の共同統括機関である幼児期開発局ECDAの下で幼児教育者養成教育を統合したこと、また保育士、教師、リーダーという3つのキャリアトラックを1つの体系化された技能枠組みで整理したことに特徴がある。さらに、2021年10月からは、保育者の呼称を「幼児教育者（×××educator)」で統一し、幼児教育者、学習支援教育者、早期介入教育者という3つの職種のキャリアパスが示された。職位を得るために必要な資格要件と養成教育の機会が明示されることで、保育者が自発的、計画的に職能成長を図ることが可能となっている。

しかし、国際的には、幼稚園教諭と保育士の間に差がある場合も散見される。スウェーデンは幼保一元体制でありながら、大学の専門的教育課程で3年半の養成教育を受けた就学前学校教諭と、高等学校保育科で3年間や成人学校で1年間の養成教育を受けた保育士があり、就学前学校におけるグループ担当保育者3名のうち、最低1名は就学前学校教諭であることが基準とされている。養成課程においても、担任制においても、就学前学校教諭のほうが高度な資格免許となっていることが分かる。

教師の社会的地位が高い中国においては、幼稚園教諭も国家試験の付された国家資格である一方、乳幼児保育士職業資格は地方政府の研修参加と職業資格試験により取得可能である。就学前教育は幼稚園が8割を占めるアメリカにおいても、幼稚園や公立プレスクールでは学士レベルが必要とされるところが多く、特に公立幼稚園については初等教育免許が必須である一方、その他の保育関連プログラムについては専門組織に多くをゆだねられている。こういった、就学前教育に関わる教諭には、その他の保育関連職とは異なる役割と専門性が求められる国も見受けられる。

一方、日本においては、子ども子育て支援法によって、認定こども園、幼稚園及び保育所が教育・保育施設であると定められ、保育教諭、幼稚園教諭、保育士の免許資格によって職位等に上下関係はない。にもかかわらず、それぞれの専門性を生かし合う共同体としての教育・保育施設のあり方に向かうには、養成課程、上級資格免許のあり方、安定的な雇用と給与体系、教職大学院と保育士資格の関係など、丁寧な検討と整理を行うべき内容が山積している。

以上のように、各国の展開をみると、免許資格自体を統合する方向性、幼保の免許資格の統括機関を統合し、キャリアパスを幼保またがって体系化する方向性、多様な施設形態の質管理と向上を階層化とインセンティブにより推進していく方向性、有資格者と無資格者の組み合わせにより弾力的な職員配置を効率的に可能にする方向性とさまざまあるが、課題も散見される。特に、有資格者や上級資格者を増やすということは、保育の質向上において中長期的に目指すべき重要な方向性であるが、それとともに現在必要な保育者をどう確保するか、その質保証をどのように行うかは、給与水準や職務内容の負担感とも絡み、一筋縄ではいかない課題であることがわかる。

3点目に、日本においてしばしば問題が指摘される園長・施設長の要件についてもみておこう。階層的な資格枠組みをもつ英国においては、施設長の要件も定められているが、Level 3（日本での高校卒業レベル）以上で最低2年間の保育施設での勤務経験もしくはそれに類する経験が必要という内容で、決して高い水準ではない。ノルウェーにおいては、保育者としての資格免許を有する者、もしくは子どもにかかわる資格と教育的専門知識を付与する他の領域での学士号を有する者で、加えて保育を修学した者とされ、さらに保育施設運営のリーダーシップを有する者が資格要件とされている。シンガポールでは園長になるために専門資格取得が必須とされており、園長養成課程の受講にも現職経験と勤務先事業者の推薦が必要とされる厳しい要件が設けられている。中国においては、短大・専門学校以上の学歴、3年以上の勤務経験、園長就任研修への参加と合格が求められ、幼児園についてはさらに教諭資格所有が要件である。さらに東北師範大学に設立された教育部（文部科学省相当）幼児園園長研修センターでは、『幼児園園長専門性基準』を開発、公表し、「価値のリード」「教育のリード」「組織のリード」という職務領域を明示し、研修を推進している。園長のランクによって研修クラスも内容も異なり、園長になっても職能成長が図られるようになっている。韓国においては、勤務経験と再教育によって園長までの昇級があるようだ。

このような諸外国の取り組みがある中、日本の園長職に関する課題については、中橋・臼井がすでに指摘したように、免許資格要件、経験年数のいずれも「同等の資質を有すると認める者」というグレーゾーンが設けられており、必須要件になっていない。また、園長職に関する研修も、就任前に義務づけるものと、就任中に受講するものとでは意味が異なる。園長に求められる資質、リーダーシップが、どの程度の経験と修学内容によって裏付けられるものなのか検討し、その要件の制度化への道筋を探るべきときがきているのではないだろうか。

3-2　保育者の養成・研修等

保育者の養成と研修は、要件や免許資格とも密接に絡む、保育者の質に関する重要な要素である。ここでは養成教育や研修の質保証と、専門職性の高度化促進の仕組みについて、特徴的な取り組みをあげておこう。

まず、養成教育の質保証の仕組みにおいて特徴的な国として、アメリカがあげられる。アメリカでは、養成教育の認証と質保証は、州当局のみでなく、専門組織が実施しているのが特徴である。教員養成認証協議会（Council for Accreditation of Educator Preparation）は全米規模で、教員養成校の適性を審査し、認証している。また、保育に特化したものとしては、全米乳幼児教育協会（NAEYC）が2009年に策定した「乳幼児教育専門職養成スタンダード（NAEYC Standards for Early Childhood Professional Preparation）」が浸透しているという。このスタンダードを活用して、教員養成認証協議会や州間教員評価支援コンソーシアムが連携を図っている。信頼された専門組織が、明示的なスタンダードに基づき認証していくことが、社会一般には養成教育を質の高さで選択できる仕組みの提供となり活用されていく。日本の場合は、教員免許については文部科学省による課程認定、保育士資格については都道府県による指定保育士養成施設の指定が行われている。カリキュラムやシラバスの内容、科目担当教員、設備等が基準を満たしているかが審査される。近年、教職課程のコアカリキュラムによって全国すべての教職課程で共通に修得すべき資質能力が示され、教職課程全体の質保証を目指す仕組みの構築が目指されているが、これらは最低限度の質保証という側面が強い。これに対して、全米教職専門職基準委員会（National Board for Professional Teaching Standards）では、上級・優秀教員の認定を行い、養成教育の質の向上の仕組みを整えている。

また、養成課程において実習の質保証も重要である。これについてアメリカでは、養成大学と地域の園・学校との連携による質向上のためのネットワーク（Professional Development School Network）が実習先の指導者の認定を行っている。日本においても、例えば社会福祉士や精神保健福祉士については実習指導者の要件が定められており、3年以上の勤務経験と指導者講習会の受講の修了が求められているが、教員や保育士の実習には実習指導者の要件は示されていない。また、教職大学院の学校における実習については、大学教員による指導を含むとされているのみで、実習校園における指導者についての記載事項は見当たらない。そもそも実習において、準学士、学士、修士の各段階で修得が目指されている内容が明確にならないと、指導の質を問うことが難しい。保育士の実習に関しては、2007年に全国保育士養成協議会から『保育実習指導のミニマムスタンダード』が出版され、実習教育の指針と位置づけられているものの、厚生労働省の平成29（2017）年度子ども・子育て支援推進調査研究事業「保育実習の効果的な実施方法に関する調査研究」の中で実習施設における内容や指導方法に踏み込んでいないことが指摘されている。そういった課題を踏まえ、養成校のみならず実習施設における指導内容について具体的な例示を含めるなどした、2017年版の保育実習指導のミニマムスタンダードが作成された。しかし、これはあくまで標準であり、最低限度の質保証を行うものではない。むしろ、養成校と実習園がミニマムスタンダードを共有し、実習において目指すものを確かめ合いながら、その指導内容の最適化を目指していく性格のものだろう。保育者不足が深刻化している現在は事実上困難であろうが、今後、実習指導者の要件や認定を含めた養成課程の質保証の方向性を見定める必要がある。日本の場合、養成校自体が認定や指定を受けている時点である一定以上の質保証がなされているという考え方を取ることもできる。しかし、実際に、教育実習、保育実習の質がどの程度確保できているのか、各養成段階にふさわしい実習内容となっているのか、入職後の専門性への接続ができているのかといった、養成課程における実習の質保証を視点とした検証が必要であろう。

専門組織が大きな役割を果たすアメリカとは対照的に、中国においては、文部科学省に相当する教育部が幼児園教諭の専門性基準を明示し、財政部（財務省相当）とともに幼児園教諭の国家研修計画の実施を行っている。具体的な研修実施は県・市が行うが、国土の広い中国において、全国の研修実施というのは大規模な取り組みとなる。インターネット研修も取り入れるなど（表9-6）、国が示した基準と計画に基づき、地域の実情に応じて実施されていると示唆される。日本においては、教育委員会と大学等の協働により教員育成指標が策定され、それに基づく研修計画が立てられているところであるが、保育教諭、幼稚園教諭、保育士に目配りができた内容となっているか等、内容は策定した自治体によって異なる。また、専門組織である保育教諭養成課程研究会が文部科学省の「幼児教育の改善・充実調査研究」の委託を受け、2014年度から継続的に新採から園長までの段階別で『幼稚園教諭・保育教諭のための研修ガイド』を作成している。しかし、これらの育成指標や研修ガイドの活用状況やそれによる研修の質保証がどの程度実現されているかは定かでない。

また、専門職性の高度化促進についてみてみよう。英国では、保育資格の監督官庁として、資格試験監査機関（Ofqual）があり、その認定を受けた資格授与機関が存在する。その資格授与機関の認定を受けた保育者養成センターが資格取得に必要な要件として定められた内容に基づいて養成を行う。その内容を見てみると、乳幼児実践者と乳幼児教育者では、最低限求められる内容において高度化が図られていることがわかる（表2-4）。日本の幼稚園教諭の一種免許状と二種免許状の違いは、主に必要とされる単位数と修業年数であり、修得する科目内容における高度化が求められているわけではない。前述した幼稚園教員免許の上進にかかる幼稚園免許法認定講習等推進事業においても、教員のどのような資質能力の向上を目的とするのかは明示されていない。また、専門職の高度化を目指す教職大学院は、保育所保育士を対象とした制度設計になっていない。2012年に成立した子ども・子育て支援法第7条の4に「教育・保育施設」として「保育所」が記載され、また、保育所保育指針にも「幼児教育を行う施設」とされているにもかかわらず、そこでの勤務経験は教育歴としてカウントされない。教職の高度化に保育所保育士の高度化は含まれないのである。幼保連携型認定こども園と保育所とで求められる保育内容に大きな差がない状況にあって、明確に差別化される幼稚園教諭免許と保育士資格の法的枠組みは、社会にとって合理的か。保育の質向上にとって効果的か。子ども・子育て支援法が成立して10年が経過する今、諸外国の制度改革のスピード感とその内容に学び、議論すべき点は多い。

シンガポールでは、キャリアパスの可視化のみならず、職位に求められる能力とその保証の仕組みを整え、保育者の職能成長を図っている。さらに2021年10月には、学習支援や早期介入といった専門特化した内容も含めたキャリアパスが示された。日本においてもキャリアアップ研修が始まっているが、中橋・臼井が276頁で指摘しているように、職位とそれに必要な職能が明示されておらず、研修の受講が職能証明ではなく処遇改善のための履修証明として機能する仕組みとなっている現状がある。言うまでもなく保育者の処遇改善は重要な課題であるが、今後、キャリアアップ研修の仕組みが職能獲得につながり、子どもの生活や遊びの質に反映されていくよう、制度自体を評価し整えていく必要があるのではないだろうか。

3-3 カリキュラム

保育実践において軸となるのはカリキュラムである。また、その内容がどのように実現されているかということは、子どもの成長に関わる重要な点であり、評価の対象とされる。特に保育の質の確保と向上ということを視点として見たときに、カリキュラムの内容と評価は一体的に理解される必要がある。各国のカリキュラムの詳細については、chapter IIの内容を精読いただくとして、ここでは、大まかなカリキュラムデザインの特徴について述べておく。

まず、子どもは有能な学び手であるとカリキュラムに明記しているニュージーランド、英国、子どもそのものに本質的価値があり、子どもと子ども時代を尊重するというノルウェーに代表されるように、子ども自体に価値を置くことから出発する考え方は、グローバルに共有されてきていることがわかる。そのうえで、ホリスティックな発達から学びを支えるニュージーランドやノルウェー、韓国、中国、発達の格差是正に力を注ぐ英国、アメリカ、ドイツ、知識社会形成の生涯学習の基礎として保育を位置づけるスウェーデンやシンガポールといった特色があげられる。また、発達や人種、文化、言語、アイデンティティの多様性への配慮が記載されている国も多い。

中でも、ニュージーランドは、ナショナル・カリキュラム「テ・ファリキ」が有名であるが、その有効性を問う議論や検証を求める動きの高まりを受け、2017年に改訂された。テ・ファリキの原理には、学びや成長する権利を子どもに与え、その全体的方法を示すという、エンパワーメントとホリスティックな発達が掲げられている。改訂では、多様性を受け入れることや学校カリキュラム、マオリカリキュラムとの接続といった現代的教育課題への対応とともに、学びの成果（learning outcomes）の項目数を118から20に減らし明確化することが行われた。しかし、目標はあくまで保育者のためのものであり、学びの成果は子どもの成長の評価を支えるために示されていることは重要な点である。また、テ・ファリキに基づく保育実践が保育補助金支給の条件となっている。これらは、保育の評価の制度設計にもかかわってくる。

対照的に学びの成果自体を問うのが英国である。英国では、乳幼児期の学びの目標（ELG）に基づき、乳幼児期基礎段階（EYFS）という誕生から就学までのカリキュラムをイングランドの全保育施設で実施することが義務づけられている。EYFSの目標は明確である。1人も落ちこぼれない保育施設の質や一貫性の確保が第一に掲げられる。テ・ファリキではホリスティックな発達が強調されていたが、EYFSでは読み書き（リテラシー）や数学といったどのような学びに焦点化するかということが前面に表されている。ELGの読み書き（リテラシー）の内容には「理解、語の読み、書き」とあり、数学には「数、数的パターン」と明確に就学レディネスとしての要素が示されている。子どもが就学レディネスを身に付けることが、格差是正につながるという考えが明確にある。しかし、後の評価のところで述べるが、それらをどのような視点をもってみて関わるか、というところに本質がある。

同じく格差是正が大きな課題であるアメリカには、ナショナル・カリキュラムは存在しない。専門組織であるNAEYCが「基本見解」として提示した「発達にふさわしい実践」（DAP）が最も浸透しており、日本でも翻訳版が出されている。発達心理学の伝統が根付くアメリカにおいて、その実践づくりの指標として「発達知」が示されていることが特徴的な点であるが、発達知への過度な傾倒に対する反省から、保育者と子どもの相互作用を重視した改訂が行われている。その内容では、ふさわしい実践と課題のある実践が対比的に具体的に書かれているが、北野が先に述べているように、実用的で単純化している印象がある。しかし、その発達知は一般的な発達知のみならず、多様な子どもの特性に関する配慮が示されている。日本の保育においても現代的な課題として広がりつつある問題である。

福祉国家であるスウェーデンは、知識社会の形成へ向けて、生涯学習の基盤として保育を位置づけてきている。ナショナル・カリキュラムとしては就学前学校教育要領があり、その冒頭では、民主主義の価値の育成が就学前の役割として位置づけられ、保育は子どもの権利であると述べられている。包括的な教育の概念であるペダゴジー（Pedagogy）概念がカリキュラムの中心を貫いていることが特徴である。一方で、PISAを背景とした学校教育改革によって「保育の学校化」という批判も浴びている。2019年の改訂版の冒頭では、就学前教育が学校制度の一部であることが明記された。ケア・発達・学びに包括的にアプローチする姿勢を取りつつ、教育的な意図をより明瞭に解釈し実践することが導かれているという。福祉国家からの価値の転換が進みつつあるスウェーデンが、包括的アプローチを取りつつ、学びを重視する実践のバランスをどうとっていこうとするのか、引き続き注目したい。

シンガポールは多民族・多言語を背景にもつ合理主義であり、生涯にわたる学習と技能の獲得を重視するもう1つの国でもあり、スウェーデンとは逆の歩みを進めているようである。かつては小学校の準備教育として知識詰め込み型の傾向があったが、社会情動的スキル育成の重要性を踏まえ、ホリスティックな発達を促す方向性にシフトしてきた。一方で、ナショナル・カリキュラムであるNELカリキュラムの実現に向けて、教師が学習到達目標を教育活動の中に具現化できるよう、達成への道筋の手がかりが示されるなど、学習目標の達成が強く意識されている。幼保二元体制をとるシンガポールでは、「保育所のための乳幼児期の発達枠組み（EYDF）」が別にあるが、「就学前教育段階の結果」として期待される力の獲得をより効果的に行う接続がはかられ、学校教育修了時点での「教育の望ましい結果」（DOE）の実現が目指されている。格差是正を掲げて学びの成果を問う英国と、生涯学習の基盤としてのスキル獲得を目指すシンガポールは、目標の達成を問うところでつながってくる。

それぞれの国のカリキュラムには、教育哲学とも言える柱や内容がちりばめられている。これらの内容は、ただお題目として並んでいるのではなく、実践の内容と評価に関わり、先にあげた公費投入の説明責任とも絡んでいる。例えば、所属感、ホリスティックな発達、「世界についての理解」の学びを支える実践、発達にふさわしい実践、ジェンダーを含む平等性など、多様な概念がカリキュラムには含まれているが、その育ちや育ちを支える実践をどのように評価し、家庭や地域に対する説明責任を果たすか。非常に重要な課題が横たわっているのである。

3-4　監査・評価（モニタリング・スクリーニングを含む）

保育の質の確保と向上のための仕組みとして、近年最も注目されているのは評価システムであろう。評価機関を視点にすれば、国レベルの外部評価機関があるニュージーランド、英国、スウェーデン、シンガポールと、地方教育行政機関が評価にあたる中国、幼保別で異なるシステムをもつ韓国、全国共通の基準やシステムをもたないアメリカとドイツ、実践の質については外部機関による評価を行わないノルウェーに分けられる。また、評価する内容で見ると、発達の権利保障や子どもの学びの成果、ナショナル・カリキュラムに基づいた保育の適切性といったものがあげられる。さらに評価結果を公表するかどうかということには、評価の目的が情報提供やアカウンタビリティにあるのか、自立的運営点検・改善にあるのかによっても異なってくる。目的に応じた複数の評価方法・システムを組み合わせて、保育の質の確保と、質向上へ向かう動きの促進のどちらも実現していかなくてはならない。

①ニュージーランド

ニュージーランドは、施設形態、保育者や保育の実施のあり方が多様であるが、そのすべての乳幼児教育は、テ・ファリキの原理に基づいて提供されることが期待されている。また、施設型の保育や家庭的保育のみならず、表1-1の開設免許必須の乳幼児教育サービスについては、教育評価局の外部評価対象である。ナショナル・カリキュラムであるテ・ファリキに基づく保育の実践と、テ・ファリキに基づく保育評価の実施が義務づけられている。テ・ファリキに基づく保育実践を行っていることが保育補助金支給の条件となっているので、その評価によっては開設免許が再審査となることもある。日本においても保育施設の多様化が進んでいるが、例えば地域型保育事業の各施設の保育内容がナショナル・カリキュラムに基づいているかといった内容面の評価と、地域型保育給付の支給はほとんど関連づけられていないのが現状だろう。給付金の支給や無償化の対象という公的資金の投入によって求められるアカウンタビリティを、ナショナル・カリキュラムに基づいた内容でどう果たしていくのかが今後問われてくる。

また、ニュージーランドにおける保育の評価は、ラーニング・ストーリーのみならず、評価プロセス全体に及ぶ基本的姿勢として形成的評価を重視するものとなっている。保育の評価を通して、評価者と実践者が対話し、保育の質を確かめ、さらに高めようとするだけでなく、保護者や地域に評価を開示することでさらに対話的関係を広げ、保育の質を高めるプロセスを協働的に行っていく構造となっている。当然ながら、対話者としての評価者の質が重要になる。その要件は、教育経験や教育評価に関する研修受講のみならず、対人関係に関わる資質・能力等も求められている。

表3-1　ニュージーランドにおける保育評価

<table>
<tr><td>所轄官庁</td><td colspan="2">教育省
＊6歳未満児3名以上を定期的に保育する場合、乳幼児教育サービス開設のための免許の審査を行う。</td></tr>
<tr><td colspan="2">外部評価</td><td>自己評価</td></tr>
<tr><td>外部評価機関</td><td>教育評価局（ERO）</td><td rowspan="8">テ・ファリキに基づく保育評価の実施が開設免許の一部として義務づけられており、①園運営の自己評価プロセス、②評価プロセスから得た成果の記録の書類2点の作成が求められる。方法は各保育者に委ねられている。教育省より学びの評価に関する全20巻の『ケイ・トゥア・ア・テ・パエ』が出版されており、多くの事例とラーニング・ストーリーが詳しく解説されている。ラーニング・ストーリーも自己評価の一環として、教育評価局の外部評価において提示される。</td></tr>
<tr><td>評価方法</td><td>外部評価・自己評価</td></tr>
<tr><td>評価頻度</td><td>概ね3年に一度（評価結果によって異なる）</td></tr>
<tr><td>外部評価対象</td><td>すべての開設免許保有サービス</td></tr>
<tr><td>外部評価方法</td><td>書面審査、訪問時の観察、対話</td></tr>
<tr><td>評価枠組み</td><td>ンガー・ポウ・ヘレにより「すべての子どものよい学びの成果をどのように促進しているか」を評価する枠組みが示されている。</td></tr>
<tr><td>結果の公表</td><td>ウェブ上に報告書を公開</td></tr>
<tr><td>不適切評価後の対応</td><td>教育省が開設免許の再査定を行い、免許要件を満たすと判断されるまで教育評価局は再評価を行わない。</td></tr>
</table>

②英国

英国では就学レディネスの重視から、就学前の子どもの到達すべき発達の目標が明確に示されており、それに基づくカリキュラムと評価と監査が行われている。アカウンタビリティが強く求められ、ELGに基づいた評価が中央集権的に徹底されている。その監査は、教育水準局という独立機関でなされており、就学前保育施設はまず教育水準局に登録することが求められる。登録されたら定期的な査察を受けることになる。保育の質の評価は子どもの発達のアセスメントとともになされ、そのデータは保育の質の向上だけでなく、保育政策のエビデンスとしても活かされていくところに特徴がある。また、教育水準局の監査結果が「不適切」とされた場合は、改善へ向けた対策等のフィードバックがなされ、再査察の手続きが取られていく。監査を続けることで質が改善されていく仕組みとなっており、実際、「良い」以上の保育施設の割合が増えている（図2-3）。

評価の方法が多岐にわたっていることも特徴の1つであろう。スケール・アセスメントが用いられ、結果が数値で出されるものも多い。しかし、その内容は、子どもが環境とどのようなやりとりをしているか、そこにどのような学びがあるか、また、保育者はその学びをどのように促進する働きかけをしているかといったことを、詳細にわたる観察によって見取っていく質評価プロセスが取られる。子どもの発達についてスケールを用いた診断的評価を行いつつも、子どもの成長を把握し、ニーズを理解し、活動や支援を計画するために活用する形成的評価と位置づけられていることも印象的である。

査察官の要件には、関連領域の知識や経験等が求められるが、研修を受けることや、提出された査察報告書の質の評価とフィードバック等によって、仕事の質を確保することが求められている。

なお、教育水準局の査察に関する改訂が行われ、到達度を評価する尺度という側面を緩和し、教育や研修の本質にシフトした。今後どのような監査・評価システムへと展開していくのか、引き続き注目される。

表3-2　英国における保育評価

所轄官庁	教育担当省	
外部評価		自己評価
外部評価機関	教育水準局（独立機関）	査察の内容にも自己評価の活用が含まれているが、それ以外にドキュメンテーション・アセスメント、スケール・アセスメント（乳幼児期基礎段階プロフィールを含む）、独自の評価方法を用いた自己評価がある。子どもの発達のアセスメント結果はエビデンスに基づく政策立案に活用される。それに対して、ドキュメンテーション・アセスメントと独自の自己評価は、各施設の独自性にゆだねられる。 米国で開発されたITERS-R / ECERS-Rを踏襲した、ECERS-E、SSTEWなどのスケール・アセスメントが開発され、自己評価や相互評価、調査や研修でも活用されている。
評価方法	登録・査察・自己評価	
評価頻度	6年に1度	
外部評価対象	登録されたすべての保育施設	
外部評価方法	査察	
査察の概要	判断の根拠の収集、保育施設の自己評価の活用、観察と話し合い、保育施設の理念とこれまでの歩みの確認、保護者の見解の確認、施設の管理職との面談、現職研修等の確認	
査察時の自己評価の活用	査察官と保育施設の管理職が教育やケアの質、子どものニーズへの対応について話し合う。査察官は自己分析の妥当性を、観察し確認する	
結果の公表	公開され、その情報をもとに保育施設が選択される	
不適切評価後の対応	6か月以内に再査察。2度目の査察で「不適切」評価の場合、登録抹消を検討。	

③スウェーデン

スウェーデンにおいては、新学校法に「質と影響」という章が設けられたことを受け、就学前学校教育要領にも保育評価に関わる項目が加わり、保育実践と子どもの発達や学びとの関連を明らかにするために、保育評価が義務づけられた。しかし、その際、学校庁から奨励された評価方法が、教育的ドキュメンテーションという形成的な保育評価の方法であったことに特徴がある。監査においても評価結果は数値で示されず、詳述される。つまり、保育内容としては、前述の通り、就学後の教育とのつながりが重視されるようになっているが、評価において、就学後教育とは異なる幼児期の学びの特性や保育実践の独自性が担保されている。大野が「評価のまなざしが向かう先は、子どもの学びの成果ではなく、あくまでも子どもの学びに対する保育の適切性」であると述べているが、学びのプロセスに焦点を当てることから実践の質を高めようとするあり方ととらえられる。

なお、監査の評価者は調査官研修プログラムを終えることが要件とされている。また、自治体には就学前学校の質を管理・評価する義務があるが、その方法は自治体の裁量に任されている。

表3-3　スウェーデンにおける保育評価

<table>
<tr><td>所轄官庁</td><td colspan="2">教育省</td></tr>
<tr><th colspan="2">外部評価（義務づけ）</th><th>その他の評価</th></tr>
<tr><td>外部評価機関</td><td>学校査察庁（独立機関）</td><td rowspan="6">BRUK：学校庁が提供する自己評価ツールだが、ツールの活用は任意。教育要領に基づいた20指標を4段階で自己評価する。
Qualis：学校庁が資金提供して開発した、企業による認証評価システムで、約2割の自治体が採用。3年に一度の外部評価とその間2年間の自己評価で構成され、評価項目を7段階スケール評価。ステップ3以上で優良認証。評価結果は登録学校のウェブ上で公開。評価の観点は、教育要領に基づく5領域と労働法に基づく6領域（大野 2019）。</td></tr>
<tr><td>評価方法</td><td>監査（義務）</td></tr>
<tr><td>評価頻度</td><td>2年に一度ランダム選択による訪問</td></tr>
<tr><td>外部評価対象</td><td>すべての就学前学校</td></tr>
<tr><td>外部評価方法</td><td>調査官の訪問、実践観察、アンケート調査（自治体等の就学前学校担当者、就学前学校長、職員、保護者を対象）。監査前に自己評価を行うことが望ましいとされている。</td></tr>
<tr><td>評価の観点</td><td>学校法、自治体の条例、就学前学校教育要領に基づいた9領域27項目で構成。</td></tr>
<tr><td>評価の結果</td><td>数値で示されるものではなく、質が良くないと判断される項目について、関連する法律を明記したうえで評価の詳述が示される。</td><td rowspan="3">教育的ドキュメンテーション：学校庁推奨だが強制ではない。プロジェクト型保育実践と一体化して活動のドキュメンテーションを作成し、到達度ではない学びのプロセスの可視化と実践の省察を行い、保育の質の向上を目指す。</td></tr>
<tr><td>結果の公表</td><td>査察庁HP上で報告書を公開</td></tr>
<tr><td>不適切評価後の対応</td><td>半年後に再評価とフォローアップ。ドキュメンテーションの分析等。</td></tr>
</table>

④アメリカ

アメリカでは連邦レベルでの評価の基準や義務づけなどはなされていない。1990年代以降、保健福祉省の公的資金援助が後押しし、質評価向上システムQRISが浸透していった。1998年にはオクラホマ州で初めて州全体での実施がなされ、オバマ元大統領の「頂点への競争—早期の学びの挑戦」(Race to the Top—Early Learning Challenge) と呼ばれる競争的資金の助成金によってさらに実施が広がった。前述の通り、アメリカは州による差が大きくあるが、QRISは組織的な保育施設の質評価の画一的基準を州で独自に作るところから始める。つまり、各地でその州オリジナルの評価システムが開発される。そのうえで、その評価基準による段階評価がなされ、評価結果に基づいて、質の維持・向上支援がなされる。その支援には、助言や指導といったものもあれば、財政的支援もあり、評価結果に応じたインセンティブ支援もなされる。

評価自体は、評価機関等への外部委託によって、実践の視察、自己評価、書類監査などさまざまなされているが、特に子どものスクリーニング、評価指標の導入が各州でなされ、説明責任を果たすことが目指されている。利用者教育(啓発)も重視され、保護者への情報開示がホームページ上でなされている。園ごとの評価結果を、星の数や数値、記述などそれぞれの形式で公表している。

また、全米保育研究所(NIEER)は州ごとの公立のプレスクール等の実態調査を行っており、評価項目の達成度の結果をホームページ上で公開している。その評価項目の詳細はchapter II(110頁〜)を参照してほしいが、評価項目のうち、カリキュラムの機能化への支援が新規の項目として取り入れられ、さらに、包括的な乳幼児期の学びと発達のスタンダードという項目と、年15時間の研修保証や研修年次計画の策定、主・補助保育者に対するコーチング(助言指導)という項目は充実が図られた。いずれも保育プロセスの質の向上に重要な点であり、注目に値する。また、2言語学習者支援とそのための評価も導入され、多言語を背景とする子どもが公立園に就園しやすくすること、そのための制度の工夫が目指されるべきとされ、細かな評価項目が設けられている。現代的な保育の課題をいかに制度化し、丁寧な援助へとつなげ、評価し、広げるか。それを、時機を捉えて行うことの重要性が指摘できよう。

その報告書からは、限られた予算でバランスの取れた施策を実施する重要性、評価結果に基づいて公的資金の投入を決める（インセンティブをつける）方法の課題等が示唆されているという。

さらに、NIEERは40の大都市の公立プレスクールの質評価を実施し、ランキングを公表している。評価項目の達成数によって、金・銀・銅・メダルなしのランクづけがなされる。

こういった明確な星の数やランキングやメダルという公表の仕方は、一見、保護者や一般の人に伝わりやすいと思われるかもしれない。しかし、その方法は、評価される側に立ったとき、どのように感じられるだろうか。その単純化された情報は、保育の質の内実をどの程度説明できるだろうか。説明責任を果たしつつ、保育者の意欲を喚起し、保育の質の向上にもつながる評価のあり方について考える必要がある。

⑤ドイツ

ドイツも全国共通の基準やシステムはないが、連邦レベルの社会法典で、質の評価ツールの開発と評価実施の必要性が定められている。

評価ツールの開発については、1999年から2003年にかけて、連邦政府主導の「国家的質イニシアティブ」という質の評価指標開発プロジェクトがなされ、『保育施設における教育の質―ナショナル標準要覧』がベルリン自由大学の研究グループによって開発された。また、民間福祉団体も質向上のための共通基準、それに基づく評価基準を作成しており、多様な保育理念の下、多様な評価基準が存在する。子どもの発達や学びの評価については、就学前の言語スクリーニング評価、観察とドキュメンテーションの2つが行われている。ドキュメンテーションには、ドイツ語版ラーニング・ストーリーをはじめ、子ども志向の形成的評価方法が最も多く用いられているが、多様である。

こういった質評価の基準や方法が多様であることや、企業からのオファーで行われる外部評価が厳密に行われない可能性があること、質向上の要求が増える中、質のマネジメントや評価が新たな「負担」と受け止められ、単に「実行」されることに終始する危険性があることが指摘されている。そこで、今後2020～2023年に、連邦家族省による質のモニタリングと調査報告書発行が予定されている。日本においても、質向上の要求が増え、現場の負担感が重くなっており、どのような質向上の施策を打っていくかが大きな課題である。全国的な質の検討へと動き出したドイツの今後の取り組みに注目したい。

⑥ノルウェー

ノルウェーでは、保育運営に関するモニタリングが、保育施設法に基づいて、市町村の監督責任によって行われている。それとは別に、保育実践に対する保育評価が行われている。2012年より保育実践を評価するツールの開発にとりかかり、2017年にこの評価ツールによるモニタリングが開始されているが、外部による客観的評価ではなく、一貫して対話的プロセスでなされるものであるところに特徴がある。表6-7にあげられている多様な情報やツール・尺度を用いて、重層的に自己評価を行っていく仕組みとなっている。最も使用されているという自己現状分析ツールは、ペダゴジカルリーダーや保育者が、自らの実践を自らのニーズに基づいて選択した項目をもとに振り返るツールとなっている。評価はシステム上で分析され、設置者は見ることができるが、評価の公表はなされない。監督のための評価ではなく、保育者がツールを用いて明日以降の保育の新たな目標や対応を考えることへ向かうものである。

また、保育者（ピア）間評価も特徴的である。所属する保育施設の異なる保育者（評価者）が観察を行い、対話していく。保育者と協議して目標設定をし、その観点に基づいた情報収集や観察を行い、保育者と評価者が対話的に分析、評価していき、今後のプランを立てていく。他施設に所属する保育者と視点を定めた保育実践の分析を行う評価は、実践に寄与するだけでなく、保育者の成長につながる新たな視点や方法の獲得にもつながるのではないだろうか。

モニタリング制度は、あらゆるステークホルダーが保育の質の議論に参加できるように、また質の循環機能が働くように設計されている。保育運営の質については行政が責任をもち、保育実践の質については対話的プロセスで高めていく。保育者が守られながら、質を高めていくことにやりがいを感じられるような活用が重要であると示唆される。

表3-4　ノルウェーにおける保育評価

<table>
<tr><td>所轄官庁</td><td colspan="3">教育研究省</td></tr>
<tr><td colspan="2">保育運営のモニタリング</td><td colspan="2">保育実践のモニタリング</td></tr>
<tr><td>監督責任</td><td>市町村</td><td>制度設計</td><td>教育研修局</td></tr>
<tr><td>評価対象</td><td>公費が投入された保育施設</td><td rowspan="3">評価の概要</td><td rowspan="3">計画⇒実施⇒省察⇒改善の循環的・対話的プロセスによる質向上を目指す。調査報告などの知識情報とその普及、またツール・尺度を用いて、保護者、保育者、保育施設、保育行政が、質の高い対話をするよう促進する。</td></tr>
<tr><td>評価の概要</td><td>保育施設法に基づき、保育施設が適切に運営されているかどうかを確認する。</td></tr>
<tr><td rowspan="2">不適切評価への対応</td><td rowspan="2">不適切または違法な状態に対して改善命令を下す。さらに改善されない場合には施設の一時的または永久的な閉鎖を命じる可能性もある。私立保育施設に対しては補助金を支給しない措置がとられる。</td></tr>
<tr><td>ツール・尺度</td><td>自己現状分析ツール、ドキュメンテーション、保育者（ピア）間評価等</td></tr>
</table>

⑦韓国

韓国では、2011年に幼稚園と保育所（オリニチプ）共通のナショナル・カリキュラムとして「5歳児ヌリ課程」が施行され、「統合評価指標」が開発、施行された。しかし、前述のとおり、幼保一元化が滞っており、評価についても未だ幼保二元体制となっている。

幼稚園については、2020年から3年間で第5回幼稚園評価が行われる。第4回幼稚園評価の際には現場評価が行われていたが、第5回については評価手続きの簡素化と自治文化の醸成、コンサルティング強化による現場支援体系の確立が目指されており、現場評価は行われない。外部の評価者が客観的に訪問観察を行うことよりも、幼稚園の構成員同士が協力し、自己評価の力量を向上させていくことで、持続可能な自立的評価体制を構築することが目指されていると示唆される。また、自己評価の項目も、健康・安全以外の領域については、各園の特性を考慮して評価する項目を選択する方式を採り、ここでも自立的に評価する幼稚園主体の内容へと変更されている。しかし、それは閉鎖的な質管理に向かうリスクも抱えている。そこで、評価結果からさらに組織的・体系的・継続的なコンサルティングへとつなげ、実質的な実践の質向上を図るという改善がなされている。

保育所については、国のレベルの評価が周期的に行われる。すべての保育所の評価にかかる費用を国が負担するというところにも、保育の質の確保に責任をもつ国の姿勢が表れている。

こういった二元体制の中ではあるが、全園の評価体制を整え、その質管理に対する国の責務強化と教育機会の平等保障が目指されている。また、幼保ともに評価結果がウェブ上で公開されており、保護者が施設を選択する際に活用できるようにするなど、公共性の向上の取り組みもなされている。女性の社会進出、少子化といった社会状況や、幼保の設立・運営主体の状況など、韓国の現状は、日本の現状に近いものがありながら、保育の質に関する体制が整っており、その持続可能で自立的な評価体制を整えていくあり方は示唆に富んでいる。

表3-5　韓国における保育評価

	幼稚園	保育所（オリニチプ）
所轄官庁	教育部	保健福祉部
評価機関	市・都（各地域教育庁幼児教育振興院）	国（韓国保育振興院）
評価方法	自己評価・書面評価	自己点検・現場評価・総合評価
評価頻度	自己評価：毎年 書面評価：周期内に一度	A/B評価園：3年 C/D評価園：2年
外部評価方法	ソウル特別市の事例：健康・安全領域のみ書面評価を行う。自己評価報告書（園の特性を考慮し指標ごとに2項目以上選択）、運営計画書、ポータルサイトの情報を検討・評価。評価報告書が送付されるが、異議申し立てがあれば審議／検討を行う。	現場評価は、観察、面談、記録確認を行う。面談は、評価指標を用いて、園長、保育者のみならず、調理員、運転手、保育参与者を対象としている。4つの評価領域を3等級で評価し、その評価の個数によりA～Dの等級を付与する。異議申し立てがあれば審議／検討を行う。
結果の公表	幼稚園情報公示制度のポータルサイト	統合情報公示ホームページ
評価後の対応	組織的・体系的・継続的コンサルティングの実施。	評価結果により、財政的・行政的支援など必要な措置を講じることが可能。2年連続でD等級評価の保育所は、優先的に指導点検を行う。

⑧シンガポール

シンガポールは、保育の質の評価システムで注目を浴びる国の1つである。その認証評価制度はSPARKと呼ばれ、幼保二元体制の中でも4～6歳児課程がある保育所と幼稚園の認可・認証評価を行うシステムとして確立されている。SPARKの開発目的は、教育内容の質保証と、保育環境の質保証である。登録にかかる認可による最低限の質確保も、質が高水準であることの証明としての質認証も、SPARKによってなされる。幼保二元体制といっても、国土狭小のために時間帯を区切って午前・午後の二部制で入れ替えたり、保護者の就業状況に応じて終日保育と半日保育が選択できたりと、保育時間の構成は独特である。その多様な実態の園を認可・認証するシステムとなっているのである。

また、SPARKの質評価尺度として用いられているQRSは、外部評価の評価者が用いるだけでなく、園内の自己評価に用いられるのが特徴である。NELカリキュラム（表8-2）の実現を通して「就学前教育の結果」として期待される力（図8-2）の育成が目指される。そのために、学習領域ごとに学習目標とその達成への手がかり（表8-3）が示され、さらに教師の指導原理iTeach（表8-4）が解説される。目標と達成へ向かうための方法を具体例を示しながら解説するなど、質向上へ向かうための明確なシステムを構築するシンガポールは、QRSという質評価システムも園内の保育者や園長が主体的に活用することで、保育の質評価や改善の視点を得て学ぶことができるようになっている。また、認証を受けるとさらに上のレベルが示され、優秀施設は表彰されるなど、常に質の向上を意識した取り組みを促進するシステムとなっている。自己評価を行うことが、保育者の専門性を向上させることにつながる仕組みとして、評価スケールが活かされている点は、日本の今後の自己評価のあり方を考える際に重要な示唆を与えてくれる。

表3-6　シンガポールにおける保育評価

所轄官庁	幼児期開発局（社会・家族開発省と教育省の共同統括機関）	
認証枠組み	就学前教育機関認証枠組み（SPARK）	
認証頻度	SPARK認証有効期間：6年、3～4年目に中間点検実施	
義務付け	第一段階：登録と規制／認可	
任意評価	外部評価	自己評価
質評価尺度	QRS	QRS
評価方法	訪問審査、資料の点検、報告書作成	ECDAが費用を負担するQRSワークショップを受講し、質の改善・向上のためのよい実践について学び、園長を中心として自己評価を行うことができる仕組みになっている。
評価の概要	ECDAのトレーニングを受けたSPARKの評価者が2日間の訪問審査、QRSを用いた評価を行い、資料の点検、報告書を作成する。SPARK委員会は評価者より提出された報告書を精査しまとめる。	
情報公開	認証を受けた施設はECDAのウェブサイトに掲載、ロゴの使用による認証施設表示が可能。	

⑨中国

中国は、前述のとおり、一人っ子政策と長時間保育を行う幼児園の普及により、3歳未満児の保育については発展途上である。2016年の全面二人っ子政策の実施により、民営の託育施設が急増し、2019年10月に『託育施設設置基準（試行）』と『託育施設管理基準（試行）』が公表された。託育施設の質確保と向上について、どのようなシステムが構築されるのか、今後の発展が注目される。

一方の幼児園については、地方教育行政機関による第三者評価とレベル認定が行われているが、その内容は地方教育行政によって基準が定められるというものである。公立幼児園だけではなく、認可された民営の幼児園であれば評価申請が可能である。「県・市のモデル園」「一級園」「二級園」「三級園」のいずれに申請するかを決め、評価申請を行う。認定レベルによって保育料と補助金が影響を受ける。また認定の結果は、地方教育行政機関のホームページに掲示されるので、保護者の園選択の参考にされる。認定されなかった場合は期限付きの改善命令が出されるので、保育の質の確保と向上に寄与するシステムとは言えるが、全園についての質の確保と向上に資するものではない。

むしろ、中国の場合は、2020年全国の3年保育就園率85％という目標に表されるように、都市部と農村部の就園率格差の解消に向けて、非営利園を増やし、地方政府の財政投入を増加させることに重点があるのではないだろうか。面積基準や保育者の配置等に関する『都市部幼児園建築面積基準（試行）』『全日制・寄宿制幼児園編成基準』『託育施設設置基準（試行）』『託育施設管理基準（試行）』、職務内容に関する『幼児園職務規定』や人材の質に関する『幼児園園長の専門性基準』『幼児園教諭の専門性基準』、ナショナル・カリキュラムとしての『幼児園教育指導綱要（試行）』『3～6歳児童学習と発達ガイドブック』といった、設置基準や教員の質管理とナショナル・カリキュラムによって、保育の質の制御がなされている状態であると推測される。全国的な保育の量的問題の解決、保育の質評価システムの整備が今後どのように進むのか、注目したい。

保育の評価については、国レベルの法律に基づいて行う外部評価機関の監査と自己評価を組み合わせて実施するあり方、州レベルでの評価体系を作り企業等に外部委託して評価を受けるあり方、他の施設の保育者が対話的に行う評価等、それぞれの国の文化や価値が反映されたさまざまな方法が見られる。その中で、明快な就学レディネスや保育プロセスの評価を実施していた英国が、到達度評価から教育の本質にシフトする志向性を打ち出していること、就学後の基盤形成を幼児教育に求め、目標達成へ向けた教授が重視されるようになったスウェーデンが形成的評価を行っていること、州ごとの独自性が重視されていたドイツにおいて、全国的な質のモニタリングを行う調査研究を始めることなど、各国における保育の質への取り組みは二項対立を超えて、揺れ動いていることが見て取れる。就学レディネスかホリスティックな発達か、診断的評価か形成的評価か、中央集権か地方分権かという二項対立ではなく、それぞれの国が重視する子どもの育ちの議論を深め、発達の見方や評価の方法において、目配りの効いた組み合わせとバランスを、実践しながら検討し続けることの重要性が示唆される。

❹ まとめ

chapter IIで取り上げた各国の文化・社会的背景と保育制度の展開について、検討を行った。女性の社会進出によって保育の量的拡充がなされる中、それぞれの国の文化・社会的背景をもちながら保育制度が発展してきた。必要に応じて多様な保育サービスが生まれると、その質には差異が生じてくる。それぞれの保育サービスにおいて、子どもがよりよく育つ保育の質が確保されているのか、質保証の問題が社会的に求められるようになった。また、保育の質と子どもの育ちの関連について注目が集まるようになり、最低限の質保証ではなく、より望ましい保育の質とその向上への仕組みに注目が集まるようになった。

例えば、保育者の資格、運営主体など多様な保育施設の実態に対し、ある一定以上の質が保証できるよう基準を設け、カリキュラムを構成し、それに基づいた評価方法を編み出してきている。子どものどういった育ちに価値を置くかということが、カリキュラムの内容に反映され、そのカリキュラムの実施がきちんと評価される方法とは何かが検討され続けている。また、それぞれの国に生じた状況に応じて、カリキュラムの見直しの必要に迫られ、改訂が行われたり、その実施ができる質の高い人材の育成が目指されたりといった動きも出てきている。

子どもの育ちのモニタリングや保育の質の評価において、明確な数値でスケール評価を行うだけでなく、質問で確認したり、アセスメント書面を確認したり、保護者への聞きとりを行ったりと複数の方法を組み合わせ、実態へ迫る評価の仕組みが考えられていた。また、スケール評価を行わない国においては、対話的プロセスを行うための評価の枠組みと裏付けとなる問いの提示や、形成的評価の作成例が豊富に掲載された資料の出版など、多様な実践と評価の実際について、理解と活用が進むような工夫がなされている。それらは最低限の質保証が実現できているか、確認しながら、よりよい保育の質の実現へ向かう仕組みが構築され、実践の中で再検討されていると捉えられた。

そこでは、評価者の養成や研修も重要な点である。多様な状況と対話し、双方納得がいき、保育の質の向上の手立てとなるような評価報告書の作成が求められる。評価への信頼が生まれるような、保育の専門性をもった評価スキルと、対話的な評価プロセスを進めていく対人関係スキルが重要であり、常に評価者にも省察し学ぶ姿勢が求められていく。外部評価を政府の評価機関が行うのか、営利企業が行うのかでは、関係性も質も異なることが推測される。評価を行う企業に求める水準や倫理なども必要になってくるだろう。

また、保育の評価の社会的意義の1つは、説明責任を果たすことである。そのためには評価を社会と共有することが求められ、多くの国で評価結果をウェブ上で公開していた。しかし、そのあり方は非常に多様である。ランキングで提示されているものもあれば、評価が詳述されているものもある。評価者が診断的に評価結果を示す場合もあれば、評価者が一次案を示して実践者側から必要に応じてコメントをするよう求める場合もあった。保育の質を社会に理解してもらうツールであるという、評価のもつ大切な役割を果たしつつ、よりよい保育の質を目指す保育者の意欲を引き出すものとなるために、どのような評価プロセスと公表のあり方がよいか、注意深く検討する必要があろう。

これらのことを踏まえたうえで忘れてはならないことは、保育の評価はそれだけで独立して存在するのではないということである。それぞれの国の歴史的な経緯や文化的、社会的、制度的背景を抱えつつ、施設運営の基準、保育者養成・研修のあり方や保育者要件、カリキュラムといった多様な要素が絡み合う中で、評価が成り立っている。他国で活用が進むスケール評価やドキュメンテーションを取り入れているケースにおいても、その国の文化・社会的背景や保育システムの中で、それらのツールが保育にとって子どもたちにとって意味あるあり方になるようにアレンジを加えて、自国のツールとしていた。常に、重層的総合的なシステムとして自国の保育の成り立ちを俯瞰（ふかん）的に捉えながら、すべての子どものために評価がどうあるべきかを検討しなくてはならないだろう。

カリキュラムの検討で見えてきた現代的な保育の課題としては、接続の視点を活かしたカリキュラムの検討、そして、多様性への対応であった。0～2歳の保育内容やカリキュラムの検討は、3歳児以上のカリキュラムと比べて十分ではないところが多かった。しかし、ニュージーランドでは2歳未満児用の評価指標が作成され、英国では2010年に2歳児からの保育の質の効果について調査を開始している。今後、力点を置かれるところとして、3歳未満児は1つの大きなテーマであり、3歳未満児のカリキュラムと3歳以上のカリキュラムの接続の問題が検討されることになるだろう。また、小学校以上の学校教育との接続を重視し、学びに焦点を当てていくようになったスウェーデンでは、就学前クラスや基礎学校、学童保育との接続の強化ということが出てきている。就学前の教育は遊びに基づいており「ケア・発達・学び」を包括的にアプローチする実践の姿勢は変わらないことが示される一方で、ケアを中心に据えつつ実践における教授や教育を区別して捉える志向性も打ち出してきている。就学レディネスの考え方や実践のあり方、カリキュラムの検討は今後も注目したい。

さらには、子どもの人種、民族、言葉（手話を含む）、文化、社会的地位、移民、ジェンダー、特別なニーズをもつ子ども、特別な才能をもつ子どもなど、すべての子どもの育ちをよりよく促す保育のあり方が求められている。このことは、子どもの多様性を保育の枠組みにどのように含み込み、それをどのように評価していくかという、今後のさらなる課題にもつながっていくと考えられる。多様性を組み入れた0歳からのつながりあるカリキュラムと、その評価のあり方は、今後の保育の質を問う重要な視点の1つになるであろう。

すべての子どものよりよい育ちと学びを促すために、それぞれの文化・社会的背景の下で、質保証のための法的枠組み、公的資金の配分に関わる制度設計、リスクのある家庭や障がいのある子ども等への質の高い保育保障、保育の質の確保と向上の両方に関わるカリキュラムと監査・評価の仕組み、保育者の要件や養成・研修制度が検討され続けている。どの国も成熟し完成した制度があるのではなく、変わりゆく子どもを取り巻く状況を引き受けながら、質の高い保育の重要性を鑑み、さらなる展開をしている中にある。特に多様な子どもや3歳未満児の保育の質向上へ向かう今後の制度設計、保育者養成の高度化、カリキュラムと評価の構造や内容の変遷に、注視していくことが求められる。

◆注

1 幼児教育と小学校教育の架け橋特別委員会（第8回）議事録を参照 https://www.mext.go.jp/b_menu/shingi/chukyo/chukyo3/086/gijiroku/mext_00005.html（2022年10月22日参照）

◆引用・参考文献

池本美香（2022）「こども家庭庁設置後に取り組むべき保育制度の課題―子育て家庭へのアンケート結果を踏まえて―」『日本総研Research Focus』No.2022-026 https://www.jri.co.jp/file/report/researchfocus/pdf/13612.pdf（2020.10.22.参照）

韓国統計庁（2022）Population Prospects of the World and South Korea (based on the 2021 Population Projections). http://kostat.go.kr/portal/eng/pressReleases/1/index.board?bmode=download&bSeq=&aSeq=420358&ord=1（2022.10.21参照）

金明中（2019）「韓国における無償保育の現状――「出生率」「教育格差」など日本に与えるインプリケーション」『厚生福祉』6503、2-9頁

内閣府（2020）「組織・業務の内容2020」（https://www.cao.go.jp/about/doc/about_pmf.pdf 2020/07/14閲覧）

OECD（2017）*Starting Strong V–Transitions from Early Childhood Education and Care to Primary Education*. OECD Publishing.

大野歩（2019）「スウェーデン」『諸外国における保育の質の捉え方・示し方に関する研

究会報告書』88-113頁
妹尾華子・湯澤美紀（2018）「イングランドにおける学校監査を通した保育の質の評価――保育者が語る現状と課題」『保育学研究』56(1)、79-90頁
椨瑞希子（2017）「イギリスにおける保育無償化政策の展開と課題」『保育学研究』55(2)、132-143頁
東京大学大学院教育学研究科附属発達保育実践政策学センター（2019）「平成30年度「幼児教育の推進体制構築事業の成果に係る調査分析」成果報告書」
植田みどり（2015）「イギリス――教育水準向上と社会的公正を意図した就学前教育の無償化」『初等中等教育の学校体系に関する研究報告書1　諸外国における就学前教育の無償化制度に関する調査研究』国立教育政策研究所平成26年度プロジェクト研究報告書」（https://www.nier.go.jp/05_kenkyu_seika/pdf_seika/h26/1-3_all.pdf　2020/08/15閲覧）
United Nations（2022）World Population Prospects 2022: Summary of Results. https://www.un.org/development/desa/pd/sites/www.un.org.development.desa.pd/files/wpp2022_summary_of_results.pdf（2022.10.21参照）
幼児教育・高等教育無償化の制度の具体化に向けた方針（平成30年12月28日関係閣僚合意）（https://www.mext.go.jp/component/a_menu/education/detail/__icsFiles/afieldfile/2019/03/20/1414592_001_1.pdf　2020/1/13閲覧）
財務省（2019）「平成31年度予算のポイント」（https://www.mof.go.jp/budget/budger_workflow/budget/fy2019/seifuan31/01.pdf　2021/3/18閲覧）

おわりに

保育の質とは子どもたちのためにいかにあるべきか、そして、いかに保証されるべきか。その問いは重い。本書は、諸外国の保育の質評価のあり方を主な検討材料として、その問いに迫ろうとしたものである。9か国の保育の質評価に関する制度設計は、その国の文化・社会的背景のもとで成り立ち、また発展してきていた。そして特に近年、乳幼児期が注目されるようになってから、その制度的発展はスピード感をもってなされ、グローバルに広がりを見せている。

ひるがえって、はたして日本はどうだろうか。諸外国における制度設計や改革のスピード感に圧倒されたのは私だけだろうか。乳幼児期の重要性に対する認識が、国内ではまだ不十分と感じたのは私だけだろうか。もちろん、日本においても、これまで保育の評価のあり方は議論され、また幼稚園においては学校関係者評価、保育所においては指導監査や第三者評価など、内部評価だけでないシステムが構築されている。幼児教育センターや幼児教育アドバイザーが活躍している自治体もある。しかし、その評価がどの程度、またどのように実際の質向上に寄与しているのか、その検証と改善は十分なされているといえるだろうか。また、多様な施設種別がある現在、そのすべての保育施設において、要領・指針が参照され、一定以上の質の確保と向上が可能になるシステムとなっているだろうか。施設間だけでなく、地域による格差は広がっていないだろうか。本書を通して、多くの問いが立ち上がってくる。

冒頭「はじめに」にもあるように、本書は、厚生労働省で2018年5月に立ち上がった「保育所等における保育の質の確保・向上に関する検討会」のもとに設置された「諸外国における保育の質の捉え方・示し方に関する研究会」の報告書（2020年3月）をもとに、新たな内容を加えたものである。すでにその報告書から2年半が経過しており、コロナ禍で一層進みつつある少子化、地方における人口減少と保育士不足の問題など、子どもと保育をめぐる状況はさらなる激動の時を迎えようとしている。またこういった状況は、ウクライナ情勢や円安などの社会情勢とも連動している。経済がひっ迫すれば、当然ながら家庭も子どもも影響を受ける。そして、約半年後の2023年4月にはこども家庭庁が立ち上がる。今後どのような政策が打ち出され、保育の質へのアプローチがどのように議論されていくのか。私たちはこの変動の激しい社会情勢の中で、子どもの権利を守り、一人ひとりの子どもが希望をもって、他者とのつながりの中で、自己を発揮しながら十分に生きることができるように、質の高い保育を全国どこでも実現できるあり方を探らなければならない。私たちがこれまで大切にしてきた文化・社会的背景とはどのようなものか。そのうえですべての子どものためによりよい保育の質評価がどのように構築できるか。乳幼児期の重要性の認識と、保育の質に関する対話を社会に向けてしっかりと行い、広げていく必要がある。本書がその対話のための足がかりとなるならば、大変うれしく思う。

本書は企画段階から出版に至るまでに3年近くも時間がかかってしまった。先に原稿を書いてくださっていた執筆者の先生方の中には、出版までの間に対象国の制度改革が行われたところもあり、改稿に大変なご負担とご苦労をおかけしてしまった。編者としての力不足と責任を感じている。心からお詫び申し上げたい。また、それぞれに丁寧な調査と論考をご執筆いただいたことに、深く感謝したい。そして、明石書店の深澤孝之さんには、原稿を集めるために度重なるご苦労をおかけした。なんとか出版に向けて、一緒にあれこれと知恵を絞ってここまでたどり着けたことに、この場を借りて心から感謝申し上げる。

この先の対話が、子どもの幸せをつくる道へとつながっていくことを願って。

2022年10月24日

編者を代表して　古賀松香

■著者紹介

松井愛奈（まつい・まな）[chapter Ⅱ_ニュージーランド]
甲南女子大学人間科学部総合子ども学科准教授。専門は保育学、発達心理学。主な著書に『子ども学がひらく子どもの未来──子どもを学び、子どもに学び、子どもと学ぶ』（共著、北大路書房、2019年）、『保育の実践・原理・内容──写真でよみとく保育［第3版］』（共編著、ミネルヴァ書房、2014年）など。

淀川裕美（よどがわ・ゆみ）[chapter Ⅱ_英国]
千葉大学教育学部幼児教育講座准教授。専門は、保育学。主な著書に『保育所2歳児クラスにおける集団での対話のあり方の変化』（風間書房、2015年）、『「保育の質」を超えて──「評価」のオルタナティブを探る』（共訳、ミネルヴァ書房、2022年）など。

北野幸子（きたの・さちこ）[chapter Ⅱ_アメリカ]
神戸大学大学院人間発達環境学研究科教授。専門は、乳幼児教育学・保育学。主な著書に『Revisiting Paulo Freire's Pedagogy of the Oppressed: Issues and Challenges in Early Childhood Education』（共著、Routledge、2020年）、『地域発・実践現場から考えるこれからの保育──質の維持・向上を目指して』（わかば社、2021年）など。

大野 歩（おおの・あゆみ）[chapter Ⅱ_スウェーデン]
山梨大学教育学部准教授。専門は保育学、幼児教育学。主な著書に『ネクストステージの都市税財政に向けて──超高齢・人口減少時代の地域社会を担う都市自治体の提言と国際的視点』（共著、公益財団法人日本都市センター、2019年）、『保育政策の国際比較──子どもの貧困・不平等に世界の保育はどう向き合っているか』（共訳、明石書店、2018年）など。

中西さやか（なかにし・さやか）[chapter Ⅱ_ドイツ]
佛教大学社会福祉学部准教授。専門は保育学・幼児教育学、ドイツの保育。主な著書に『保育政策の国際比較──子どもの貧困・不平等に世界の保育はどう向き合っているのか』（山野良一との共監訳、明石書店、2018年）など。

門田理世（かどた・りよ）［chapter Ⅱ_ノルウェー］
西南学院大学大学院人間科学研究科教授。専門は、幼児教育学・保育学。主な著書に『幼児教育・保育の国際比較　質の高い幼児教育・保育に向けて――OECD国際幼児教育・保育従事者調査2018報告書』（共著、明石書店、2020年）、『OECD保育の質向上白書――人生の始まりこそ力強く：ECECのツールボックス』（共訳、明石書店、2019年）など。

崔美美（ちぇ・みみ）［chapter Ⅱ_韓国］
千葉大学教育学部准教授。専門は保育学、児童学。主な著書に『2019改訂ヌリ課程・事例集　あそび、幼児が世界と出会い生きる力』（韓国教育部・保健福祉部、2020年）など。

中橋美穂（なかはし・みほ）［chapter Ⅱ_シンガポール］
大阪教育大学教育学部教授。専門は幼児教育学、保育学。主な著書に『保育原理』（共著、光生館、2019年）、『家庭支援論［新版］』（編著、北大路書房、2014年）など。

臼井智美（うすい・ともみ）［chapter Ⅱ_シンガポール］
大阪教育大学大学院連合教職実践研究科准教授。専門は学校経営学、教師教育学、外国人児童生徒教育。主な著書に『学級担任のための外国人児童生徒サポートマニュアル』（明治図書、2014年）、『教育の制度と学校のマネジメント』（編著、時事通信、2018年）など。

呂小耘（ろ・しょううん）［chapter Ⅱ_中国］
帝京大学教育学部初等教育学科助教。専門は幼児教育学、保育学、発達心理学。主な著書に『5歳児クラスのテーマに基づく話し合い――保育における談話分析』（風間書房、2019年）など。

■編著者紹介

秋田喜代美（あきた・きよみ）[chapter Ⅰ、はじめに]
学習院大学文学部教授。東京大学名誉教授。博士（教育学）。専門は保育学、教育心理学、授業研究。長年園内研修に関わり、保育の質の向上や保育者の専門性・実践知に関する研究を行っている。日本保育学会会長。日本発達心理学会代表理事。内閣府子ども・子育て会議会長。主な著書に『園庭を豊かな育ちの場に――実践につながる質の向上のヒントと事例』（ひかりのくに、2019年）、『保育の心もち2.0』（全8冊、ひかりのくに、2021年）、『マルチステークホルダーの視座からみる保幼小連携接続』（風間書房、2021年）、『保育の質を高めるドキュメンテーション――園の物語りの探究』（中央法規、2021年）、『ICTを使って保育を豊かに――ワクワクがつながる＆広がる28の実践』（中央法規、2022年）、『「保育プロセスの質」評価スケール――乳幼児期の「ともに考え、深めつづけること」と「情緒的な安定・安心」を捉えるために』（明石書店、2016年）、『「体を動かす遊びのための環境の質」評価スケール――保育における乳幼児の運動発達を支えるために』（明石書店、2018年）など。

古賀松香（こが・まつか）[chapter Ⅲ、おわりに]
京都教育大学教育学部幼児教育科教授。専門は幼児教育学、保育学。主な著書に『社会情動的スキルを育む「保育内容人間関係」――乳幼児期から小学校へつなぐ非認知能力とは』（編著、北大路書房、2016年）、『アジアの質的心理学――日韓中台越クロストーク』（共著、ナカニシヤ出版、2018年）など。

世界の保育の質評価——制度に学び、対話をひらく

2022年12月15日　初版第１刷発行

編著者　秋田喜代美
　　　　古賀松香
発行者　大江道雅
発行所　株式会社 明石書店
〒101-0021 東京都千代田区外神田 6-9-5
電 話　03（5818）1171
ＦＡＸ　03（5818）1174
振 替　00100-7-24505
http://www.akashi.co.jp

装丁　明石書店デザイン室
組版　朝日メディアインターナショナル株式会社
印刷・製本　日経印刷株式会社

（定価はカバーに表示してあります）　ISBN978-4-7503-5504-7